Михаил Тягур

«БЛИЖАЙШИЙ И ДЕЙСТВЕННЫЙ ТЫЛ ВОЕННОГО ФРОНТА»

ЛЕНИНГРАД И ЛЕНИНГРАДСКАЯ ОБЛАСТЬ ВО ВРЕМЯ СОВЕТСКО-ФИНЛЯНДСКОЙ ВОЙНЫ

Нестор-История
Москва • Санкт-Петербург
2024

УДК 94
ББК 63.3(2)621
    Т99

Тягур М. И.

Т99   «Ближайший и действенный тыл военного фронта» : Ленинград и Ленинградская область во время советско-финляндской войны. — СПб. :
Нестор-История, 2024. — 488 с.

ISBN 978-5-4469-2306-9

Когда речь заходит о советско-финляндской войне 1939–1940 гг., то в первую очередь вспоминают о политических и военных событиях, о предпосылках этой войны и о боях на Линии Маннергейма. При этом зачастую за скобками остаются процессы, происходившие в тылу. Не так много внимания уделяют жизни располагавшихся совсем рядом с фронтом Ленинграда и Ленинградской области. Что происходило в регионе накануне столкновения СССР и Финляндии и как осенью 1939 года проходили мобилизационные мероприятия? Как война влияла на город на Неве и его окрестности? Как работали промышленность, транспорт, система медицинских учреждений? Что они делали для Красной армии и с какими трудностями столкнулись? Как менялась повседневность ленинградцев и жителей области? Как они воспринимали войну и что говорили о ней? Какие уроки ленинградское руководство извлекло из этой короткой «незнаменитой» войны? В книге предпринята попытка ответить на эти вопросы.

Издание предназначено как историкам-специалистам, так и широкому кругу читателей, интересующихся историей СССР.

УДК 94
ББК 63.3(2)621

ISBN 978-5-4469-2306-9

Благодарности

Представляя книгу на суд читателя, я должен выразить благодарность людям, которые, так или иначе, помогли мне в работе над текстом.

Книга написана на основе кандидатской диссертации.

И потому в первую очередь я должен упомянуть Александра Юрьевича Давыдова, моего научного руководителя начиная со второго курса, со времен бакалавриата, и до аспирантуры.

В обсуждении предварительных и окончательного вариантов диссертации участвовал целый ряд лиц, сделавших ценные замечания.

На предварительном обсуждении диссертации на кафедре русской истории РГПУ им. А. И. Герцена в роли оппонента и критика выступил Александр Михайлович Захаров.

Затем последовало два обсуждения в отделе современной истории России в Санкт-Петербургском институте истории РАН. В них участвовали Александр Николаевич Чистиков, Вадим Ибрагимович Мусаев, Алексей Иванович Богомолов. Особенно хочется выделить Александра Ивановича Рупасова (как одного из наиболее строгих критиков), Елену Дмитриевну Твердюкову (она, напротив, отнеслась к моей работе весьма благожелательно) и Кирилла Анатольевича Болдовского (кроме ряда замечаний по тексту, он также указал мне на хранящиеся в РГАСПИ тетради регистрации посетителей Жданова).

В качестве оппонентов на защите выступали Дмитрий Алексеевич Журавлев и Владимир Леонидович Пянкевич.

Отзывы на автореферат диссертации написали Максим Викторович Коломиец, Станислав Александрович Жуков, Вячеслав Александрович Иванов.

Замечания этих людей (порой очень серьезные и строгие) помогли вначале в работе над диссертацией, а затем при переработке ее текста в книгу.

Виктор Викторович Яценко читал диссертацию еще в черновом варианте, а во время работы над книгой регулярно «пинал» и подгонял меня, напоминая о необходимости преодолеть мою поистине гигантскую лень, о том, что нужно садиться за письменный стол.

Черновики некоторых разделов уже не диссертации, а книги читали и высказывали свое мнение по поводу стиля Василий Васильевич Галкин и Кирилл Николаевич Уланов.

Кроме того, учтены несколько стилистических замечаний Юлии Владиславовны Макренской (она не знакомилась с рукописью целиком, но видела отдельные страницы черновика книги и прочла некоторые мои статьи, которые я также использовал при работе над этой монографией).

Работа над историческим исследованием предполагает поиск источников. Приезжая работать в московские архивы, я несколько раз на достаточно большое время (до пяти недель) вторгался в квартиру к своему дяде, Александру Николаевичу Тропову, который вместе со своими домочадцами на время моих московских архивных изысканий предоставлял мне кров.

Несколько раз мне довелось публично выступать с пространными рассказами о том, что происходило в Ленинграде и Ленинградской области во время советско-финляндской войны. И речь идет не только о научных конференциях.

В Библиотечно-культурном комплексе им. А. В. Молчанова состоялись две лекции о жизни Ленинграда во время войны с Финляндией. Организовать их удалось благодаря Анне Андреевне Букиной, которая тогда занимала должность заведующей музыкально-нотного отдела этой библиотеки.

Обе лекции в ББК им. А. В. Молчанова были записаны на видео и доступны в интернете. Их снимал, монтировал и подготовил к публикации на youtube-канале «Decimation» Евгений Леонидович Валиков.

Еще одна лекция состоялась в Центральной библиотеке города Кронштадта. Выступить там меня пригласила методист библиотеки Елена Юрьевна Шарабанова.

Телеканал «78» снял посвященный советско-финляндскому столкновению 1939–1940 гг. документальный фильм «Эхо Белой войны». У меня для этого фильма взяли интервью. Режиссер и автор сценария двух серий, рассказывающих о жизни Ленинграда, — Ольга Александровна Богородская.

Также я должен упомянуть Михаила Валерьевича Тимина, Станислава Геннадьевича Сопова и Олега Николаевича Киселева, благодаря которым я получил возможность выступить перед аудиторией youtube-канала «TacticMedia». Кроме того, Олегу Киселеву — низкий поклон за консультацию по вопросу о том, пытались ли финские самолеты атаковать Ленинград, а также за возможность ознакомиться с его неопубликованной работой о применении финляндской авиацией бомбардировщиков «Бленхейм» и о действиях 4-го авиаполка финляндских ВВС.

Подготовка ко всем указанным выше выступлениям и отзывы на них подталкивали к тому, чтобы задуматься о каких-то изменениях в черновике книги, о возможных исправлениях и дополнениях.

Павел Александрович Гаврилов решил узнать, не хочу ли я написать и издать свою книгу, а также предложил меня в качестве автора своему руководству в издательстве «Нестор-История», где он тогда работал.

И, наконец, last but not least. Книга посвящена моим родителям, но здесь я также обязан упомянуть их. Ведь в значительной мере именно благодаря им я стал тем, кто я есть, и достиг того, чего достиг. И, значит, эта книга тоже в немалой степени появилась благодаря им.

Среди прочего они вместе с моим братом Ильей также периодически напоминали мне о книге, интересовались, как идет работа, тем самым стимулируя меня, напоминая, что нужно садиться за текст.

За все ошибки и промахи, которые могут обнаружиться в тексте, несмотря на помощь перечисленных выше людей, полную и безоговорочную ответственность несу я и только я.

Введение

Советско-финляндская война началась, когда в Европе разгоралось пламя Второй мировой. Вслед за вторжением гитлеровцев в Польшу и вступлением в войну Британии и Франции активизировался и Советский Союз. Части Красной армии пересекли польскую границу и заняли территории Западной Украины и Западной Белоруссии. Затем СССР навязал трем прибалтийским республикам договоры о взаимопомощи. В Эстонии, Латвии и Литве появились советские военные базы. Кроме того, как решили в Москве, пришло время решать финляндский вопрос.

Несколько позже, в апреле 1940-го, Сталин объяснял выбор времени для начала войны международной обстановкой: «Там, на западе, три самых больших державы вцепились друг другу в горло, когда же решать вопрос о Ленинграде, если не в таких условиях, когда руки заняты и нам представляется благоприятная обстановка для того, чтобы их в этот момент ударить». Поэтому, утверждал он, «было бы большой глупостью, политической близорукостью упустить момент... Отсрочить это дело месяца на два означало бы отсрочить это дело лет на 20, потому что ведь всего не предусмотришь в политике. Воевать-то они там воюют, но война какая-то слабая, то ли воюют, то ли в карты играют. Вдруг они возьмут и помирятся, что не исключено. Стало быть, благоприятная обстановка для того, чтобы поставить вопрос об обороне Ленинграда и обеспечении государства был бы упущен. Это было бы большой ошибкой»[1].

---

[1] Зимняя война 1939–1940. Кн. 2. И. В. Сталин и финская кампания (Стенограмма совещания при ЦК ВКП(б)). М.: Наука, 1999. С. 272–273; Тайны и уроки зимней войны. 1939–1940. СПб.: Полигон, 2000. С. 505; «Зимняя

Впрочем, перед войной были переговоры.

5 октября 1939 г. председатель Совета народных комиссаров и по совместительству нарком по иностранным делам Вячеслав Михайлович Молотов в разговоре с финским послом Ирье-Коскиненом заявил, как гласит запись их беседы, что «правительство СССР считает целесообразным обменяться мнениями с финляндским правительством по текущим вопросам советско-финляндских отношений», при этом советские руководители считают «подлежащие обсуждению... вопросы весьма срочными» — ведь в Европе идет война, желательно скорее «сделать необходимые выводы», поэтому, как сказал Молотов, «советское правительство было бы радо видеть в Москве финляндского министра иностранных дел или другого уполномоченного финляндского правительства»[2].

Когда несколько дней спустя в столицу СССР прибыла делегация во главе с государственным советником и посланником в Швеции Юхо Кусти Паасикиви, то финнам предложили заключить договор, аналогичный тем, что подписали прибалтийские государства. После отказа зазвучали другие предложения — об обмене территориями и аренде Советским Союзом полуострова Ханко (для военно-морской базы). Но финскую сторону и это не устраивало. Они ни в какую не хотели сдавать в аренду Ханко, а если речь шла об обмене территориями, то соглашались отдать земли намного меньше, чем хотелось бы советским руководителям.

Переговоры затягивались, финская делегация ездила туда-сюда (она трижды посещала Москву), сменила руководителя (место Паасикиви занял министр финансов Вяйне Таннер), напряжение нарастало, ситуация явно заходила в тупик. С советской стороны зазвучали угрозы. Молотов 3 ноября заявил: «Мы, гражданские люди, не видим возможности дальше продвигать дело: теперь очередь

____

война»: работа над ошибками (апрель — май 1940 г.). Материалы комиссий Главного военного совета Красной Армии по обобщению опыта финской кампании. М.–СПб.: Летний сад, 2004. С. 32.

[2] Зимняя война (Документы о советско-финляндских отношениях 1939–1940 годов) // Международная жизнь. 1989. № 8. С. 61–62; также см.: Документы внешней политики. Т. XXII. 1939. Кн. 2. Сентябрь — декабрь. М.: Междунар. отношения, 1992. С. 165–166.

военных сказать свое слово»[3]. В конце концов 12 ноября финляндская делегация окончательно покинула Москву.

Часть историков, как, например, Вячеслав Вячеславович Никитин, полагают, что главной целью переговоров для советского руководства изначально была попытка «скрыть подготовку к войне»[4]. Другие исследователи возражают против такой точки зрения. Олег Николаевич Киселев отмечает, что «на границе с Финляндией к моменту начала переговоров не было готовой к наступлению группировки РККА, да и собственно плана военной кампании». А когда «финны с порога отвергли какую-либо возможность подписания договора, аналогичного тем, что подписали прибалтийские республики», то «вместо того чтобы максимально быстро стянуть войска к финской границе, организовать провокации и ударить по еще не успевшей отмобилизоваться финской армии до того, как осенняя распутица превратит финский поход в бесконечную войну с грязью, Сталин моментально отказывается от "программы-максимум" и начинает переговоры». По словам Киселева, процесс переговоров, «в ходе которых советская сторона постепенно отказывалась от своих наиболее подозрительных предложений, являвшихся неприемлемыми для финнов (например, предложение демонтировать укрепления по обе стороны границы), свидетельствует о том, что Сталин действительно предпочитал решить дело с финнами мирным путем»[5].

При этом в стиле ведения переговоров с прибалтами и финнами можно заметить явное различие. В ходе переговоров с Эстонией, Латвией и Литвой советские войска вовсю стягивались к их границам, а представители этих государств сразу же услышали угрозы применить силу[6]. В 1970-х гг. Молотов поведал поэту Феликсу

---

[3] Цит. по: Зимняя война 1939–1940. Кн. 1. Политическая история. М.: Наука, 1999. С. 127.

[4] Никитин В. Состязание с бурей. Финская радиоразведка против СССР. СПб.: [б. и.], 2020. С. 45.

[5] Киселев О. Н. К очередной годовщине «Зимней войны». «Хотят ли русские войны». URL: https://slon-76.livejournal.com/8393.html

[6] См.: Мельтюхов М. И. Упущенный шанс Сталина. Схватка за Европу: 1939–1941 гг. (Документы, факты, суждения). М.: Вече, 2008. С. 130–136.

Чуеву о том, что он «выполнял очень твердый курс» и сказал министру иностранных дел Латвии: «Обратно вы не вернетесь, пока не подпишете присоединение к нам»[7] (видимо, тут Молотов смешал события 1939 г., когда речь шла про договор о взаимопомощи, и 1940-го, когда Прибалтийские республики вошли в состав СССР). На финнов такого давления сразу оказывать не стали, угрозы зазвучали отнюдь не в первый день пребывания их делегации в Москве.

Однако переговоры зашли в тупик. И в Москве стали склоняться к применению силы. Видимо, можно согласиться с теми исследователями, которые считают, что к решению начать войну советские руководители пришли в конце октября, когда стал очевиден провал второго тура переговоров (23–25 октября)[8]. 24 октября нарком обороны Климент Ефремович Ворошилов отдал приказ о выдвижении к финской границе шести стрелковых дивизий[9]. А 29 октября военный совет Ленинградского военного округа представил Ворошилову план разгрома сухопутных и морских сил Финляндии[10]. У финских рубежей сосредотачивались войска, была развернута направленная против финляндских властей пропагандистская кампания. При этом, скажем так, от «программы-минимум» (отодвинуть границу от Ленинграда и получить военно-морскую базу на Ханко) Сталин и его окружение перешли к «программе-максимум». Над президентским дворцом в Хельсинки должен был подняться красный флаг.

---

[7] Чуев Ф. И. Молотов: Полудержавный властелин. М.: ОЛМА-Пресс, 2002. С. 19.

[8] Van Dyke C. The Soviet Invasion of Finland 1939–40. London — Portland (OR): Frank Cass., 2004. P. 222; Барышников В. Н. СССР и Финляндия: к вопросу об обстоятельствах и времени принятия решения о начале «зимней войны» // Вестник Санкт-Петербургского университета. Сер. 2. История. 2016. № 2. С. 28–29.

[9] РГВА. Ф. 37977. Оп. 1. Д. 251. Л. 48; Мельтюхов М. И. Упущенный шанс Сталина. С. 107; о дальнейшей переброске войск см.: Аптекарь П. Советско-финские войны. М.: Яуза; Эксмо, 2004. С. 45–46.

[10] Барышников Н. И. Советско-финляндская война 1939–1940 гг. // Новая и новейшая история. 1989. № 4. С. 33; Зимняя война 1939–1940. Кн. 1. С. 131; Советско-финляндская война 1939–1940. СПб.: Полигон, 2003. Т. 1. С. 24. Текст плана см.: РГВА. Ф. 25888. Оп. 14. Д. 2; Тайны и уроки зимней войны. С. 53–61.

А внутрь этого дворца собирались посадить созданное из финских коммунистов правительство во главе с Отто Вильгельмовичем Куусиненом. Финляндию собирались превратить в дружественную Советскому Союзу «Финляндскую демократическую республику».

27 ноября советские газеты объявили, что накануне, 26-го, «наши войска, расположенные в километре северо-западнее Майнила, были неожиданно обстреляны с финской территории артогнем». В результате, как утверждалось, были «убиты три красноармейца и один младший командир, ранено семь красноармейцев, один младший командир и один младший лейтенант»[11]. О том, что же действительно произошло у деревни Майнила, спорят по сей день. И в наши дни есть сторонники версии о выстрелах с финской стороны. Большинство исследователей, однако, полагают, что это была советская провокация. Правда, и тут есть поле для дискуссий: непонятно, на самом деле советская артиллерия вела огонь по советским же войскам, или никаких выстрелов вообще не было и существовали они лишь на бумаге (один из доводов в пользу последнего варианта — историкам до сих пор неизвестно ни одного документа с именами погибших и раненых)[12].

---

[11] Правда. 1939. 27 ноября; Красная звезда. 1939. 27 ноября; Ленинградская правда. 1939. 27 ноября.

[12] Общий обзор разных позиций по вопросу о выстрелах у Майнилы и аргументов в их пользу см.: Чекмасов И. А. Нераскрытые тайны «Майнильского инцидента» // Военно-исторический журнал. 2021. № 3; ознакомиться с тезисами сторонников версии «стреляли с финской стороны» можно в: Гончаров В. Так кто же стрелял в Майнила? // Захаров М. В. Генеральный штаб в предвоенные годы. М.: АСТ; ЛЮКС, 2005; Пыхалов И. В. Великая оболганная война. М.: Яуза; Эксмо, 2011. С. 169–173; Филиппов К. Майнила. В дебрях лжи. URL: http://www.rkka.ru/analys/mainila/mainila2.htm; позиция «выстрелы были произведены с советской стороны» в развернутом виде изложена в: Маннинен О. «Выстрелы были» // Родина. 1995. № 12; Сейдин И. И. Линия Маннергейма и Красная армия (30 ноября 1939 – 22 июня 1941). СПб.: Гйоль, 2012. С. 178–183; аргументы в пользу точки зрения «выстрелов не было» см.: Аптекарь П. Советско-финские войны. С. 60–64; Аптекарь П. «Выстрелов не было» // Родина. 1995. № 12; Аптекарь П. CASUS BELLI. URL: http://www.rkka.ru/ibibl2.htm; Исотало С. Выстрелов в Майнила не было // 105 дней «зимней войны». К шестидесятилетию советско-финляндской войны. СПб.: [б. и.], 2000; Невежин В. А. «Если завтра в поход...»: Подготовка к войне

Как бы то ни было, советские руководители использовали данный инцидент как повод предъявить Финляндии требование об отводе

и идеологическая пропаганда в 30–40-х годах. М.: Яуза; Эксмо, 2007. С. 190–194; Николай Иванович Барышников, разбирая ситуацию вокруг Майнилы, подвел итоги: если раньше центральным вопросом был вопрос о том, кто произвел выстрелы, «то теперь он заключается в другом: было ли это вообще?» (подробнее см.: Барышников Н. И. Финляндия: Из истории военного времени 1939–1944. СПб.: Наука, 2010. С. 275–283); Кирилл Михайлович Александров, изложив в своей статье свидетельства и доводы в пользу как версии о выстрелах с советской стороны, так и в пользу позиции «выстрелов не было», склонялся, по-видимому, к первой точке зрения (Александров К. М. Новое об инциденте в Майниле (Малоизвестные страницы истории советско-финляндской войны 1939–1940 гг.) // Новый часовой. 1994. № 1. С. 24–26). Писатель Игорь Бунич утверждал, будто бы ветеран НКВД Окуневич (в 1939 г. — майор НКВД, скончался в 1986 г.) поведал ему, как его в сопровождении неких «специалистов по “баллистике”» из Москвы «направили на Карельский перешеек с приказом испытать действие якобы нового секретного снаряда, указав точно место стрельбы, а также направление, угломер и пр.» (Бунич И. Л. Операция «Гроза», или Ошибка в третьем знаке. СПб.: Вита-Облик, 1994. Кн. 1. С. 109). Бунич широко известен тем, что его книги наполнены безудержными фантазиями и явными выдумками. Так что, скорее всего, свидетельство Окуневича он просто-напросто сочинил сам. Тем не менее этот рассказ об Окуневиче некритически воспроизвели Охто Маннинен (Маннинен О. «Выстрелы были». С. 57) и Кирилл Александров (Александров К. М. Новое об инциденте в Майниле. С. 26). Также см. замечания в адрес Маннинена по поводу записей из блокнота Жданова: Барышников В. Н. Советские архивные документы о «плане Жданова» накануне начала «Зимней войны» // Вестник Санкт-Петербургского университета. Сер. 2. История. 2013. № 3. С. 47–48, 51; Лексунова К. Трудности перевода. URL: http://old.rk.karelia.ru/blog/trudnosti-perevoda-2/ [интервью с В. Н. Барышниковым]. Маннергейм сообщал в мемуарах: «Во время войны 1941–1944 годов было взято несколько пленных, которые точно описали, как готовилась эта примитивная провокация» (Маннергейм К. Г. Воспоминания. Минск: Попурри, 2004. С. 228). Упомянутые финским главнокомандующим показания военнопленных перевел на русский Евгений Александрович Балашов: Балашов Е. Провокация в Майнила. URL: https://diletant.media/articles/44496556/. Воспоминания советских ветеранов о ситуации вокруг Майнилы, собранные в 1989–1992-х гг. см.: Степаков В. Еще раз об инциденте в Майниле 26 ноября 1939 г. // Новый часовой. 1995. № 3; кроме того, о ситуации вокруг Майнилы в целом (включая основные дипломатические документы) см.: Тайны и уроки зимней войны. С. 99–106.

войск от границы. Рядом с посвященным обстрелу у Майнилы сообщением ТАСС «Наглая провокация финляндской военщины» читатели советских газет могли увидеть ноту, которую Молотов накануне вручил финскому послу. Этот документ говорил, что советское правительство «не намерено раздувать этот возмутительный акт», но, «заявляя решительный протест по поводу случившегося», требует от северо-западного соседа «незамедлительно отвести свои войска подальше от границы на Карельском перешейке — на 20–25 километров, и тем предотвратить возможность повторных провокаций»[13].

Финны в ответ заявили, что, по их данным, выстрелы прозвучали с советской стороны и, возможно, речь идет о несчастном случае. Отводить войска от границы в одностороннем порядке они не собирались, но предложили приступить к переговорам об их обоюдном отводе, а также произвести совместное расследование Майнильского инцидента. Тогда 28 ноября советская сторона объявила, что финские предложения «изобличают враждебное желание правительства Финляндии держать Ленинград под угрозой», что Финляндия стоит «на враждебных позициях в отношении СССР» и что правительство СССР считает себя свободным от обязательств по действовавшему к тому моменту советско-финляндскому договору о ненападении[14].

30 ноября советские войска перешли границу. Предполагалось, что война будет скоротечной и не слишком сложной. Основные силы врага собирались разгромить за две-три недели, а все в целом должно было занять около месяца[15]. Почти сразу же было объявлено

---

[13] Правда. 1939. 27 ноября; Красная звезда. 1939. 27 ноября; Ленинградская правда. 1939. 27 ноября.

[14] См.: Правда. 1939. 29 ноября; Красная звезда. 1939. 29 ноября; Ленинградская правда. 1939. 29 ноября; Тайны и уроки зимней войны. С. 100–103.

[15] В плане, который командующий Ленинградским округом Кирилл Афанасьевич Мерецков 29 октября 1939 г. представил наркому обороны, не указывался точный срок, но говорилось о мероприятиях в тылу, которые должны были обеспечить проведение операций в течение 15 дней на Видлицком направлении и 8–10 дней на Карельском перешейке (РГВА. Ф. 25888. Оп. 14. Д. 2. Л. 14; Тайны и уроки зимней войны. С. 60). 21 ноября командование Ленинградского военного округа издало директиву, в которой говорилось, что операция должна занять три недели (Соколов Б. В. Тайны финской войны. М.: Вече, 2000. С. 23). В плане действий 9-й армии указано: «Всего на операцию

о создании «народного правительства» и провозглашении «Финляндской демократической республики». Советское руководство тут же заявило, что именно «народное правительство» — легитимная финляндская власть, только его СССР и признает. Когда к Молотову явился шведский посол Винтер и сообщил о желании финского руководства начать мирные переговоры, то Вячеслав Михайлович в ответ заявил, что «Советское правительство не признает так наз[ываемого] "финляндского правительства", уже покинувшего г. Хельсинки и направившегося в неизвестном направлении и потому ни о каких переговорах с этим "правительством" не может теперь стоять вопрос. Советское правительство признает только Народное Правительство Финляндской Демократической Республики, заключило с ним Договор о взаимопомощи и дружбе и это является надежной основой развития мирных и благоприятных отношений между СССР и Финляндией». Об этом же телеграфировали и генеральному секретарю Лиги Наций после того, как он сообщил в Москву, что по просьбе Финляндии будет собран Совет Лиги для обсуждения вопроса о советско-финляндской войне: «Советский Союз не находится в состоянии войны с Финляндией и не угрожает войной финляндскому народу... Советский Союз находится в мирных отношениях с Финляндской Демократической Республикой», чье правительство 1 декабря «обратилось к Правительству СССР с предложением» помочь ФДР «военными силами, для того чтобы совместными усилиями возможно скорее ликвидировать опаснейший очаг войны, созданный в Финляндии ее прежними правителями»[16].

____

потребуется 20 суток» (РГВА. Ф. 34980. Оп. 5. Д. 212. Л. 12 об.; Тайны и уроки зимней войны. С. 83). На полях одного из экземпляров директивы наркома ВМФ от 14 февраля 1940 г., посвященной опыту боевых действий, по-видимому, рукой начальника штаба Балтфлота Юрия Алексеевича Пантелеева написано: «Имелся расчет, что война окончится самое большее через месяц» (РГА ВМФ. Ф. Р-92. Оп. 2. Д. 502. Л. 26). По свидетельству начальника артиллерии Красной армии Николая Николаевича Воронова, заместители наркома обороны Григорий Иванович Кулик и Лев Захарович Мехлис сообщили ему, что на операцию отводится «десять-двенадцать суток» (Воронов Н. Н. На службе военной. М.: Воениздат, 1963. С. 136).

[16] Правда. 1939. 5 декабря; Красная звезда. 1939. 5 декабря; Ленинградская правда. 1939. 5 декабря.

Боевые действия, однако, затянулись. Советские вожди переоценили силы Красной армии и недооценили противника. Они рассчитывали на остроту противоречий внутри финляндского общества, надеялись, что старые обиды финляндской гражданской войны 1918 г. всплывут на поверхность и что трудящиеся финны действительно поддержат правительство Куусинена[17].

В северном Приладожье советские войска стали попадать в котлы-«мотти», еще севернее (в районе Суомуссалми) в окружении последовательно оказались 163-я и 44-я стрелковые дивизии. Но главные события все-таки разворачивались на Карельском перешейке, где находились главные силы обеих сторон. Красная армия уперлась в линию Маннергейма. Декабрьские попытки с ходу прорвать ее провалились (впрочем, и контрнаступление финляндских войск 23 декабря закончилось без успехов). После тщательной подготовки в феврале финские укрепления были преодолены. Советские войска штурмовали Выборг. Еще немного — и дорога на Хельсинки была бы открыта.

Однако советское руководство опасалось расширения войны, вовлечения в нее новых участников, превращения локального, малого конфликта в большой. Поэтому от «программы-максимум» отказались, начались переговоры.

12 марта 1940 г., когда на фронте еще продолжались бои, в Москве был подписан мирный договор. На следующий день, 13-го, война закончилась. Никто не собирался сажать в Хельсинки «правительство» Куусинена — о нем теперь старались лишний раз не вспоминать. Так что финляндское государство отстояло свою независимость. Но при этом СССР все же получил куда больше территорий, чем хотел выторговать на переговорах в октябре — ноябре — тогда,

---

[17] Американские авторы в 1970-х гг. писали: «Если бы русские вторглись в страну в начале 30-х годов, на их стороне выступили бы массы финских рабочих и крестьян, разделявших коммунистические убеждения. Но к концу десятилетия настроения изменились — даже самые низкооплачиваемые рабочие и левые активисты остро переживали за судьбу независимой Финляндии и испытывали чувства недоверия к России. В Советском Союзе либо не догадывались об этой перемене, либо игнорировали ее» (Энгл Э., Паананен Л. Зимняя война: Советское нападение на Финляндию 1939–1940. М.: АСТ; АСТ Москва, 2006. С. 70).

например, совсем не шло речи о Выборге, а теперь он стал советским городом.

Финский писатель Вяйнё Линна так сказал об итогах Зимней войны в романе «Неизвестный солдат»:

> Эта война получилась самой лучшей из всех предыдущих, так как в ней победили обе стороны. Финны победили чуть меньше, так как им пришлось отдать часть земель противнику и отступить за появившуюся в этой связи новую границу[18].

Войну между СССР и Финляндией часто именуют «незнаменитой». Так во время Великой Отечественной ее назвал в своих стихах Александр Трифонович Твардовский. И сей эпитет прочно закрепился как прозвище. Понятно отчего. Начавшаяся в 1941 г. новая война заслонила для советских людей все предшествовавшие ей малые войны и конфликты — и по масштабам, и по потерям, и по значимости.

Но все-таки про эту «незнаменитую» войну написано немало работ. Историки исследовали и политическую историю советско-финляндского столкновения, и события на фронте.

Однако жизнь Ленинграда и окрестностей во время войны оказалась на периферии внимания исследователей.

А ведь город на Неве был важнейшим промышленным, транспортным, научным, образовательным и культурным центром. И располагался в непосредственной близости от фронта. В докладе наркома Ворошилова отмечалось, что во время войны «рабочий Ленинград представлял собой ближайший и действенный тыл военного фронта»[19]. Дмитрий Федорович Устинов (в то время — директор завода «Большевик») позднее говорил в мемуарах, что «Ленинград превратился, по существу, в прифронтовой город»[20].

Как именно Ленинград выполнял эту роль «ближайшего и действенного тыла»? Что он сделал для фронта? Как война повлияла на жизнь ленинградцев, на их труд и быт, на их повседневность?

---

[18] Линна В. Неизвестный солдат. Выборг: Историко-культурный центр Карельского перешейка, 2017. С. 11.
[19] Тайны и уроки зимней войны. С. 445.
[20] Устинов Д. Ф. Во имя Победы. М.: Воениздат, 1988. С. 102.

Для начала посмотрим, что же все-таки сделали в исследовании данных сюжетов многочисленные историки, работавшие над изучением советско-финляндской войны.

Развитие всей отечественной историографии, посвященной Зимней войне, можно разделить на два периода: советский и постсоветский.

Внутри советского периода отчетливо выделяются три этапа.

Первый начался сразу после того, как в марте 1940 г. был подписан мирный договор. Историей противостояния СССР и Финляндии занимались еще не историки, а военные. По распоряжению Генерального штаба Красной армии от 28 марта 1940 г., для сбора, обработки и изучения материалов о столкновении двух стран при штабе Ленинградского военного округа (ЛВО) был учрежден исторический отдел. По приказу наркома обороны от 11 июня 1940 г. отдел переехал в Москву и был реорганизован в комиссию для составления истории войны[21]. Главный печатный орган наркомата обороны газета «Красная звезда» объявила, что сотрудники комиссии напишут шеститомный труд «Советско-финляндская война 1939–1940 гг.». Работу над книгой планировали закончить к 1 марта 1942 г.[22] В течение 1940 г. был составлен подробный план всех томов, его утвердил сменивший Ворошилова на посту наркома обороны Семен Константинович Тимошенко[23]. Но из-за начала Великой Отечественной войны этот труд не был завершен[24].

---

[21] «Продолжаем продвигаться в глубь безуютной страны» // Источник. 1993. № 3. С. 29–30; Авилкин А. М. Основные аспекты развития отечественной историографии советско-финляндской войны 1939–1940 гг. // Вестник Военного университета. 2010. № 2. С. 79.

[22] Красная звезда. 1940. 19 июля; текст приказа наркома обороны от 11 июля 1940 г. о создании комиссии по составлению труда «Советско-финляндская война 1939–1940 гг.» см.: Булгаков Д. В., Турков А. Г. Тыл Красной Армии в советско-финляндской войне (1939–1940 гг.). М.: [Военно-научный комитет Тыла ВС РФ], 2008. С. 223.

[23] Один из экземпляров плана хранится в архиве военно-морского флота: РГА ВМФ. Ф. Р-1529. Оп. 2. Д. 642.

[24] Также о комиссии и результатах ее работы см.: Булгаков Д. В., Турков А. Г. Тыл Красной Армии в советско-финляндской войне. С. 152–154.

Одновременно военные моряки сформировали свою историческую комиссию — при Главном морском штабе (ГМШ). Ее задачей было описание боевых действий на море. Вскоре эту комиссию подчинили комиссии наркомата обороны. На моряков возложили ответственность за создание 7-го тома «Советско-финляндской войны», посвященного действиям ВМФ. В отличие от комиссии при наркомате обороны, комиссия при ГМШ свою задачу выполнила. В 1942 г. рукопись была готова, а в 1945–1946 гг. ее издали ограниченным тиражом для командно-начальствующего состава флота[25]. В 2002 г. этот труд переиздали[26].

Сотрудники комиссий интересовались прежде всего боевыми операциями. Хотя авторы работы о войне на море упоминали отдельные мероприятия в тылу (создание Ладожской военной флотилии, развертывание госпиталей), в основном жизнь Ленинграда и Ленинградской области, а также действия городских и областных властей оставались вне поля их зрения.

В 6-м томе «Советско-финляндской войны» («Политическая работа в советско-финляндской войне 1939–1940 гг.») планировалась глава «Трудящиеся города Ленина и ленинградские большевики в период войны с белофиннами»[27]. Однако многотомник так и не увидел свет, а если где-то в архивах и отложились черновые материалы этой главы, то историкам они пока неизвестны.

В 1940-е гг. были созданы и другие монографии о боях против финляндских армии и флота. Некоторые из них предназначались для служебного пользования, другие в связи с развернувшейся Великой Отечественной войной остались неопубликованными рукописями[28].

---

[25] См.: Петров П. В. Деятельность Исторической комиссии ВМФ по написанию труда «Советско-финляндская война 1939–1940 гг. на море». URL: http://www.russika.ru/userfiles/adm_1332094768.pdf

[26] Советско-финляндская война 1939–1940 гг. Боевые действия на море. СПб.: Остров, 2002.

[27] РГА ВМФ. Ф. Р-1529. Оп. 2. Д. 642. Л. 50.

[28] Характеристику некоторых из этих работ см.: Петров П. В. Краснознаменный Балтийский флот накануне Великой Отечественной войны: 1935 — весна 1941 г.: дис. … д. и. н. СПб., 2014. С. 25–26; Петров П. Балтийский флот. Финский гамбит. М.: Яуза, 2005. С. 23–24.

Второй этап эволюции советской историографии начался в середине 1950-х и продолжался до середины 1980-х гг.

В условиях «оттепели» историки стали активнее работать над сюжетами, связанными с Великой Отечественной войной, — в том числе и над проблемами ее предыстории[29]. Затрагивалось и столкновение с Финляндией. Специальных исследований, посвященных Зимней войне, не издавалось, однако о ней говорилось в работах, касавшихся более широких тем. В общих чертах она была описана в трудах по истории Второй мировой и Великой Отечественной войн, отечественных вооруженных сил и советско-финляндских отношений[30]. Авторы этих книг рассказывали о советско-финляндских отношениях в целом, а также о боевых действиях. Перестройка жизни Ленинграда была на периферии или оставалась за пределами их внимания.

В 1964 г. свет увидел 4-й том «Очерков истории Ленинграда», в котором несколько страниц были посвящены конфликту СССР с северо-западным соседом. Авторы обратили внимание на то, что «Ленинград принял облик прифронтового города». В данной связи упоминалось о введении светомаскировки, проблемах со снабжением, работе промышленности для фронта, сборах подарков для красноармейцев, формировании добровольческих батальонов.

---

[29] В 1945–1955 гг. в СССР появилось около 1200 книг, брошюр и журнальных статей по тематике Второй мировой и Великой Отечественной, а за следующие пять лет (1956–1961 гг.) — более 2000 (История Великой Отечественной войны Советского Союза 1941–1945. Т. 6. Итоги Великой Отечественной войны. М.: Воениздат, 1965. С. 406).

[30] История Великой Отечественной войны Советского Союза 1941–1945. Т. 1. Подготовка и развязывание войны империалистическими державами. М.: Воениздат, 1960. С. 258–278; История второй мировой войны 1939–1945. Т. 3. Начало войны. Подготовка агрессии против СССР. М.: Воениздат, 1974. С. 358–365; История отечественной артиллерии. Т. III. Артиллерия Советской Армии до Великой Отечественной войны (октябрь 1917 г. — июнь 1941 г.). Кн. 8. Советская артиллерия в период между гражданской и Великой Отечественной войнами (1921 г. — июнь 1941 г.). М.–Л.: [Управление командующего ракетными войсками и артиллерией; Военно-исторический музей артиллерии и инженерных войск], 1964. С. 536–667; Барышников Н. И., Барышников В. Н. Финляндия во второй мировой войне. Л., 1985. С. 16–28.

Приводимые факты служили иллюстрациями патриотизма и трудового героизма ленинградцев. При этом раздел, в котором среди прочего рассказывалось о войне с Финляндией, назывался «Выборы в Советы. Борьба трудящихся за укрепление обороноспособности СССР». Судя по данному заголовку, проведенные в декабре 1939 г. выборы в местные советы представляли более значимое явление, чем война с располагавшимся совсем рядом государством[31].

В самых общих чертах затрагивались сюжеты из истории советско-финляндской войны в ряде изданий конца 1960-х — первой половины 1970-х гг. Приводились отрывочные сведения о выполнении предприятиями города военных заказов, об отправке на фронт добровольцев, санитаров, ремонтных бригад. Говорилось о донорстве и сборе подарков[32]. Этими фактами иллюстрировались тезисы вроде: «Огромное мужество, высокое понимание своего долга проявили рабочие Ленинграда во время войны с Финляндией зимой 1939/40 года»[33]; «Трудящиеся Ленинграда и области внесли свой достойный вклад в дело победы, показали образцы четкости и организованности, самоотверженного труда для обеспечения Красной Армии всем необходимым для победы»[34].

В 1974 г. был издан третий том «Истории второй мировой войны». В этой книге по отношению к столкновению с Финляндией термин «война» не употреблялся. Столкновение двух стран везде именовалось «военным конфликтом», или просто «конфликтом». Вероятно, это сделали, чтобы снизить значимость события в глазах читателей. Как отмечают современные авторы, «в условиях

---

[31] Очерки истории Ленинграда. Т. 4. Период Великой Октябрьской социалистической революции и построения социализма в СССР. 1917–1941 гг. М.–Л.: Наука, 1964. С. 413–417.

[32] Очерки истории Ленинградской организации КПСС. Л.: Лениздат. 1968. Ч. II. Ноябрь 1917 — 1945. Л.: Лениздат, 1968. С. 567–569; Очерки истории Ленинградской организации ВЛКСМ. Л.: Лениздат, 1969. С. 288–289; История рабочих Ленинграда. 1703–1965. Т. 2. 1917–1965. Л.: Наука, 1972. С. 271–272; История ордена Ленина Ленинградского военного округа. М.: Воениздат, 1974. С. 165–167; Кузнецова Л. С. Ленинградская партийная организации в предвоенные годы (1938 г. — июнь 1941 г.). Л.: Лениздат, 1974. С. 98–102.

[33] История рабочих Ленинграда. Т. 2. С. 272.

[34] Очерки истории Ленинградской организации КПСС. Ч. II. С. 567.

формирования дружественных советско-финляндских отношений советские историки старались не затрагивать в своих исследованиях трагический период... во взаимоотношениях Финляндии и нашей страны»[35]. Двенадцатитомная «История второй мировой войны» носила ориентирующий и даже директивный характер. После выхода ее третьего тома о Зимней войне стали писать меньше. Во второй половине 1970 — начале 1980-х гг. из новых работ историков стали исчезать даже факты, иллюстрировавшие трудовой героизм ленинградцев в дни советско-финляндской войны.

В напечатанных в 1980 г. «Очерках истории Ленинградской организации КПСС» в разделе, посвященном «работе по подготовке трудящихся к защите социалистического Отечества» в 1938–1941 гг., война с Финляндией упоминалась лишь один раз. О ней говорилось: «Получив подготовку в организациях Красного Креста, оборонно-санитарные кадры в период военного конфликта с Финляндией оказали значительную помощь Красной Армии»[36].

В книге Андрея Ростиславовича Дзенискевича о ленинградских рабочих в 1938–1941 гг. война также затрагивалась в самом общем плане. Одна из глав была посвящена «оборонно-массовой» работе накануне Великой Отечественной войны[37]. Историк написал о разных видах такой работы (пропаганда, деятельность Осоавиахима, учения ПВО и т. д.), но никак не увязал их с советско-финляндскими боевыми действиями, не отметил их влияние на жизнь города. Как и в «Очерках истории Ленинградской организации КПСС», конфликт упомянут, но мимоходом: например, сообщалось, что в августе 1940 г. на городском съезде призывников среди выступавших

---

[35] Кривошеев Ю. В., Заостровцев Б. П. Слово об авторе, его жизненном пути и творчестве // Барышников Н. И. Финляндия: Из истории военного времени 1939–1944. С. 10.

[36] Очерки истории Ленинградской организации КПСС. 1883–1977 гг. / Сост. З. С. Миронченкова. Т. 2. 1918–1945. Л.: Лениздат 1980. С. 356; нужно указать, что это новая книга, а не переиздание «Очерков», упоминавшихся в одной из ссылок выше.

[37] Дзенискевич А. Р. Рабочие Ленинграда накануне Великой Отечественной войны. 1938 — июнь 1941 г. Л.: Наука (Ленинградское отделение), 1983. С. 173–204.

были и «герои войны с белофиннами»[38]. В другом месте вскользь отмечено: в печати «особое внимание уделялось героям... отличившимся в боях на Дальнем Востоке и Карельском перешейке»[39]. Примечательно, что и в «Очерках» по истории парторганизации, и в труде Дзенискевича приводились сведения о принятых весной — летом 1940 г. решениях «перестроить» оборонную работу[40]. Однако не говорилось, что эти решения были прямым следствием советско-финляндской войны, в условиях которой Осоавиахим и другие «оборонные» организации, по мнению партийных руководителей, «показали свою несостоятельность»[41]. (Можно отметить, что аналогичным образом выглядит параграф о «патриотическом воспитании и военном обучении» накануне Великой Отечественной и в монографии Дзенискевича, изданной позже, уже в 1990 г.[42]).

Указанные работы описывали события так, будто боевые действия, происходившие в нескольких десятках километров от города, почти не влияли на его жизнь, как будто советско-финляндская война происходила не совсем рядом, а так же далеко, как столкновения с японскими войсками в Монголии.

Следующий, третий и последний этап советского периода развития историографии выпал на время перестройки. На рубеже 1980–1990-х гг. появился ряд научных и научно-популярных статей, посвященных «незнаменитой» войне[43]. Михаил Иванович Се-

---

[38] Дзенискевич А. Р. Рабочие Ленинграда накануне Великой Отечественной войны. С. 194.

[39] Там же. С. 176. См. также: Там же. С. 180, 196.

[40] Очерки истории Ленинградской организации КПСС. 1883–1977 гг. Т. 2. С. 355; Дзенискевич А. Р. Рабочие Ленинграда накануне Великой Отечественной войны. С. 188.

[41] Данная формулировка относится к работе областной и городской организаций Осоавиахима и взята из адресованной секретарям обкома и горкома записки заведующего военного отдела обкома Д. Н. Соболева и заведующего военного отдела горкома И. А. Верхоглаза «О перестройке военной работы Осоавиахима» от 13 июня 1940 г. (ЦГАИПД СПб. Ф. 24. Оп. 12. Д. 20. Л. 8).

[42] Дзенискевич А. Р. Накануне и в дни испытаний. Ленинградские рабочие в 1938–1945 гг. Л.: Наука (Ленинградское отделение), 1990. С. 74–79.

[43] Война, которой могло не быть? Беседа с Александром Донгаровым и Анатолием Носковым // Страницы истории: Дайджест прессы 1989.

миряга опубликовал брошюру «Советско-финляндская война»[44]. Николай Иванович Барышников, Владимир Николаевич Барышников и Владимир Георгиевич Федоров в 1989 г. во втором издании книги «Финляндия во Второй мировой войне» (первое издание появилось в 1985-м) уделили Зимней войне целых 65 страниц (в первом издании их было лишь 12)[45]. В этих работах историки писали о политических аспектах событий, о боевых действиях, но не акцентировали внимание на мобилизационных мероприятиях в Ленинграде и Ленинградской области. Также нужно упомянуть посвященную жизни танкового конструктора Жозефа Яковлевича Котина коллективную работу «Конструктор боевых машин», авторы которой описали работу конструкторов Кировского завода в дни войны с Финляндией, в том числе — создание новой техники[46].

Наконец, нужно остановиться на последнем — постсоветском — периоде развития историографии. Он отмечен появлением множества посвященных Зимней войне книг[47]. Некоторые из них

Июль — декабрь. Л.: Лениздат, 1990; Ващенко П. Ф. Если бы Финляндия и СССР... // Военно-исторический журнал. 1990. № 1; Барышников Н. И. Советско-финляндская война 1939–1940 гг. // Новая и новейшая история. 1989. № 4; Барышников Н., Барышников В. «Зимняя война» // Аврора. 1990. № 2, 3; Донгаров А. Г. Предъявлялся ли Финляндии ультиматум? // Военно-исторический журнал. 1990. № 3; Донгаров А. Г. Война, которой могло не быть (К политической и дипломатической истории советско-финляндского вооруженного конфликта 1939–1940 гг.) // Вопросы истории. 1990. № 5; Монаков М. «Факел» над Балтикой // Морской сборник. 1990. № 3; Носков А. М. Радянсько-фінляндська війна 1939–1940 рр. // Український історичний журнал. 1990. № 1, 2; Носков А. М. Северный узел // Военно-исторический журнал. 1990. № 7; Семиряга М. И. Ненужная война // Архивы раскрывают тайны...: Международные вопросы: события и люди. М.: Политиздат, 1991; Чевела П. П. Итоги и уроки советско-финляндской войны // Военная мысль. 1990. № 4.

[44] Семиряга М. И. Советско-финляндская война (К 50-летию окончания). М.: Знание, 1990.

[45] Барышников Н. И., Барышников В. Н., Федоров В. Г. Финляндия во второй мировой войне. Л.: Лениздат, 1989. С. 58–123.

[46] Конструктор боевых машин. Л.: Лениздат, 1988. С. 90–112.

[47] Например: Аптекарь П. Советско-финляндские войны; Барышников В. Н. От прохладного мира к зимней войне: Восточная политика Финляндии в 1930-е годы. СПб.: Изд-во С.-Петерб. ун-та, 1997; Барышников Н. И.

стали результатом совместного творчества российских и финляндских историков[48]. Большинство исследователей по-прежнему сосредоточивались на политической и военной стороне событий, хотя и не ограничились ими. Некоторые авторы общих работ о советско-финляндской войне изучали мероприятия по созданию «Финской народной армии» и Ладожской военной флотилии (ЛВФ), работу ленинградских госпиталей, экономическую обстановку внутри СССР.

Отдельные связанные с Зимней войной мобилизационные мероприятия затронуты в трудах, посвященных Великой Отечественной войне. Так, процесс создания Ладожской флотилии охарактеризован в диссертации Олега Викторовича Козлова[49].

Накануне войны с Финляндией, в сентябре — октябре 1939 г., была проведена скрытая мобилизация РККА и ВМФ. Ее ход в Ленинградском военном округе изучал Станислав Александрович Жуков. Он охарактеризовал состояние мобилизационных планов и материальное обеспечение проводившихся мероприятий[50]. Исследователь пришел к выводу, что мобилизация «застала врасплох гражданских и военных руководителей региона», выявила «неготовность органов государственного руководства к ее организации».

Финляндия: Из истории военного времени 1939–1944; Иринчеев Б. Прорыв линии Маннергейма: Оболганная победа Сталина. М.: Эксмо; Яуза, 2014; Иринчеев Б. Танки в Зимней войне. М.: Тактикал Пресс, 2013; Коломиец М. В. Танки в Финской войне 1939–1940 гг. М.: Яуза; Эксмо, 2013; Петров П. Балтийский флот. Финский гамбит; Петров П. В. «Зимняя война». Балтика 1939–1940. Хельсинки: RME Grour Oy, 2008; Сейдин И. И. Линия Маннергейма и Красная армия; Советско-финляндская война 1939–1940: в 2 т.; Фролов Д. Д. Советско-финский плен. 1939–1944 гг. По обе стороны колючей проволоки. Хельсинки — СПб.: RME Grour Oy; Алетейя, 2009.

[48] Зимняя война 1939–1940. Кн. 1; Раунио А., Килин Ю. Сражения Зимней войны. Петрозаводск: Изд-во Петрозавод. гос. ун-та, 2014.

[49] Козлов О. В. Ладожские моряки в период Великой Отечественной войны: дис. ... канд. ист. наук. СПб., 2015. С. 19–25.

[50] Жуков С. А. Мобилизация Ленинградского военного округа 1939 г. и ее влияние на безопасность Северо-Западного региона СССР // Обеспечение национальной безопасности Российской Федерации в Северо-Западном регионе в условиях глобализации и формирования новой архитектуры мирового порядка в конце XX — начале XXI в.: Материалы работы круглого стола 17 мая 2007 г. СПб.: Альба, 2007.

Для Жукова очевидна связь «низкого качества проведения мобилизационных мероприятий» и больших потерь советских войск во время войны с Финляндией[51].

Мобилизационные мероприятия Балтийского флота исследовал Павел Владимирович Петров, посвятивший им отдельную статью[52].

Ряд исследователей изучали процессы, происходившие в ленинградской промышленности. Владимир Николаевич Барышников написал для коллективной российско-финляндской монографии «Зимняя война 1939–1940. Политическая история» раздел об экономической обстановке в СССР[53]. Особое внимание историк уделил ситуации, сложившейся в Ленинграде. Он указал на трудности, с которыми город на Неве столкнулся в военный период (нехватка топлива и электроэнергии), и высказал мнение: тяжелое внутреннее положение СССР было одним из факторов, заставивших «принимать срочное решение о прекращении войны»[54].

Андрей Ростиславович Дзенискевич, которого я уже упоминал выше (когда говорил о советской историографии), в монографии «Фронт у заводских стен» проанализировал документы, посвященные обобщению опыта работы заводов и фабрик города в период войны[55]. Он отметил, что «определенные выводы» были сделаны, но «они касались лишь некоторых организационных вопросов и не затрагивали в целом сложившуюся систему в высшей степени централизованного и бюрократизированного руководства промышленностью»[56].

Павел Владимирович Петров также исследовал тему производства предприятиями Ленинграда новых моделей техники и вооружения, которые, по его словам, «почти сразу же применялись на фронте и принесли большую пользу». Он считает, что опыт создания и запуска в серию вновь созданных образцов оружия «показал,

---

[51] Там же. С. 30.

[52] Петров П. В. Скрытая мобилизация на Балтийском флоте осенью 1939 г. // Вопросы истории. 2010. № 12.

[53] Зимняя война 1939–1940. Кн. 1. С. 215–227.

[54] Там же. С. 225.

[55] Дзенискевич А. Р. Фронт у заводских стен. Малоизученные проблемы обороны Ленинграда (1941–1944). СПб.: Нестор, 1998. С. 153–170.

[56] Там же. С. 169.

как можно быстро и эффективно решать... проблемы в деле оснащения вооруженных сил»[57].

Александр Николаевич Щерба в своих книгах о ленинградском военпроме специально выделил период Зимней войны, рассказал о продукции ленинградских предприятий, поставлявшейся в армию, и о выявившихся в ходе войны проблемах, о попытках решить их[58]. Он утверждает: «...война продемонстрировала действенность и эффективность всех структурных элементов военной промышленности Ленинграда... Однако... война выявила и ряд очень важных нерешенных проблем»[59]. При этом, хотя Щерба и привел ряд фактов, нельзя сказать, что он по-настоящему глубоко проанализировал их.

Другой исследователь, Петр Петрович Минаев, изучая развитие военной промышленности города в 1920–1930-х гг., тоже дал краткую характеристику изменений в работе ленинградских предприятий в ходе и сразу после войны с финнами[60].

Анатолий Андреевич Гетманцев и Александр Николаевич Екимов написали статью о серьезном достижении ленинградских ученых и производственников, обеспечивших Красную армию миноискателями[61].

---

[57] Петров П. В. Ленинградская промышленность в период советско-финляндской войны 1939–1940 гг.: создание новых образцов вооружения и техники // Санкт-Петербург и страны Северной Европы. 17 (№ 2). Тематический выпуск: Россия, Финляндия и Скандинавия: Проблемы взаимовосприятия. Материалы шестых Барышниковских чтений (25 сентября 2016 г.). Выборг: Историко-архитектурный музей-заповедник «Выборгский замок»; Историко-этнографический музей-заповедник «Ялкала», 2016. С. 80.

[58] См.: Щерба А. Н. Военная промышленность Ленинграда в 20–30-е годы. СПб.: Нестор, 1999. С. 125–129; Щерба А. Н. Военная индустрия Санкт-Петербурга — Ленинграда в 1900–1940-е годы. М.–СПб.: НИИ (ВИ) ВАГШ ВС РФ, 2012. С. 311–313, 315–330, 332, 335–340, 342, 352, 353, 356.

[59] Щерба А. Н. Военная промышленность Ленинграда. С. 127–128.

[60] Минаев П. П. Реализация промышленностью Петрограда — Ленинграда государственной военно-технической политики в области развития важнейших видов вооружения, военной техники и боеприпасов для сухопутных войск Красной армии (20–30-е гг. XX в.): автореф. дис. ... д-ра ист. наук. СПб., 2006. С. 26–27.

[61] Гетманцев А. А., Екимов А. Н. История одного изобретения. К 90-летнему юбилею Военной академии связи имени маршала С. М. Буденного // Фотон-Экспресс. 2009. № 7; Этот же текст перепечатан: Гетманцев А. А., Екимов А. Н.

В некоторых специальных работах по истории военной техники также затрагивается работа предприятий Ленинграда в дни советско-финляндского конфликта. Например, в исследованиях, посвященных бронетехнике, говорится о создании новых образцов, про работы по экранированию танков и т. д.[62]

Евгений Анатольевич Бочков обратился к исследованию тылового обеспечения РККА в вооруженных конфликтах и локальных войнах конца 1930-х — начала 1940-х гг. Одна из глав его монографии посвящена советско-финляндской войне. Сосредоточившись на изучении органов тыла Красной армии, он дал характеристику некоторым аспектам работы транспортной системы, а также коснулся вопросов медицинского обеспечения войск[63].

Станислав Александрович Жуков (упоминался выше в связи со статьей о мобилизации осени 1939 г.) посвятил свои работы материальному снабжению РККА в ходе Зимней войны[64]. Поставив

История одного изобретения. Как за одну ночь был разработан миноискатель // Фотон-Экспресс. 2010. № 6.

[62] Попов Н. С., Петров В. И., Попов А. Н., Ашик М. В. Без тайн и секретов. Очерки 60-летней истории танкового конструкторского бюро на Кировском заводе в Санкт-Петербурге. СПб.: Прана, 1997. С. 40–46; Свирин М. Н. Броневой щит Сталина. История советского танка. 1937–1943. М.: Яуза; Эксмо, 2006. С. 112–115; Свирин М. Н. Самоходки Сталина. История советской САУ 1919–1945. М.: Яуза; Эксмо, 2008. С. 124–128; Коломиец М. В. Средний танк Т-28. Трехглавый монстр Сталина. М.: Стратегия КМ; Эксмо, 2007. С. 80; Коломиец М. В. Т-26. Тяжелая судьба легкого танка. М.: Стратегия КМ; Эксмо, 2007. С. 66–73; Коломиец М. В. Ленинградские КВ-1. М.: Тактикал Пресс, 2012. С. 16–28; Коломиец М. В. Танки в Финской войне 1939–1940 гг. С. 32–34, 63, 79, 124–139.

[63] Бочков Е. А. Вооруженные конфликты и локальные войны с участием РККА (конец 1930-х — начало 1940-х гг.): Тыловое обеспечение войск. СПб.: Изд-во ВАТТ, 2007. С. 105–151; также см.: Бочков Е. А. Транспортное обеспечение Красной Армии в советско-финляндской войне 1939–1940 гг. // Санкт-Петербург и страны Северной Европы: Материалы Десятой ежегодной международной научной конференции (16–17 апреля 2008 г.). СПб.: РХГА, 2009.

[64] Жуков С. А. Организация материального снабжения Красной армии в Советско-финляндской войне 1939–1940 гг. СПб.: ВАТ, 2010; Жуков С. А. Об оценке работы тыла советских войск в период «зимней войны» 1939–1940 гг. // Санкт-Петербург и страны Северной Европы: Материалы Десятой

в центр исследования работу службы тыла, он в данном контексте обратился и к событиям, происходившим в Ленинграде. Жуков охарактеризовал транспортную обстановку в Северо-Западном регионе СССР накануне и в ходе войны, кратко описал кампанию по сбору подарков для Красной армии и работу предприятий города по снабжению войск боеприпасами и продуктами, отметил перебои в снабжении города. Бочков и Жуков также приняли участие в создании коллективной монографии о материально-техническом снабжении РККА в локальных конфликтах рубежа 1930–1940-х гг., в которой советско-финляндской войне посвящена отдельная глава[65].

Материальное обеспечение войск и работа транспорта были тесно связаны со снабжением Ленинграда и области. Торговлю и продовольственное снабжение 1930-х гг., борьбу со спекуляцией изучала Елена Дмитриевна Твердюкова. В книге «“Преступления без жертв”: уголовно-правовая охрана советской торговли (на материалах предвоенного Ленинграда)» и ряде статей она коснулась

ежегодной международной научной конференции (16–17 апреля 2008 г.). СПб.: РХГА, 2009; Жуков С. А. Патриотизм в условиях социального кризиса: экономический аспект (на опыте советско-финляндской войны 1939–1940 гг.) // Гражданственность и патриотизм в процессе обучения и воспитания в учебных заведения: материалы Всерос. науч.-практич. конф. СПб.: ЛГУ им. А. С. Пушкина, 2007; Жуков С. А., Колесник М. И. Состояние экономики Северо-Запада СССР перед советско-финляндской войной 1939–1940 гг. // Экономические интересы государств на Севере Европы и в Балтийском регионе, их влияние на военно-политические отношения Российской Федерации с сопредельными государствами. История и современность. Материалы работы круглого стола 22 мая 2008 г. СПб.: Альба, 2008; Жуков С. А. Состояние экономики СССР и северо-западного региона во второй половине 1930-х годов и его влияние на обороноспособность страны // 65-летие снятия блокады Ленинграда и освобождения Ленинградской области: Всерос. науч. конф. 19 января 2009 г. СПб.: ЛГУ им. А. С. Пушкина, 2009; Жуков С. А. Деятельность руководства Ленинграда и области по организации снабжения войск в ходе советско-финляндской войны 1939–1940 гг. // Чтения по военной истории. СПб.: Изд-во С.-Петерб. ун-та, 2011.

[65] Материально-техническое обеспечение Красной армии в вооруженных конфликтах и локальных войнах (конец 1930-х — начало 1940-х гг.): Военно-теоретический труд. СПб.: ВАМТО, 2016. С. 179–303.

и ситуации периода накануне и во время войны с Финляндией[66]. В статье «Кризис снабжения в Ленинграде накануне Великой Отечественной» историк охарактеризовала пережитые в 1939–1940 гг. городом трудности, вызванные транспортными проблемами и ажиотажным спросом. Она пришла к выводу, что власти отказывались признать «наличие системного кризиса» и не извлекли из ситуации серьезных уроков. В итоге «Ленинград оказался совершенно не готов к условиям затяжной войны и блокады»[67].

Влияние войны на обеспечение города продовольствием также изучал и Станислав Александрович Жуков. По его словам, во время войны с Финляндией «все гражданские ведомства снабжались по остаточному принципу», приоритетной задачей было обеспечение войск. В результате не возникло «никаких срывов снабжения войск» по вине городских и областных властей, но это сильно отличалось «от ситуации в деле снабжения гражданского населения». Нельзя сказать, что его бросили на произвол судьбы. Общесоюзные и местные руководители, пытаясь нормализовать положение, «предприняли много усилий», но достичь этой цели не удавалось «вплоть до конца войны»[68].

Сергей Валерьевич Критский в работах, посвященных истории Ленинградского железнодорожного узла, охарактеризовал возникшие в период боевых действий транспортные сложности, выявил их

---

[66] См.: Твердюкова Е.Д. «Преступления без жертв»: Уголовно-правовая охрана советской торговли (на материалах предвоенного Ленинграда). СПб.: Изд. дом С.-Петерб. ун-та. 2010. С. 59, 81–96; Твердюкова Е.Д. «Кто раньше ел, тот и сейчас будет, а мы только смотрим». Продовольственное снабжение Ленинграда во второй половине 1930-х годов // Родина. 2006. № 6. С. 83–84; Твердюкова Е.Д. Борьба со спекуляцией во второй половине 1930-х годов в Ленинграде // Клио. 2007. № 2. С. 72–73; Твердюкова Е.Д. Колхозная торговля Ленинграда 1930-х годов // Вестник С.-Петерб. ун-та. Сер. 2. История. 2007. № 4. С. 132.

[67] Твердюкова Е.Д. Кризис снабжения в Ленинграде накануне Великой Отечественной войны // Университетский историк: Альманах. Вып. 4. СПб.: Изд-во С.-Петерб. ун-та, 2007. С. 129.

[68] Жуков С.А. Влияние Советско-финляндской войны 1939–1940 годов на обеспечение продовольствием населения Ленинграда и области // Известия Юго-Западного гос. ун-та. Сер. История и право. 2016. № 4. С. 172–173.

причины и изучил пути их решения. Он отметил, что власти осуществили целый ряд мероприятий по реконструкции и совершенствованию узла, что позволило частично преодолеть обнаружившиеся трудности, а уже после войны в результате продолжения указанных работ в 1940–1941 гг. узел в значительной мере приобрел современный вид[69].

Важным направлением исследовательской работы стало изучение деятельности органов здравоохранения. В частности, в вышедшей в свет в 2005 г. коллективной монографии содержатся сведения о состоянии развернутой в Ленинграде и пригородах госпитальной базы, а также о положении городской системы здравоохранения[70]. Особо нужно отметить работы Дмитрия Алексеевича Журавлева. В своей диссертации он подробно охарактеризовал городскую систему здравоохранения накануне советско-финляндского конфликта, состояние и функционирование госпитальной базы Ленинграда во время войны, процесс обобщения полученного опыта[71]. Кроме того, нужно отметить ряд статей этого автора, также посвященных военно-медицинской системе. Историк описывает деятельность медучреждений города, их мобилизацию для нужд армии, взаимоотношения гражданских и военных ведомств. Он выявляет место ленинградских госпиталей в системе обслуживания фронта, подробно характеризует некоторые источники[72]. Журавлев также дал

---

[69] Критский С. В. История развития Петроградского (Ленинградского) железнодорожного узла в 1914–1941 гг.: дис. ... канд. ист. наук. СПб., 2017. С. 215–227; Критский С. В. Развитие Ленинградского железнодорожного узла и подходов к нему в период Советско-Финской войны и после ее окончания (1939–1941) // Известия Петерб. ун-та путей сообщения. 2013. № 3.

[70] Будко А. А., Иванькович Ф. А. Военная медицина СССР и Финляндии в Советско-финляндской (Зимней) войне 1939–1940 гг. СПб.: ВММ МО РФ, 2005. С. 118–121, 175–206.

[71] Журавлев Д. А. Роль здравоохранения в подготовке Ленинграда к войне. 1938–1940 гг.: дис. ... канд. ист. наук. СПб., 2004.

[72] Журавлев Д. А. Медицинская помощь раненым в ходе советско-финляндской войны // Военно-исторический журнал. 2002. № 7; Журавлев Д. А. Взаимодействие гражданских и военных органов при создании системы медицинской помощи в Ленинграде во время советско-финляндской войны // Санкт-Петербург и страны Северной Европы: Материалы Шестой

характеристику некоторым вызванным войной изменениям социально-экономической обстановки в Ленинграде (прежде всего связанным с состоянием дел в сфере медицины)[73].

Развертывавшиеся в непосредственной близости от города боевые действия не могли не оказывать существенного влияния на настроения горожан. При этом ленинградцев, как и всех остальных советских граждан, пыталась обработать в нужном для

ежегодной научной конференции (14–16 апреля 2004 г.). СПб.: РХГА, 2005; Журавлев Д. А. Организация медицинской помощи раненым и больным в Ленинграде во время советско-финляндской войны. URL: http://www.rhga.ru/science/conferences/spbse/2001/zhuravlev.php; Журавлев Д. А. Обобщение опыта медицинского обеспечения Красной армии в период советско-финляндской войны 1939–1940 гг. // Санкт-Петербург и страны Северной Европы: Материалы Восьмой ежегодной научной конференции (13–14 апреля 2006 г.). СПб.: РХГА, 2007; Журавлев Д. А. Медицинские работники Ленинграда в период советско-финляндской войны 1939–1940 гг. // Санкт-Петербург и страны Северной Европы: Материалы Десятой ежегодной международной научной конференции (16–17 апреля 2008 г.). СПб.: РХГА, 2009; Журавлев Д. А. Советско-финляндская война 1939–1940 гг. в воспоминаниях медиков // Санкт-Петербург и страны Северной Европы: Материалы Двенадцатой ежегодной научной конференции (14–15 апреля 2010 г.). СПб.: РХГА, 2011; Журавлев Д. А. Лечебные учреждения Ленинграда после окончания советско-финляндской войны: уроки и просчеты // Санкт-Петербург и страны Северной Европы: Материалы Тринадцатой ежегодной научной конференции (5–7 апреля 2011 г.). СПб.: РХГА, 2012; Журавлев Д. А. События и образы советско-финляндской войны в фондах Военно-медицинского музея // Санкт-Петербург и страны Северной Европы: Материалы Четырнадцатой ежегодной международной конференции (11–12 апреля 2012 г.). СПб.: РХГА, 2013; Журавлев Д. А. Деятельность медицинской службы Красной армии в период советско-финляндской войны 1939–1940 годов // Война и оружие. Новые исследования и материалы. Труды Шестой международной научно-практической конференции. 13–15 мая 2015 года. СПб.: ВИМАИВиВС, 2015. Ч. II; Журавлев Д. А. Медицина Ленинграда в 1941 г.: опыт и невыученные уроки советско-финляндской войны // Северный рубеж. 1941. К 80-летию начала Великой Отечественной войны: Сборник докладов Международной научной конференции. Санкт-Петербург. 16–17 июня 2021 г. М.: Политическая энциклопедия, 2022.

[73] Журавлев Д. А. Влияние боевых действий на социально-экономическую обстановку в Ленинграде в период советско-финляндской войны 1939–1940 гг. // Санкт-Петербург и страны Северной Европы. Материалы Пятой ежегодной конференции (23–25 апреля 2003 г.). СПб.: РХГА, 2004.

партийно-государственного руководства ключе существовавшая в стране мощная пропагандистская система. Естественно, что эти сюжеты также привлекали внимание историков.

Диссертация и статьи Алексея Владимировича Лазарева посвящены работе ленинградских периодических изданий и радио в условиях конфликта с Финляндией[74]. Он считает, что по отношению к горожанам задачи советских прессы и радио были выполнены, причем «весьма эффективно»[75], что пропагандистские структуры помогли «обеспечить нормальную работу тыла во время ведения боевых действий»[76]. Однако нужно отметить, что Лазарев сосредоточился на пропагандистской работе, в его трудах отсутствует серьезное исследование настроений ленинградцев (да и вообще диссертация, на мой взгляд, слабая).

Обратился к изучению настроений населения и уже упоминавшийся Дмитрий Алексеевич Журавлев. Он опирался на материалы Политического управления Краснознаменного Балтийского

---

[74] Лазарев А. В. Советско-финляндская война 1939–1940 гг. и средства массовой информации Ленинграда: дис. ... канд. ист. наук. СПб., 2003; Лазарев А. В. Вузовские газеты в период советско-финляндской войны // Средства массовой информации в современном мире: Тезисы научно-практической конференции. Ч. 1. СПб.: [б. и.], 2001; Лазарев А. В. Ленинградское радио в период советско-финляндской войны 1939–1940 гг. // Санкт-Петербург и страны Северной Европы: Материалы Шестой ежегодной научной конференции (14–16 апреля 2004 г.). СПб.: РХГА, 2005; Лазарев А. В. Советско-финляндская война 1939–1940 годов и заводские многотиражные газеты Ленинграда // Общество и власть: Материалы Всероссийской научной конференции. СПб.: С.-Петерб. гос. ун-т культуры и искусств, 2003; Лазарев А. В. Советско-финляндская война 1939–1940 годов и ленинградская периодическая печать // Общество и власть: Материалы межвузовской конференции. Ч. 1. СПб.: Ред.-изд. отдел СПбГУКИ, 2001; Лазарев А. В. Характерные этапы в изложении событий советско-финляндской войны 1939–1940 годов ленинградской периодической печатью // Петербургские чтения 98–99. Материалы Энциклопедической библиотеки «Санкт-Петербург-2003». СПб.: Петербургский институт печати, 1999.

[75] Лазарев А. В. Советско-финляндская война 1939–1940 гг. и средства массовой информации... С. 134.

[76] Лазарев А. В. Ленинградское радио... С. 276.

флота[77]. Историк отметил, что в начале боевых действий «общее настроение в целом было приподнятым, при этом высказывания как военнослужащих, так и гражданского населения содержали значительное число штампов, тиражируемых официальной пропагандой»[78]. В дальнейшем, согласно его выводам, в связи с неудачами на фронте постепенно все больше распространялись пессимистичные оценки, а после получения известия о конце войны «стало преобладать мнение о том, что заключение мира с Финляндией является выражением слабости Советского Союза, свидетельством неспособности его вести дальнейшую борьбу»[79].

Еще один исследователь настроений ленинградского населения в дни войны — Вадим Олегович Левашко[80]. В одной из своих работ он отметил недоверие значительной части населения

---

[77] Журавлев Д. А. Настроения военнослужащих и гражданского населения в период советско-финляндской войны 1939–1940 гг. (по материалам Политического управления КБФ) // Санкт-Петербург и страны Северной Европы: Материалы Девятой ежегодной международной научной конференции (10–11 апреля 2007 г.). СПб.: РХГА, 2008; Журавлев Д. А. Советско-финляндская война глазами военнослужащих и гражданского населения // История Петербурга. 2009. № 3.

[78] Журавлев Д. А. Настроения военнослужащих и гражданского населения... С. 126.

[79] Там же. С. 134.

[80] Левашко В. О. Восприятие населением Ленинграда и Ленинградской области и моряками Краснознаменного Балтийского флота перемирия с Финляндией 13 марта 1940 г. URL: https://cyberleninka.ru/article/n/vospriyatie-naseleniem-leningrada-i-leningradskoy-oblasti-i-moryakami-krasnoznamyonnogo-baltiyskogo-flota-peremiriya-s-finlyandiey-13; Левашко В. О. Договор с народным правительством Финляндской Демократической Республики и его влияние на формирование гражданского общества в СССР (на примере населения Ленинградской области и личного состава Краснознаменного Балтийского флота) // Патриотизм и гражданственность в истории России: материалы междунар. науч.-практ. конф. СПб.: ЛГУ им. А. С. Пушкина, 2013; Levashko V. O. Rumors in Leningrad and Leningrad region in the period of the Soviet-Finnish War // Вестник Ленинградского государственного университета им. А. С. Пушкина. 2015. Т. 4. № 4; Левашко В. О. Проявление негативных (девиантных) настроений в советском обществе в начале военных конфликтов 1939–1940 гг. на примере населения Ленинграда и Ленинградской области // Материальный фактор и предпринимательство в повседневной жизни населения России: история

к официальным средствам массовой информации[81]. Там же Левашко указал на болезненность восприятия войны со стороны финского населения Ленинградской области[82]. По его словам, слухи носили преимущественно пораженческий характер и оказали огромное влияние на моральное состояние горожан[83]. В других работах он, наоборот, пишет о благожелательном отношении большинства к действиям властей и официальным сообщениям. В распространении критических настроений он даже странным образом склонен обнаруживать проявление процесса «зарождения в СССР во второй половине 1930-х годов гражданского общества»[84]. Вместе с тем, в отличие от Журавлева, который считает, что в отношении советско-финляндского мирного договора со стороны населения преобладали негативные оценки, Левашко настаивает на благожелательном восприятии населением положившего конец войне соглашения[85]. Кроме того, в своих статьях Левашко затронул и другие сюжеты повседневной жизни ленинградцев, погодные условия и их влияние на положение в городе, добровольческое движение[86].

и современность (региональный аспект): Сб. материалов междунар. науч. конф. СПб.: Культурно-просветительское товарищество, 2016. С. 268–273.

[81] Levashko V. O. Rumors in Leningrad and Leningrad region... P. 45.

[82] Ibid. P. 48.

[83] Ibid. P. 50.

[84] Левашко В. О. Договор с народным правительством Финляндской Демократической Республики... С. 174.

[85] Левашко В. О. Восприятие населением Ленинграда и Ленинградской области и моряками Краснознаменного Балтийского флота перемирия с Финляндией... С. 39.

[86] Левашко В. О. Комсомольцы-добровольцы: молодежь Ленинградской области в добровольческом движении в период советско-финляндской войны // Экстремальное в повседневной жизни населения России: региональный аспект (к 100-летию Русской революции 1917 г.): Сборник материалов междунар. науч. конф. СПб.: Культурно-просветительское товарищество, 2017; Левашко В. О. Некоторые проблемы повседневной жизни ленинградцев в дни советско-финляндской войны // Частное и общественное в повседневной жизни населения России: история и современность: материалы междунар. науч. конф.: в 2 т. СПб.: ЛГУ им. А. С. Пушкина, 2018. Т. 1. С. 242–248; Левашко В. О. Погодные условия советско-финляндской войны в период с 30 ноября 1939 г. по 14 марта 1940 г. в воспоминаниях воинов и жителей Ленинграда //

Василий Иванович Бережков в книге «Питерские прокураторы» уделил две страницы теме преступности и борьбы с ней в Ленинграде во время советско-финляндской войны[87]. Его сведения воспроизвели, дополнив их информацией из «Ленинградской правды», Кирилл Михайлович Александров и Дмитрий Джонович Фролов в одной из глав коллективного двухтомника «Советско-финляндская война»[88]. Кроме того, о работе ленинградских правоохранительных органов зимой 1939–1940 гг. говорится в ряде фрагментов диссертации Надежды Сергеевны Крапивиной[89].

Во время советско-финляндской войны во главе ленинградских обкома и горкома стоял Андрей Александрович Жданов. Владислав Александрович Кутузов и Виктор Иванович Демидов в одной из своих статей охарактеризовали его деятельность в этот период. Они сочли, что Жданов «в целом успешно справился со своими многочисленными обязанностями»[90]. Той же теме посвящена глава в книге Алексея Николаевича Волынца, который также высоко оценивает действия первого секретаря обкома и горкома, по сути повторяя вывод Кутузова и Демидова[91] (впрочем, книга Волынца в целом апологетична по отношению к ее главному герою).

Специалист по истории блокады Ленинграда Никита Андреевич Ломагин затронул вопрос о том, как повлиял опыт

Природно-географические факторы в повседневной жизни населения России: история и современность: материалы междунар. науч. конф.: в 2 т. СПб.: ЛГУ им. А. С. Пушкина, 2019. Т. 1.

[87] Бережков В. И. Питерские прокураторы. Руководители ВЧК-МГБ. 1918–1954. СПб.: Русско-Балтийский информационный центр БЛИЦ, 1998. С. 198–199.

[88] Советско-финляндская война 1939–1940. Т. II. С. 350–351.

[89] Крапивина Н. С. Правовое регулирование деятельности государственных органов по обеспечению общественного порядка в предвоенное десятилетие (на материалах Ленинграда). Историко-правовой аспект: дис. ... канд. юрид. наук. СПб., 1998. С. 22–23, 93, 132–135, 179–182.

[90] Кутузов В. А., Демидов В. И. А. А. Жданов и советско-финляндская война 1939–1940 гг. // Санкт-Петербург и страны Северной Европы: Материалы восьмой ежегодной Международной научной конференции (13–14 апреля 2006 г.). СПб.: РХГА, 2007. С. 68.

[91] Волынец А. Н. Жданов. М.: Молодая гвардия, 2013. С. 253–274.

советско-финляндской войны на действия ленинградского руководства в начале Великой Отечественной войны[92]. Важным представляется, что он обратился к теме развития транспортной системы региона в период между двумя войнами, т.е. в 1940–1941 гг.[93] Также Ломагин затронул тему настроений жителей города и преступности в дни Зимней войны[94].

Советские и российские историки исследовали целый ряд сюжетов ленинградской жизни в дни Зимней войны. Но, как правило, если они брались за картину в целом, то рисовали ее общими краткими штрихами, порой поверхностно (как в советское время), уделяя гораздо больше внимания большой политике и событиям на фронте, а если принимались углубляться в тему «Ленинград во время советско-финляндской войны», то прежде всего изучали отдельные (важные, но все же отдельные) сюжеты.

Наконец, еще один автор, занимавшийся жизнью Ленинграда в дни советско-финляндской войны, — это ваш покорный слуга, автор книги, которую вы сейчас держите в руках. Я посвятил данной теме кандидатскую диссертацию и ряд статей. Однако за рамками кандидатской остался ряд интересных сюжетов и материалов. А статьи, в которых эти материалы частично использованы, разбросаны по разным изданиям и сайтам.

Данная книга — попытка дать системную, комплексную картину жизни города и области накануне и во время войны с Финляндией и ответить на уже упомянутые вопросы (как Ленинград выполнял роль фронтового «ближайшего и действенного тыла»? что город и область сделали для Красной армии? как война влияла на жизнь ленинградцев?).

При этом не будем упускать из виду еще один аспект — осмысление уроков Зимней войны. Опыт столкновения с Финляндией рассматривался советскими руководителями в контексте подготовки к существенно более масштабной войне. Об этом, например, ясно

---

[92] Ломагин Н. А. Неизвестная блокада. СПб.: Нева, 2004. Кн. 1. С. 133–135.

[93] Ломагин Н. А. Учет и контроль — основа социализма: размышления о внутренних причинах голода в Ленинграде осенью и зимой 1941–1942 гг. // Петербургский исторический журнал. 2019. № 3. С. 157, 179–180 (прим. 13).

[94] Ломагин Н. А. Неизвестная блокада. Кн. 1. С. 283–287, 290, 299–300.

и четко говорил 13 марта 1940 г. на совещании командиров и комиссаров Балтийского флота заместитель наркома ВМФ контр-адмирал Иван Степанович Исаков. Советскому Союзу, говорил он, пришлось вести «малую войну, если можно ее так назвать», однако нужно готовиться «к большим серьезным событиям, в случае, если крупные империалистические державы задумают навязать нам большую войну»[95]. Уроки малой войны дают возможность лучше подготовиться к большой. Полученный опыт нужно срочно обобщать, ведь когда начнется большая война — неясно. По словам Исакова, было неизвестно, как отреагируют на только что заключенный советско-финляндский договор «заправилы мирового империализма». В целом, отмечал Иван Степанович, «нам не нарезан какой-то определенный срок — год или два — для мирной подготовки к следующей войне»[96]. С тем, что говорил Исаков, перекликается высказывание наркома обороны Климента Ефремовича Ворошилова, прозвучавшее 5 мая 1940 г.: «Мы не гарантированы, что нам [не] придется драться в этом году»[97].

Для осмысления всего, что случилось во время войны, провели целый ряд мероприятий. Самое известное из них — совещание командного и начальствующего состава РККА при ЦК ВКП(б) 14–17 апреля 1940 г. Вслед за тем в апреле — мае при Главном военном совете работали специальные комиссии по обобщению опыта финской кампании[98]. В Ленинграде состоялось совещание командиров и комиссаров Балтфлота, причем уже 13–14 марта (т. е. начали его в день окончания войны)[99]. Также в Ленинграде в мае начальник артиллерии Красной армии созвал совещание, посвященное урокам боевого применения артиллерии[100]. Уделили внимание и опыту

---

[95] РГА ВМФ. Ф. Р-92. Оп. 2. Д. 637. Л. 89.

[96] Там же. Л. 93.

[97] «Зимняя война»: работа над ошибками (апрель — май 1940 г.). С. 228.

[98] Материалы совещания и комиссий см.: Зимняя война 1939–1940. Кн. 2. И. В. Сталин и финская кампания; «Зимняя война»: работа над ошибками (апрель — май 1940 г.).

[99] Стенограмму см.: РГА ВМФ. Ф. Р-92. Оп. 2. Д. 637.

[100] Артиллерия в наступательных операциях Великой Отечественной войны. Кн. 1. Артиллерия в наступательных операциях первого периода войны (22 июня 1941 г. — 18 ноября 1942 г.). М.: Воениздат, 1964. С. 71.

войны в медицинской сфере: в апреле в Ленинграде провели совещание начсостава санитарной службы ЛВО[101], в мае — конференцию работников эвакуационных госпиталей и спецотделений больниц и институтов[102].

Опыт войны осмыслялся и ленинградским партийно-советским руководством. Он обсуждался на уровне обкома и горкома, в подчиненных им партийных органах, в структурах Осоавиахима и других оборонных организаций. И мы в книге, помимо прочего, взглянем на ход этого процесса, попытаемся охарактеризовать не только то, что происходило в Ленинграде и области во время войны, но и затронем последствия.

Рассматривать мы будем преимущественно события, происходившие в Ленинграде и Ленинградской области. Я не случайно привожу оба эти названия, а не ограничиваюсь обозначением «Ленинградская область», которое могло бы служить общим. Как сейчас Санкт-Петербург и Ленинградская область — отдельные административные субъекты Российской Федерации, так и тогда город и область уже были отделены друг от друга. В конце 1931 г. Ленинград (вместе с Кронштадтом) выделили из состава области в самостоятельную административно-хозяйственную единицу[103]. При этом мы будем брать Ленинградскую область не в современных очертаниях, а в границах 1939 г. — она тогда была больше, в ее состав входили большая часть современных Новгородской и Псковской областей. Некоторые приводимые цифры будут относиться

---

[101] См.: Филиал ЦАМО (ВМД). Ф. 1. Оп. 7401. Д. 1.

[102] См.: ЦГА СПб. Ф. Р-9156. Оп. 4. Д. 274, 275, 276, 277.

[103] 3 декабря 1931 г. ЦК ВКП(б) и СНК в своем обращении «О жилищно-коммунальном хозяйстве Ленинграда» санкционировали выделение Ленинграда «в самостоятельный административно-хозяйственный центр со своим особым бюджетом» (Центральный комитет ВКП(б), Совет народных комиссаров СССР. Обращение от 3 декабря 1931 года. О жилищно-коммунальном хозяйстве Ленинграда. URL: http://www.libussr.ru/doc_ussr/ussr_3808.htm). В современных текстах со ссылкой на это «Обращение» пишут, что Ленинград стал «городом республиканского подчинения» (История административно-территориального деления Петрограда — Ленинграда — Санкт-Петербурга (1917–2001). URL: https://spbarchives.ru/infres/-/archive/cga/guide/187), однако непосредственно в документе такой термин отсутствует.

к Ленинградскому военному округу в целом — а он, кроме Ленинграда и Ленобласти, включал в свой состав Карелию и Мурманскую область. Также мы будем затрагивать и события, происходившие в Москве, — ведь именно там принимались ключевые политические, военные и экономические решения, там находились высшие партийные и государственные органы власти Советского Союза. И вообще, дабы читателю был ясен контекст, порой мы будем обращаться в общей военно-политической обстановке, складывавшейся в Европе в целом и у границ СССР в частности. Но все-таки главным образом наше внимание будет сосредоточено именно на Ленинграде и Ленобласти.

Хотя город и область были разными административными субъектами, с конца 1931 и до начала 1950 г. посты первого секретаря областного и городского комитетов партии совмещались в руках одного лица. С декабря 1934 до января 1945 г. этим человеком был Андрей Александрович Жданов[104].

Каждый историк, так или иначе, опирается на работы своих предшественников и коллег. И о том, что уже сделано в плане исследования жизни Ленинграда во время войны с Финляндией, сказано выше. Но если ограничиваться только историографией — то нового исследования, как такового, не состоится. Необходимо обращение к источникам.

При работе над книгой я использовал как опубликованные, так и неопубликованные источники разных видов (нормативно-правовые акты, делопроизводственные документы, периодику, источники личного происхождения). Сбор материалов проводился в двенадцати архивохранилищах, как московских, так и петербургских. Речь идет о Российском государственном архиве социально-политической истории (РГАСПИ), Государственном архиве Российской Федерации (ГА РФ), Российском государственном архиве экономики (РГАЭ), Российском государственном военном архиве (РГВА), Российском государственном архиве Военно-морского флота (РГА ВМФ), Филиале Центрального архива Министерства обороны

---

[104] Болдовский К. А. Падение «блокадных секретарей». Партаппарат Ленинграда до и после «ленинградского дела». СПб.: Нестор-История, 2018. С. 80.

(архив военно-медицинских документов) (Филиал ЦАМО (ВМД)), Центральном государственном архиве историко-политических документов Санкт-Петербурга (ЦГАИПД СПб), Центральном государственном архиве Санкт-Петербурга (ЦГА СПб), Центральном государственном архиве литературы и искусства Санкт-Петербурга (ЦГАЛИ СПб), Отделе рукописей Российской национальной библиотеки (ОР РНБ), Научном архиве Военно-исторического музея артиллерии, инженерных войск и войск связи (ВИМАИВиВС). Кроме того, были изучены некоторые дела из Ленинградского областного государственного архива в г. Выборге (ЛОГАВ).

Какие конкретные источники имеются в виду и для чего именно они послужили?

Нормативно-правовые акты — это постановления Политбюро ЦК ВКП(б), Совета народных комиссаров (СНК) СССР, совместные постановления ЦК ВКП(б) и СНК СССР, а также решения Экономического совета и Комитета обороны при СНК (хранятся в фондах РГАСПИ, ГА РФ, РГАЭ). Они позволяют понять, как советские верхи готовились к войне и вели ее, какие задачи ставились перед Ленинградом и Ленинградской областью накануне и в ходе конфликта.

Партийные документы (постановления Политбюро) не просто так включены в эту категорию наравне с документами государственных органов. И не случайно стоят на первом месте. Партийный аппарат, по выражению историка и философа Юрия Ивановича Семенова, «был не просто частью, но становым хребтом государственного аппарата»[105]. Как отмечает другой историк, Кирилл Анатольевич Болдовский, в сталинское время коммунистическая партия как «один из важнейших элементов властной констpукции» пронизывала «всю структуру власти, скрепляла ее воедино»[106]. Партия пронизывала государственный аппарат и при этом стояла над ним. Поэтому решения высших партийных инстанций играли

---

[105] Семенов Ю. И. Политартный («азиатский») способ производства: сущность и место в истории человечества. Философско-исторические очерки. Изд. 2-е, перераб. и доп. М.: Либроком, 2011. С. 137.

[106] Болдовский К. А. Падение «блокадных секретарей». С. 3–4.

ключевую роль. «Принципиальной особенностью советской политической системы было преобладание партийных решений над государственными, — пишет об этом еще один исследователь, Алексей Георгиевич Тепляков, — в силу чего направляющие документы КПСС фактически имели силу законодательно-директивных источников»[107]. Партийные материалы, как формулирует это Наталья Анатольевна Потапова, «в силу специфики режима выступали в качестве генеральных направляющих документов»[108]. Сперва появлялись постановления Политбюро, затем их содержание транслировалось в решениях Совнаркома и других государственных органов.

Как указания верхов претворялись в жизнь и во что выливались, с какими трудностями сталкивались советские военно-мобилизационные мероприятия и как влияли на жизнь города и области, можно понять, изучая многочисленную делопроизводственную документацию — отчеты, докладные записки и донесения, приказы разных органов партийной и государственной власти.

Например, исследование протоколов заседаний и постановлений бюро ленинградских обкома и горкома, протоколов заседаний президиумов исполкомов областного и городского советов депутатов трудящихся (хранятся в фондах ЦГАИПД СПб и ЦГА СПб) дает возможность выяснить, как реагировали на ход событий региональные руководители, каким образом они проводили в жизнь решения Москвы и как проявляли при этом собственную инициативу.

Многочисленные отчеты и информационные сообщения, докладные записки, появившиеся из-под пера (или из-под литер печатной машинки) сотрудников разных партийных и советских учреждений, чиновников, военных и сотрудников НКВД, помогают взглянуть на самые разные процессы: на ход мобилизации вооруженных сил, на работу промышленности и транспорта, системы снабжения и госпиталей, на функционирование системы МПВО,

---

[107] Тепляков А. Г. Деятельность органов ВЧК-ГПУ-ОГПУ-НКВД (1917–1941 гг.): историографические и источниковедческие аспекты. Новосибирск: НГУЭУ, 2018. С. 257.

[108] Потапова Н. А. «Харбинская» операция НКВД СССР 1937–1938 гг.: механизмы, целевые группы и масштабы репрессий. СПб.: Алетейя, 2020. С. 18.

на настроения населения и на возникавшие и распространявшиеся среди ленинградцев слухи.

Документы из разных архивов, появившиеся на разных уровнях и в разных ведомствах, в комплексе позволяют взглянуть на разные грани одних и тех же событий и процессов, нарисовать объемную картину происходившего. Скажем, мобилизация сентября — октября 1939 г. в книге охарактеризована с опорой на документы из РГВА (из фондов Управления делами при наркоме обороны и Политуправления РККА), РГА ВМФ (фонд Штаба Балтфлота), ЦГАИПД СПб (документы из фонда обкома партии и некоторых райкомов), ЛОГАВ (фонд исполкома Кингисеппского окружного совета).

Не раз пришлось обращаться и к периодической печати. Она, во-первых, дает представление о том, как предыстория войны и ее ход освещались советской пропагандой, какую версию событий предоставляла населению власть, и, во-вторых, из региональной прессы можно почерпнуть некоторые факты о жизни города и области в период войны, найти публикации, свидетельствующие о взаимодействии тыла и фронта, административно-хозяйственной системы региона, населения и армии, о трудностях, с которыми столкнулись город и область.

Использовались как центральные газеты — «Правда» и «Красная звезда», — так и местные, как регионального значения, так и многотиражки отдельных заводов и учреждений. Из местных изданий были изучены: «Ленинградская правда» (орган Ленинградских обкома и горкома партии, облисполкома и Ленинградского совета), «Смена» (орган Ленинградских обкома и горкома комсомола), «Пост революции» (газета политотдела милиции Ленинграда и области), «Сталинец» (газета Октябрьской железной дороги), «Кировец» (многотиражка Кировского завода), «Молот» (Невский завод имени В. И. Ленина), «Скороходовский рабочий» (фабрика «Скороход»), «За большевистские педагогические кадры» (Ленинградский государственный педагогический институт им. А. И. Герцена), «Крылья Советов» (политотдел Северного управления Гражданского воздушного флота и терком Союза авиаработников). Также привлечены «Бюллетень Ленинградского Совета РК и КД» (публиковал некоторые решения городских властей), журналы «Пропаганда и агитация» и «Военно-санитарное дело».

Региональная пресса шла в фарватере центральной, однако иногда ее материалы могли несколько отличаться по тематике. Так, в отличие от «Правды» и «Красной звезды», ленинградские газеты подробно писали о кампании по сбору подарков для сражавшихся на фронте бойцов. Местная пресса могла освещать аспекты, важные для жизни города и региона, например, в период топливного кризиса в городе «Ленинградская правда» регулярно печатала сводки об отгрузке торфа для электростанций. Специальные ведомственные издания (такие как «Пост революции» и «Сталинец») позволяют больше узнать о процессах, относящихся к отдельным сферам, которым эти газеты были посвящены.

Нельзя пройти и мимо источников личного происхождения: воспоминаний и дневников.

О войне с Финляндией писали такие деятели, как Лазарь Моисеевич Каганович, Кирилл Афанасьевич Мерецков, Николай Николаевич Воронов, Дмитрий Федорович Устинов[109]. Они, в частности, привели некоторые факты, относившиеся к работе промышленности. Так, в книгах Мерецкова и Воронова можно прочесть о создании миноискателей. В мемуарах Ефима Ивановича Смирнова (в то время — начальника Санитарной службы РККА) и Георгия Андреевича Митерева (наркома здравоохранения РСФСР) можно обнаружить сведения о работе медучреждений[110]. Исследование воспоминаний не занимавших какие-то административные посты рядовых жителей города (Георгия Павловича Александрова, Веры Александровны Пирожковой, Елены Александровны Скрябиной, Аполлона Борисовича Давидсона[111]) помогает понять, как менялась повседневная

---

[109] Каганович Л. М. Памятные записки рабочего, коммуниста-большевика, профсоюзного, партийного и советско-государственного работника. М.: Вагриус, 2003; Мерецков К. А. На службе народу. М.: Высшая школа, 1984; Воронов Н. Н. На службе военной. М.: Воениздат, 1963; Устинов Д. Ф. Во имя Победы.

[110] Смирнов Е. И. Война и военная медицина. 1939–1945 годы. М.: Медицина, 1979; Митерев Г. А. В дни мира и войны. М.: Медицина, 1975.

[111] Александров Г. П. В награду — жизнь. (Автобиографическая повесть в двух частях). СПб.: Папирус, 2003; Пирожкова В. Потерянное поколение.

жизнь ленинградцев. Отдельно упомяну книгу эмигранта К. Криптона (Константин Георгиевич Молодецкий[112]). По сравнению с упомянутыми выше мемуарами, сочинение Криптона самое раннее — его напечатали в 1952 г.[113]

Если говорить о дневниках, то, помимо изданных, автор использовал и неопубликованные записки. Особо ценны дневники, хранящиеся в Отделе рукописей Российской национальной библиотеки. Один из них принадлежал художнице Анне Петровне Остроумовой-Лебедевой, другой — студентке Асе Звейнек[114]. Личные записи позволяют узнать детали повседневной жизни прифронтового региона, лучше понять настроения советских граждан и их отношение к происходившему.

К источникам личного происхождения также относятся хранящиеся в РГАСПИ записные книжки и блокноты первого секретаря ленинградского обкома и горкома партии Жданова. В них Андрей Александрович делал пометки, относящиеся к важным и неотложным проблемам, среди которых были пропаганда, снабжение армии, работа промышленности, новые виды оружия и боевой техники.

Специфический источник — содержащиеся в фонде 25 (горком партии) ЦГАИПД СПб материалы для книги «Сто пять дней боев»[115]. Это что-то среднее между документами личного происхождения и публицистикой. Тексты создавались в 1940–1941 гг. Над проектом трудилась группа ленинградских писателей, включавшая Михаила Михайловича Зощенко, Леонида Максимовича Леонова,

---

Воспоминания о детстве и юности. URL: http://www.belousenko.com/books/pirozhkova/pirozhkova_pokolenie.htm; Скрябина Е. А. Страницы жизни. М.: Прогресс-Академия, 1994; Давидсон А. Б. В блокадном Ленинграде // Новая и новейшая история. 2005. № 1.

[112] См.: Толстой И. О чем рассказал загадочный Криптон. URL: http://www.svoboda.org/a/25244051.html

[113] Криптон К. Осада Ленинграда. Нью-Йорк: Изд-во им. Чехова, 1952.

[114] Подробную характеристику этих дневников см.: Тягур М. И. Новые источники по истории Ленинграда в дни советско-финляндской войны 1939–1940 гг.: дневники А. П. Остроумовой-Лебедевой и А. П. Звейнек // Герценовские чтения — 2016. Актуальные проблемы русской истории. СПб.: ЭлекСис, 2017.

[115] ЦГАИПД СПб. Ф. Р-25. Оп. 10. Д. 294–300.

Вениамина Александровича Каверина, Павла Николаевича Лукницкого, Николая Семеновича Тихонова, Эльмара Грина, Ивана Федоровича Кратта и других[116]. В книгу должны были войти созданные писателями и журналистами очерки и стихи, но большинство текстов заявлены как воспоминания разных жителей Ленинграда, не принадлежащих к числу профессиональных литераторов. Это были люди в диапазоне от директоров заводов до рабочих. Все они удостоились наград за свой труд в дни войны. Они официально указывались как авторы, однако над подписанными ими текстами работали писатели, которые записывали их свидетельства, обрабатывали и фактически выступали в роли не только редакторов, но и соавторов (как правило, их имена указаны в машинописях и рукописях). В итоге собранные для книги свидетельства ленинградцев дошли до нас не непосредственно, а через руки профессиональных писателей, прошли соответствующую журналистско-литературную и идеологически-пропагандистскую обработку, но при этом все равно запечатлели ряд интересных деталей, характеризующих работу ленинградских предприятий и повседневную городскую жизнь. К началу Великой Отечественной книга в основном была готова, ее объем достигал 30 печатных листов, планировался тираж в 25 тысяч экземпляров[117]. Из-за нападения Германии на СССР и событий Великой Отечественной войны издание так и не вышло в свет. (Подробнее о материалах для «Ста пяти дней боев» рассказано в приложении.)

Из статистических источников использовались материалы переписи населения 1939 г.[118] Сравнение их данных со сведениями делопроизводственных документов позволило установить, какой процент финского населения области мобилизовали для службы в «Финской народной армии». Использовались и некоторые справочные, научные и пропагандистские издания 1930-х — начала 1940-х гг. Среди них был еще один статистический источник — обзор

---

[116] ЦГАЛИ СПб. Ф. Р-371. Оп. 1. Д. 6. Л. 1.

[117] ЦГАИПД СПб. Ф. Р-24. Оп. 10. Д. 300. Л. 5.

[118] Всесоюзная перепись населения 1939 года: Основные итоги. М.: Наука, 1992; Всесоюзная перепись населения 1939 года: Основные итоги: Россия. СПб.: Блиц, 1999.

«Здоровье и здравоохранение в Ленинграде за 1939 год», изданный городским здравотделом для служебного пользования[119]. Его изучение помогло оценить состояние системы гражданских медицинских учреждений города накануне войны.

Все эти материалы должны помочь нам восстановить образ города и окрестностей в дни столкновения между СССР и Финляндией.

Именно этим мы с тобой, читатель, и займемся.

---

[119] Здоровье и здравоохранение в Ленинграде за 1939 год. Л.: Ленинградский городской отдел здравоохранения; Институт организации здравоохранения, 1940.

Глава 1

Накануне

1. Мобилизация в сентябре — октябре 1939 г.

Прежде чем обратиться непосредственно к периоду войны, нужно рассмотреть события, происходившие накануне.

Весна и лето 1939 г. прошли под знаком международного кризиса. Германия готовилась к войне с Польшей и пыталась обеспечить благоприятные условия для своего нападения. Между разными государствами шли интенсивные переговоры, в которых все стороны пытались отстоять свои интересы и понять, с кем договориться выгоднее. На поверхности, под пристальным освещением прессы проводились постепенно заходившие в тупик переговоры СССР, Британии и Франции о возможном антигитлеровском союзе. Параллельно с ними осуществлялись англо-германские и советско-германские переговоры — тайные, скрывавшиеся от посторонних глаз, однако их отзвуки тоже проникали в СМИ[1].

---

[1] Так, 20 июля британский министр внешней торговли Хадсон, встретившись с германским чиновником по особым поручениям Вольтатом, затем отправился «на дипломатический прием и после солидной порции виски поведал присутствующим о секретных переговорах» (Розанов Г.Л. Сталин — Гитлер. Документальный очерк советско-германских дипломатических отношений, 1939–1941 гг. М.: Международные отношения, 1991. С. 57). Несколько дней спустя в советской прессе можно было прочесть корреспонденцию ТАСС, где со ссылками на «хорошо информированные лондонские круги», циркулировавшие среди журналистов слухи и публикации британской прессы сообщалось, что германский торговый эксперт Вольтат требовал от Англии признания «германского протектората над Чехией и Моравией» (т.е. признания окончательного захвата Чехословакии немцами), что англичане и французы собираются сделать Германии «ряд важных предложений, в частности, гарантировать ей заем в 100 миллионов фунтов стерлингов и создать из африканских колоний территорию, которая управлялась бы на основе "кондоминиума"

В конце концов Сталин пришел к выводу, что для СССР выгоднее будет договориться с Германией. Чуть позже, в сентябре, он, согласно записям в дневнике Георгия Димитрова, говорил, что «мы предпочитали соглашение с так называемыми демокр[атическими] странами и поэтому вели переговоры», однако «англичане и французы хотели нас иметь в батраках и притом за это ничего не платить!»[2]. 23 августа в Москву прилетел министр иностранных дел Третьего рейха Иоахим Риббентроп, который вместе с главой советского правительства и по совместительству наркомом иностранных дел Вячеславом Молотовым подписал договор о ненападении. К договору прилагался секретный протокол, зафиксировавший раздел сфер интересов в Восточной Европе (среди прочего в советскую сферу интересов попала и Финляндия).

1 сентября германские войска вторглись в Польшу. 3 сентября Франция и Британия объявили войну Германии. В Европе началась Вторая мировая. Вскоре в СССР началась охватившая ряд территорий (в том числе и Ленинград с Ленинградской областью) мобилизация Красной армии и Военно-морского флота. 17 сентября советские войска перешли польскую границу. Начался поход Красной армии в Западную Белоруссию и на Западную Украину.

Как правило, мобилизацию сентября — октября 1939 г. рассматривают в контексте приготовлений к Польскому походу. Но исчерпывались ли цели этого мероприятия подготовкой к борьбе с польскими панами?

Чтобы ответить на этот вопрос, нужно понять, чего вообще в тот момент ждали советские руководители. В частности, на какие действия Германии они рассчитывали?

В советской историографии Польский поход изображали как шаг, направленный против гитлеровского Третьего рейха[3]. Однако сейчас мы знаем, что переход советскими войсками польской

в целях совместной эксплуатации колониальных ресурсов» и т.д. (Правда. 1939. 24 июля).

   [2] Цит. по: 1941 год. М.: Демократия, 1998. Кн. 2. С. 584.

   [3] См., например: Фальсификаторы истории (Историческая справка). М.: ОГИЗ; Госполитиздат, 1948. С. 56–58; История Великой Отечественной войны Советского Союза 1941–1945. Т. 1. С. 246–250; История второй мировой войны

границы был согласован с немцами. Более того, германское руководство хотело ускорить начало операции Красной армии и, как выразился по этому поводу Михаил Иванович Мельтюхов, «настойчиво приглашало СССР оккупировать Восточную Польшу»[4]. (Тем не менее некоторые авторы и в XXI в. утверждают об антигитлеровской направленности Польского похода[5].)

Вместе с тем в некоторых сентябрьских документах Германия упоминается в таком ключе, что действительно возникает вопрос: а вдруг советские руководители все же не исключали возможности скорого военного столкновения с немцами?

4 сентября Военный совет Краснознаменного Балтийского флота получил от командования Ленинградского военного округа указания о задачах, требовавших учета «при разработке оперплана флота 1939 года»[6] (т. е. речь шла о действиях, которые, возможно, придется предпринять в ближайшее время). Балтийцы должны были с помощью подводных лодок «не допустить прохода линейных сил флота Германии в восточную часть Финского залива»[7]. Не отвергалась возможность вовлечения в боевые действия и других государств, в том числе ближайших соседей Ленинграда. В качестве вероятных противников были названы Эстония и Финляндия. В случае вступления этих стран в конфликт с Советским Союзом КБФ должен был уничтожить их морские силы, подавить береговые батареи в районах Нарген (Эстония), Порккала-Удд и Бьёрке (Финляндия), поддержать наступление советских сухопутных войск. Предполагалось провести операцию по захвату расположенных в Финском заливе островов Сескар, Лавенсаари,

---

1939–1945. Т. 3. Начало войны. Подготовка агрессии против СССР. М.: Воениздат, 1974. С. 355–357.

[4] Мельтюхов М.И. 17 сентября 1939. Советско-польские конфликты 1918–1939. М.: Вече, 2009. С. 538.

[5] Например: Иринархов Р.С. Западный Особый... Минск: Харвест, 2002. С. 18; Вишлёв О.В. Сталин и Гитлер. Кто кого обманул. М.: Эксмо, 2010. С. 14; Белаш Е. «Завтра в поход»: РККА в Польше. URL: https://warspot.ru/7121-zavtra-v-pohod-rkka-v-polshe

[6] РГА ВМФ. Ф. Р-92. Оп. 2. Д. 448. Л. 30.

[7] Там же. Л. 32.

Гогланд и Большой Тютерс. При сохранении Финляндией нейтралитета флот все равно мог захватить эти острова «по особому указанию правительства»[8]. Кроме того, КБФ был обязан «воспрепятствовать подвозу в порты Финляндии и Эстонии экспедиционных войск, оружия и снаряжения»[9]. В тексте не уточнялось, чьи именно экспедиционные силы имеются в виду, но выше упоминались «линейные силы флота Германии». При этом в разработанном раньше, еще в апреле 1939 г. плане действий Северо-Западного фронта Балтийскому флоту предписывались такие же задачи, как и в указаниях для КБФ от 4 сентября и прямо говорилось о германских экспедиционных войсках[10].

Почему германский флот появился в указаниях от 4 сентября?

На тот момент оперативный план Балтийского флота на 1939 г. еще не был создан. Приказ о его разработке Военный совет Балтфлота получил только 2 июля[11]. План требовалось увязать с руководством Ленинградского военного округа. Однако к концу лета документ так и не составили. 31 августа командующий КБФ Владимир Филиппович Трибуц и член Военного совета флота Сергей Дмитриевич Морозов сообщали в Военный совет округа, что, «несмотря на неоднократные обращения к Начальнику Штаба и к Начальнику I-го Отдела Округа, до сих пор не получены конкретные задачи по взаимодействию и на прикрытие», а без них «оперативная разработка будет являться односторонней и не отражающей интересов Округа»[12].

Очевидно, что теперь, когда в Европе началась война и требовалось срочно утвердить хоть какой-то план, командование ЛВО наконец-то взяло уже имеющиеся документы и на их основе составило указания для штаба КБФ, воспроизведя их формулировки.

К тому же, хотя немцы и хотели ускорить вторжение Красной армии на польскую территорию, а советские и германские верхи в тот момент согласовывали свои действия, какое-то время руководство

---

[8] РГА ВМФ. Ф. Р-92. Оп. 2. Д. 448. Л. 31–32.

[9] Там же. Л. 31.

[10] РГВА. Ф. 25888. Оп. 14. Д. 3. Л. 10–11.

[11] РГА ВМФ. Ф. Р-92. Оп. 2. Д. 448. Л. 19.

[12] Там же. Л. 29.

СССР собиралось в качестве предлога для своей военной операции официально объявить о необходимости защитить население Западных Белоруссии и Украины от германских войск[13]. Таким образом, в самом начале сентября упоминание о Германии как о потенциальном враге еще не противоречило официально декларируемой генеральной политической линии — просто потому, что эта линия не была до конца определена. Конечно, настороженность и подозрительность по отношению к Германии не могли мгновенно испариться. Но вряд ли, заключив договор с Германией, Сталин и его окружение полагали, что практически сразу же после этого может начаться советско-германская война. Однако при этом они не сразу решили, что́ следует публично говорить на эту тему и как пропаганде объяснять готовившийся Польский поход.

Вместе с тем, нужно было не только подготовить Польский поход, но и в связи с начавшейся в Европе большой войне в целом повысить боеготовность Красной армии, на случай разных вариантов развития событий.

---

[13] 10 сентября посол Германии в СССР Шуленбург телеграфировал в Берлин о своем разговоре с Молотовым. Последний заявил, что «советское правительство намеревалось воспользоваться дальнейшим продвижением германских войск и заявить, что Польша разваливается на куски и что вследствие этого Советский Союз должен прийти на помощь украинцам и белорусам, которым "угрожает" Германия. Этот предлог представит интервенцию Советского Союза благовидной в глазах масс и даст Советскому Союзу возможность не выглядеть агрессором» (Оглашению подлежит: СССР — Германия. 1939–1941. М.: ТЕРРА — Книжный клуб, 2004. С. 95–96). Естественно, что у руководства Третьего рейха такие советские намерения вызвали протест. 15 сентября, передавая Шуленбургу проект совместного советско-германского коммюнике о действиях на территории Польши, Риббентроп писал: «Предлагая подобное коммюнике, мы подразумеваем, что советское правительство уже отбросило в сторону мысль, выраженную Молотовым в предыдущей беседе с Вами, что основанием для советских действий является угроза украинскому и белорусскому населению, исходящая со стороны Германии. Указание мотива такого сорта — действие невозможное. Он прямо противоположен реальным германским устремлениям, которые ограничены исключительно хорошо известными германскими жизненными интересами. Он также противоречит соглашениям, достигнутым в Москве, и, наконец, вопреки выраженному обеими сторонами желанию иметь дружеские отношения, представит всему миру оба государства как врагов» (Там же. С. 101).

В том числе проводились и мероприятия на случай обострения обстановки и возможных боевых действий в районе Ленинграда. Войска Ленинградского военного округа сосредотачивались у границ Финляндии и Эстонии. Уже 3 сентября началось выдвижение частей РККА к финской границе за Северным полярным кругом[14]. Несколько дней спустя перемещения частей Красной Армии в приграничную полосу стали осуществляться в Карельской АССР[15]. 14 сентября Ворошилов подписал очередной приказ о сосредоточении войск ЛВО — на этот раз не только в финляндском, но и в эстонском приграничье (на Кингисеппском и Псковском направлениях)[16]. Выдвижение частей округа к границам этих двух государств продолжалось до 20-х чисел сентября[17]. (Ранее в советском военном планировании эстонцы и финны считались вероятными союзниками Германии[18].)

Можно сказать, что мобилизация проводилась как для подготовки Польского похода и других советских внешнеполитических планов, так и на случай разных нежелательных с советской точки зрения вариантов развития событий.

Первый шаг к мобилизации был сделан 3 сентября. В этот день Политбюро утвердило постановление о задержке на месяц увольнения бойцов РККА, которым в связи с окончанием сроков службы предстояла скорая демобилизация. Эта мера распространялась на шесть военных округов: Ленинградский, Московский,

---

[14] Зимняя война 1939–1940. Кн. 1. С. 147.

[15] Аптекарь П. Советско-финские войны. С. 41.

[16] РГВА. Ф. 37977. Оп. 1. Д. 232. Л. 10–11.

[17] См.: Там же. Л. 1–5, 10–11, 13–16; Зимняя война 1939–1940. Кн. 1. С. 147; Аптекарь П. Советско-финские войны. С. 41–42; Советско-финляндская война 1939–1940. Т. 1. С. 45.

[18] См.: РГВА. Ф. 25888. Оп. 14. Д. 3. Л. 1–3; РГА ВМФ. Ф. Р-92. Оп. 2. Д. 450. Л. 8–9, 11, 15, 28; Зимняя война 1939–1940. Кн. 1. С. 77–79, 88; Аптекарь П. Советско-финские войны. С. 27; Советско-финляндская война 1939–1940. Т. I. С. 45; Кен О. Н., Петров П. В. Швеция в советском военном планировании: вторая половина 1930-х — 1940 г. // Кен О. Н., Рупасов А. И., Самуэльсон Л. Швеция в политике Москвы. 1930–1950-е годы. М.: РОССПЭН. 2005. С. 191–198, 200–201, 203–206.

Калининский, Белорусский Особый, Киевский Особый, Харьковский[19]. В тот же день соответствующее постановление принял Совнарком[20], а 4 сентября приказ, посвященный данному мероприятию, подписал нарком обороны[21]. Кроме того, указанные постановления Политбюро и Совнаркома от 3 сентября объявляли о месячных «сборах» приписного состава частей ВНОС (воздушное наблюдение, оповещение и связь) в четырех округах (Белорусский и Киевский особые, Ленинградский, Калининский) — всего мобилизации подлежало 8524 человека, из них в ЛВО — 2118. Также в Ленинграде призывали часть приписного состава зенитных и прожекторных подразделений ПВО — около 8 тысяч человек. Подразделениям передавали технику: 81 автомашину, 10 тракторов[22].

Помимо открытой мобилизации, советское военное планирование 1930-х — начала 1940-х гг. предусматривало возможность скрытой, обозначавшейся как «Большие учебные сборы» (БУС)[23]. 6 сентября нарком обороны подписал директиву о скрытой мобилизации в семи военных округах, включая Ленинградский[24]. Наряду с призывом запасных в РККА мобилизационные мероприятия начались и на флоте.

Призыв военнослужащих запаса осуществляли военные комиссариаты. Во главе ленинградского областного и городского военкоматов стояли полковники Дмитрий Иванович Люлин и Феодосий Феодосьевич Расторгуев соответственно.

Контролировали ход мобилизации, а также помогали военкоматам военные отделы партийных комитетов. Военный отдел обкома

---

[19] РГАСПИ. Ф. 17. Оп. 162. Д. 25. Л. 166.

[20] РГА ВМФ. Ф. Р-1678. Оп. 4. Д. 15. Л. 113.

[21] На следующий день опубликован в прессе: Правда. 1939. 5 сентября; Красная звезда. 1939. 5 сентября; Ленинградская правда. 1939. 5 сентября.

[22] РГАСПИ. Ф. 17. Оп. 162. Д. 25. Л. 166–167; РГА ВМФ. Ф. Р-1678. Оп. 4. Д. 15. Л. 113–114.

[23] РГА ВМФ. Ф. Р-92. Оп. 7. Д. 298. Л. 1; 1941 год. Кн. 1. С. 630.

[24] Мельтюхов М.И. Упущенный шанс Сталина. С. 78; Мельтюхов М.И. 17 сентября 1939. С. 339; Мельтюхов М.И. Прибалтийский плацдарм (1939–1940 гг.). Возвращение Советского Союза на берега Балтийского моря. М.: Алгоритм, 2014. С. 15.

возглавлял Дмитрий Николаевич Соболев, горкома — Исаак Аронович Верхоглаз. Военные отделы при областных, городских и районных парткомах были созданы после XVIII съезда партии (март 1939 г.)[25]. То есть они существовали меньше года, осенние мобилизационные мероприятия стали их первым масштабным заданием.

Приказ о начале мобилизации поступил в ленинградские городской и областной военкоматы 6 сентября. Утром 7-го его передали в окружные и районные военные комиссариаты. При этом сотрудников местных военкоматов заранее предупредили о некоем назначенном на следующий день важном мероприятии. Так, Кингисеппский окружной военкомат 6 сентября в 8 вечера получил указание: его начальник должен оставаться на рабочем месте. Окружной военком, в свою очередь, отправил аналогичные распоряжения в райвоенкоматы. 7 сентября в 6 утра окружной военкомат по телефону принял приказание о начале мобилизации. Затем этот приказ подтвердили телеграммой[26]. Как правило, другие военкоматы также получали указание о «сборах» по телефону, потом — подтверждение по телеграфу[27].

О начале БУС также информировались партийные организации. В некоторых случаях они, по мнению вышестоящего начальства, поначалу недостаточно серьезно отнеслись к мобилизационным мероприятиям. Секретарь Лужского горкома Шишкин сообщал в обком, что «в первый момент» сельские парторганизации восприняли БУС как обычные сборы «и только после внушения со стороны РК ВКП(б) их работа значительно улучшилась»[28].

---

[25] История Великой Отечественной войны Советского Союза 1941–1945. Т. 1. С. 427; История второй мировой войны 1939–1945. Т. 2. С. 163; Артемов Ж.Л. Некоторые вопросы работы военных отделов партийных комитетов (1939 г. — июнь 1941 г.) // Вопросы истории КПСС. 1972. № 6. С. 86.

[26] ЦГАИПД СПб. Ф. Р-24. Оп. 2в. Д. 3645. Л. 24; Ф. 1638-Л. Оп. 2. Д. 112. Л. 1.

[27] Например, Лужский райвоенкомат получил «устное распоряжение» о мобилизации в 6 утра, соответствующую телеграмму — в 9 утра (ЦГАИПД СПб. Ф. Р-24. Оп. 2в. Д. 3719. Л. 1). В Сестрорецк телеграмма о мобилизации пришла в 8 утра (ЦГАИПД СПб. Ф. Р-4880. Оп. 1. Д. 413. Л. 2).

[28] ЦГАИПД СПб. Ф. Р-24. Оп. 2в. Д. 3719. Л. 1.

7 сентября райвоенкоматы начали рассылку повесток военнообязанным. Согласно докладу Политического управления ЛВО, в Ленинграде в первый день мобилизации роль доставлявших повестки нарочных выполняли 17 тысяч человек. Для их подготовки райвоенкоматы организовали специальные пункты сбора и инструктажа. В основном нарочными были учащиеся[29]. Привлекались комсомольцы, курсанты военных училищ[30]. Сначала повестки доставлялись днем, но адресатов часто не оказывалось дома, а вручать документ следовало лично. Нарочные возвращались в военкоматы ни с чем, приходилось повторно посылать их за теми же людьми. Как сообщалось в отчете о мобилизации Балтийского флота, в большинстве случаев время вручения повесток колебалось от 1 до 12 часов, в отдельных случаях достигало суток. Тогда в городе (об области аналогичных данных нет) посыльных стали отправлять исключительно по ночам. Сроки вручения повесток, как утверждалось в отчете о мобилизации Балтфлота, в среднем сократились до 8 часов[31]. Михаил Моисеевич Кубланов (в то время — студент истфака ЛГУ) в своих записках запечатлел, как выглядело появление нарочных: «Люди в штатском, главным образом по ночам, разносили мобилизационные повестки, в которых требовалась немедленная явка. Посыльный дожидался, пока поднятый с постели оденется, и сопровождал его в военкомат. По этой причине трамваи не прекращали работу ночью»[32]. Переход к ночной работе не всегда был решением проблемы. Из отчета военного отдела Выборгского райкома Ленинграда можно узнать, что «работа нарочных затруднялась отсутствием достаточного освещения улиц». Речь шла об окраинных районах города — Лесное, Удельное, Озерки, Шувалово. Нарочные

---

[29] РГВА. Ф. 9. Оп. 29. Д. 496. Л. 217.

[30] Запасникам, персонально приписанным к Балтийскому флотскому экипажу, повестки доставляли курсанты Военно-морского инженерного училища им. Ф. Э. Дзержинского (РГА ВМФ. Ф. Р-92. Оп. 7. Д. 297. Л. 25). О комсомольцах упоминается в отчете военного отдела Выборгского райкома партии г. Ленинграда (ЦГАИПД СПб. Ф. Р-2. Оп. 2. Д. 2143. Л. 24).

[31] РГА ВМФ. Ф. Р-92. Оп. 7. Д. 297. Л. 25–26.

[32] Кубланов М. М. Апокрифы, ч. 1. Потаенные дневники советского служащего: Записи о событиях 1936–1975 гг. СПб.: Деметра, 2014. С. 25–26.

часто не находили нужных улиц и домов и «громадное количество повесток было принесено... обратно»[33]. Кроме того, были и другие вызывавшие затруднения обстоятельства. Многим было не так просто добраться до военкомата — хоть трамваи продолжали работу, но мосты по-прежнему разводились на ночь. И ночью нельзя было получить расчет на работе, сдать дела и ключи от сейфов, даже просто сообщить о вызове в военкомат[34].

За пределами Ленинграда для доставки повесток в сельсоветы рассылали «политуполномоченных» из числа сотрудников райкомов партии, при этом перед ними ставилась еще и задача собирать информацию о реакции местных жителей на «сборы»[35]. В сельсоветах для распространения повесток назначали своих нарочных. Иногда привлекали подростков[36]. Вручением повесток также занимались сотрудники милиции[37].

После отправки «политуполномоченных» начиналось разворачивание сборных и сдаточных (для техники и лошадей) пунктов. Для примера возьмем Лужский район. Приказ о начале мобилизации райвоенкомат получил в 6 утра. Отправка уполномоченных закончилась в 12. Первый сборный пункт открыли в 16 часов, вместе с прибытием из сел первых команд мобилизуемых. В 18 часов начал работу сдаточный пункт. Всего в районе было открыто четыре сборных (один — при военкомате, остальные — при военных частях) и два сдаточных пункта (один — для лошадей, второй — для автотранспорта)[38].

Мобилизационный механизм сразу же стал давать сбои. Достаточно быстро выяснилось, что мобилизационные планы ряда районных военных комиссариатов, учреждений и предприятий устарели. Их не исправляли в соответствии с полученными ранее указаниями

[33] ЦГАИПД СПб. Ф. Р-2. Оп. 2. Д. 2143. Л. 33.

[34] РГА ВМФ. Ф. Р-92. Оп. 7. Д. 297. Л. 27.

[35] Ряд их донесений хранится в ЦГАИПД СПб. Например: ЦГАИПД СПб. Ф. Р-24. Оп. 12. Д. 8. Л. 17–27.

[36] Там же. Л. 17.

[37] Так, например, было в Кингисеппском районе (ЛОГАВ. Ф. Р-3161. Оп. 2. Д. 22. Л. 130).

[38] ЦГАИПД СПб. Ф. Р-24. Оп. 2в. Д. 3719. Л. 1.

и данными. Иногда эти планы вовсе отсутствовали[39]. Оказалось, что на учете в военкоматах числится множество «мертвых душ»; например, в Солецком сельсовете Солецкого района таких оказалось 67 человек из 269[40]. В Слуцком районе, согласно докладу заведующего военного отдела обкома ВКП(б) Соболева, были возвращены 924 повестки из 3223. Повестки высылались давно переехавшим, осужденным и умершим. «Многочисленные случаи безалаберщины и путаницы учета военнообязанного населения, — сообщал Соболев, — обнаружены и в других районах области»[41]. Врач Натан Абрамович Швавера (жил в Пушкине) получил повестку, явился в военкомат, был отправлен в часть, уже после этого ему домой пришло еще три повестки[42].

В некоторых военкоматах и на отдельных сборных пунктах на первых порах воцарился хаос. Особенно отличился Кингисеппский район. Там, по словам Соболева, «работа сборного пункта не могла начаться из-за отсутствия чернил, ручек и отпечатанных бланков документов... Инструктажа с работниками аппарата сборного пункта ранее не проводилось, а поэтому люди вначале не знали, что и как делать, много путали, гоняли сотни людей от стола к столу»[43]. Как сообщал окружной отдел НКВД, «военнообязанные... были вызваны... к 8 часам утра и находились без дела до 16 час. 30 мин., так как в райвоенкомате весь день сортировали учетные карточки на военнообязанных запаса по сельсоветам. Ранее они разобраны не были, а валялись в военкомате в общей куче. Благодаря

---

[39] ЦГАИПД СПб. Ф. Р-24. Оп. 2в. Д. 3645. Л. 25, 28; Оп. 12. Д. 2. Л. 22–23; Ф. 1638-Л. Оп. 2. Д. 112. Л. 2, 5; ЛОГАВ. Ф. Р-3161. Оп. 2. Д. 22. Л. 130, 160; О состоянии мобпланов гражданских учреждений также см.: Жуков С. А. Мобилизация Ленинградского военного округа... С. 29–30, 31, прим. 19; Жуков С. А. Деятельность руководства Ленинграда и области по организации снабжения войск в ходе советско-финляндской войны 1939–1940 гг. С. 210, 214, прим. 8.

[40] ЦГАИПД СПб. Ф. Р-24. Оп. 12. Д. 2. Л. 5.

[41] Там же. Л. 13. О высылке повесток на имена арестованных и мертвых также сообщал доклад Политического управления ЛВО: РГВА. Ф. 9. Оп. 29. Д. 496. Л. 222; также см.: ЦГАИПД СПб. Ф. Р-24. Оп. 2в. Д. 3686. Л. 11.

[42] Филиал ЦАМО (ВМД). Ф. 5747. Оп. 44613. Д. 6. Л. 284.

[43] ЦГАИПД СПб. Ф. Р-24. Оп. 12. Д. 2. Л. 15.

этому приемо-сдаточный пункт вместо 10 утра приступил к работе в 19 часов. Собравшиеся утром военнообязанные запаса целый день ожидали работы комиссий»[44]. Согласно докладной записке заведующего военного отдела Кингисеппского окружкома партии Грибанова, отправленной Соболеву, из-за несоответствия данных в военных билетах и учетных карточках «людей гоняли от одного стола к другому, а толку не получалось»[45]. На некоторых призванных вообще не оказалось карточек[46]. В результате первую команду мобилизованных сумели отправить в часть только в 11 часов вечера[47]. Несколько сотен военнообязанных, прибывших на следующий день, 8 сентября, вынуждены были провести на сборном пункте больше суток[48].

В том же Кингисеппском районе по ошибке повестки разослали представителям национальных меньшинств (финнам, эстонцам, полякам), относительно которых существовало указание в армию не призывать. Уже на сборном пункте работники военкоматов в присутствии сотен других военнообязанных спрашивали у них: «Вы финн?» В случае положительного ответа запаснику, согласно разным докладам, заявляли что-нибудь вроде: «Нам вас не надо»[49].

Кроме того, рассылая по сельсоветам требования на автотранспорт и лошадей, работники Кингисеппского военкомата забыли сообщить адрес сборного пункта, ограничившись кратким указанием: «Кингисепп». Колхозники не могли понять, куда им сдавать лошадей, и могли блуждать по городу в течение всей ночи[50]. Эти блуждания в темноте начались уже в ночь с 7 на 8 сентября[51]. Следующей

---

[44] ЛОГАВ. Ф. Р-3161. Оп. 2. Д. 22. Л. 131.

[45] ЦГАИПД СПб. Ф. Р-24. Оп. 2в. Д. 3645. Л. 25; Ф. 1638-Л. Оп. 2. Д. 112. Л. 2.

[46] ЛОГАВ. Ф. Р-3161. Оп. 2. Д. 22. Л. 131.

[47] ЦГАИПД СПб. Ф. Р-24. Оп. 2в. Д. 3645. Л. 25; Ф. 1638-Л. Оп. 2. Д. 112. Л. 2.

[48] ЦГАИПД СПб. Ф. Р-24. Оп. 2в. Д. 3645. Л. 26; Оп. 12. Д. 2. Л. 16–17; Ф. 1638-Л. Оп. 2. Д. 112. Л. 3.

[49] ЦГАИПД СПб. Ф. Р-24. Оп. 12. Д. 2. Л. 16, 29. Также см.: Там же. Ф. Р-24. Оп. 2в. Д. 3645. Л. 26; Ф. 1638-Л. Оп. 2. Д. 112. Л. 2.

[50] ЦГАИПД СПб. Ф. Р-24. Оп. 12. Д. 2. Л. 17, 30.

[51] ЛОГАВ. Ф. Р-3161. Оп. 2. Д. 22. Л. 135; ЦГАИПД СПб. Ф. Р-24. Оп. 2в. Д. 3645. Л. 26; Ф. 1638-Л. Оп. 2. Д. 112. Л. 2.

ночью история повторилась. При этом вновь прибывшие колхозники так и не нашли искомый пункт и отдали все (87 лошадей и 48 телег) в первую подвернувшуюся воинскую часть[52].

Вопиющие случаи неорганизованности встречались и в других местах. В Дновском районе большая часть призванных, явившись на сборный пункт в течение первых суток мобилизации, провела там три дня. Некоторые сельсоветы отправляли в военкомат всех мужчин (до 50-летнего возраста), включая инвалидов[53]. В Осьминском районе военком капитан Прядкин в первый день мобилизации (7-го) вызвал на сборный пункт 200 человек, относительно которых еще не успел получить каких-либо распоряжений. На следующий день он распустил их по домам, чтобы, получив наконец указания от начальства, 9-го снова выслать им повестки[54].

В Ленинграде большинство сборно-сдаточных пунктов разместилось в клубах[55]. По плану мобилизации их (а также госпитали и войсковые части) предполагалось расположить в 206 школьных зданиях. Как позднее писал в отчете о работе военного отдела горкома его заведующий Верхоглаз, это могло лишить «десятки тысяч школьников нормальной учебы». Оставшихся помещений не хватило бы для размещения детей. Например, в Смольнинском районе для военных нужд собирались использовать 27 школьных зданий из 31. Даже при организации трехсменной работы в оставшихся учебных заведениях 18 тысяч детей, по словам Верхоглаза, все равно бы остались «вне сети школ». Поэтому Ленинградский горком дал указание использовать другие помещения. Во всем городе для военных нужд было занято только 15 школьных зданий[56].

На сборных пунктах людей кормили, выдавали обмундирование. Для призванных устраивались пропагандистские мероприятия, проводились посвященные международному положению доклады и беседы, выступления профессиональных оркестров

---

[52] ЛОГАВ. Ф. Р-3161. Оп. 2. Д. 22. Л. 154.

[53] ЦГАИПД СПб. Ф. Р-24. Оп. 12. Д. 2. Л. 15.

[54] ЦГАИПД СПб. Ф. Р-24. Оп. 2в. Д. 3645. Л. 28; Ф. 1638-Л. Оп. 2. Д. 112. Л. 5.

[55] РГВА. Ф. 9. Оп. 29. Д. 496. Л. 218.

[56] ЦГАИПД СПб. Ф. Р-24. Оп. 2б. Д. 639. Л. 34.

и самодеятельных коллективов[57]. Однако сделать это удавалось не всегда. Заместитель заведующего отделом кадров Батецкого райкома партии А. Дроздов докладывал в обком: «Политмассовая работа на пунктах почти отсутствовала». Произошло это из-за того, что всех политработников района и командиров запаса отправили в части раньше остальных, заняться организацией соответствующих мероприятий было некому[58]. В других случаях дела обстояли совсем плохо. На некоторых сборных пунктах мобилизуемые по несколько дней жили в сараях и питались только тем, что взяли дома[59]. Стремясь где-то разместить людей, но не зная их точного количества, областной военкомат 17 сентября дал указание для 37 районных военных комиссариатов: направить «излишки военнообязанных» в Лугу. В течение 19–21 сентября в этот небольшой город прибыло около 5 тысяч человек[60]. Отметим, что все население Луги составляло чуть больше 25 тысяч жителей[61]. Таким образом, число находившихся в городе людей сразу увеличилось почти на 20 %. Для приехавших не хватало помещений, около 2 тысяч человек два дня не были обеспечены ночлегом и питанием. Только в ночь на 21 сентября 2400 человек удалось отправить в Новгород (при этом тысяча из них прибыли в Лугу непосредственно из Новгорода или проездом через этот город)[62].

Со сборных пунктов военнообязанных направляли в воинские части. Иногда из-за несогласованности между военкоматами и частями прибывших отправляли обратно — например, команду из 8 человек, которую Кинписеппский военкомат послал в Котлы. Всего в районе зафиксировали пять таких случаев[63]. 200 человек, прибывших в Дно, также послали обратно. Затем эту же команду вызвали

---

[57] ЦГАИПД СПб. Ф. Р-24. Оп. 2в. Д. 3645. Л. 29–30; Д. 3719. Л. 3; Оп. 12. Д. 2. Л. 8–9; Ф. 1638-Л. Оп. 2. Д. 112. Л. 6–7.

[58] ЦГАИПД СПб. Ф. Р-24. Оп. 2в. Д. 3647. Л. 9.

[59] Там же. Д. 3645. Л. 29; Ф. 1638-Л. Оп. 2. Д. 112. Л. 6.

[60] ЦГАИПД СПб. Ф. Р-24. Оп. 12. Д. 2. Л. 32.

[61] По данным на 1936 г. — 26,2 тыс. человек (Большая советская энциклопедия. Т. 37. М.: Советская энциклопедия, 1938. Стб. 461).

[62] ЦГАИПД СПб. Ф. Р-24. Оп. 12. Д. 2. Л. 32.

[63] Там же. Оп. 2в. Д. 3645. Л. 26; Ф. 1638-Л. Оп. 2. Д. 112. Л. 3.

назад в Дно. В результате мобилизованным пришлось пройти пешком лишние 60 километров. В Боровичах 12 сентября в райвоенкомат явились 8 человек, которых ранее направили в часть. По их словам, в части им заявили: «Погуляйте немного», после чего пришлось три дня ночевать «по коридорам, где придется»[64].

Мобилизация шла медленнее, чем предусматривалось планом. 12 сентября заведующий военотдела обкома Соболев сообщал секретарям обкома, что она «проходит неудовлетворительно... сроки призыва... не выдерживаются»[65]. 23 сентября из Кингисеппского окружкома в Ленинград докладывали, что в Волосовском районе призыв запасных вместо запланированных 2–3 дней продолжался с 7 по 12 сентября — т. е. занял 6 дней[66]. Очевидно, в остальных районах положение было схожим. Нужно отметить, что «Большие учебные сборы» по всей стране проходили не совсем организованно, с опозданием на 2–3 дня[67].

По плану к 12 сентября в Ленинградской области в рамках БУС должны были призвать 125 950 человек. В действительности к этому дню, по данным областного военкомата, мобилизовали только 90 538 человек — 72 % от запланированного[68]. Военный отдел обкома располагал несколько другими сведениями, которые, впрочем, принципиально не отличались: к 12 сентября план был выполнен на 75,3 %[69].

Мобилизация продолжалась. Согласно докладу Политуправления округа от 22 октября, явка приписного состава в Ленинградской области составила: рядовые и младшие командиры — 95,5 %, командно-начальствующий состав — 91,1 %, политсостав — 95,4 %. В Ленинграде цифры были такими: рядовые и младшие командиры — 82,7 %, политсостав — 82,4 %. Причиной невыполнения плана

---

[64] ЦГАИПД СПб. Ф. Р-24. Оп. 12. Д. 2. Л. 22.

[65] Там же. Л. 2.

[66] Там же. Оп. 2в. Д. 3645. Л. 27; Ф. 1638-Л. Оп. 2. Д. 112. Л. 4.

[67] Мельтюхов М. И. Упущенный шанс Сталина. С. 78; Мельтюхов М. И. 17 сентября 1939. С. 340; Мельтюхов М. И. Прибалтийский плацдарм (1939–1940 гг.). С. 15.

[68] ЦГАИПД СПб. Ф. Р-24. Оп. 12. Д. 11. Л. 11.

[69] Там же. Д. 2. Л. 2; Д. 19. Л. 154.

на все 100 % в докладе названо освобождение от «сборов» работников оборонных предприятий[70].

При этом армия оказалась не вполне готова к приему такого количества людей.

Ситуация осложнялась тем, что вскоре после старта мобилизации — 15 сентября — начался осенний призыв[71]. В целом по стране он продолжался до 15 октября[72], а в Ленинграде и Ленобласти — до 8 октября[73]. По данным Управления НКВД по Ленобласти за это время в Ленинграде было призвано 24 445 человек (из 24 458 по плану), а в области — 27 594 (при плане в 27 622)[74]. В целом же в Советском Союзе призвали 1 831 099 человек — почти в два раза больше, чем годом ранее, когда в войска направили 832 542 человека[75].

Количество красноармейцев существенно увеличилось, запасов военных просто не хватало для того, чтобы снабдить их всех необходимым. Пришлось привлечь ресурсы других ведомств[76]. В ЦГАИПД СПб в фонде обкома сохранились материалы совместного заседания бюро ленинградских обкома и горкома от 25 сентября. Вначале руководители города и области выслушали сообщение представителя Военного совета ЛВО о материальном обеспечении войск. Во вновь формируемых частях и подразделениях не было сапожных мастерских, не хватало материалов для ремонта обуви и обмундирования (даже иголок)[77]. В войсках, расположенных в районе Пскова, недоставало ложек и кружек, кое-где их вовсе не было; поэтому секретарь горкома партии Алексей Александрович Кузнецов

---

[70] РГВА. Ф. 9. Оп. 29. Д. 496. Л. 219.

[71] ЦГАИПД СПб. Ф. Р-24. Оп. 2в. Д. 3569. Л. 25; Д. 3699. Л. 30.

[72] Бурдинский Е. В., Каменев П. В., Безугольный А. Ю., Дайнес В. О. Военные комиссариаты: История создания и развития. 1918–2018 гг. // Военно-исторический журнал. 2018. № 4. С. 8.

[73] ЦГАИПД СПб. Ф. Р-24. Оп. 2в. Д. 3569. Л. 25.

[74] Там же. Л. 25–26.

[75] Бурдинский Е. В., Каменев П. В., Безугольный А. Ю., Дайнес В. О. Военные комиссариаты. С. 8.

[76] Жуков С. А. Организация материального снабжения... С. 73; Жуков С. А. Мобилизация Ленинградского военного округа... С. 27.

[77] ЦГАИПД СПб. Ф. Р-24. Оп. 2а. Д. 136. Л. 10.

распорядился «брать ложки в столовых и ресторанах Псковского округа». Отсутствовали полевые кухни, котлы и кипятильники. Не хватало помещений и палаток, поэтому часть бойцов размещалась в домах колхозников[78]. Также недоставало кроватей и нар[79]. Закончилось заседание принятием совместного постановления двух партбюро — обкома и горкома. Создавалась комиссия (кроме партийцев, в нее вошли представители округа и флота), которая должна была «в двухдневный срок выявить ресурсы, имеющиеся в Ленинграде и области для снабжения войск ЛВО и личного состава КБФ недостающим материальным обеспечением»[80]. В первую очередь речь шла о поиске ложек, кружек, котлов, гвоздей и бязи[81]. Кроме того, нужно было усилить отгрузку сена и соломы для военных частей, увеличить выпуск кроватей для ЛВО, ускорить выполнение заказов для армии на нескольких предприятиях (заводы «Красный металлист» и Ижорский, фабрики «Красный Маяк» и им. Ф. Э. Дзержинского)[82].

Об этом совещании, к слову, упоминает Александр Николаевич Щерба в книге «Военная индустрия Санкт-Петербурга — Ленинграда в 1900–1940 годы». Правда, он утверждает, что руководителями горда и области обсуждались «первоочередные задачи по оказанию помощи войскам в подготовке зимней кампании против Финляндии»[83]. Он неправ. О войне с Финляндией на совещании не говорили вовсе. Щерба ссылается на те же материалы совещания, которые я только что цитировал. Северо-западный сосед не упоминается там ни единым словом. К тому же после проведения мобилизации, к концу сентября самой мощной группировкой в составе ЛВО была Псковско-Островская[84], т. е. сосредоточенная не против Финляндии, а у границ Эстонии и Латвии.

---

[78] Там же. Л. 11.

[79] Там же. Л. 12.

[80] Там же. Л. 7.

[81] Там же. Л. 20.

[82] Там же. Л. 7 об.

[83] Щерба А. Н. Военная индустрия Санкт-Петербурга — Ленинграда... С. 316.

[84] Жуков С. А. Организация материального снабжения... С. 72.

Мобилизация распространялась на автотранспорт и лошадей. Предоставить их армии должны были предприятия, учреждения, колхозы. По данным областного военкомата, все 66 районов Ленинградской области обязаны были поставить на «сборы» 4304 автомашины и 486 тракторов[85]. Составленная в областном управлении милиции справка о состоянии автотранспорта сообщает, что в Ленинградской области было мобилизовано 3190 гражданских автомашин (32 % от автопарка, который, согласно расчетам, имелся бы к 1 января 1940 г. в случае отсутствия мобилизации)[86]. Аналогичная справка о состоянии автотранспорта Ленинграда сообщает, что у автохозяйств города для армии изъяли 5393 машины (26 % автопарка)[87].

По другим данным (недатированная справка, хранящаяся в архивном фонде обкома), Ленинградская область должна была дать армии 500 легковых машин, 4100 грузовиков и 499 тракторов, а поставила в РККА за все время мобилизации 3080 автомобилей (из них: 295 легковых — 59 % от плана, 2785 грузовых — 68 %) и 348 тракторов (70 %)[88]. В апреле 1941 г. заведующий военным отделом обкома Михаил Федорович Алексеев и областной военком Дмитрий Иванович Люлин приводили чуть отличавшиеся, но близкие показатели — 78, 69 и 68,5 % соответственно[89]. Согласно докладу Политуправления ЛВО от 22 октября, в городе план по легковым автомашинам был выполнен на 76,1 %, по грузовым — на 63 %; в области по легковым машинам — на 59 %, по грузовикам — на 68 %, по тракторам — на 63 %[90].

Независимо от того, какие из приведенных цифр точнее, очевидно, что мобилизация автотранспорта прошла из рук вон плохо. Можно выделить три причины случившегося.

Во-первых, как отмечали в упомянутой выше записке Алексеев и Люлин, «проведенная осенью 1939 г. мобилизация вскрыла

---

[85] ЦГАИПД СПб. Ф. Р-24. Оп. 12. Д. 11. Л. 2.

[86] Там же. Оп. 2в. Д. 4320. Л. 55.

[87] Там же. Л. 81 об.

[88] Там же. Оп. 12. Д. 11. Л. 12.

[89] Там же. Оп. 2а. Д. 177. Л. 18; Оп. 12. Д. 2. Л. 36.

[90] РГВА. Ф. 9. Оп. 29. Д. 496. Л. 221.

исключительно тяжелое состояние автотранспорта»[91]. Огромное количество машин было неисправно. Кое-где исправной техники было меньше, чем требовал отправить в армию мобилизационный план (например — в Порховском районе)[92]. В значительной части автохозяйств отсутствовали необходимые запчасти, инструменты. Остро не хватало горючего для заправки машин перед отправкой на сдаточные пункты. Кроме того, по утверждению Алексеева и Люлина, «свыше 35 % годного к поставке автотранспорта в области не было поставлено из-за плохой резины»[93].

Во-вторых, к существенным причинам дезорганизации стоит отнести многочисленные попытки уклониться от отправки транспортных средств в армию со стороны руководителей предприятий и учреждений. Вот выразительные факты, которые содержатся в докладной записке Кингисеппского окружного отдела НКВД от 13 сентября 1939 г. Этот документ сообщает, что заведующий автобазой стройконторы В. А. Тамбов снял у подлежавшей мобилизации новой машины «с передних колес хорошие покрышки и заменил их изношенными, полагая, что машина с такой резиной не будет принята мобкомиссией». Члены последней заставили заведующего вернуть на место новые покрышки[94]. Заведующий автобазой окружного исполкома Герасимов у легковой машины убрал боковины и заменил новый аккумулятор на «плохой». Когда же члены комиссии потребовали у него возвращения снятых частей, он заявил: «Какую машину я сдаю, такую и принимайте, а если не хотите, то ничего не получите»[95]. Председатель Осьминского райпотребсоюза Брагин «две совершенно новые грузовые машины спрятал, а на пункты сбора прислал две старые, технически совершенно негодные машины. Только

---

[91] ЦГАИПД СПб. Ф. Р-24. Оп. 2а. Д. 177. Л. 18; Оп. 12. Д. 2. Л. 36.

[92] Там же. Оп. 12. Д. 2. Л. 19.

[93] ЦГАИПД СПб. Ф. Р-24. Оп. 2а. Д. 177. Л. 18–19; Оп. 12. Д. 2. Л. 36–37. О нехватке покрышек и запчастей говорит и доклад Политуправления округа: РГВА. Ф. 9. Оп. 29. Д. 496. Л. 221. О состоянии автотранспорта и автохозяйств до мобилизации, о мобилизационных планах также см.: ЦГА СПб. Ф. Р-7384. Оп. 4. Д. 23. Л. 55–58, 242 — 242 об.; Д. 26. Л. 8.

[94] ЛОГАВ. Ф. Р-3161. Оп. 2. Д. 22. Л. 161.

[95] Там же. Л. 162.

после вмешательства РО (райотдела. — *М. Т.*) НКВД новые машины Брагиным доставлены на пункт». Главный бухгалтер Леспромхоза Н. М. Конышков попросту «приказал шоферу перевезти его вещи и машину спрятать на лесобирже, а дежурному велел ответить в военкомат, что машина ушла в рейс и где находится, неизвестно»[96].

Множество аналогичных фактов фиксировалось в разных районах Ленинградской области[97]. Отдельные предприятия и учреждения просто отказывались дать автотранспорт[98]. По фактам саботажа возбуждались уголовные дела, материалы передавались в прокуратуру[99]. Отметим, что ситуация в Ленинградском регионе отнюдь не была исключительной, в других областях хозяйственники также сопротивлялись отправке техники в армию[100]. Везде от них требовали выполнения плана, а без транспорта это было невозможно.

В-третьих, некоторые ведомства добились сокращения или полной отмены обязательств по поставкам автотранспорта. 17 сентября Комитет обороны при СНК уменьшил наряды для предприятий наркоматов тяжелой промышленности, легкой промышленности, машиностроения, пищевой промышленности, внутренней торговли, заготовок. Их руководители получили право передать в армию только 20–30 % автомобилей от предусмотренного планом[101]. Взамен следовало мобилизовать до 20 % автомашин, находившихся на балансе ранее освобожденных от поставок наркоматов авиапромышленности, боеприпасов, судостроения, вооружения, связи, а также Главного управления Гражданского воздушного флота и Главвоенстроя[102]. В результате в Ленинградской области от отправки в РККА освободили 339 легковых и 1246 грузовых автомобилей[103]. Автомашины торговых и снабженческих организаций так-

---

[96] ЛОГАВ. Ф. Р-3161. Оп. 2. Д. 22. Л. 161.
[97] Например: ЦГАИПД СПб. Ф. Р-24. Оп. 12. Д. 2. Л. 19; Д. 19. Л. 133–134.
[98] Там же. Оп. 2в. Д. 3179. Л. 1–2.
[99] ЛОГАВ. Ф. Р-3161. Оп. 2. Д. 22. Л. 163–164.
[100] РГВА. Ф. 9. Оп. 29. Д. 496. Л. 90, 141, 178, 252–253.
[101] ЦГАИПД СПб. Ф. Р-24. Оп. 12. Д. 2. Л. 26; ЦГА СПб. Ф. Р-7384. Оп. 4. Д. 24. Л. 578.
[102] ЦГА СПб. Ф. Р-7384. Оп. 4. Д. 24. Л. 578.
[103] ЦГАИПД СПб. Ф. Р-24. Оп. 12. Д. 2. Л. 26.

же подлежали изъятию. Как писал заввоенотдела горкома ВКП(б) Верхоглаз, это «ставило под прямую угрозу нормальную жизнь города»[104]. Городское управление продторгами забило тревогу и сумело добиться полного освобождения торговых структур от мобилизации транспорта[105].

Освобождение от поставок одних предприятий и учреждений вынуждало военкоматы забирать больше машин у других. Заввоенотдела обкома Соболев докладывал секретарям обкома Андрею Александровичу Жданову, Григорию Харитоновичу Бумагину и Терентию Фомичу Штыкову: «Во многих организациях и предприятиях взяты все действующие машины, без учета мобплана и их потребности для бесперебойной работы». Из-за того, что часть машин браковали как неисправные, после мобилизации «многие автохозяйства, содержавшие в хорошем состоянии машину, очутились в худшем положении, чем организации, имевшие плохой транспорт»[106]. На это накладывалась неразбериха в учете автомобилей. Где-то их забрали больше запланированного, где-то — меньше[107]. Военкоматы могли потребовать поставить машины от учреждений, которые вообще не имели автотранспорта[108].

Совсем плохо шла мобилизация лошадей. Причиной стало плачевное состояние конского поголовья области. Так, из 1180 лошадей, считавшихся по документам годными для армии, на сдаточном пункте в селе Поддорье забраковали почти всех. В военные части отправилось всего 176 лошадей. Животные браковались из-за побитости и потертости плеч и холок, из-за порчи копыт по причине плохой ковки. Чтобы выполнить план, работники местного военкомата в течение 13—14 сентября осмотрели все оставшееся конское поголовье Поддорского района. Из изученных 2100 лошадей лишь 7 оказались пригодны для отправки в РККА[109]. По данным

---

[104] Там же. Оп. 2б. Д. 639. Л. 34.

[105] ЦГА СПб. Ф. Р-873. Оп. 1. Д. 8. Л. 2.

[106] ЦГАИПД СПб. Ф. Р-24. Оп. 12. Д. 2. Л. 26.

[107] См.: Там же. Д. 2. Л. 20; Д. 8. Л. 51.

[108] Например: ЛОГАВ. Ф. Р-3161. Оп. 2. Д. 22. Л. 131; ЦГАИПД СПб. Ф. Р-24. Оп. 2в. Д. 3645. Л. 26; Ф. 1638-Л. Оп. 2. Д. 112. Л. 3.

[109] ЦГАИПД СПб. Ф. Р-24. Оп. 12. Д. 19. Л. 131.

Лужского горкома, на сдаточных пунктах района браковали до 50 % лошадей[110]. Алексеев и Люлин сообщали (в цитированной выше записке): «Вследствие плохого ухода за лошадьми, особенно в колхозах, очень много лошадей имели травматические повреждения»[111]. Вдобавок к этому колхозники пытались укрыть лошадей, повозки и упряжь от поставки в армию[112]. Все это затягивало мобилизацию. В Парголовском районе с отправкой лошадей в части опоздали на четыре дня[113]. Если верить записке Алексеева и Люлина, область выполнила наряд по лошадям всего на 78 %[114]. В докладе Политуправления округа сообщалось, что в области план по мобилизации лошадей осуществлен на 77,8 %, в Ленинграде — на 76,1 %[115]. Вероятно, даже для достижения этих цифр в армию пришлось отправить немало больных и истощенных животных.

Почти одновременно с призывом запасников для РККА началась и продолжалась до 20 октября мобилизация Военно-морского флота. На Балтийском флоте первой приказ о ее начале получила служба ПВО. Это произошло 5 сентября[116]. Затем наступила очередь других структур КБФ.

В сентябре Политбюро и Совнарком издали ряд постановлений, посвященных мобилизации людских и материальных ресурсов для флота в целом и Балтфлота в частности[117]. Как правило, эти

---

[110] ЦГАИПД СПб. Ф. Р-24. Оп. 2в. Д. 3719. Л. 2.

[111] Там же. Оп. 2а. Д. 177. Л. 19; Оп. 12. Д. 2. Л. 37.

[112] Там же. Оп. 12. Д. 19. Л. 132. Также см.: Там же. Д. 2. Л. 4. Аналогичные случаи отмечались и в других регионах. Некоторые крестьяне-единоличники, чтобы их лошадей не забрали в армию, специально наносили им раны (РГВА. Ф. 9. Оп. 29. Д. 496. Л. 255).

[113] ЦГАИПД СПб. Ф. Р-24. Оп. 2в. Д. 3686. Л. 10.

[114] Там же. Оп. 12. Д. 2. Л. 36; Оп. 2а. Д. 177. Л. 18.

[115] РГВА. Ф. 9. Оп. 29. Д. 496. Л. 221.

[116] РГА ВМФ. Ф. Р-92. Оп. 7. Д. 297. Л. 5; Петров П. В. Краснознаменный Балтийский флот накануне Великой Отечественной войны. С. 534; Петров П. В. Скрытая мобилизация... С. 131.

[117] РГАСПИ. Ф. 17. Оп. 162. Д. 26. Л. 8, 9, 13, 16; ГА РФ. Ф. Р-5446. Оп. 1в. Д. 506. Л. 49, 59, 141, 144, 184; РГА ВМФ. Ф. Р-1678. Оп. 4. Д. 15. Л. 120. Также см. приказы наркома Военно-морского флота: РГА ВМФ. Ф. Р-1678. Оп. 1. Д. 68. Л. 44–48; Д. 73. Л. 3, 44–47. Павел Владимирович Петров ошибочно

распоряжения появлялись после соответствующих просьб наркома Военно-морского флота Николая Герасимовича Кузнецова[118].

После частей ПВО соответствующие указания получили моряки Западного укрепленного района (ЗУР) — 10 сентября, Охраны водного района (ОВР) — 19 сентября, ВВС КБФ и отдельной стрелковой бригады — 20 сентября, Северного и Южного укрепрайонов (СУР и ЮУР), Службы наблюдения и связи (СНиС) — 21 сентября. Команда развернуть санитарные учреждения поступила 28 сентября, а гидрографические части — 29 сентября[119]. Такая разбивка на несколько этапов ускорила сложный процесс мобилизации флотских служб: его было проще организовать, уменьшилась нагрузка на транспорт и на органы снабжения[120].

Проведение мобилизации КБФ облегчалось тем, что в июле — августе 1939 г. для флота уже объявлялась оперативная готовность № 1[121]. И флот в основном принял положенный ему для мобразвертывания запас топлива, боеприпасов и другого довольствия[122]. В конце августа КБФ вновь начали переводить в состояние повышенной готовности[123]. Теперь, в ходе БУС, нужно было

датировал один из этих приказов: вместо 18 сентября указал 12-е (Ср.: Петров П. В. Краснознаменный Балтийский флот Накануне Великой Отечественной войны. С. 535; Петров П. В. Скрытая мобилизация... С. 132; РГА ВМФ. Ф. Р-1678. Оп. 1. Д. 68. Л. 47).

[118] ГА РФ. Ф. Р-5446. Оп. 1в. Д. 506. Л. 50, 60; РГА ВМФ. Ф. Р-1678. Оп. 1. Д. 90. Л. 191–194, 199–201, 205. В скобках отметим, что нарком ВМФ не только ничего не рассказал об этих мероприятиях в своих воспоминаниях, но, напротив, утверждал, что их не было. Он писал, что в сентябре 1939 г. ждал «указаний о повышении боевой готовности флота, о конкретных мерах, которые следует предпринять на случай чрезвычайных обстоятельств», но «таких указаний не последовало» (Кузнецов Н. Г. Накануне. М.: Воениздат, 1989. С. 268–269).

[119] РГА ВМФ. Ф. Р-92. Оп. 7. Д. 297. Л. 45; Петров, приводя эти сроки, ошибочно сместил на один день дату начала мобилизации гидрографических частей, указав 28 сентября (Петров П. В. Краснознаменный Балтийский флот... С. 534; Петров П. В. Скрытая мобилизация... С. 131).

[120] РГА ВМФ. Ф. Р-92. Оп. 7. Д. 297. Л. 7.

[121] Там же. Л. 2–3.

[122] Там же. Л. 4.

[123] Так, части ПВО КБФ в это время были приведены в состояние боевой готовности № 2, спешно заканчивалось оборудование огневых позиций

развернуть части ВВС, ПВО, охраны водного района (для них нужно было мобилизовать суда-тральщики) и береговой обороны[124]. Тем не менее ход мобилизационных мероприятий с самого начала был серьезно осложнен из-за межведомственной несогласованности. Получив указание о сборах, военкоматы сразу стали отправлять во флотские части приписанных к ним запасников[125]. В то же время командование Балтфлота получило распоряжение развернуть только подразделения ПВО. В итоге все призванные военнообязанные возвратились назад, в военкоматы — 108 человек комсостава, 2705 человек рядовых и младших командиров. В военных комиссариатах решили, что мобилизованных вернули за ненадобностью, и передали их Красной армии. Когда флот наконец получил новые приказы, то военкоматы отправили ему других военнообязанных, большинство которых по своим специальностям и подготовке не соответствовали ожиданиям и планам Штаба КБФ[126]. Кроме того, мобилизацию Балтфлота затруднил запрет призывать запасных с ряда ленинградских предприятий[127]. Указание о поставках автотранспорта для флота появилось лишь 20 сентября. Все машины, предназначенные балтийцам, уже были переданы в войска ЛВО. Как сообщает отчет о мобилизации Балтфлота, «только под большим давлением со стороны штаба КБФ» военкоматы дали машины «из случайных ресурсов»[128]. Значительная часть автомобилей требовала ремонта, их вернули обратно[129].

При этом на Балтфлоте, как и в Красной армии, одновременно с БУС развернули призыв. Запасников подняли около 16 тысяч человек, молодое пополнение насчитывало 17 тысяч[130]. Кроме того,

---

и командных пунктов (Там же. Оп. 2. Д. 615. Л. 44). 1 сентября началось формирование батальона ВНОС КБФ (Там же. Л. 43).

[124] РГА ВМФ. Оп. 7. Д. 297. Л. 4.

[125] ЦГАИПД СПб. Ф. Р-24. Оп. 12. Д. 2. Л. 13.

[126] РГА ВМФ. Ф. Р-92. Оп. 7. Д. 297. Л. 22–23.

[127] Там же. Л. 15. Также см.: Там же. Л. 23, 96.

[128] Там же. Л. 47.

[129] Там же. Л. 48.

[130] Там же. Л. 67.

с 8 сентября отменили все увольнения и отпуска[131]. В результате к середине октября 1939 г. личный состав КБФ составлял 61 103 человека[132]. Так как официально мобилизацию не объявили, то флоту не передали большую часть предназначенных ему по мобплану гражданских зданий[133]. Для размещения краснофлотцев не хватало помещений. Койки в казармах пришлось менять на двухъярусные нары. Часть бойцов специальной стрелковой бригады до поздней осени обитала в летних палатках[134]. К тому же для проведения мобилизационных мероприятий не выделили дополнительного финансирования. Вольнонаемным грузчикам и шоферам не платили за сверхурочную работу. Несколько месяцев, по данным составленного уже в марте 1940 г. отчета о мобилизации, «люди возмущались, грозились жалобой прокурору, подачей в суд и пр.». Только после настойчивых просьб Главный морской штаб выделил требуемую сумму (60 тыс. руб.)[135].

Балтийскому флоту по мобилизационному плану предполагалось передать 105 гражданских судов[136]. По данным, которые приводит в своей диссертации Павел Владимирович Петров, в сентябре — октябре 1939 г. на Балтике в целом было мобилизовано 56 разных гражданских судов[137]. Если взять составленный в марте 1940 г. отчет о мобилизации КБФ, то можно подсчитать, что с 6 сентября по 20 октября 1939 г. ему передали 60 судов[138] (не считая четырех канонерских лодок, предназначенных для Ладожской военной флотилии[139]). Отдельные суда подчинили Балтфлоту в конце октября[140]. На мобилизованных кораблях монтировалось вооружение

---

[131] ГА РФ. Ф. Р-5446. Оп. 1в. Д. 506. Л. 49; РГА ВМФ. Ф. Р-92. Оп. 2. Д. 434. Л. 296.

[132] Советско-финляндская война 1939–1940. Т. 1. С. 64; подробнее см.: Петров П. В. Краснознаменный Балтийский флот... С. 537.

[133] РГА ВМФ. Ф. Р-92. Оп. 7. Д. 297. Л. 28.

[134] Там же. Л. 52.

[135] Там же. Л. 64.

[136] Там же. Ф. Р-1678. Оп. 4. Д. 21. Л. 5.

[137] Петров П. В. Краснознаменный Балтийский флот... С. 536.

[138] Подсчитано по: РГА ВМФ. Ф. Р-92. Оп. 7. Д. 297. Л. 73, 74, 78.

[139] Там же. Л. 83.

[140] См.: РГАСПИ. Ф. 17. Оп. 162. Д. 26. Л. 80, 100; ГА РФ. Ф. Р-5446. Оп. 1в. Д. 510. Л. 109–110.

и дополнительное оборудование (например, катера оснащали средствами радиосвязи и тральными лебедками)[141]. Часть кораблей мобилизовали по приказам Главного морского штаба до появления соответствующих указаний правительства. Когда суда прибывали на заводы, то местные руководители отказывались заниматься переоборудованием, ссылаясь на отсутствие распоряжений от своих наркоматов[142]. В результате корабли долго в бездействии стояли у заводов, сроки их боевой готовности затягивались[143].

Еще один аспект мобилизации — развертывание сети военно-медицинских учреждений. 17 сентября Совнарком принял постановление «Об отпуске средств на развертывание госпиталей»[144]. На следующий день ленинградский горздравотдел сформировал четыре эвакуационных госпиталя: два «смешанных» (общего профиля) на 1000 коек, терапевтический на 600 коек, хирургический на 600 коек[145]. Областной отдел здравоохранения тоже должен был сформировать четыре госпиталя: по одному в Старой Руссе (600 коек) и Валдае (400 коек), еще два — в Боровичах (по 400 мест в каждом)[146]. Инструктор военотдела обкома П. Матвеев в справке о мобилизационной работе в Леноблздравотделе от 10 октября 1939 г. утверждал: «...развертывание госпиталей прошло организованно», серьезных недостатков «не отмечено»[147].

Для руководства эвакогоспиталями был создан Фронтовой эвакуационный пункт[148]. Разворачивались военно-морские медучреждения: эвакоприемники в Усть-Луге (на базе местной больницы) и Ораниенбауме, госпитали в Кронштадте, Большой Ижоре (на базе санатория «Страховик»), Мартышкино (на базе детского

---

[141] РГА ВМФ. Ф. Р-92. Оп. 7. Д. 313. Л. 59.

[142] Там же. Д. 297. Л. 15, 65.

[143] Там же. Л. 65.

[144] ГА РФ. Ф. Р-5446. Оп. 1в. Д. 506. Л. 147.

[145] Филиал ЦАМО (ВМД). Ф. 141. Оп. 7914. Д. 1. Л. 173–174, 197; Оп. 44899. Д. 1. Л. 100. Согласно документам из фонда горсовета, развертывание этих госпиталей началось еще 9 сентября (ЦГА СПб. Ф. Р-7384. Оп. 4. Д. 24. Л. 481).

[146] ЦГАИПД СПб. Ф. Р-24. Оп. 12. Д. 1. Л. 14.

[147] Там же. Л. 15.

[148] Филиал ЦАМО (ВМД). Ф. 141. Оп. 7914. Д. 1. Л. 1б.

санатория «Северный Артек»)[149]. Однако возникла проблема размещения детей и после настойчивых просьб Ленгорздрава госпиталь в Мартышкино свернули, восстановив статус-кво[150].

Мобилизация требовала перемен в работе железных дорог. 8 сентября было принято совместное постановление ЦК ВКП(б) и СНК «Об изменении плана перевозок грузов и сокращении пассажирского движения по железным дорогам на сентябрь месяц 1939 года». С 10 сентября сокращались невоенные грузовые и пассажирские перевозки[151]. Октябрьская дорога должна была в среднем вместо 3886 вагонов общехозяйственных грузов в сутки перевозить 1271, а Кировская вместо 2852 — 1358[152]. То есть гражданский грузооборот существенно уменьшили.

12 сентября было подписано постановление Комитета обороны о введении с 13-го числа воинского графика перевозок. Этот документ вновь говорил о сокращении перевозок народно-хозяйственных грузов и пассажиров[153]. В тот же день соответствующий приказ подписал нарком путей сообщения Лазарь Моисеевич Каганович[154]. Однако железные дороги Ленинградской области оказались недостаточно подготовлены к мобилизации. Эшелоны подавались с опозданием, необорудованные[155]. Это приводило к несвоевременной отправке военнообязанных, техники и лошадей в части[156]. В поселке Дедовичи из-за нехватки поездов скопилось около 3 тыс. человек. По данным военного отдела ленинградского обкома, «райвоенкомату трудно было обеспечить всех общежитием и питанием, часть людей размещалась на улице, пила сырую воду»[157]. В военном отделе констатировали: «Железные дороги мобилизацией были застигнуты врасплох»[158].

---

[149] Там же. Л. 59–60, 76.

[150] Там же. Л. 60.

[151] ГА РФ. Ф. Р-5446. Оп. 1в. Д. 506. Л. 45–46.

[152] Там же. Л. 47.

[153] ГА РФ. Ф. Р-8418. Оп. 23. Д. 214. Л. 1–2.

[154] Там же. Л. 24–25.

[155] ЦГАИПД СПб. Ф. Р-24. Оп. 12. Д. 2. Л. 7–8; Д. 19. Л. 135.

[156] Там же. Д. 2. Л. 7.

[157] Там же. Л. 31.

[158] Там же. Л. 21.

Конечно же, «Большие учебные сборы» влияли на хозяйственную жизнь региона. С заводов Ленинграда в ряды РККА ушло много опытных специалистов[159]. Заменять их, как гласил годовой отчет о работе завода «Электроинструмент», приходилось «в основном за счет малоквалифицированных рабочих»[160]. В Ленинградском торговом порту из-за призыва грузчиков начались трудности с разгрузкой и погрузкой судов и вагонов[161] (несмотря на сокращение количества прибывавших кораблей[162]).

Как и железная дорога, большое число предприятий не было готово к мобилизации. На многих заводах вовсе не занимались вопросами бронирования и замещения сотрудников на случай войны[163]. В результате, как сообщалось в докладе военного отдела обкома ВКП(б), «руководители оказались совершенно не подготовленными к обеспечению нормальной деятельности своих предприятий и учреждений». Заведующий отделом Соболев приводил примеры: «В Лодейнопольском районе руководители котельных мастерских Свирьстроя № 3 высказывали настроения о прекращении работы мастерских (по причине ухода в армию специалистов. — *М. Т.*). В Хвойнинском районе директор лесотарного завода “Красное знамя” тов. Фатеев заявил, что завод останавливается в связи с призывом квалифицированного токаря»[164].

Работники Кингисеппского НКВД зафиксировали рассказ рабочего городской бойни: «Всех забрали в армию, теперь и работать некому будет. Меня, например, вызвали, а директор начал звонить в военкомат, чтобы меня освободили от службы. Тогда оттуда и ему предложили явиться на сборный пункт»[165]. В том же документе отмечено высказывание управляющего окружной конторы Сельхозбанка Директоровича: «Надо вешать замок на двери своей конторы. У меня всех служащих забрали в армию. Кто теперь будет работать,

---

159 ЦГА СПб. Ф. Р-4965. Оп. 1. Д. 708. Л. 2; Д. 710. Л. 81.

160 Там же. Д. 708. Л. 6.

161 ЦГА СПб. Ф. Р-2217. Оп. 13. Д. 42. Л. 1.

162 Там же. Л. 4.

163 ЦГАИПД СПб. Ф. Р-24. Оп. 12. Д. 19. Л. 136.

164 Там же. Д. 2. Л. 8.

165 ЛОГАВ. Ф. Р-3161. Оп. 2. Д. 22. Л. 136.

сам не знаю». Как сообщали в Кингисеппский окрисполком сотрудники местного НКВД, среди руководителей некоторых учреждений из-за массового призыва их подчиненных «наблюдается беспокойство, граничащее с паникой»[166].

Как констатировалось в мае 1940 г. в акте о передаче дел наркомата обороны, мобилизация сентября 1939 г. выявила «отсутствие твердо установленного порядка в бронировании рабочей силы на военное время»[167]. Военкоматам запретили призывать работников предприятий, принадлежавших наркоматам авиационной промышленности, вооружений и боеприпасов[168]. Относительно рабочей силы других ведомств никаких указаний у военных не было. В результате в сентябре — начале октября Молотову и заместителю председателя Комитета обороны при Совнаркоме Николаю Алексеевичу Вознесенскому стали поступать просьбы руководителей промышленности освободить от мобилизации или вернуть из армии рабочих и ИТР. После этих обращений на свет появилась серия постановлений об освобождении «от сборов» работников некоторых заводов и фабрик.

Вот типичный факт. 7 сентября нарком судостроительной промышленности Иван Федорович Тевосян писал Сталину и Молотову, что в связи с мобилизацией с подчиненных ему ленинградских заводов уходит от 10 до 30 % работников. Ведомство Тевосяна почему-то не было включено в число наркоматов, чьи рабочие не подлежали мобилизации. Он просил исправить это положение[169]. По указанию Молотова Ворошилов дал приказ о частичном освобождении «от сборов» работников предприятий судостроительной промышленности, но пока это распоряжение через Генштаб и штабы округов дошло до военкоматов, те успели призвать множество трудившихся в этой отрасли рабочих и служащих. 29 сентября Тевосян написал об этом Вознесенскому. Он также отмечал, что большинство призванных работников его ведомства все еще не вернулись

---

[166] Там же. Л. 138.

[167] Акт о приеме Наркомата Обороны Союза ССР тов. Тимошенко С. К. от Ворошилова К. Е. // Известия ЦК КПСС. 1990. № 1. С. 198.

[168] ГА РФ. Ф. Р-8418. Оп. 23. Д. 195. Л. 193.

[169] Там же. Л. 274.

из РККА. По данным наркомата, с его заводов, «не считая лиц, ушедших в армию по очередному призыву», мобилизовали свыше 11 тысяч рабочих, инженеров и техников[170]. Вызов судостроителей «на сборы» прекратился 26 сентября, а в октябре началось их возвращение из армии[171].

16 сентября начальник Главного управления сульфитно-спиртовой и гидролизной промышленности Виктор Сергеевич Чуенков просил СНК освободить от призыва рабочих и служащих заводов его ведомства, дать военным указание «об освобождении уже мобилизованных в РККА», избавить его предприятия от поставок автотранспорта или «применить нормы мобилизации, существующие для заводов, вырабатывающих оборонную продукцию». К письму прилагался список предприятий и учреждений, из которых четыре располагались в Ленинграде и Ленобласти[172]. 25 сентября Чуенков отправил в Комитет обороны второе письмо с той же просьбой[173]. Процент забронированных работников заводов его главка составлял всего 14 %. Было решено согласиться с просьбой о «бронировании», но отклонить предложение о возвращении уже мобилизованных запасников[174]. 27 сентября свет увидело соответствующее постановление Совнаркома. Впрочем, из предприятий Ленинградской области в документе упоминалось лишь одно — Сясьский завод, где «от сборов» освободили 42 человека[175].

19 сентября нарком общего машиностроения Петр Иванович Паршин просил у правительства не призывать в армию рабочих важнейших предприятий отрасли — в том числе ленинградских заводов им. Ф. Энгельса, им. Макса Гельца, им. 2-й Пятилетки, «Ленпишмаш», «Вперед»[176]. В результате 2 октября появилось постановление Комитета обороны «Об освобождении рабочей силы

---

[170] ГА РФ. Ф. Р-8418. Оп. 23. Д. 195. Л. 193–194.

[171] Там же. Л. 191.

[172] Там же. Л. 132–133.

[173] Там же. Л. 110–111.

[174] Там же. Л. 130.

[175] Там же. Л. 128–129.

[176] Там же. Л. 211–212.

от сборов РККА по заводам НКОМ»[177]. На заводе им. Ф. Энгельса дополнительно забронировали 480 человек, на заводе им. Макса Гельца — 294 (эти два предприятия изготавливали взрыватели и снарядные трубки), на «Ленпишмаше» — 143 (завод производил взрыватели), на заводе им. 2-й Пятилетки (выпускал корпуса снарядов) — 83[178].

2 октября Совнарком принял постановление «Об отсрочках от призыва на сборы рабочих и ИТР производственных предприятий Краснознаменного Балтийского флота». От мобилизации и учебных сборов освобождалось 5935 человек[179]. Появился этот документ после просьбы руководства ВМФ и с согласия Жданова[180].

Уход части работников в армию приходилось как-то компенсировать. В сентябре, по словам секретаря горкома Кузнецова, началась активизация усилий, чтобы привлечь на производство женщин[181]. 9 октября вопрос о внедрении женского труда обсуждался на бюро горкома — на примере завода «Электросила» и фабрики «Скороход»[182].

Беспокойство городского и областного начальства вызывало положение дел в торговой сети. В одной из сводок о ходе БУС отмечалось: в Палкинском районе сразу после начала мобилизации по причине нехватки работников закрылось 18 лавок, база райпотребсоюза на станции Черская прекратила снабжение торговой сети товарами, в Лядском районе за 5–6 дней прекратили работу 12 торговых точек[183]. 12 сентября начальник Управления рабоче-крестьянской милиции по Ленинградской области полковник Евгений Семенович Грушко сообщил в обком партии, что в Ижорах «в связи с призывом

---

[177] Там же. Л. 267.

[178] Там же. Л. 268.

[179] РГА ВМФ. Ф. Р-1678. Оп. 4. Д. 15. Л. 141; ГА РФ. Ф. Р-5446. Оп. 1в. Д. 507. Л. 72.

[180] ГА РФ. Ф. Р-5446. Оп. 1в. Д. 507. Л. 73.

[181] ЦГАИПД СПб. Ф. Р-24. Оп. 2. Д. 3628. Л. 25.

[182] ЦГАИПД СПб. Ф. Р-25. Оп. 2. Д. 1953. Л. 2 об.

[183] ЦГАИПД СПб. Ф. Р-24. Оп. 12. Д. 2. Л. 23; те же данные о Палкинском районе: Там же. Оп. 2в. Д. 3686. Л. 11.

в РККА работников прилавка» закрыты два магазина[184]. В ответ на это секретарь обкома партии Терентий Федорович Штыков распорядился: «Заставить облторг и облпотребсоюз открыть магазины путем переброски продавцов»[185]. Затем торговые организации получили из отдела кадров обкома ВКП(б) указание не допускать закрытия магазинов[186]. Тревогу в обкоме вызвали и сообщения о перебоях в работе торговых точек из-за мобилизации автотранспорта. Было решено освободить торговые организации от поставок машин для армии[187]. Партийным структурам приходилось в экстренном порядке исправлять последствия непродуманности мобилизационных планов.

Иногда призыв запасников сопровождался паническими настроениями граждан. Как говорилось выше, официально проводившиеся мероприятия именовали Большими учебными сборами. Запрещалось упоминать само слово «мобилизация»[188]. Тем не менее среди населения распространялись слухи о надвигающейся войне, а «сборы» трактовали именно как предвоенную мобилизацию. Документы пестрят соответствующими свидетельствами. Например, из Скугровского сельсовета Дновского района сообщали: «Некоторые женщины являлись и спрашивали, что это — война или маневры?»[189] Заведующий военотдела обкома отмечал «единичные случаи паники» в Стругокрасненском районе. В колхозе «Букино» нарочный Варфоломеев зазвонил в пожарный колокол, а потом объявил собравшимся жителям, что «началась война». В колхоз «Сила» повестки были доставлены во время колхозного собрания, одна из присутствовавших женщин выкрикнула: «Война», чем «вызвала замешательство среди колхозников»[190].

На сборных пунктах военнообязанные то и дело обсуждали, зачем их призывают. Растерянность одних сочеталась с уверенными

---

[184] ЦГАИПД СПб. Ф. Р-24. Оп. 12. Д. 3585. Л. 21.

[185] Там же. Л. 20.

[186] Там же. Л. 18.

[187] Там же. Л. 20–21.

[188] РГА ВМФ. Ф. Р-92. Оп. 7. Д. 297. Л. 5.

[189] ЦГАИПД СПб. Ф. Р-24. Оп. 12. Д. 8. Л. 19.

[190] Там же. Д. 2. Л. 6.

суждениями других. Кто-то полагал, что всех забирают на войну с Германией, кто-то настаивал, что речь идет только об учениях.

В спецсообщении Кингисеппского окружного отдела НКВД от 7 сентября приводятся реплики мобилизуемых:

«Что, разве и нам объявил кто войну?»

«Наверно, начинается война, поэтому и нас берут».

«Какая может быть война, когда у нас с Германией заключен договор о ненападении?»

«Немцы своих договоров и раньше не выполняли. Германия возьмет сейчас Польшу, потом и на нас пойдет, не посмотрит на свои договора, поэтому и нас берут».

Высказывалось мнение: немцы уже в 100 км от советской границы, «может, с разгона и на нас пойдут»[191].

«Некоторые женщины плакали», — добавляли к этому подписавшие документ капитан госбезопасности Половнев и старший лейтенант госбезопасности Варюхичев[192].

Повсеместно жители гадали, с кем придется воевать. Кроме Германии, называли Японию[193]. Масштабность мобилизации, являвшиеся посреди ночи нарочные с повестками, тревожная международная обстановка (начало войны в Европе) — все это порождало ощущение близости войны. В результате значительно осложнилась ситуация на потребительском рынке. Уже 7–8 сентября у магазинов стали возникать очереди. Население запасалось крупой, сахаром, керосином, мылом, другими предметами первой необходимости[194]. Представители власти прекрасно понимали и прямо писали, что это связано с ожиданием войны[195].

---

[191] ЛОГАВ. Ф. Р-3161. Оп. 2. Д. 22. Л. 132.

[192] Там же. Л. 133.

[193] Относительно Германии кроме указанных выше примеров см.: ЦГАИПД СПб. Ф. Р-24. Оп. 2в. Д. 3645. Л. 30; Ф. 1638-Л. Оп. 2. Д. 112. Л. 7; ЛОГАВ. Ф. Р-3161. Оп. 2. Д. 22. Л. 137–138. Упоминания Японии: ЦГАИПД СПб. Ф. Р-24. Оп. 2в. Д. 3645. Л. 30; Ф. 1638-Л. Оп. 2. Д. 112. Л. 7; ЛОГАВ. Ф. Р-3161. Оп. 2. Д. 22. Л. 137.

[194] ЦГАИПД СПб. Ф. Р-24. Оп. 2в. Д. 3645. Л. 30; Ф. 1638-Л. Оп. 2. Д. 112. Л. 7; ЛОГАВ. Ф. Р-3161. Оп. 2. Д. 22. Л. 137.

[195] ЛОГАВ. Ф. Р-3161. Оп. 2. Д. 22. Л. 138.

Люди стремились не только запастись продуктами, но и получить на руки побольше наличности. Жители города на Неве и области устремились в сберкассы — забирать хранившиеся там деньги. Из спецсообщения УНКВД по области от 10 ноября можно узнать, что, если в сентябре 1938 и августе 1939 г. в сберкассы вкладывали больше денег, чем забирали (на 31 800 руб. и на 203 800 соответственно[196]), то в сентябре 1939-го «выемы» превысили вклады на 6 379 600 руб.: вложили в сберкассы 10 274 300 руб., а забрали — 16 654 600. «Только по Псковскому округу и 3 районам — Красногвардейскому, Боровичскому и Слуцкому — в сентябре 1939 г. отлив составил 2.755,3 т[ыс]. р[уб].», — констатировалось в документе. Лишь в третьей декаде сентября «вклады начали постепенно увеличиваться и выемы уменьшаться»[197].

Но до начала Польского похода ожидания войны нарастали. Уверенность массы людей в близости вооруженного конфликта лишь укрепилась после того, как 10 сентября газеты сообщили, что призыв запасных производится «в связи с германо-польской войной, приобретающей все более широкий и угрожающий характер»[198]. Мобилизацию не удалось замаскировать под обычные учебные сборы.

На фоне всеобщего ожидания войны проявлялись как патриотические, так и уклонистские настроения. С одной стороны, фиксировались случаи явки добровольцев в военкоматы без вызова[199]. С другой — часть запасников пыталась избежать призыва. В Ленинграде было отмечено 22 случая уклонения от явки на сборы, в 16 из них уклонистов привлекли к судебной ответственности. Как сообщает доклад Политуправления округа, в Петроградском районе

---

[196] Согласно приводимой в документе таблице, в сентябре 1938 г. вклады в сберкассы области составили 8 650 500 руб., а забрали оттуда 8 648 700 руб. С итоговой суммой «прилива» цифры не бьются, в какие-то из чисел вкралась ошибка. В августе 1939 г. вклады составили 14 123 500 руб., а «выемы» — 13 919 700 руб. (ЦГАИПД СПб. Ф. Р-24. Оп. 2в. Д. 3571. Л. 82).

[197] Там же. Л. 82–83.

[198] Правда. 1939. 10 сентября; Красная звезда. 1939. 10 сентября; Ленинградская правда. 1939. 10 сентября.

[199] РГВА. Ф. 9. Оп. 29. Д. 496. Л. 218–219.

Ленинграда «военнообязанный Мышинский, пытаясь уклониться от сбора, явился на пункт с ребенком на руках и сказал, что у него нет жены и на сбор он пойти не может». Однако «при выяснении оказалось, что жена у Мышинского имеется и что она принесла ребенка на пункт раньше явки его самого»[200]. В Стругокрасненском районе 30 % явившихся на сборные пункты назвали себя больными. Обследование показало, что таких было всего 4 %[201].

Часть мобилизованных участвовала в Польском походе Красной армии. Потом их собирались использовать в возможной операции против прибалтийских государств, но последние согласились с требованиями СССР о заключении договоров о взаимопомощи и о создании на их территории советских военных баз. Вскоре начались советско-финляндские переговоры. Видимо, вначале Сталин и его окружение рассчитывали, что финны пойдут на уступки и примут предложения Москвы. Призванных в ходе «Больших учебных сборов» начали распускать по домам. С 29 сентября численность Красной армии стала уменьшаться[202]. 2 октября Политбюро приняло решение об увольнении в запас призванных по мобилизации[203]. 4 октября появилось еще одно постановление Политбюро, утверждавшее предложения Ворошилова о сокращении войск Белорусского и Украинского фронтов и о частичном увольнении собранных в сентябре запасников[204].

Среди прочих возвращались из армии и те, кого призвали в Ленинграде. По свидетельству Аркадия Георгиевича Манькова (в то время — студент, позднее — известный историк), эти вернувшиеся получили прозвище «освободители», независимо от их участия или неучастия в Польском походе[205]. Всего в Ленинградском военном округе на «Большие учебные сборы» призвали 325 311 военнообязанных запаса (25 306 — начсостав, 90 001 — младший

---

[200] Там же. Л. 221.

[201] Там же. Л. 220.

[202] Мельтюхов М. И. 17 сентября 1939. С. 343.

[203] РГАСПИ. Ф. 17. Оп. 162. Д. 26. Л. 21.

[204] Там же. Л. 67.

[205] Маньков А. Г. Дневники тридцатых годов. СПб.: Европейский дом, 2001. С. 236.

начсостав, 210 004 — рядовые)[206]. К 26 ноября 1939 г. из них демобилизовали 22 407 человек, кроме того, в народное хозяйство вернули 9943 лошадей, 10 легковых машин, 65 грузовиков, 165 тракторов[207]. Если же говорить о всей стране, то в ходе БУС подняли 2 610 136 резервистов, из которых к 25 ноября распустили 1 412 978[208]. Таким образом, к началу советско-финляндской войны значительная часть мобилизованных по-прежнему оставалась в рядах РККА. К тому же в конце октября запасников вновь стали забирать в армию[209]. Призванные из запаса составляли значительную долю войск, располагавшихся у границы. Например, в 68-м стрелковом полку 70-й стрелковой дивизии (располагалась в районе деревни Майнила) в конце ноября на 932 человека кадрового состава приходилось 2109 призванных из запаса[210]. 40-я легкотанковая бригада была сформирована во время БУС на базе 2-го запасного танкового полка ЛВО и состояла из запасников на 60 %[211]. ПВО КБФ были укомплектованы призванными из запаса наполовину[212]. Части Красной армии и флота, начинавшие войну с Финляндией, в немалой степени состояли из мобилизованных в сентябре 1939 г.

«Большие учебные сборы» выявили серьезные сбои в работе мобилизационного механизма. Призыв и отправка людей в войска шли с опозданием. В военкоматах наблюдалась растерянность[213]. А военный комиссар Полновского района Смирнов даже, как сообщал

---

[206] Мельтюхов М. И. 17 сентября 1939. С. 341; Мельтюхов М. И. Прибалтийский плацдарм (1939–1940 гг.). С. 16.

[207] РГВА. Ф. 4. Оп. 14. Д. 2338. Л. 125.

[208] Мельтюхов М. И. 17 сентября 1939. С. 341, 343.

[209] ЦГАИПД СПб. Ф. Р-9379. Оп. 1. Д. 3. Л. 1 об.; Александров Г. П. В награду — жизнь: Автобиографическая повесть в двух частях. СПб.: Папирус, 2003. С. 144.

[210] Аптекарь П. Советско-финские войны. С. 63.

[211] Коломиец М. В. Танки в Финской войне 1939–1940 гг. М.: Яуза; Эксмо. 2013. С. 84.

[212] РГА ВМФ. Ф. Р-92. Оп. 2. Д. 615. Л. 46.

[213] ЦГАИПД СПб. Ф. Р-24. Оп. 2в. Д. 3645. Л. 30; Ф. 1638-Л. Оп. 2. Д. 112. Л. 7.

доклад Политуправления ЛВО, совершил самоубийство, «испугавшись трудностей»[214].

Руководство страны попыталось учесть недостатки, осмыслить и устранить их причины. 15 октября Политбюро ЦК ВКП(б) утвердило постановление «О созыве совещания об итогах мобилизации». 25 октября при ЦК должно было пройти совещание «для обсуждения вопросов об итогах мобилизации... и уроках, вытекающих из этой мобилизации»[215].

В тот же день, 15-го, Сталин подписал телеграмму, адресованную секретарям ряда обкомов (Ленинградский в их число не входил; зато телеграмма отправлялась в 13 других областных комитетов, начиная с Московского и заканчивая Мордовским), а также командующим Московского и Орловского военных округов, в которой говорилось, что необходимо учесть опыт мобилизации и «установить, какие недостатки вскрылись в армии и в гражданских организациях при мобилизации людей и вещей для того, чтобы ошибки, допущенные при проведении этой мобилизации, впредь не повторялись и чтобы на этих ошибках можно было воспитать партийных и военных работников». Адресаты должны были прибыть на совещание об итогах мобилизации «с подробными материалами по указанному вопросу»[216].

Видимо, по итогам этого совещания Политбюро 28 октября приняло постановление «Об улучшении мобилизационной работы». Для обобщения полученного опыта и «ликвидации вскрывшихся в период мобилизации ошибок и недостатков в работе военных и гражданских организаций», а также «для разработки необходимых мер по улучшению мобилизационной работы» создавалась комиссия из 38 человек. В ее состав вошли Климент Ефремович Ворошилов, Андрей Алексеевич Жданов, Анастас Иванович Микоян, Лазарь Моисеевич Каганович, Георгий Максимилианович Маленков, Николай Александрович Булганин, Андрей Януарьевич

---

[214] РГВА. Ф. 9. Оп. 29. Д. 496. Л. 224.

[215] РГАСПИ. Ф. 17. Оп. 3. Д. 1015. Л. 21.

[216] Накануне войны (1936–1940 гг.) // Известия ЦК КПСС. 1990. № 3. С. 203–204.

Вышинский, Григорий Иванович Кулик, Лев Захарович Мехлис, Ефим Афанасьевич Щаденко, Николай Григорьевич Кузнецов, Семен Михайлович Буденный, Александр Сергеевич Щербаков и другие. Отвечал за созыв комиссии секретарь ЦК ВКП(б) Андрей Андреевич Андреев[217].

В результате осмысления возникших в ходе БУС трудностей появился проект постановления ЦК ВКП(б) «Об уроках мобилизации 7 сентября 1939 г. по Московскому и Орловскому военным округам»[218]. Хотя в заголовке документа фигурируют лишь два округа, его содержание относилось к мобилизационной системе страны в целом.

Во вступительной части документа была дана характеристика выявившихся недостатков, которые по большей части и так уже известны читателю на примере ЛВО: до начала БУС мобработе не уделялось достаточного внимания, в том числе со стороны партийных органов; нарушалась очередность мобилизации частей; военкоматы вызывали одновременно слишком много людей, что затягивало оформление документов и отправку мобилизованных в части; проблемы с бронированием рабочей силы; заброшенность учета военнообязанных и большое количество «мертвых душ»[219]; задержки и перебои в снабжении мобилизованных; неравномерность учета мобилизации автомашин и тракторов (без учета потребностей предприятий); неорганизованность мобилизации лошадей, плохие учет конского состава и контроль над его состоянием[220].

Кроме того, в тексте указывалась причина трудностей мобилизации, не упоминавшаяся в документах, связанных с Ленинградским округом: «Военные комиссариаты в значительной своей части оказались крайне слабы вследствие того, что мобилизация застала их

---

[217] РГАСПИ. Ф. 17. Оп. 3. Д. 1015. Л. 40.

[218] Полный текст документа: РГАСПИ. Ф. 17. Оп. 121. Д. 18. Л. 2–28; Фрагменты документа опубликованы: Кукатов А. Орловский военный округ. 1938–1941. Т. 1. 1938–1940. Брянск: Клуб любителей истории родного края, 2019. С. 400–401.

[219] Непосредственно в документе это выражение не использовано.

[220] РГАСПИ. Ф. 17. Оп. 121. Д. 18. Л. 2–7.

в процессе формирования...»[221] Дело в том, что немалая часть советских военкоматов действительно была создана не так давно. В связи с разными административными и военными преобразованиями во второй половине 1930-х гг. появлялись десятки новых областных и сотни районных военкоматов. Как отмечается в литературе, за несколько лет сеть районных военкоматов выросла в 3,5 раза[222].

После обзора недостатков шли указания о том, как их устранить. Требовалось переработать или создать ряд новых нормативных документов. Так, наркомат обороны должен был разработать к 1 февраля 1940 г. структуру и штаты военкоматов на мобилизационный период. Нарком обороны должен был установить в мобплане очередность мобилизации частей и учреждений[223]. Взамен прежних наставлений о мобработе в войсковых частях и указания по разработке мобпланов в гарнизонах и военкоматах (от 1930 и 1932 гг. соответственно) к 1 апреля нужно было составить новые наставления по войсковой мобилизации, по мобработе органов местного военного управления и по составлению гарнизонного мобплана[224]. Нужно было отменить старые руководства по учету военнообязанных и к 1 января разработать новые[225]. Также предполагалось создать нормативные документы, посвященные мобилизации автомашин и тракторов, лошадей, повозок и упряжи[226].

Проект предполагал переучет всех военнообязанных, наведение порядка в учете приписного состава, регулярные проверки данных военкоматов и войсковых частей по приписному составу[227]. Также предлагалось отменить все действующие отсрочки и брони от призыва по мобилизации и на учебные сборы и взамен ввести новую систему отсрочек и освобождений. Для этого взамен упразднявшейся

---

[221] Там же. Л. 2.

[222] Бурдинский Е. В., Каменев П. В., Безугольный А. Ю., Дайнес В. О. Военные комиссариаты: История создания и развития. 1918–2018 гг. // Военно-исторический журнал. 2018. № 4. С. 7.

[223] РГАСПИ. Ф. 17. Оп. 121. Д. 18. Л. 8.

[224] Там же. Л. 9.

[225] Там же. Л. 11.

[226] Там же. Л. 21–22.

[227] Там же. Л. 9–10.

Комиссии по забронированию рабочей силы при Генштабе РККА (создана в 1931 г.) формировалась Центральная комиссия при Комитете обороны СНК[228].

Требовалось менять порядок исчисления мобилизационной потребности РККА в вещевом и продовольственном снабжении[229]. Предполагалось увеличить производство концентрированных продуктов для питания бойцов и комбикормов для лошадей[230].

Чтобы упростить вещевое снабжение мобилизованных, авторы проекта решили отчасти возложить его на самих военнообязанных, а также озаботились вопросом возвращения в войска обмундирования уволенных в запас. Этому были посвящены два пункта в одном из разделов документа:

«1. Отменить установившуюся на практике систему явки военнообязанных по мобилизации, на сборы или по очередному призыву без запаса белья и в непригодных для носки одежде и обуви.

Установить, что каждый призванный в армию по мобилизации, на сборы или по очередному призыву должен иметь следующие вещи: верхнюю одежду (по времени года) и обувь, пригодные к носке, две пары нательного белья, полотенце, носки или портянки, мыло, зубной порошок, зубную щетку, 2 носовых платка, кружку, столовую ложку.

Перечень вещей внести в мобилизационное предписание и повестку о вызове военнообязанных.

Обязать Наркомат Обороны изменить форму мобилизационного предписания и повестки.

2. Признавая неправильным существующий порядок, по которому увольняемые в запас ежегодно уносят с собой из армии и флота безвозвратно значительное количество обмундирования, поручить НКО, НКВД и НКВМФ к 1 марта 1940 года разработать предложения о порядке возврата военного обмундирования уволенными с действительной службы рядовым и младшим начсоставом»[231].

---

[228] РГАСПИ. Ф. 17. Оп. 121. Д. 18. Л. 11–12.

[229] Там же. Л. 13.

[230] Там же. Л. 15–16.

[231] Там же. Л. 16.

Немало места в проекте уделялось мобилизации автомашин и тракторов. Требовалось ежегодно устанавливать количество машин (по республикам, краям и областям), подлежащих поставке вооруженным силам, а затем проводить распределение нарядов на мобилизацию по районам и городам. Затем районные и городские власти совместно с военкоматами должны были устанавливать планы поставок автомашин и тракторов по отдельным хозяйствам. Вводился учет машин, подлежащих передаче в армию[232]. От Экономсовета при СНК требовалось «утвердить правила определения годности автотракторного имущества для поставки в РККА»[233]. Наркомзем, наркомсовхозов и другие наркоматы должны были к 1 апреля провести полную паспортизацию всего имевшегося в подведомственных им хозяйствах тракторного парка[234]. С 1 января 1940 г. устанавливались обязательные ежегодные техосмотры автомашин и тракторов[235]. Также в проекте подчеркивалась необходимость «предупредить, что за уклонение от поставки, за поставку машин, не отвечающих установленным техническим условиям приема, а также в случае обнаружения при проверке непригодных в эксплуатации машин, подлежащих поставке в армию, виновные привлекаются к уголовной ответственности»[236].

Также документ предусматривал проведение в 1940 г. полной паспортизации подлежащего поставке в РККА конского поголовья и введение ежегодного проверочного осмотра подлежащих мобилизации конского поголовья, повозок и упряжи[237].

Этот проект постановления ЦК, однако, не был утвержден.

Еще раз к недостаткам, выявленным в ходе БУС, советское руководство вернулось в мае 1940 г., когда составлялся акт о передаче наркомата обороны из рук Ворошилова в ведение Тимошенко. В этом документе отмечалось, что события сентября 1939 г. показали «отсутствие твердо установленного порядка в бронировании

---

[232] Там же. Л. 17.

[233] Там же. Л. 18.

[234] Там же. Л. 19–20.

[235] Там же. Л. 20.

[236] Там же. Л. 19.

[237] Там же. Л. 21.

рабочей силы на военное время», «слабость и неналаженность работы военкоматов», крайнюю запущенность учета запасников, «неотработанность плана снабжения обмундированием при мобилизации», «нереальность планов размещения войск при отмобилизовании». Вместе с тем указывалось на «неравномерность подъема по мобилизации военнообязанных, конского состава и автотранспорта», а также на то, что в мобилизации военных частей отсутствовала очередность. Это вело к тому, что военкоматы, сборные пункты и железные дороги были чересчур перегружены работой[238].

Таким образом, в ходе мобилизации сентября — октября 1939 г. высшее политическое и военное руководство СССР получило сигнал о серьезной опасности. Выявилось отсутствие четкой взаимной координации в работе различных государственных ведомств и структур.

2. Подготовка хозяйства и населения к войне

На протяжении сентября — ноября хозяйство и население Ленинграда постепенно готовили к скорому вооруженному конфликту. В начале сентября, приступая к мобилизации, советское руководство готовилось как к походу в Польшу, так и другим вариантам развития событий. После разгрома Польши Сталин и его окружение приступили к разрешению прибалтийского и финляндского вопросов. В конце сентября — начале октября СССР подписал договоры о взаимопомощи с Эстонией, Латвией и Литвой, на территории этих республик появились советские военные базы. В октябре начались советско-финляндские переговоры. Параллельно с этим на протяжении сентября — ноября осуществлялась постепенная военизация жизни Ленинграда и области — их хозяйство и население готовили к скорому вооруженному конфликту.

5 октября Советский Союз предложил финнам направить в Москву представителей «для обсуждения актуальных вопросов советско-финских отношений»[239]. Прибывшей в столицу СССР фин-

---

238 Акт о приеме Наркомата Обороны... С. 198.
239 Документы внешней политики. Т. XXII. Кн. 2. С. 166.

ляндской делегации вначале предложили договор о взаимопомощи, потом — обмен территориями. Состоялось три раунда переговоров: 12–14 октября, 23–25 октября, 3–9 ноября. В конечном счете дипломатический процесс зашел в тупик[240]. Советское руководство все более склонялось к применению силы. По мнению некоторых исследователей, решение начать войну окончательно приняли в конце октября, после провала второго тура переговоров[241]. Ранее, еще 10 октября, войска ЛВО получили задачу усилить группировку на Карельском перешейке[242]. Теперь же, в конце месяца, начались новые переброски войск. 24 октября нарком обороны Ворошилов отдал приказ о сосредоточении у финской границы шести стрелковых дивизий: три перебрасывались на Карельский перешеек и три — в Карелию[243]. 29 октября военный совет ЛВО представил Ворошилову план разгрома сухопутных и морских сил Финляндии[244]. Началась направленная против финляндского правительства пропагандистская кампания[245]. Вскоре активизировались и усилия в непосредственной подготовке Ленинграда к войне.

---

[240] См.: Зимняя война 1939–1940. Кн. 1. С. 116–128; Советско-финляндская война 1939–1940. Т. 1. С. 19–27; Барышников В. Н. От прохладного мира к зимней войне. С. 237–261; Мельтюхов М. И. Упущенный шанс Сталина. С. 105–108; Барышников В. Н. СССР и Финляндия... С. 18–36.

[241] Van Dyke C. The Soviet Invasion of Finland 1939–40. P. 222; Барышников В. Н. СССР и Финляндия... С. 28–29.

[242] Жуков С. А. Организация материального снабжения... С. 73.

[243] РГВА. Ф. 37977. Оп. 1. Д. 251. Л. 48; Мельтюхов М. И. Упущенный шанс Сталина. С. 107; Жуков С. А. Организация материального снабжения... С. 73; о дальнейшей переброске войск см.: Аптекарь П. Советско-финские войны. С. 45–46.

[244] Барышников Н. И. Советско-финляндская война 1939–1940 гг. С. 33; Зимняя война 1939–1940. Кн. 1. Политическая история. С. 131; Советско-финляндская война 1939–1940. Т. 1. С. 24. Текст плана см.: РГВА. Ф. 25888. Оп. 14. Д. 2; Тайны и уроки зимней войны. С. 53–61.

[245] В литературе уже отмечалось, что в советских газетах «негативное отношение к Финляндии» появилось именно после второго этапа переговоров (Лазарев А. В. Советско-финляндская война 1939–1940 гг. и средства массовой информации Ленинграда. С. 68; Лазарев А. В. Советско-финляндская война 1939–1940 годов и ленинградская периодическая печать. С. 158; Лазарев А. В.

Первые шаги по подготовке города к войне относились к хозяйственной сфере, указания о них были даны еще в сентябре. Часть гражданской промышленности региона перешла на военное производство. 12 сентября Комитет обороны при СНК принял постановление, по которому ряд ленинградских предприятий должен был с 1 октября перейти на выполнение мобилизационного плана по изготовлению боеприпасов. Это решение относилось к предприятиям наркоматов местной промышленности, коммунального хозяйства и социального обеспечения РСФСР[246]. Например, задания по производству снарядных стаканов получили вагоноремонтный завод Трамвайно-троллейбусного управления, ремонтно-механический завод треста «Ленводопровод» и авторемонтный завод городского Автотранспортного управления[247]. Некоторые артели Ленинградской промкооперации также должны были снабжать Красную армию снарядными стаканами (калибром 45 и 76 мм) и ручными гранатами[248]. Вслед за этим последовали и другие аналогичные распоряжения, но, как правило, попытки выполнить их сталкивались с трудностями организации и снабжения. Так, 16 сентября областная промысловая кооперация получила указание произвести 60 тыс. авиационных бомб, для чего требовались снарядные стаканы, которые должен был поставить наркомат боеприпасов. Почти месяц предприятия Ленинградского областного совета промысловой кооперации (Леноблпромсовета) не могли приступить к исполнению этого задания просто потому, что наркомат обороны до 13 октября не присылал перечня заводов-поставщиков. Но изготовление бомб не началось и после получения списка. Когда представители промысловой кооперации прибывали на заводы-поставщики, то им сообщали, что производство еще осваивается, отправлять снарядные стаканы пока нельзя. В результате, несмотря на неоднократные обращения в наркомат боеприпасов, Всесоюзный совет промысловой кооперации

Характерные этапы в изложении событий советско-финляндской войны... С. 451).

[246] ЦГА СПб. Ф. Р-7384. Оп. 4. Д. 24. Л. 582.

[247] Там же. Оп. 36. Д. 18. Л. 89.

[248] Там же. Оп. 4. Д. 25. Л. 53.

и другие организации, за три месяца Леноблпромсовет не получил с пятнадцати заводов-поставщиков ни одного стакана и к концу 1939 г. так и не приступил к производству авиабомб[249]. Другой пример: артели «Примус», «Металлист-Кооператор», «Металло-Игрушка» начали изготовление гранат. Как сообщали из Леноблпромсовета в Ленинградский областной исполком 25 декабря, «снабжение всеми материалами проходило исключительно безобразно, некомплектно и совершенно в недостаточном количестве»[250]. Предприятия других ведомств тоже не справлялись. 7 октября суженное заседание Президиума Ленсовета постановило просить у Комитета обороны при СНК снизить программу по снарядным стаканам для вагоноремонтного завода и ремонтно-механического завода «Ленводопровода», а авторемонтный завод Автоуправления — вообще освободить от их производства[251]. Таким образом, перевод технологического цикла предприятий на военный лад осуществлялся с большим трудом.

Причина описанных трудностей кроется в непродуманности и слабой проработке мобилизационных планов. Позже заместитель начальника Управления вооружения наземной артиллерии Главного артиллерийского управления Красной армии М. В. Бушмелев писал в докладной записке наркому госконтроля Льву Захаровичу Мехлису от 3 января 1941 г., что «реальной подготовки промышленности к войне не проводилось». По словам Бушмелева, «была в Комитете обороны толстая книга, где было записано, какой завод сколько и какие элементы боеприпасов или вооружения делает. Из этой книги были посланы выписки наркоматам, а последние отправили их заводам. На этом вся мобилизационная подготовка страны была закончена». При попытке реализовать мобилизационный план по производству боеприпасов в сентябре 1939 г. оказалось, что, во-первых, «заводы, ранее не изготовлявшие элементов боеприпасов, не имеют представления о том, как они будут их изготовлять, не знают технологии, не имеют проектов перестройки

---

[249] Там же. Ф. Р-1684. Оп. 4. Д. 133. Л. 114.

[250] Там же. Л. 114 об.

[251] Там же. Ф. Р-7384. Оп. 36. Д. 18. Л. 89.

производства на выпуск элементов боеприпасов», во-вторых, на заводах «не знают, какое оборудование им нужно и где это оборудование (станки, инструмент) они должны получить», в-третьих, руководители предприятий «не знали, какое им сырье и какие материалы нужны и кто будет их поставлять». Выяснилось, что «в большой книге Комитета обороны ничего об этом не говорится». Мобилизационные органы наркоматов и Комитет обороны, как утверждал Бушмелев, «все внимание сосредотачивали над тем, как бы "втиснуть" на завод задание, и совершенно не работали над тем, чтобы обеспечить это задание заводу организационно и материально»[252].

К рассказанному Бушмелевым можно добавить, что к сентябрю 1939 г. мобплан был утвержден не так уж и давно — только в начале августа.

Из изданной в 1970-е и носившей первоначально гриф «секретно» коллективной монографии «Артиллерийское снабжение в Великой Отечественной войны» можно узнать, что разработка мобилизационного плана по производству боеприпасов и мобзаявок на 1939 г. в 1938–1939 гг. затянулась[253]. В принципе в 1930-е гг. «мобпланы промышленности рождались мучительно долго, при огромных затратах труда и времени. Получалось так, что, еще не закончив полного оформления плана на очередной расчетный год, нужно было начинать разработку нового плана на следующий военный год. Много времени уходило на согласовывание мобзаявки с реальными возможностями промышленности (заявки от военных, как правило, превышали возможности промышленности. — *М. Т.*), что свидетельствовало о недостаточном знании и умении правильно учитывать эти возможности как работниками военного ведомства, так и работниками самой промышленности. Медлительность

---

[252] История создания и развития оборонно-промышленного комплекса России и СССР. 1900–1963 гг. Т. 4. Оборонно-промышленный комплекс СССР накануне Великой Отечественной войны (1938 — июнь 1941). М., 2015. С. 685–686.

[253] См.: Артиллерийское снабжение в Великой Отечественной войне 1941–1945 гг. Кн. 1. М.–Тула: [Главное ракетно-артиллерийское управление], 1977. С. 199–200.

при размещении мобзаявки обусловливалась также громоздкостью структуры учреждений, занимавшихся этим делом, и отсутствием в их работе необходимой гибкости»[254]. В результате мобилизационный план по производству боеприпасов на 1939 г. под шифром «МП-1» составили только на вторую половину года и утвердили лишь 3 августа 1939 г.[255]

Мобилизационная заявка на 1940 г. была подготовлена еще в ноябре 1939-го, но война с Финляндией «помешала рассмотрению ее в высших инстанциях». Только в июне 1940 г. наркомат обороны предоставил Комитету обороны при СНК вариант мобзаявки на 1940/41 г. Ее рассматривали несколько комиссий и подкомиссий, которые завершили работу 9 сентября 1940 г., при этом они «не урегулировали разногласий с промышленностью, и последняя отказывалась принять мобилизационное задание в установленном объеме». Как отмечается в «Артиллерийском снабжении», камнем преткновения «был чрезмерный физический объем мобзаявки, предусматривавший получение от промышленности в первом году войны 59,4 тыс. орудий; 40,5 тыс. минометов; 3800 тыс. винтовок; 235,5 тыс. пулеметов; 296,7 млн артиллерийских и 296 млн минометных выстрелов. В первоначальном виде мобзаявка НКО на 1940/41 военный год предусматривала поставки боеприпасов в размере 351,3 млн артснарядов и 319 млн мин. Стоимость производства такого количества боеприпасов составляла 53,6 млрд руб., в то время как весь военный бюджет на 1940 г. равнялся 56,7 млрд при расходной части государственного бюджета в 174 млрд. руб. Иначе говоря, для реализации такой мобзаявки потребовалось бы израсходовать весь военный бюджет только на производство боеприпасов, что совершенно исключалось. Сопоставление мобзаявки с производственной программой мирного времени показывает, что промышленность должна была увеличить производство боеприпасов в 15 раз, что также было нереально. Об этом свидетельствовал и тот факт, что промышленность соглашалась принять в 6 раз меньшее задание

---

[254] Там же. С. 200–201.
[255] Там же. С. 200.

на производство боеприпасов в первый год войны, чем ей предлагали (77 млн артвыстрелов и 36 млн мин)»[256].

В итоге «мобзаявка НКО на 1940/41 военный год дальше ВПК (Военно-промышленная комиссия при Комитете обороны. — *М. Т.*) не пошла и до промышленности доведена не была». Мобилизационный план 1939 г. был отменен решением Комитета обороны от 25 июня 1940 г. Советская промышленность «в течение года не имела утвержденного МП (мобилизационного плана. — *М. Т.*) и развивала свои мощности на основе старого МП и плана текущих заказов. Только 6 июня 1941 г., за две недели до начала войны, ЦК ВКП(б) и СНК СССР утвердили МП по боеприпасам. Проект МП по вооружению так и не был утвержден»[257].

Как отмечалось в другой главе той же книги, разработка мобплана «на 1940/41 военный год недопустимо затянулась». Утвержденный в июне план производства боеприпасов относился ко второй половине 1941 и 1942 г., проект мобплана по производству артиллерийского вооружения к 22 июня 1941-го «еще дорабатывался и согласовывался с промышленностью». В итоге «начавшаяся война застала артиллерийскую промышленность без тщательного подготовленного МП, и поэтому следовало ожидать больших трудностей в отмобилизовании ее даже при благоприятном для нас развитии военных действий»[258].

Но от июня 1941-го вернемся в осень 1939-го.

Изменения не ограничивались перестройкой части гражданской промышленности для выпуска боеприпасов. На предприятиях, производивших военную продукцию, был усилен охранный режим. Например, на Кировском заводе в октябре — начале ноября появилось несколько приказов об усилении охраны и пропускного режима (официально это объяснялось приближением годовщины

---

[256] Артиллерийское снабжение в Великой Отечественной войне 1941—1945 гг. Кн. 1. С. 201; о том, по каким принципам формировалась мобилизационная заявка от военных и как это соотносилось с возможностями промышленности см.: Там же. С. 201—203.

[257] Там же. С. 204.

[258] Там же. С. 357.

Октябрьской революции), о нарушениях правил обращения с секретными документами[259].

Одновременно с переменами в работе промышленности проводилась реорганизация управленческого аппарата. 21 октября Совнарком принял постановление об организации мобилизационных отделов в госпланах союзных и автономных республик, а также мобилизационных секторов плановых комиссий Московского и Ленинградского советов. Мобилизационный сектор Ленинградской плановой комиссии создавался для разработки «плана оборонных мероприятий, проводимых в мирное время, укрепления мероприятий МПВО и руководства по разработке народно-хозяйственного плана на год войны»[260]. 29 ноября Политбюро утвердило решение «О создании промышленных отделов в ЦК компартий союзных республик, крайкомах, обкомах и горкомах партии». В Ленинградском обкоме ВКП(б) появился ряд новых отделов: оборонной промышленности, топливной и энергетической промышленности, лесной и бумажной промышленности, транспортный, промышленный[261]. Внутри горкома тоже были организованы отделы: судостроительной промышленности, оборонной промышленности, электростанций и электропромышленности, машиностроения, пищевой промышленности и торговли, строительства и городского хозяйства, местной промышленности и промкооперации[262]. Партийный работник Петр Павлович Стельмахович (в 1939 г. — инструктор организационно-инструкторского отдела горкома) вспоминал, что основная задача вновь сформированных горкомовских подразделений «заключалась в организации контроля и исполнения указаний вышестоящих партийно-государственных органов по увеличению выпуска высококачественной продукции, главным образом оборонного значения»[263].

На рубеже октября — ноября началось развертывание антифинляндской пропагандистской кампании. Какую роль в ней играла

---

[259] ЦГА СПб. Ф. Р-1788. Оп. 27. Д. 22. Л. 108–109, 118 — 118 об.

[260] ГА РФ. Ф. Р-5446. Оп. 1в. Д. 507. Л. 173.

[261] РГАСПИ. Ф. 17. Оп. 3. Д. 1016. Л. 43.

[262] Там же. Л. 45.

[263] ЦГАИПД СПб. Ф. Р-4000. Оп. 18. Д. 242. Л. 3. (Стельмахович ошибочно писал, что новые отделы были созданы в 1940 г.)

ленинградская пресса и как ее содержание соотносилось с материалами центральных изданий?

В конце октября в «Правде» и «Ленинградской правде» появились материалы, рассказывавшие об увеличении рабочего дня и о росте безработицы в Финляндии[264]. Читателей готовили к обличению эксплуататорской политики финских правящих классов.

Газетно-пропагандистская кампания активизировалось после выступления Молотова 31 октября на заседании Верховного Совета. Вячеслав Михайлович кратко охарактеризовал ход советско-финляндских переговоров и заявил, что их цель — «обеспечить безопасность СССР и наладить дружеские отношения с Финляндией». Затем он выразил надежду, что «финляндское правительство пойдет навстречу нашим минимальным предложениям». На следующий день текст его доклада был напечатан в газетах[265]. Если ранее советская печать и сообщала о каких-то переговорах с Финляндией, то не давала оценок и не раскрывала подробностей[266]. Теперь советским людям впервые официально объявили об их задачах. Кроме центральных и региональных изданий, доклад публиковала низовая ленинградская печать — заводские многотиражки[267].

При этом рядом с относительно спокойной речью Молотова советские граждане могли прочесть другое выступление, более жесткое. Некоторые периодические издания вместе с докладом главы правительства печатали текст выступления депутата Верховного Совета и секретаря ленинградского горкома ВКП(б) Алексея Александровича Кузнецова. Он утверждал, что правящие круги Финляндии «тормозят заключение договора» между двумя странами. Кузнецов говорил: «Я не знаю, на кого рассчитывают представители этих правящих кругов? Нам хорошо известно, что кое-какие правящие правительства тоже на кого-то рассчитывали, надеялись, даже имели гарантии, но что из этого получилось, также всем хорошо известно...» Секретарь ленинградского горкома явно намекал

---

[264] Правда. 1939. 26, 31 октября; Ленинградская правда. 1939. 1 ноября.

[265] Правда. 1939. 1 ноября; Ленинградская правда. 1939. 1 ноября; Смена. 1939. 1 ноября.

[266] См.: Правда. 1939. 10, 12, 13 октября: Красная звезда. 1939. 10, 14 октября.

[267] Кировец. 1939. 1 ноября; Молот. 1939. 2 ноября.

на судьбу польских властей, которые вначале получили гарантии помощи от Британии, а потом проиграли войну и оказались в изгнании. Кузнецов угрожал, имея в виду, что финляндское руководство может ждать та же участь[268].

Любопытно, что некоторые центральные газеты печатали доклад Молотова, но не публиковали речь Кузнецова. Именно так сделал орган наркомата обороны «Красная звезда»[269]. В то же время ленинградские газеты обязательно размещали рядом с текстом Молотова выступление секретаря своего горкома[270]. А многотиражка фабрики «Скороход», доведя до читателей речь Кузнецова, вообще не стала печатать доклад главы правительства[271].

Газетные публикации, призванные подготовить советский народ к войне с северо-западным соседом, стали появляться все чаще. 3 ноября «Правда» опубликовала статью «К вопросу о советско-финляндских переговорах», утверждавшую, что Финляндия готовится к войне, а министр иностранных дел Эркко «призывает к войне с СССР». Финляндское правительство уже открыто сравнивалось с польским. Статья заканчивалась утверждением: советские люди обеспечат безопасность СССР «не глядя ни на что, ломая все и всякие препятствия на пути к цели». На следующий день ряд газет воспроизвел этот материал[272]. 12 ноября на страницах центральных и местных газет появилось сообщение ТАСС о концентрации финских войск на Карельском перешейке[273]. За этим последовал вал статей и корреспонденций, посвященных бедствиям трудящегося народа Финляндии, а также антисоветской политике

---

[268] Правда. 1939. 1 ноября.

[269] Красная звезда. 1939. 1 ноября.

[270] Ленинградская правда. 1939. 1 ноября; Смена. 1939. 1 ноября; Кировец. 1939. 2 ноября.

[271] Скороходовский рабочий. 1939. 3 ноября.

[272] Правда. 1939. 3 ноября; Красная звезда. 1939. 4 ноября; Ленинградская правда. 1939. 4 ноября; Смена. 1939. 4 ноября; Кировец. 1939. 4 ноября; Скороходовский рабочий. 1939. 4 ноября.

[273] Правда. 1939. 12 ноября; Красная звезда. 1939. 12 ноября; Ленинградская правда. 1939. 12 ноября; Смена. 1939. 12 ноября. В последующие дни это сообщение перепечатывалось многотиражными газетами: Кировец. 1939. 13 ноября; Скороходовский рабочий. 1939. 14 ноября.

финских властей и их подготовке к войне[274]. Эти материалы перепечатывались в «Ленинградской правде», «Смене», заводских и фабричных многотиражках[275].

Газеты города на Неве не печатали каких-то отличавшихся по содержанию статей и корреспонденций на финляндскую тему, они ограничивались получаемыми через ТАСС материалами. Однако местная печать развивала темы, заданные центральными изданиями, в карикатурах.

Одна из таких тем — тесные связи финляндской буржуазии и английского империализма. 17 ноября «Ленинградская правда» разместила на своих страницах рисунок «Финские коньки "Английский спорт"». Руководство Финляндии изображалось в виде какого-то уродливого существа, которое, подобно коньку, было надето на ногу скользящего по льду британского премьер-министра Чемберлена. Вдобавок это существо еще и целовало ботинок англичанина[276]. В тот же день в «Смене» появилась карикатура «Заигранная пластинка», иллюстрировавшая ту же мысль: финляндские верхи действуют по указке из Лондона[277]. Карикатуры подобного содержания появлялись и позже[278].

Апогея пропагандистская кампания достигла 26 и 27 ноября. 26-го «Правда» опубликовала очень резкую по тону статью о главе финляндского правительства «Шут гороховый на посту премьера»[279]. На следующий день страницы ленинградских периодических изданий заполнили перепечатки этого текста[280]. В тот же день,

---

[274] Правда. 1939. 12, 14, 16, 18, 19, 21–26 ноября; Красная звезда. 1939. 12, 14, 16, 18–21, 23, 24, 26 ноября.

[275] Ленинградская правда. 1939. 12, 14, 16, 18, 20–24, 26 ноября; Смена. 1939. 14, 16, 18, 20–24, 26 ноября; Кировец. 1939. 13, 14, 16, 20–23, 25, 26 ноября; Скороходовский рабочий. 1939. 14, 17, 18, 20, 21, 23, 26 ноября; Молот. 1939. 22, 26 ноября.

[276] Ленинградская правда. 1939. 17 ноября.

[277] Смена. 1939. 17 ноября.

[278] Ленинградская правда. 1939. 20, 27 ноября; Смена. 1939. 21 ноября; Кировец. 1939. 22, 28 ноября.

[279] Правда. 1939. 26 ноября.

[280] Красная звезда. 1939. 27 ноября; Ленинградская правда. 1939. 27 ноября; Смена. 1939. 27 ноября; Кировец. 1939. 27 ноября; Скороходовский

27 ноября, в газетах появилось сообщение «Наглая провокация финляндской военщины», утверждавшее, что финны при помощи артиллерии обстреляли советских военных у деревни Майнила[281]. Пресса заполнилась сообщениями о митингах, на которых трудящиеся выражали гнев по поводу провокаций поджигателей войны[282]. В ленинградских газетах наконец начали появляться авторские статьи на тему отношений с северо-западным соседом; например, «Ленинградская правда» напечатала материал Г. Павлова «Финский народ осуждает политику марионеточного правительства»[283].

Хотя ведущими в пропагандистской кампании были центральные издания, нужно указать на важную роль ленинградского партийного руководства. Первый секретарь городского и областного комитетов партии Жданов возглавлял Управление пропаганды и агитации ЦК ВКП(б) и руководил всем пропагандистским аппаратом[284]. Секретарь горкома Кузнецов выступил как автор одного из ключевых текстов данной пропагандистской кампании.

Вслед за изменениями в работе промышленности и началом пропагандистской кампании начались приготовления местной противовоздушной обороны (МПВО). Финляндия не считалась серьезным противником. Советское военное и политическое руководство рассчитывало на легкую победу. Основные силы вражеской армии планировалось разбить за полмесяца, а вся война должна была занять примерно три-четыре недели. По-видимому, действия сухопутных или морских сил Финляндии не рассматривались как

рабочий. 1939. 27 ноября. Перепечатки продолжались и в последующие дни: Молот. 1939. 28 ноября.

[281] Правда. 1939. 27 ноября; Красная звезда. 1939. 27 ноября; Ленинградская правда. 1939. 27 ноября; Смена. 1939. 27 ноября; Кировец. 1939. 27 ноября; Скороходовский рабочий. 1939. 27 ноября. Некоторые газеты, не выходившие в этот день, печатали данное сообщение в ближайшем номере: Молот. 1939. 28 ноября.

[282] Правда. 1939. 27–29 ноября; Красная звезда. 1939. 27–29 ноября; Ленинградская правда. 1939. 27–29 ноября; Смена. 1939. 27–29 ноября; Кировец. 1939. 27–29 ноября; Молот. 1939. 28 ноября; Скороходовский рабочий. 1939. 29 ноября.

[283] Ленинградская правда. 1939. 29 ноября.

[284] Волынец А. Н. Жданов. С. 276.

угроза для Ленинграда, по-настоящему серьезной опасностью считались лишь авианалеты.

Внимание к работе местной противовоздушной обороны выросло еще в октябре. Например, на Кировском заводе с 22 октября вводилось круглосуточное дежурство по отделу МПВО завода. Официально данный шаг был связан с подготовкой к годовщине Октябрьской революции[285]. Однако после праздника по распоряжению заместителя директора по МПВО и охране завода от 15 ноября круглосуточные дежурства продлили «до особого распоряжения»[286].

В начале ноября был проведен ряд проверок готовности ленинградских предприятий к воздушным налетам. Так, МПВО Кировского завода была обследована представителями районного комитета партии. Райком счел ее состояние неудовлетворительным. После этого 10 ноября директор предприятия подписал приказ об усилении заводской МПВО[287]. В тот же день был утвержден план работы противовоздушной обороны завода на ноябрь — декабрь. Среди прочего, к 1 декабря требовалось составить план светомаскировки завода[288].

Во второй половине ноября подготовка к атакам с воздуха интенсифицировалась. 15 ноября нарком обороны потребовал от командующего войсками ЛВО командарма 2-го ранга Кирилла Афанасьевича Мерецкова привести в боевую готовность средства ПВО и установить особый режим полетов над Ленинградом[289]. 16 ноября в городе на Неве был введен светомаскировочный режим. При этом радио и печать, как отметила в своем дневнике студентка Ася Звейнек, «объявлений никаких не делали». Для большинства горожан темнота наступила внезапно. Судя по описанию Звейнек,

---

[285] ЦГА СПб. Ф. Р-1788. Оп. 31. Д. 19. Л. 178.

[286] Там же. Л. 211.

[287] Там же. Оп. 27. Д. 22. Л. 119–125.

[288] Там же. Л. 126–129. Об МПВО Кировского завода в октябре — ноябре также см.: Там же. Оп. 31. Д. 17. Л. 11–12.

[289] Лашков А. Ю. Противовоздушная оборона Красной армии и Краснознаменного Балтийского флота в советско-финляндской войне (1939–1940 гг.) // Военно-исторический журнал. 2019. № 11. С. 4.

в домах просто стали отключать свет: «За ужином, около 12^{ти} потух свет, и я так и осталась с булкой в одной руке и чаем в др[угой].
Комендант просил потушить свет. Пришлось ложиться спать»[290].
Вероятно, после пропажи электроэнергии жители дома стали зажигать свечи — их и просил погасить комендант. 17 ноября на совещании заведующих райздравотделов глава отдела здравоохранения
при горисполкоме Ленсовета Лев Абрамович Эмдин объяснял, что
было принято решение держать город «в определенной мобилизационной готовности», но «без особого объявления об этом»[291]. Несколько дней горожане привыкали к режиму затемнения. «Еле села
в трамвай, — записывала Звейнек, — Невский весь в темноте, народу
много и только синие лампочки»[292]. Однако вскоре светомаскировку отменили. Уже 23 ноября в том же дневнике появились строки:
«Затемнение в городе снято... Только 2 дня была сплошная темнота,
затем были затемнены окна, а теперь и совсем отменено»[293]. Вновь
светомаскировку ввели 30 ноября — т. е. в день начала войны[294].

---

[290] ОР РНБ. Ф. 1000. Оп. 2. Ед. хр. 504. Л. 61.

[291] ЦГА СПб. Ф. Р-9156. Оп. 4. Д. 45. Л. 196.

[292] ОР РНБ. Ф. 1000. Оп. 2. Ед. хр. 504. Л. 60 об. — 61.

[293] Там же. Л. 64.

[294] Ранее в своей кандидатской диссертации я писал, что светомаскировку
повторно ввели 29 ноября. При этом я опирался на записи писателя Льва Васильевича Успенского и материалы для книги «Сто пять дней боев». Успенский 29 ноября записал: «Ослож[нения] с Финл[яндией]. Затемнение города»
(ЦГАЛИ СПб. Ф. Р-98. Оп. 3. Д. 58. Л. 98 об). В подготовленном для книги «Сто
пять дней боев» очерке А. Голубевой «Рассказ учителя» сообщается, что распоряжение ввести в действие режим светомаскировки было отдано одновременно с получением советскими войсками приказа о переходе границы (ЦГАИПД
СПб. Ф. Р-25. Оп. 10. Д. 295. Л. 57–58). Такой приказ поступил в части Красной
армии 29 ноября (Ковтуненко В. Накануне // Бои в Финляндии. Воспоминания участников. М.: Воениздат, 1941. Ч. I. С. 24; Катасонов Г. Первая схватка //
Бои в Финляндии. Ч. I. С. 31; Тайны и уроки зимней войны. С. 118). Однако
в журнале боевых действий прикрывавшего Ленинград 2-го корпуса ПВО запись о введении светомаскировки относится именно к 30 ноября. В этот день
с пометкой о времени (16:37) журнал сообщает: «Отдано приказание "Затемнить город Ленинград"» (Журнал боевых действий соединений и частей 2-го
корпуса ПВО — Ленинградской армии ПВО — 1939-11-30–1941-08-26. URL:
http://rr.aroundspb.ru/pn/13613-0020352-0017.pdf).

20 ноября бюро обкома приняло посвященное местной противовоздушной обороне постановление. Начальником МПВО области был председатель областного исполкома Н. В. Соловьев. Ему поручалось в двухнедельный срок организовать проверку системы оповещения и светомаскировки в городах и районах области. Требовалось «широко ознакомить население» с правилами поведения по сигналам УП (угрожаемое положение), ВТ (воздушная тревога), ХТ (химическая тревога), которые нужно было издать во всех районах. Предполагалось устроить курсы МПВО для председателей горсоветов, райисполкомов, поселковых и сельских советов. Ставилась задача создать «боеспособные команды и организовать систематическое проведение с ними учебной и тренировочной работы». До конца ноября требовалось разработать план мероприятий по подготовке к противовоздушной и химической обороне колхозов в стокилометровой пограничной зоне. Райкомы и горкомы должны были назначить политруков из числа невоеннообязанных коммунистов для работы в формированиях МПВО». Кроме того, бюро обкома потребовало от Леноблисполкома «немедленно принять меры к полному выполнению всех мероприятий ПВО по спецстроительству, предусмотренных планом 1939 г. в городах и районах области»[295].

Реорганизация МПВО коснулась немалого числа ленинградцев. 20 ноября в Ленинграде на казарменное положение перевели треть личного состава городской МПВО (5360 человек)[296]. Кроме того, стремительно создавались новые формирования, предназначенные для защиты гражданского населения. Например, в Кировском районе 26 ноября насчитывалось 27 групп самозащиты. 29 ноября их было уже 50[297]. 20 ноября в городе существовало 1211 групп самозащиты и 126 постов ПВХО (в сумме 1337 подразделений). В течение нескольких дней были сформированы 1881 новая группа самозащиты и 306 постов ПВХО (всего 2187). В результате к началу войны (т. е. к 30 ноября) в Ленинграде имелось 3092 группы самозащиты

---

[295] ЦГАИПД СПб. Ф. Р-24. Оп. 2а. Д. 139. Л. 1а — 2 об.

[296] ЦГА СПб. Ф. Р-7384. Оп. 36. Д. 18. Л. 95.

[297] ЦГАИПД СПб. Ф. Р-417. Оп. 1. Д. 1120. Л. 19.

и 432 поста ПВХО (в сумме 3524 формирования). В городе было 3669 домохозяйств, без своих подразделений МПВО осталось всего 145[298]. Не все созданные формирования обладали необходимым имуществом. Поэтому на них возлагали обязанности по поддержанию порядка, они должны были помогать милиции[299]. Учитывая количество и скорость образования этих новых подразделений, можно предположить, что их бойцы в большинстве своем не получили основательной подготовки.

Население знакомили с правилами поведения по сигналам МПВО[300]. Не все созданные формирования обладали необходимым имуществом. Поэтому на них возлагали обязанности по поддержанию порядка, они должны были помогать милиции[301].

27 ноября на пленуме секции революционного порядка Ленсовета обсуждали доклад, посвященный «боеготовности» городской пожарной службы[302]. Обычно данный вопрос рассматривался на секции раз в год, но в этот раз он обсуждался повторно[303]. Очевидно, это было связано с приближением войны — в случае бомбежек пожарникам бы пришлось бороться с их последствиями.

Наконец, в день накануне войны, 29 ноября, начальник ПВО Ленинградского военного округа передал приказ штабу МПВО привести в готовность местную противовоздушную оборону районов и 24 городов области в 100-километровой зоне вокруг Ленинграда. В то же время систему МПВО юго-запада области (Новгород, Псков, Остров, Гдов) в полную готовность приводить не стали, ограничившись организацией круглосуточного дежурства штабов, подразделений и команд МПВО[304].

Изменения коснулись и медицинской системы. 17 ноября Политбюро утвердило проект постановления СНК о формировании

---

[298] ЦГА СПб. Ф. Р-7384. Оп. 17. Д. 146. Л. 46.

[299] ЦГАИПД СПб. Ф. Р-417. Оп. 1. Д. 1120. Л. 20.

[300] Там же. Л. 19.

[301] Там же. Л. 20.

[302] ЦГА СПб. Ф. Р-7384. Оп. 11. Д. 299. Л. 129.

[303] Там же. Л. 137.

[304] Лашков А. Ю. Противовоздушная оборона... // Военно-исторический журнал. 2019. № 11. С. 5.

ряда военно-санитарных учреждений[305]. Наркомат обороны должен был развернуть один госпиталь в Ленинграде (№ 1170 — на 800 коек), два — в Пушкине (№ 1171 и 1174 — вместе на 600 коек) и три — в Новгороде (№ 1175, 1176 и 1177 — также на 600 коек суммарно). Силами наркомата здравоохранения в Ленинграде создавались еще четыре госпиталя (на 1850 коек). Помимо этого расположенные в ЛВО гражданские больницы передавали в оперативное распоряжение военных 5120 коек[306] (из них непосредственно в Ленинграде — 4405[307]). Штаб ЛВО получил эти указания 20 ноября (и в тот же день передал их Петру Сергеевичу Попкову)[308]. Уже к 22 ноября горздравотдел сформировал свои четыре госпиталя (№ 2012–2015) и выделил 4060 «оперкоек». 23 ноября они перешли в распоряжение Фронтового эвакопункта[309]. По предложению Совнаркома от 25 ноября эвакуационный госпиталь на 400 коек (№ 2016) стали разворачивать в Кронштадте[310]. Санитарный отдел ЛВО и горздравотдел организовали научно-консультационное бюро — для помощи врачам, ранее не связанным с военной медициной[311]. Ленинградские медицинские школы в ноябре досрочно выпустили 385 человек среднего медперсонала[312]. Для перевозки раненых начали готовить транспорт. 26 ноября командующий ЛВО Мерецков потребовал от председателя исполкома Ленсовета Попкова срочно дать распоряжение немедленно приспособить несколько трамваев «для целей санитарной эвакуации», а также привести в состояние мобилизационной готовности предназначенные для санэвакуации и оснащенные легким оборудованием автобусы[313].

---

[305] РГАСПИ. Ф. 17. Оп. 162. Д. 26. Л. 111.

[306] ГА РФ. Ф. Р-5446. Оп. 1в. Д. 510. Л. 126; РГАСПИ. Ф. 17. Оп. 162. Д. 26. Л. 126.

[307] ЦГА СПб. Ф. Р-7384. Оп. 4. Д. 24. Л. 597.

[308] Там же.

[309] Филиал ЦАМО (ВМД). Ф. 141. Оп. 7914. Д. 1. Л. 174; ЦГА СПб. Ф. Р-7384. Оп. 4. Д. 24. Л. 600.

[310] ЦГА СПб. Ф. Р-7384. Оп. 4. Д. 24. Л. 602.

[311] Филиал ЦАМО (ВМД). Ф. 141. Оп. 44899. Д. 7. Л. 59.

[312] Бен Е. Э. Общие демографические условия, сеть медицинских учреждений и кадры // Здоровье и здравоохранение в Ленинграде за 1939 год. С. 12.

[313] ЦГА СПб. Ф. Р-7384. Оп. 4. Д. 25. Л. 67.

Все эти акции вместе с пропагандистской кампанией вызывали у ленинградцев ощущение надвигающейся войны. С конца октября органы госбезопасности постоянно фиксировали разговоры о скором столкновении с Финляндией. Поскольку к границе стягивались части Красной армии, то важнейшим источником таких толков выступали военные. Из сообщений Управления НКВД по Ленинграду в областной комитет ВКП(б) можно узнать, что 27 октября красноармеец Лебичев в разговоре с сослуживцами утверждал, что советские войска «готовы напасть на Финляндию»[314]. Несколько дней спустя, 30 октября, в ресторане «Москва» некий «неизвестный в военной форме» говорил, что 4 ноября «Советский Союз будет наступать на Финляндию»[315].

В ноябре пропаганда против правительства Финляндии активизировалась. Вдобавок к этому ленинградцы видели идущие по железным дорогам эшелоны с войсками[316]. «Все мы чувствовали напряженную обстановку и со дня на день ждали, что вот-вот должно начаться», — вспоминал директор завода «Красный гвоздильщик» (в мае 1940 г. переименован в Сталепрокатный и проволочно-канатный завод им. В. М. Молотова) Александр Акимович Нодельман[317]. Разговоры о надвигающемся столкновении охватили весь Ленинград. Более того, молва то и дело утверждала: война уже началась. Согласно сводке Управления НКВД по Ленинграду от 4 ноября, на фабрике «Фотобумага» главный механик Никуличев «распространял среди рабочих слух о том, что якобы советские войска 3-го ноября перешли финляндскую границу. Это разнеслось по всей фабрике и в некоторых цехах вызвало панику»[318]. В сводке от 5 ноября 1939 г. можно прочесть, что на заводе «Большевик» рабочий Суетин утверждал: «Наши войска пошли в наступление на Финляндию и прошли уже вглубь финляндской территории на 40 километров»[319]. В середине ноября аналогичные слухи зафиксировали

---

[314] ЦГАИПД СПб. Ф. Р-24. Оп. 2в. Д. 3569. Л. 108.

[315] Там же. Л. 105.

[316] ЦГАИПД СПб. Ф. Р-25. Оп. 10. Д. 299. Л. 127.

[317] Там же. Л. 69.

[318] ЦГАИПД СПб. Ф. Р-24. Оп. 2в. Д. 3569. Л. 114.

[319] Там же. Л. 126.

в Сошихинском районе. Колхозник Иванов рассказывал, что войну Финляндии объявили еще 1 ноября — «сейчас уже идет бой и льется кровь»[320].

Не все верили официальным сообщениям о Майнильском инциденте. В Сестрорецке рабочий Капранов (работал на заводе им. С. П. Воскова) убеждал товарищей по цеху: «Не верьте сообщению, что убили 7 человек, если стреляли из пушек, то убили не одну сотню красноармейцев и командиров». По мнению Капранова, советское руководство не давало финнам должного отпора — «наши финнов боятся, наши только кричат», у Финляндии — сильные соседи Швеция и Норвегия, и, кроме того, «Англия вступится крепко»[321].

Некоторые жители Ленинграда и области негодовали: «Что так долго нянчатся с Финляндией? Надо скорее освободить финский народ от угнетения и эксплуатации» (Серёдкинский район, тракторист Маслогостицкой МТС Громов)[322]. Преподаватели педагогического института Лебедев и Винокуров рассуждали: «Если правительство решит выступить против Финляндии, то надо уж не останавливаться на границах, указанных тов. Молотовым в его докладе, а двинуть наши войска дальше, до Ботнического залива»[323]. Другие граждане, наоборот, считали финляндскую сторону защищающейся, а СССР — агрессором[324]. Некоторые надеялись на поражение Советского Союза. В Серёдкинском районе колхозница Евдокия Козлова, муж которой был арестован органами НКВД, говорила: «Финны нам помогут, и тогда колхозов не будет, а будем жить единолично, как при царизме. Тогда и мужа моего выпустят»[325].

Ожидания войны подталкивали людей к вполне конкретным действиям. Они вновь, как и в сентябре, устремились в магазины. 4 ноября начальник Управления НКВД Ленинграда Сергей Иванович Огольцов сообщал в областной комитет ВКП(б): «За последние дни антисоветскими элементами усиленно распространяются слухи

---

[320] ЦГАИПД СПб. Ф. Р-24. Оп. 2в. Д. 3646. Л. 160.

[321] ЦГАИПД СПб. Ф. Р-4880. Оп. 1. Д. 367. Л. 5.

[322] ЦГАИПД СПб. Ф. Р-24. Оп. 2в. Д. 3646. Л. 159.

[323] Там же. Л. 160.

[324] См.: Там же. Л. 161.

[325] Там же. Л. 162.

о неизбежности военных действий СССР с Финляндией, что создает панику среди отсталой части населения и вызывает стремление запастись побольше продуктами»[326]. Об этом же говорилось и в спецсводке, которую Огольцов отправил в обком на следующий день, 5-го: «Несмотря на усиленный отпуск продуктов и товаров, очереди у магазинов резко не снижаются. Это объясняется тем, что враждебные элементы среди населения искусственно создают панику, распространяя всевозможные провокационные слухи о военных действиях между СССР и Финляндией»[327]. С начала ноября стали возникать перебои в торговле хлебом[328]. У магазинов стояли большие очереди[329].

В сентябре жители города и области снова массово забирали деньги из сберкасс. После того как Польский поход Красной армии закончился, а СССР остался в стороне от большого конфликта европейских держав, ожидания войны пошли на спад. 2 октября руководитель ленинградской милиции Евгений Семенович Грушко сообщал Кузнецову:

«За последнее время по системе сберегательных касс г. Ленинграда наблюдается приток сбережения от населения с наличием случаев возврата крупных вкладов, изъятых вкладчиками в период с 7 по 15 сентября с. г. В Василеостровск[ой] сберкассе имел случай возвращения единоличного вклада в сумме 30.000 руб.

В Смольнинской райсберкассе зарегистрировано появление одной вкладчицы, рассказывающей о том, что изъятый ею в указанные дни вклад в сумме 2.500 р. она спрятала дома в духовке плиты, и не знавшая об этом малолетняя дочь, затопив плиту, сожгла эти деньги»[330].

Теперь, в ноябре, снова возникло массовое стремление получить наличность на руки. Из спецсообщения УНКВД по области от 10 ноября можно узнать, что если в третьей декаде сентябре и первых двух декадах октября «вклады начали постепенно

---

[326] Там же. Д. 3569. Л. 113; Д. 3571. Л. 10.

[327] Там же. Д. 3569. Л. 125.

[328] ЦГА СПб. Ф. Р-7179. Оп. 11. Д. 12. Л. 25.

[329] См.: ЦГАИПД СПб. Ф. Р-24. Оп. 2в. Д. 3571. Л. 94–99.

[330] Там же. Д. 3586. Л. 21.

увеличиваться и выемы уменьшаться»[331], но данные за третью декаду октября и первые дни ноября «показывают о наметившемся повторении отлива вкладов»[332]. В Ленинграде уже перед самой войной и в самом ее начале — за период с 27 ноября по 1 декабря — сберкассы выдали жителям вклады на сумму 13 568 тыс. руб.[333]

И не случайно с началом Великой Отечественной наркомат финансов сразу же — уже 22 июня 1941 г. — ввел ограничения на выдачу сберкассами наличных — с вклада можно было забирать не больше 200 руб. в месяц[334]. Это решение — явный результат опыта осени 1939 г.

В Сестрорецке в ноябре некоторые женщины устремились в школы и детские сады — чтобы забрать своих детей и увезти их подальше от границы[335].

Каждое новое мероприятие по подготовке города к войне стимулировало очередную волну слухов. Например, на следующий день после введения светомаскировки (17 ноября) Ася Звейнек записала в дневнике: «Многие говорили, что слышали орудийные залпы»[336].

Таким образом, для ленинградцев и жителей области весь ноябрь был временем ожидания войны.

3. Новые воинские формирования

Специально для войны с Финляндией были созданы такие формирования, как «Финская народная армия» (ФНА) и Ладожская военная флотилия (ЛВФ). Их создавали на территории Ленинградской области (ФНА — частично, ЛВФ — полностью).

Почти сразу после начала боевых действий пресса сообщила о создании «Народного правительства Финляндии» во главе

---

[331] ЦГАИПД СПб. Ф. Р-24. Оп. 2в. Д. 3571. Л. 83.

[332] Там же. Л. 84.

[333] Твердюкова Е. Д. «Преступления без жертв». С. 59; более детальные данные см.: Ломагин Н. А. Неизвестная блокада. Кн. 2. С. 20–21.

[334] Ломагин Н. А. Учет и контроль — основа социализма. С. 161, 181, прим. 31.

[335] Левашко В. О. Проявление негативных (девиантных) настроений в советском обществе... С. 268.

[336] ОР РНБ. Ф. 1000. Оп. 2. Ед. хр. 504. Л. 61.

с Отто Куусиненом[337]. Затем читатели советских газет узнали, что СССР и «Финляндская Демократическая Республика» подписали договор о взаимопомощи и дружбе[338]. Устами Молотова было объявлено: «Советский Союз не находится в состоянии войны с Финляндией», он помогает законному правительству «ликвидировать опаснейший очаг войны, созданный в Финляндии ее прежними правителями»[339]. В пропаганде обыгрывались мотивы братской помощи СССР финскому народу и дружбы с «Финляндской Демократической Республикой». В опубликованной 2 декабря «Декларации Народного правительства Финляндии» утверждалось, что для «участия в совместной борьбе рука об руку с героической Красной Армией» уже создан «первый финский корпус», который будет «пополняться добровольцами из революционных рабочих и крестьян и должен стать крепким ядром будущей Народной Армии Финляндии». Как говорилось в «Декларации», этому корпусу «предоставляется честь принести в столицу знамя Финляндской Демократической Республики и водрузить его на крыше президентского дворца на радость трудящимся и страх врагам народа»[340]. Правда, о том, как за три дня войны удалось сформировать корпус, документ умалчивал.

Сегодня мы знаем, что ФНА создавалась заранее.

В августе — сентябре 1939 г. командирам запаса финской национальности, ранее лишенным званий и права службы в армии, стали возвращать командирские звания. Одновременно с этим освободили некоторых арестованных в период Большого террора командиров-финнов[341].

---

[337] Правда. 1939. 2 декабря; Красная звезда. 1939. 2 декабря; Ленинградская правда. 1939. 2 декабря.

[338] Правда. 1939. 3 декабря; Красная звезда. 1939. 3 декабря; Ленинградская правда. 1939. 3 декабря.

[339] Правда. 1939. 5 декабря; Красная звезда. 1939. 5 декабря; Ленинградская правда. 1939. 5 декабря.

[340] Правда. 1939. 2 декабря; Красная звезда. 1939. 2 декабря; Ленинградская правда. 1939. 2 декабря

[341] Веригин С. Г. Формирование и боевые действия Финской народной армии в Советско-финляндской (Зимней войне) 1939–1940 годов // Ученые

Работа по непосредственной организации будущей «Народной армии Финляндии» началась 11 ноября 1939 г., когда нарком обороны приказал сформировать на территории ЛВО 106-ю горнострелковую дивизию[342]. 23 ноября дивизия стала развертываться в 1-й корпус «Финской народной армии»[343].

Известно, что важнейшую роль в разработке мероприятий, связанных с созданием и работой правительства «Финляндской Демократической Республики», играл Жданов[344]. Среди прочего глава ленинградских коммунистов контролировал формирование «первого финского корпуса». Жданов лично следил за подбором политсостава для войск «Демократической Финляндской Республики». В его фонде в РГАСПИ хранится датированное 16 ноября письмо от начальника Политического управления Красной армии (ПУРККА) Мехлиса. В этом документе Лев Захарович сообщал: «Посылаю в Ваше распоряжение тов. Егорова Ф. И. Сейчас он комиссар

записки Петрозаводского государственного университета. Сер. Общественные и гуманитарные науки. 2009. № 10. С. 9.

[342] Тайны и уроки зимней войны. С. 74–75; Барышников В. Н. От прохладного мира к зимней войне. С. 275; Барышников В. Н. СССР и Финляндия в 1920–1930-е гг.: проблема начала «зимней войны» // 105 дней «зимней войны». С. 13; Советско-финляндская война 1939–1940. Т. 1. С. 306–307; Барышников Н. И. Финляндия: Из истории военного времени... С. 289; Мусаев В. И. Политическая история Ингерманландии в конце XIX–XX веке. СПб.: Нестор-История, 2004. С. 279; Мельтюхов М. И. Упущенный шанс Сталина. С. 111; Семиряга М. И. Советско-финляндская война (К 50-летию окончания). С. 30; Семиряга М. И. Тайны сталинской дипломатии. 1939–1941. М.: Высшая школа, 1992. С. 173; Веригин ошибочно пишет, что приказ о создании дивизии подписан 19 ноября (Веригин С. Г. Советская Карелия в «зимней войне» 1939–1940 гг. // 105 дней «зимней войны». С. 82; Веригин С. Г. Формирование и боевые действия Финской народной армии... С. 8); Некоторые авторы почему-то также неверно указывают на 25 октября (Аптекарь П. Советско-финские войны. С. 318; Соколов Б. В. Тайны финской войны. С. 63).

[343] Мельтюхов М. И. Упущенный шанс Сталина. С. 111; Советско-финляндская война 1939–1940. Т. 1. С. 307; Веригин С. Г. Формирование и боевые действия Финской народной армии... С. 8.

[344] См.: Барышников В. Н. Советские архивные документы о «плане Жданова» накануне начала «Зимней войны» // Вестник Санкт-Петербургского университета. Сер. 2. История. 2013. № 3.

факультета в Военно-Электротехнической академии. Егоров подходит для работы комиссаром в известной Вам части». Далее следовала краткая биографическая справка: «В партии он с 1918 г. В РККА с перерывами (был на партработе в Карелии) с 1918 г. В старой армии был рядовым и 2 месяца в школе прапорщиков. Участник гражданской войны. Во время борьбы с белофиннами командовал отрядом». Два брата Егорова погибли во время боев с белофиннами. Он участвовал в подавлении Кронштадтского восстания, учился в Свердловском университете и Институте красной профессуры, в 1934–1935 гг. был заместителем начальника политотдела в Карельской бригаде. На последнем посту Егоров «крепко боролся тогда с буржуазными националистами, и его постарались отжать и перевели на строительство. Враги представляли его к увольнению, но ПУРККА не согласилось». Затем Мехлис писал, что Аксель Анттила (в то время — командир 106-й горнострелковой дивизии, позже — командир финского корпуса и министр обороны в «правительстве» Куусинена) «видел Егорова сегодня у меня. Отзывается о нем по Карельской бригаде неплохо». Начальник Политуправления делал вывод: «Думаю, что подойдет». Затем добавлял: «Если примете решение, прошу известить, чтобы могли оформить. По линии НКВД получил письменную проверку — положительная». В заключение глава Политуправления сообщал: «Егоров знает порядочно людей, владеющих "этим" языком. Некоторых вызываю»[345].

Упомянутая в письме часть — будущий 1-й корпус ФНА, а язык, обозначенный как «этот», — финский. Речь шла о Филиппе Ивановиче Егорове (Аалто), который вскоре стал комиссаром корпуса[346].

Согласно подготовленной Генштабом справке от 15 ноября, в рядах среднего командного и начальствующего состава Красной армии насчитывалось всего 49 финнов, среди рядовых — также около пятидесяти (и еще 782 карела)[347]. Естественно, для корпуса этого было недостаточно. Поэтому 16 ноября штаб ЛВО отдал приказ

---

[345] РГАСПИ. Ф. 77. Оп. 4. Д. 45. Л. 14 — 14 об.

[346] Барышников Н. И. Финляндия: Из истории военного времени... С. 289; Веригин С. Г. Формирование и боевые действия Финской народной армии... С. 8; Советско-финляндская война 1939–1940. Т. 1. С. 307.

[347] Барышников В. Н. От прохладного мира к зимней войне. С. 275.

приступить к мобилизации финнов и карел Ленинграда и Ленинградской области[348]. Ранее, во время сентябрьских «Больших учебных сборов», их не призывали.

Подъем военнообязанных продолжался с 17 по 19 ноября[349]. Основная часть финского населения компактно проживала в 13 районах Ленинградской области, в 8 из которых для помощи райвоенкоматам отправились представители областного военного комиссариата[350]. На сборных пунктах коммунисты из числа финнов или знавших финский язык русских развернули пропагандистскую работу, проводили беседы и доклады о международном положении[351].

Эдуард Матвеевич Гюннинен (в то время студент физического факультета Ленинградского университета, жил в деревне Гумаласаари, располагавшейся между Павловском и Пушкиным) вспоминал, как 17 ноября его встретили в военкомате: «Райвоенкомат находился в Павловске в историческом здании — в крепости БИП[352]. Туда я пришел под вечер и встретил школьного товарища с такой же повесткой. Мы пошли к дежурному командиру... тот посмотрел паспорт товарища и сказал, что ему можно идти домой. Потом полистал мой паспорт и неожиданно... — это меня ошеломило — разорвал паспорт пополам и бросил в мусорную корзину. Все это — без слов. Мне велели идти в соседнюю комнату». Там, по словам Гюннинена, «собралось уже человек двадцать парней, все из ближайших деревень и все — финской национальности. Мой приятель был латыш, его отпустили домой. Военкомат интересовался только

---

[348] ЦГАИПД СПб. Ф. Р-24. Оп. 2в. Д. 3645. Л. 41.

[349] Там же. Л. 23, 44.

[350] Там же. Л. 41.

[351] ЦГАИПД СПб. Ф. Р-24. Оп. 2в. Д. 3645. Л. 37, 40, 42, 44; Д. 3687. Л. 22–23; предварительно Ленинградский обком выявил и отобрал владевших финским языком партийцев. В список попало 346 человек (Барышников В. Н. От прохладного мира к зимней войне. С. 277, 332, прим. 298).

[352] Так в тексте. «Крепость Бип» — одно из названий замка Мариенталь, расположенного в Павловске (Семенова Г. В. Крепость Мариенталь. URL: https://web.archive.org/web/20160306025557/http://www.d-c.spb.ru/archiv/24/13/index.htm).

финнами»[353]. Затем присутствующим объявили, что они мобилизованы, сейчас их отправят в баню, а сразу после этого повезут на место службы[354]. «Повели в баню, благо она находилась рядом с крепостью, там постригли наголо, дали чистое белье (верхняя одежда осталась своя) и велели помыться. Водная процедура, неурочная и формальная, прошла быстро. Мы вернулись в крепость, стали ожидать отправки к месту службы. Но случилась заминка с транспортом, нас отпустили до утра понедельника — день 17.11.39 г. был субботним. Домой я пришел заполночь (остриженный и помытый), дома тревога — куда пропал». Вновь в военкомат Гюннинен отправился 19 ноября[355].

Гюннинен рассказал о том, как его призвали, не только в процитированной статье, но и в интервью для проекта «Я помню». Там мы можем обнаружить аналогичное описание событий с небольшими дополнениями:

«17 ноября я вернулся из университета, лежит повестка из военкомата. Подобные повестки приходили и раньше к тем, у кого был предпризывной возраст. То надо анкету заполнить, то здоровье проверяли. Я пошел в военкомат без всякого удивления. Слуцкий военкомат располагался в Павловске, в крепости. Командир (тогда офицеров называли командирами) взял мой паспорт, порвал пополам и бросил в корзину. Я вздрогнул.

— Иди в 25-ю комнату.

Я пришел туда. Там было около 25 человек ребят из соседних деревень. Многих я знал, все были финны. Латыша отправили домой. Пришел начальник и объявил:

— Сейчас поедем в Петрозаводск служить в армии.

— Как же мы поедем? Мы ничего не сказали дома!

— Ничего. Напишите.

Ребята начали сильно шуметь. Никто ничего с собой не взял. Командир не обращал на это никакого внимания. Нас отправили

---

[353] Гюннинен Э. М. «Я, воин Финской народной армии...» // Новый часовой. 2000. № 10. С. 255.

[354] Там же. С. 256.

[355] Там же. С. 258.

в баню и побрили. Около 12 часов ночи командир сообщил нам, что не удалось договориться с транспортом и все могут идти домой. Была суббота, и он велел нам явиться снова в понедельник к 10 часам.

В час ночи я пришел домой, дома все беспокоятся, куда я потерялся. В понедельник я снова явился в военкомат»[356].

Первоначально планировалось начать отправку призванных в части уже 17-го, но затем, так как не было вагонов, ее перенесли на 19-е число. Сборные пункты не могли обеспечить массу людей ночлегом и питанием, поэтому большинство военнообязанных на ночь распустили по домам[357].

После того как 19-го финнов повторно собрали в военкоматах, всех мобилизованных в области послали в Ленинград, некоторые (например, жители Парголовского района) шли пешком[358]. Затем их отправляли в Карелию[359]. Именно там, в Петрозаводске, формировалась 106-я горнострелковая дивизия[360]. Вскоре дивизию стали развертывать в корпус. 24 ноября начальник особого отдела НКВД ЛВО Алексей Матвеевич Сиднев и начальник 6-го отделения того же отдела Михаил Дмитриевич Лавнеев докладывали в особый отдел ГУГБ НКВД, что комплектование корпуса средним, младшим и рядовым составом «в основном закончилось»[361].

Видимо, из-за того, что в перспективе это соединение должно было, как гласила декларация «Народного правительства Финляндии», «принести в столицу знамя Финляндской Демократической Республики и водрузить его на крыше президентского дворца»[362],

---

[356] Гюннинен Эдуард Матвеевич. URL: https://iremember.ru/memoirs/svyazisti/gyunninen-eduard-matveevich/

[357] ЦГАИПД СПб. Ф. Р-24. Оп. 2в. Д. 3645. Л. 42–43; Д. 3687. Л. 22.

[358] Там же. 3687. Л. 22.

[359] Гюннинен Э. М. «Я, воин Финской народной армии...» С. 258.

[360] Барышников В. Н. От прохладного мира к зимней войне. С. 275; Советско-финляндская война 1939–1940. Т. 1. С. 46, 307–308.

[361] Зимняя война 1939–1940 гг. Исследования, документы, комментарии. К 70-летию советско-финляндской войны. М.: Академкнига, 2009. С. 193.

[362] Правда. 1939. 2 декабря; Красная звезда. 1939. 2 декабря; Ленинградская правда. 1939. 2 декабря.

его части стали перебрасывать в обратном направлении — из Карелии в Ленинградскую область (ведь именно с территории Ленобласти планировалось нанести главный удар в сторону Хельсинки). Под Ленинград в состав корпуса начали посылать и мобилизованных жителей Карелии[363].

Неожиданная мобилизация вызвала у финского населения беспокойство. Некоторые военнообязанные спрашивали на сборных пунктах: «Почему нас не брали раньше в армию?»[364]; «Почему нас не брали в армию по частичной мобилизации?»[365] Во Всеволожском и Парголовском районах были зафиксированы слухи о том, что отправлять будут не в армию, а на какие-то работы на Урал или Дальний Восток[366]. Мобилизуемые размышляли над тем, куда их повезут служить: на границу с Финляндией или в другое место? Высказывались разные мнения. В Кингисеппском районе военнообязанный Жехов спрашивал: «Разве можно финнов посылать на финскую границу?» Другой призывавшийся по фамилии Кукк полагал, что «финнов против финнов едва ли пошлют», но могут отправить «на польскую границу копать окопы». Военнообязанный Атолойнен считал: «Именно мы и должны выступать против финнов, потому что мы знаем финский язык и будем как переводчики»[367].

Из Кингисеппского окружкома в обком доносили: «Морально-политическое состояние призываемых в большинстве своем хорошее... У большинства товарищей большое желание служить в РККА...»[368] В политдонесении областного военкомата отмечалось, что «общее настроение военнообязанных вполне здоровое

---

[363] Макуров В. Г. «Зимняя война» глазами ее участников // 105 дней «зимней войны». С. 50.

[364] ЦГАИПД СПб. Ф. Р-24. Оп. 2в. Д. 3645. Л. 38.

[365] Там же. Д. 3687. Л. 23.

[366] Там же. Д. 3645. Л. 41–42; Д. 3687. Л. 23. Во Всеволожском районе данный слух принял форму разговоров о том, что военнообязанных «высылают»; чтобы успокоить людей, потребовалось вмешательство первого секретаря райкома, который провел беседы как с самими мобилизуемыми, так и с их семьями (Там же. Д. 3645. Л. 41).

[367] Там же. Д. 3645. Л. 38.

[368] Там же. Л. 37, 38.

и хорошее, объявление сбора воспринято правильно». В документе приводились «характерные высказывания большинства», например: «Послали бы на финскую границу, мы показали бы финнам как упрямиться»[369]. В донесении Парголовского райкома зафиксированы такие слова мобилизованных: «Мы знаем, за что мы идем воевать и против кого будем воевать», «Нужно сделать Финляндию Советской», «Мы поедем освобождать своих братьев финнов, как это сделали в Западной Украине и Западной Белоруссии»[370].

Вместе с тем в документах можно обнаружить и эпизоды противоположного характера. Например, из Всеволожского райкома в областной комитет партии сообщали: «Настроение среди мобилизованных было упадочное. Из бесед с ними выяснилось, что они шли на сбор с нежеланием»[371]. Колхозники Парголовского района беспокоились: «Кто будет работать в колхозах, если всех мужчин забрали в армию?»[372] Звучали негативные оценки действий власти. Шофер Кингисеппского райисполкома Пуйконен говорил: «...нацменов берут прямо на передовые позиции, и мы — не что иное, как пушечное мясо»[373]. В Красногвардейском районе военнообязанный Иван Андреевич Хокконен, напившись, «хулиганил, допустил к-р (контрреволюционные. — *М.Т.*) высказывания "умирать все равно — в тюрьме или в Финляндии"». В армию Хокконена не отправили, о его словах сообщили в райотдел НКВД. В Ораниенбаумском районе местный районный отдел НКВД запретил отправлять в Красную армию 15 человек — «как антисоветски настроенных»[374]. В Кингисеппском районе пятеро военнообязанных подали заявления об освобождении от службы в армии, но их забрали после проведенных с ними бесед[375]. В том же районе один из призывавшихся просто попытался убежать со сборного пункта. Его задержали в дверях, тогда он бросился в окно и «разбил раму, за что был направлен

---

[369] ЦГАИПД СПб. Ф. Р-24. Оп. 2в. Д. 3645. Л. 42.

[370] Там же. Д. 3687. Л. 23.

[371] Там же. Д. 3645. Л. 40.

[372] Там же. Д. 3687. Л. 23.

[373] Там же. Д. 3645. Л. 38.

[374] Там же. Л. 42.

[375] Там же. Л. 38–39.

в милицию»[376]. Из политдонесения областного военкомата можно узнать, что во Всеволожском районе среди мобилизуемых «пьяных было до 50 %», в Тосненском, Ораниенбаумском и Красногвардейском — 30 %, в остальных — «немного меньше». В Парголово, Тосно и Ораниенбауме «пришлось пьяных военнообязанных направлять в милицию». При этом в сельской местности большинства районов области торговля крепкими спиртными напитками была запрещена. Мобилизуемые и их провожающие привозили водку из Ленинграда или с ближайших железнодорожных станций[377]. Когда мобилизованные финны уже были в Ленинграде, возникла задержка с их отправкой в части по железной дороге. Тогда многие военнообязанные ушли с вокзала искать водку. Руководители областного военкомата объясняли эти безобразия, ссылаясь на национальные особенности. В донесении в Политуправление ЛВО они писали: «Массовую пьянку местные районные работники объясняют тем, что местное финское население вообще часто пьет...» Кроме того, они указали на «недостаточную воспитательную работу среди финнов». Упоминались и исторически сложившиеся причины — «элементы "рекрутчины"», т. е. традиции сопровождавшихся пьянкой и гульбой проводов уходивших на службу крестьян[378]. Также можно предположить, что свою роль сыграла уверенность значительной части мобилизованных, что войны не избежать.

Кроме того, сказывались национальные чувства финнов. 8 ноября из Парголовского райкома в обком сообщали о случае в колхозе Тюэ Муринского сельсовета. Красноармейцам, просившим разрешения заночевать, отказали, сказав: «Вы идете наших бить»[379]. У части финнов мысль о войне с Финляндией в принципе вызывала негативную реакцию. Более того, в некоторых донесениях с мест сообщалось об антирусских настроениях. В той же записке из Парголово говорилось о Сертоловской школе Левашовского сельсовета, где «отдельные учащиеся старших классов» отказывались «отвечать

---

[376] Там же. Л. 38.

[377] Там же. Л. 42.

[378] Там же. Л. 43.

[379] Там же. Д. 3687. Л. 17.

педагогам на уроках на русском языке». У ученика 7-го класса Павла Рининена нашли нож «и когда спросили, для чего у него нож, то он ответил — для русских»[380].

Как вспоминал ветеран ФНА Николай Павлович Кузнецов (сам по национальности — финн), «почти вся Ленинградская область была населена финскими националами», их «у нас проживало очень много»[381]. По данным переписи 1939 г., в Ленинграде проживали 7923 финна (в том числе 3614 мужчин), а в области насчитывалось 106 710 финнов (в том числе 46 538 мужчин)[382]. В сумме в городе и области насчитывалось 114 633 финна (примерно 1,8 % населения[383]), в их числе 50 152 мужчин. Отметим, что в подавляющем большинстве это были ингерманландские финны (финны-инкери)[384]. Карельское население, представители которого также подлежали мобилизации, здесь было незначительным. В то же время в Карельской АССР, по данным переписи 1939 г., проживали 8322 финна (3902 мужчины, 4420 женщин)[385]. По сведениям Карельского обкома, финнов (обоих полов) было всего 5262[386]. В любом случае — это существенно меньше, чем в Ленинграде и Ленинградской области.

По данным Ленинградского облвоенкомата, в результате мобилизации финнов в армию направили около 7,2 тыс. человек рядовых и младших командиров, а также 142 представителя среднего и старшего начсостава (в том числе 67 политработников)[387]. Таким

---

[380] ЦГАИПД СПб. Ф. Р-24. Оп. 2в. Д. 3687. Л. 17.

[381] ЦГАИПД СПб. Ф. Р-9379. Оп. 1. Д. 14. Л. 1.

[382] Всесоюзная перепись населения 1939 года: Основные итоги. С. 62–63; Всесоюзная перепись населения 1939 года: Основные итоги: Россия. С. 45.

[383] Смирнова Т. М. Этнический состав и расселение жителей Петербурга-Петрограда-Ленинграда и губернии (области) в первой половине XX в. // Клио. 2000. № 3. С. 179.

[384] В материалах переписи 1939 г. они именуются «ленинградскими финнами» (Всесоюзная перепись населения 1939 года: Основные итоги. С. 247; Всесоюзная перепись населения 1939 года: Основные итоги: Россия. С. 204).

[385] Всесоюзная перепись населения 1939 года: Основные итоги. Россия. С. 50.

[386] ЦГАИПД СПб. Ф. Р-24. Оп. 2б. Д. 624. Л. 11.

[387] Там же. Оп. 2в. Д. 3645. Л. 41.

образом, было призвано примерно 7% финского населения области (на всякий случай напомню, что Ленинград здесь не учитывается) и около 16% финнов-мужчин. К 26 ноября в 1-м корпусе ФНА насчитывалось 13 405 человек[388] (при штатной численности корпуса в 10 660[389]). Из них финнами были 8367 человек, карелами — 4533, представителями других национальностей — 505[390]. Как видим, больше половины личного состава этого формирования призвали из Ленинградской области.

В ходе войны «Финскую народную армию» продолжали наращивать. К 18 декабря общая численность ее формирований достигла 18 тыс. человек[391] (т. е. к имевшемуся на 26 ноября личному составу добавилось еще примерно четыре с половиной тысячи). По некоторым данным, в феврале в четырех дивизиях «народной армии» насчитывалось 25 тыс. человек[392]. При этом, поскольку финнов в Советском Союзе жило относительно мало, их не хватало, и в ФНА отправляли русских, украинцев, белорусов и представителей других народов СССР. Разведчик 7-го стрелкового полка ФНА Владимир Андреевич Борзыкин вспоминал, что командиром полка был финн Вяха, а вот начальником штаба стал украинец Бойко[393]. Рядовой особого автобатальона ФНА украинец Петр Алексеевич Андрейченко писал историку Виктору Николаевичу Степакову про

---

[388] Тайны и уроки зимней войны. С. 141; Семиряга М. И. Советско-финляндская война. 1990. С. 30; Семиряга М. И. Тайны сталинской дипломатии. С. 174; Мельтюхов М. И. Правители без подданных. Как пытались экспортировать революцию // Родина. 1995. № 12. С. 61; Мельтюхов М. И. Упущенный шанс Сталина. С. 111; Дьяков Ю. Л. «Мы обеспечим безопасность СССР, не глядя ни на что, ломая все и всякие препятствия на пути к цели...» // Зимняя война 1939–1940 гг. Исследования, документы, комментарии. С. 85.

[389] Дьяков Ю. Л. «Мы обеспечим безопасность СССР, не глядя ни на что, ломая все и всякие препятствия на пути к цели...». С. 91, прим. 23.

[390] Тайны и уроки зимней войны. С. 141; Советско-финляндская война 1939–1940. Т. I. С. 308.

[391] Аптекарь П. Советско-финские войны. С. 319.

[392] Козлов А. И. Советско-финская война 1939–40. Взгляд с «той» стороны. Рига: Tornado. 1997. С. 11; Соколов Б. В. Тайны финской войны. С. 64. (К сожалению, ссылок ни один из этих авторов не дает.)

[393] ЦГАИПД СПб. Ф. Р-9379. Оп. 1. Д. 1. Д. 2.

«національний склад» своего подразделения: «були руські, українці і був еврей один, Льовка був поваром похідної кухні»[394]. Связист Константин Прокофьевич Панфиленко сообщал тому же Степакову, что в ФНА «были все национальности, правда, командный состав был карелофинны», а затем добавлял: «Я особенно подружился с казахом Юмашевым...»[395] В том же архивном фонде, где хранятся воспоминания, собранные Степаковым, можно найти письма не только от ветеранов ФНА из числа финнов, русских и украинцев, но и от белоруса Леонида Минаевича Мигаса[396].

По большей части бойцы и командиры ФНА во время войны находились в тылах, но все же некоторым из них довелось и посражаться. Когда в марте 1940 г. шли бои за Выборг, отдельные артиллерийские подразделения «народной армии» вели огонь по «белофинским» огневым точкам и отражали контратаки противника. 3-я дивизия ФНА действовала в Северном Приладожье, в частности участвовала в январских боях за остров Линкулансаари. 7-й отдельный стрелковый полк (находился в районе действий 9-й армии) в январе — феврале принимал участие в рейдах в тыл финских войск[397]. Но в основном «народоармейцы» все же прикрывали тылы и фланги соединений и частей Красной армии.

Вернемся, однако, к событиям осени 1939 г.

Другим соединением, созданным специально для войны с Финляндией, была Ладожская военная флотилия (ЛВФ). По условиям Юрьевского договора 1921 г. Советская Россия обязывалась не держать на Ладоге военные суда водоизмещением свыше 100 тонн и с артиллерией калибром более 45 мм. Поэтому вплоть до осени 1939 г. на озере имелись лишь катера пограничной охраны[398].

---

[394] ЦГАИПД СПб. Ф. Р-9379. Оп. 1. Д. 8. Л. 8 — 8 об.

[395] Там же. Д. 17. Л. 3.

[396] Там же. Д. 16.

[397] Подробнее см.: Барышников Н. И. Финляндия: Из истории военного времени... С. 337–339; Аптекарь П. Советско-финские войны. С. 320, 323–324.

[398] Петров П. В. «Зимняя война». Балтика 1939–1940. С. 277; Петров П. В. Боевые действия Ладожской военной флотилии (30.11.1939–13.03.1940) // Тайфун. 2001. № 1. С. 19; Советско-финляндская война 1939–1940. Т. II. С. 132–133.

Олег Викторович Козлов в своей диссертации, посвященной ладожским морякам, пишет, что формирование флотилии началось 25 октября, но затем в примечании добавляет, что этим числом датирован приказ наркома военно-морского флота о создании ЛВФ, а «в отчетах отдела политической пропаганды флотилии фигурирует другая дата — 11 октября». Исследователь объясняет такое противоречие тем, что формирование штаба и политотдела началось «раньше выхода непосредственного приказа о развертывании флотилии»[399]. И действительно, к созданию Ладожской военной флотилии приступили до 25 октября.

Хранящийся в Российском государственном архиве Военно-морского флота отчет о боевой деятельности флотилии (подписан в феврале 1940 г. бывшим начальником штаба ЛВФ капитан 1-го ранга Павлом Алексеевичем Трайниным, который 20 декабря 1939 г. стал командующим флотилии) содержит утверждение: «Начало формирования флотилии следует отнести к весне 1939 года, когда был назначен командующий флотилией (капитан 1 ранга т. Кобыльских)»[400]. Однако в тот момент назначением командующего все и ограничилось. Никаких частей и штаба еще не было. Их создание откладывалось до начала войны[401]. В августе нарком обороны Ворошилов предложил Сталину создать ЛВФ заранее, еще в мирное время[402]. 31 августа командующий Балтийским флотом флагман 2-го ранга Владимир Филиппович Трибуц и член Военного совета

---

[399] Козлов О. В. Ладожские моряки в период Великой Отечественной войны. С. 19.

[400] РГА ВМФ. Ф. Р-92. Оп. 2. Д. 588. Л. 110.

[401] Упоминания о них можно обнаружить в документах мобилизационного планирования, составленных в мае 1939 г. Так, согласно плану лечебно-эвакуационного и санитарного обеспечения КБФ специально для ЛВФ планировалось развернуть медико-санитарную роту в Шлиссельбурге и госпитальное судно «Жданов» на 100 коек; также в документе упоминается лазарет в Новой Ладоге (РГА ВМФ. Ф. Р-92. Оп. 2. Д. 446. Л. 3 об. — 4).

[402] Советско-финляндская война 1939–1940. Т. II. С. 133; Петров П. В. Боевые действия Ладожской военной флотилии. С. 19; в другой работе Петров пишет, что вместе с Ворошиловым это предложение докладывал Сталину и нарком ВМФ Кузнецов (Петров П. В. «Зимняя война». Балтика 1939–1940. С. 278).

КБФ дивизионный комиссар Сергей Дмитриевич Морозов сообщали секретарю Ленинградского обкома Терентию Фомичу Штыкову и председателю Леноблисполкома Николаю Васильевичу Соловьеву, что в конце года в районах городов Новая Ладога и Шлиссельбург «будут созданы Военно-Морские части КБФ». Они ходатайствовали о выделении жилплощади «для расквартировывания бойцов, командиров и их семей»[403]. В начале сентября в штабе флота планировали, что в указанном районе разместятся 1600 краснофлотцев[404].

В историческом журнале штаба ЛВФ первая запись была сделана 9 октября: в Шлиссельбург прибыл исполняющий должность начальника штаба Трайнин[405]. 10 октября штаб Балтийского флота информировал капитана 1-го ранга Сергея Максимовича Кобыльских о том, что на него возложены обязанности по формированию Ладожской военной флотилии. Для этого он должен был принять у отряда водной охраны и включить в состав ЛВФ сторожевой корабль «Циклон» и дивизион сторожевых катеров типа «Рыбинский». Кроме того, в состав флотилии должны были войти: отдельная береговая батарея (три 102-мм орудия), две зенитные батареи (№ 88 и 90, в каждой — по четыре 76-мм орудия), Ладожское отделение СНиС (служба наблюдения и связи), 148-й отдельный местный стрелковый взвод, Шлиссельбургский склад боезапаса, части гидрографической службы. Принять их требовалось не позднее 11 октября[406] (видимо, именно поэтому в документах Политотдела эта дата названа днем создания соединения). 13-го числа Кобыльских и временно исполняющий должность военного комиссара ЛВФ полковой комиссар А. М. Акимов приступили к исполнению своих обязанностей[407]. 15 октября на суженном заседании Президиума Ленинградского областного исполкома было утверждено постановление «О предоставлении помещений для нужд Ладожской Военной

---

[403] РГА ВМФ. Ф. Р-92. Оп. 2. Д. 436. Л. 2.

[404] Там же. Л. 4.

[405] Там же. Ф. Р-952. Оп. 2. Д. 6. Л. 1 об.

[406] Там же. Ф. Р-92. Оп. 2. Д. 436. Л. 6–8.

[407] Там же. Ф. Р-952. Оп. 2. Д. 6. Л. 2.

Флотилии в городах Н. Ладога и Шлиссельбург»[408]. 23 октября временно исполняющий должность командующего ЛВФ Кобыльских докладывал в Штаб Балтийского флота, что флотилия сформирована, в ее состав входят: штаб и политотдел, сторожевой корабль «Циклон», два тральщика типа «Ижорец», 11 катеров[409]. Кобыльских не упомянул других частей, в том числе береговую и зенитную батареи. Вероятно, в тот момент он еще не принял командование над ними. Более того, 18 октября, как сообщает отчет о боевой деятельности ЛВФ, началось «частичное расформирование штаба и откомандирование личного состава». 29–30 в Кронштадт были отозваны «Циклон» и 4-й дивизион сторожевых катеров. Штаб флотилии не знал, какие именно корабли войдут в ее состав[410].

Наконец, 25 октября нарком Военно-морского флота Кузнецов подписал приказ о формировании Ладожской флотилии. Этот документ устанавливал состав ЛВФ. К ней должны были присоединиться новые части, в частности несколько новых батарей и лазарет в Шлиссельбурге (на 30 мест). 148-й отдельный стрелковый взвод разворачивался в роту. Директива наркома подтверждала, что ЛВФ подчиняется командованию Балтфлота[411]. 3 ноября это указание продублировал Военный совет КБФ[412].

5 ноября Военсовет Балтийского флота приказал сформировать дивизион из четырех канонерских лодок. Для этого требовалось переоборудовать шаланды «Красная Горка», «Сестрорецк», «Кронштадт» и «Ораниенбаум». Их превращение в канонерки должно было произойти на Морском заводе в Кронштадте. На каждой из них устанавливалось по два 130-мм орудия. При этом три пушки специально снимались с крейсера «Аврора». Предполагалось, что две шаланды придут в Ленинград, получат эти орудия, а затем вернутся в Кронштадт, чтобы закончить переоснащение. Выполнить

---

[408] ЦГА СПб. Ф. Р-7179. Оп. 53. Д. 22. Л. 312.

[409] РГА ВМФ. Ф. Р-92. Оп. 7. Д. 338. Л. 18.

[410] Там же. Оп. 2. Д. 588. Л. 110.

[411] РГА ВМФ. Ф. Р-92. Оп. 2. Д. 436. Л. 9–11; Оп. 7. Д. 338. Л. 9–12; Ф. Р-1678. Оп. 1. Д. 69. Л. 150–153; Д. 73. Л. 260–262.

[412] РГА ВМФ. Ф. Р-92. Оп. 2. Д. 436. Л. 12–14; Оп. 7. Д. 338. Л. 2–5.

этот приказ требовалось к 10 ноября[413]. Эти суда принадлежали Балттехфлоту Спецгидростроя НКВД. 7 ноября их передали военным[414]. Они предназначались для Ладожской флотилии и должны были стать ее главной ударной силой.

Однако из четырех канонерок лишь одна попала на Ладогу. 21 ноября дивизион канлодок направился вверх по Неве, но из-за льда двигался крайне медленно[415]. К тому же на Ладоге (и следовательно — в Неве тоже) в 1939 г., по словам Трайнина, установилось «небывалое мелководье», которое вместе с ледоставом также мешало провести корабли[416]. 25 ноября в Шлиссельбург пришел «Ораниенбаум», остальные корабли задержались у Ивановских порогов, были отозваны назад и 27 ноября вернулись в Кронштадт[417]. В результате к началу войны флотилия состояла в основном из бывших озерно-речных буксиров (по словам Кобыльских, их только «назвали тральщиками») и малопригодных для зимнего плавания катеров[418]. Всего Кобыльских подчинялось 22 корабля. Самый сильный из них — «Ораниенбаум», вооруженный всего двумя 130-мм орудиями. Скорость канонерки не достигала и 7 узлов. Тральщики «Москва» и «Видлица» были оснащены 75-мм пушками (по одной на каждом). Тральщики типа «Ижорец» получили 45-мм орудия[419]. Командование ЛВФ сетовало, что «такого мизерного по сравнению

---

[413] РГА ВМФ. Ф. Р-92. Оп. 7. Д. 290. Л. 83–84.

[414] Советско-финляндская война 1939–1940. Т. II. С. 134; Петров П.В. «Зимняя война». С. 281; Петров П.В. Боевые действия Ладожской военной флотилии. С. 19.

[415] ЦГАИПД СПб. Ф. Р-24. Оп. 2б. Д. 633. Л. 5; Советско-финляндская война 1939–1940: Боевые действия на море. С. 110; Советско-финляндская война 1939–1940. Т. II. С. 135; Петров П.В. «Зимняя война». С. 281.

[416] РГА ВМФ. Ф. Р-92. Оп. 2. Д. 637. Л. 177.

[417] ЦГАИПД СПб. Ф. Р-24. Оп. 2б. Д. 633. Л. 5; Советско-финляндская война 1939–1940: Боевые действия на море. С. 110; Советско-финляндская война 1939–1940. Т. II. С. 135; Петров П.В. «Зимняя война». С. 281.

[418] ЦГАИПД СПб. Ф. Р-24. Оп. 2б. Д. 633. Л. 4; о составе флотилии на начало войны см.: РГА ВМФ. Ф. Р-92. Оп. 2. Д. 588. Л. 4–5, Д. 637. Л. 177; Советско-финляндская война 1939–1940: Боевые действия на море. С. 112.

[419] Советско-финляндская война 1939–1940: Боевые действия на море. С. 110; Советско-финляндская война 1939–1940. Т. II. С. 136–137; Петров П.В.

с вероятными силами противника состава не имела ни одна наша флотилия времен гражданской войны»[420]. Запросы, направляемые в штаб флота, в большинстве случаев во внимание не принимались[421].

Как считает Олег Викторович Козлов, командование КБФ по отношению к Ладожской военной флотилии регулярно «занимало позицию стороннего наблюдателя»[422]. По мобилизационному плану ЛФВ должна была получить подводную лодку типа М, но не получила[423]. Командование флотилии ходатайствовало о предоставлении большего количества кораблей (в том числе и канонерских лодок) и о том, чтобы ввести в действие мобилизационный план, но получало отказ[424]. 89-я отдельная зенитная и 101-я стационарная батареи не подчинялись ЛВФ вплоть до начала войны — штаб КБФ забыл сообщить этим подразделениям, что они включены в состав флотилии[425]. Вероятно, данные обстоятельства объясняются неясностью перспектив формировавшегося соединения. По словам Трайнина, до самого начала войны «не было твердо решено, что флотилия должна существовать и действовать». Поэтому до 29 ноября «нерешительные шаги по подготовке к боевым действиям чередовались с гораздо более решительными мерами по подготовке к зимовке». Часть кораблей была отправлена зимовать в Ленинград (но они не смогли пробиться туда из-за льда). Подразделения, присланные для участия в десантной операции, вернулись к местам прежней службы[426]. Отдельные корабли начали вооружать только 29 ноября (т. е. буквально в последний день)[427]. Некоторые метания

«Зимняя война». С. 283; Петров П. В. Боевые действия Ладожской военной флотилии. С. 20.

[420] ЦГАИПД СПб. Ф. Р-24. Оп. 2б. Д. 633. Л. 4.

[421] Козлов О. В. Ладожские моряки в период Великой Отечественной войны. С. 20.

[422] Там же.

[423] ЦГАИПД СПб. Ф. Р-24. Оп. 2б. Д. 633. Л. 4, 10.

[424] Там же. Л. 10.

[425] Козлов О. В. Ладожские моряки в период Великой Отечественной войны. С. 21.

[426] РГА ВМФ. Ф. Р-92. Оп. 2. Д. 588. Л. 111.

[427] ЦГАИПД СПб. Ф. Р-24. Оп. 2б. Д. 633. Л. 5.

наблюдались и в вопросе о назначении командования флотилии. 11 октября капитан 1-го ранга Трайнин был назначен начальником штаба ЛВФ, 18 октября его откомандировали — и снова отправили его в штаб ЛВФ только 3 ноября[428]. Вся эта неопределенность вполне понятна: войну планировалось закончить задолго до весны, на носу была зима, а на скованном льдом озере флотилия была бы бесполезна.

Вдобавок к этому техническое состояние кораблей оставляло желать лучшего[429], а личный состав был неопытен и не сколочен, в значительной мере — призван из запаса[430].

В подписанном Трайниным в конце февраля 1940 г. отчете о боевой деятельности ЛВФ с 1 декабря по 1 февраля говорилось:

«Исправная радиостанция имелась только на "Москве", причем она могла поддерживать связь только со Шлиссельбургом, но не с другими кораблями. На "Ораниенбауме" радиостанция была настроена для связи со 142 сд (стрелковая дивизия. — *М.Т.*), да и то неудачно: связь с дивизией так и не была установлена.

На катерах рации были исправны, но "Москва" с ними связываться не могла, т[ак] к[ак] не совпадал диапазон волн.

---

[428] РГА ВМФ. Ф. Р-92. Оп. 2. Д. 588. Л. 113.

[429] См.: ЦГАИПД СПб. Ф. Р-24. Оп. 2б. Д. 633. Л. 7–8; Советско-финляндская война 1939–1940: Боевые действия на море. С. 110–111; Советско-финляндская война 1939–1940. Т. II. С. 137; Петров П. В. «Зимняя война». С. 283–284; Петров П. В. Боевые действия Ладожской военной флотилии. С. 20.

[430] По словам Кобыльских из письма Жданову, в начале войны на флотилии было 80 % запасных (ЦГАИПД СПб. Ф. Р-24. Оп. 2б. Д. 633. Л. 6). Козлов пишет, что в некоторых частях количество призванных из запаса достигало 20–45 %, но дивизион тральщиков состоял из запасников на 100 % (Козлов О. В. Ладожские моряки в период Великой Отечественной войны. С. 21–22; Козлов О. В. Политотдел Ладожской военной флотилии в период советско-финляндской войны 1939–1940 гг. (по материалам Центрального военно-морского архива) // Известия Российского государственного педагогического университета им. А. И. Герцена. 2012. № 146. С. 22). По данным Петрова, кадровый состав имелся только на «Ораниенбауме» и на сторожевых катерах, экипажи тральщиков и сторожевых кораблей полностью укомплектовали запасниками (Советско-финляндская война 1939–1940. Т. II. С. 137; Петров П. В. «Зимняя война». С. 284; Петров П. В. Боевые действия Ладожской военной флотилии. С. 20).

Очень плохо обстояло дело с навигационным оборудованием кораблей. Ни на одном не было лагов. На тральщиках типа "Ижорец" и на КЛ "Ораниенбаум" прокладку возможно было вести только в кают-компании[431].

Компасы — ненадежные: у многих — не была уничтожена девиация после установки орудий. Все это плюс слабая штурманская подготовка личного состава делали плавание в незнакомых водах, изобилующих неогражденными опасностями, в почти непрерывной темноте, в шторма и туманы совершенно необеспеченным. Самые корабли были малопригодны для плавания в тяжелых зимних условиях в бурном Ладожском озере.

Плоскодонные "Москва" и "Видлица" плохо выносили качку, особенно бортовую. "Видлица" во время шторма 8 декабря, приняв на повороте фальшбортом воду, получила опасный крен, долго не могла встать и уже подняла сигнал о бедствии.

Якорные устройства и самые якоря на большинстве кораблей оказались неудовлетворительные: якоря слишком легкие, брашпили — ручные или паровые, но слабые.

В штормовые ночи малые тральщики ("Ижорцы") были вынуждены держаться на ходу, т[ак] к[ак] якоря держали плохо, а перекладка их требовала столько времени, что дрейфующим кораблям грозила посадка на камни (что и случилось, например, с "ТЩ-37").

Механизмы кораблей были изношены. На "Москве" и "Видлице" вскоре после выхода отказали питательные коробки котлов и инжектора. У многих была течь.

Артиллерийское вооружение почти всех кораблей (кроме канлодки "О" и катеров "МО") состояло из одной пушки, установленной на носу.

Таким образом, на кормовых курсовых углах стрелять было нечем, и маневр отряда в случае боя с кораблями противника был бы крайне силен»[432].

---

[431] Это место становится понятнее благодаря письму Кобыльских на имя Жданова от 30 ноября 1939 г. В других местах было просто «негде разложить карту» (ЦГАИПД СПб. Ф. Р-24. Оп. 2б. Д. 633. Л. 6).

[432] РГА ВМФ. Ф. Р-92. Оп. 2. Д. 588. Л. 111–112.

Чуть дальше в документе снова затрагивался вопрос организации связи:

«Сигнальщики в большинстве были призванные из запаса и вневойсковики, не знающие как следует ни семафора, ни флагов, ни азбуки Морзе. Непрерывная качка, неопытность сигнальщиков и плохая видимость приводили к тому, что надежно связаться можно было только с помощью мегафона. Потому почти всякое приказание приходилось отдавать, снявшись с якоря и обходя все корабли. Держать отряд в сборе было очень трудно и часто случалось, что при переходах, особенно в темное время, корабли расползались кто куда. Не лучше обстояло дело и с радистами»[433].

О мегафоне как о единственном надежном средстве связи писал в письме Жданову от 30 декабря и Кобыльских[434].

Конечно, при умелом применении корабли ЛВФ могли нанести финнам немалый урон. Однако большой роли в войне флотилия не сыграла.

До начала боевых действий, с 6 по 23 ноября флотилия перевозила по озеру подразделения 75-й стрелковой дивизии — из Шлиссельбурга в Олонку. Как отмечалось в докладе начальника штаба флотилии о ее боевой деятельности, «неудачный выбор пункта посадки, небывалое мелководье и штормовые погоды привели к тому, что только часть дивизии была переброшена озером, а остальная пошла по суше»[435].

3 декабря при обстреле финских позиций у Тайпале «Ораниенбаум» сел на мель[436]. Получили повреждения еще четыре корабля, сопровождавших канонерку. При попытке снять «Ораниенбаум» с банки тральщики ТЩ-37 и катер МО-211 повредили винты, тральщик ТЩ-31 получил течь, небольшая пробоина появилась у катера Р-415. На следующий день ТЩ-37 был выброшен

---

[433] РГА ВМФ. Ф. Р-92. Оп. 2. Д. 588. Л. 113.

[434] ЦГАИПД СПб. Ф. Р-92. Оп. 26. Д. 633. Л. 7–8.

[435] РГА ВМФ. Ф. Р-92. Оп. 2. Д. 589. Л. 2; также о перевозке частей Красной армии в ноябре см.: Там же. Д. 5.

[436] РГА ВМФ. Ф. Р-92. Оп. 2. Д. 588. Л. 117; Советско-финляндская война 1939–1940. Т. II. С. 142.

на камни, получил большую пробоину и затонул кормой. Его оставили на камнях, забрав команду и оружие[437]. «Ораниенбаум» сняли с мели только 15 декабря[438]. При этом, пока корабль сидел на банке, он выдержал несколько штормов, продолжал вести огонь по финнам (и даже был усилен снятым с ТЩ-37 45-мм зенитным орудием). Затем его сняли и стали ремонтировать. Снова в строй канлодка вернулась только 27 декабря[439]. С 30 декабря «Ораниенбаум» снова начал, как отмечалось в отчете о боевой деятельности ЛВФ с 1 декабря по 1 февраля, «осуществлять огневое содействие частям 3 ск (стрелковый корпус. — *М. Т.*)»[440].

В первые дни боевых действий и другим кораблям ЛВФ довелось обстреливать финнов и вести перестрелки с их артиллерией[441]. Однако затем озеро покрылось льдом. Из доклада начальника штаба ЛВФ о боевой деятельности флотилии на протяжении всей войны мы можем узнать, что уже к 1 января мощность льда достигла такой степени, что тральщики не могли передвигаться[442], а окончательно ледостав наступил 14–20 января[443]. Корабли встали в гавани Суанасаари. Там они 29 января отразили финский авианалет. Флотилия увеличивалась. 14 февраля Военный совет КБФ отдал приказ о пополнении ЛВФ новыми кораблями, двумя авиаэскадрильями и двумя береговыми отрядами сопровождения[444]. Самолеты ЛВФ атаковали финнов. Ладожские моряки на лыжах ходили по льду в разведку. Но корабли флотилии в 1940 г. активных действий уже не предпринимали. Так что неудивительно, что написанная Павлом Владимировичем Петровым для коллективного двухтомника «Советско-финляндская война» глава про ЛВФ получила название «Флотилия "на приколе"».

---

[437] РГА ВМФ. Ф. Р-92. Оп. 2. Д. 588. Л. 118.

[438] Там же. Л. 120; Советско-финляндская война 1939–1940. Т. II. С. 143.

[439] Советско-финляндская война 1939–1940. Т. II. С. 143.

[440] РГА ВМФ. Ф. Р-92. Оп. 2. Д. 588. Л. 121.

[441] См., например: Советско-финляндская война 1939–1940. Т. II. С. 144–146.

[442] РГА ВМФ. Ф. Р-92. Оп. 2. Д. 589. Л. 14.

[443] Там же. Л. 3.

[444] Там же. Д. 588. Л. 77–78.

* * *

Скрытая мобилизация РККА и ВМФ в сентябре — октябре 1939 г. проходила с задержкой и выявила отсутствие слаженности действий отдельных государственных структур. Явный недостаток координации в работе разных ведомств и региональных органов серьезно осложнил процессы перевода гражданской промышленности на военные рельсы. Параллельно с мобилизацией в сентябре — октябре начался переход гражданских предприятий к военному производству. Было решено ввести в действие мобилизационный план по производству боеприпасов. Эти мероприятия носили характер общего повышения обороноспособности СССР, были обусловлены началом войны в Европе и активизацией советской внешней политики. Шаги, связанные с подготовкой Ленинграда к войне именно против северо-западного соседа, осуществлялись в ноябре, буквально в последний момент. Кратковременностью и поспешностью также отличалось формирование «Финской народной армии» и Ладожской военной флотилии в октябре — ноябре (естественно, это отразилось на их боеготовности). Эта спешка была прямым следствием настроений высших политических и военных руководителей, которые исходили из неверного представления о скоротечности и безусловной победоносности войны.

Глава 2

Хозяйство региона во время войны

1. Работа транспортной системы

Ленинград был важнейшим хозяйственным центром. И, естественно, находясь вблизи фронта, город должен был сыграть важную роль в снабжении войск.

Для начала вспомним, что город на Неве был крупным транспортным центром. И значимость этой его функции во время войны серьезно возросла — из-за резко увеличившихся военных перевозок.

К началу боевых действий советские войска, сосредоточенные у границы, насчитывали 425 640 человек (24 расчетные дивизии)[1]. Но этих сил оказалось недостаточно, в действующую армию потекли подкрепления. Только в конце января — начале февраля 1940 г. Северо-Западный фронт примерно за 20–25 дней получил 12 новых дивизий и 6 артиллерийских полков. Они прибыли в основном из Московского, Киевского, Одесского, Уральского, Сибирского и Приволжского военных округов[2]. К 1 февраля против Финляндии действовали 40 дивизий, в которых служили 975 675 красноармейцев и командиров[3]. Войска требовалось пополнять бойцами, снабжать боеприпасами, топливом, одеждой, медикаментами, продовольствием и т. д. Обратно, с фронта, шел поток раненых. При этом через Ленинград снабжался не только действовавший на Карельском перешейке Северо-Западный фронт. Через город проходила значительная часть грузов, адресованных в так называемые «северные армии», воевавшие к северо-востоку и северу от Ладожского озера[4].

---

[1] Мельтюхов М. И. Упущенный шанс Сталина. С. 112.

[2] Зимняя война 1939–1940. Кн. 1. С. 304–305.

[3] Там же. С. 307.

[4] Первоначально против Финляндии действовали 7-я, 8-я, 9-я и 14-я армии. Они подчинялись командованию ЛВО. 9 декабря 1939 г. для общего

Как транспортная система региона приспосабливалась к резко выросшей нагрузке?

Основная тяжесть снабжения действующей армии легла на железные дороги. По словам наркома путей сообщения Кагановича, перевозки периода советско-финляндской войны были нелегкими[5].

Большая часть железнодорожных путей Ленинградской области находилась в ведении Октябрьской железной дороги. Кроме того, часть путей принадлежала Кировской дороге (она начиналась со станции «Рыбацкое»). Управления обеих располагались в Ленинграде[6]. На юго-западе железнодорожная сеть региона соединялась с Калининской железной дорогой. На востоке — с Северной. С севера в Ленобласть входила Кировская железная дорога. При этом она проходила через станцию «Волховстрой» — единственный пункт, где пути, которые вели в Карелию и Мурманскую область, смыкались с остальной железнодорожной системой страны.

Как отмечает Сергей Валерьевич Критский, решающее значение для работы Октябрьской дороги имел Ленинградский узел[7]. В горо-

---

руководства боевыми действиями была создана Ставка Главного командования Красной армии (РГВА. Ф. 37977. Оп. 1. Д. 233. Л. 8; Тайны и уроки зимней войны. С. 170). 25 декабря Ставка приказала сформировать 13-ю армию — из частей правого фланга действовавшей на Карельском перешейке 7-й армии (РГВА. Ф. 37977. Оп. 1. Д. 233. Л. 73–74; Тайны и уроки зимней войны. С. 215–216). 7 января 1940 г. был создан Северо-Западный фронт, объединивший 7-ю и 13-ю армии (РГВА. Ф. 37977. Оп. 1. Д. 233. Л. 105; Тайны и уроки зимней войны. С. 260). На северо-восточном берегу Ладожского озера действовала 8-я армия, севернее — 9-я и 14-я. 11 февраля был издан приказ о создании 15-й армии — на базе южной группы 8-й (РГВА. Ф. 37977. Оп. 1. Д. 233. Л. 197–198; Тайны и уроки зимней войны. С. 332–333). 8-я, 9-я, 14-я и 15-я армии напрямую подчинялись Ставке, в документах именовались «северными армиями» (Например: Филиал ЦАМО (ВМД). Ф. 1. Оп. 7401. Д. 8. Л. 52, 65; РГВА. Ф. 37977. Оп. 1. Д. 279. Л. 39, 52).

[5] Каганович Л. М. Памятные записки рабочего, коммуниста-большевика, профсоюзного, партийного и советско-государственного работника. М.: Вагриус, 2003. С. 486.

[6] Критский С. В. Развитие Ленинградского железнодорожного узла... С. 147.

[7] Критский С. В. История развития Петроградского (Ленинградского) железнодорожного узла... С. 160.

де на Неве находились важнейшие и крупнейшие станции региона. При этом в 1930-е гг. в узле не велось какого-то крупномасштабного железнодорожного строительства. Его развитие сводилось к относительно небольшим по масштабам работам по реконструкции уже существующей инфраструктуры, а иногда «к бессистемному переустройству отдельных частей лишь для удовлетворения текущих потребностей, без учета общей перспективы дальнейшего планомерного развития»[8]. Грузопоток в эти годы значительно увеличивался[9], но вместо планомерного развития узла происходило периодическое латание дыр[10].

Как говорилось в предыдущей главе, уже в сентябре 1939 г. Октябрьская и Кировская дороги перешли на воинский график, невоенные грузовые и пассажирские перевозки были сокращены[11]. 24 сентября Комитет обороны при СНК продлил воинский график на Калининской, Западной, Юго-Западной и Белорусской железных дорогах до 30 сентября, остальные дороги (в том числе и Октябрьская с Кировской) уже 24 сентября переходили на обычный график перевозок[12]. Позднее, во время войны, хоть военным перевозкам и уделяли особое внимание, специальный воинский график не вводили. Как отмечал в докладе для пленума ЦК ВКП(б) нарком обороны Ворошилов, в период боевых действий «железнодорожный транспорт не был отмобилизован, и воинские перевозки совершались по мирному графику»[13].

19 сентября, т. е. вскоре после начала БУС, начальник дорожно-транспортного отдела НКВД Октябрьской железной дороги

---

[8] Там же. С. 161.

[9] См.: Там же. С. 160.

[10] Там же. С. 180.

[11] ГА РФ. Ф. Р-5446. Оп. 1в. Д. 506. Л. 45–47; Ф. Р-8418. Оп. 23. Д. 214. Л. 1–2, 24–25.

[12] Мельтюхов М. И. 17 сентября 1939. С. 596.

[13] Уроки войны с Финляндией. Неопубликованный доклад наркома обороны СССР К. Е. Ворошилова на пленуме ЦК ВКП(б) 28 марта 1940 г. // Новая и новейшая история. 1993. № 4. С. 111; «Не представляли себе... всех трудностей, связанных с этой войной» // Военно-исторический журнал. 1993. № 5. С. 48–49; Тайны и уроки зимней войны. С. 435.

старший лейтенант госбезопасности Герасимов сообщал начальнику дороги Василию Дмитриевичу Богданову, что «за период воинских перевозок» выявился «ряд отрицательных моментов, показывающих, что дорога недостаточно подготовлена к работе по воинскому графику»[14]. Герасимов перечислил случаи опозданий и задержек поездов. Он указал, что иногда в состав эшелонов включали находившиеся в аварийном состоянии вагоны[15].

Вскоре воинский график отменили. Но в октябре Октябрьская дорога по-прежнему плохо справлялась с нагрузкой. Нарком путей сообщения прямо назвал ее работу безобразной. К 10 октября в Ленинградском железнодорожном узле скопилось 15 тыс. вагонов. При этом нормой руководство дороги считало цифру в 7 тыс.[16] О кризисной ситуации говорил и начальник дороги Богданов — на состоявшемся в тот же день совещании. По его словам, из-за излишка вагонов узел «начинает задыхаться»[17]. Важнейшей проблемой Богданов считал высокую аварийность: «Крушения и аварии, которые происходят на дороге, превратились буквально в бич. Только за сегодняшнюю ночь и утро было два крушения и предупреждено одно большое крушение»[18].

Критичность ситуации на железной дороге признавала газета Октябрьской дороги «Сталинец». В одной из ее передовиц указывалось: «Октябрьская не справляется сейчас с выполнением государственных заданий». Железнодорожники, говорилось в статье, постоянно задерживали разгрузку: «На дороге скопились тысячи вагонов местного груза, простаивающих на технических и товарных станциях десятки часов. Достаточно сказать, что изо дня в день дорога выгружает только немногим больше половины всего наличия вагонов, занятых местным грузом». Хуже всего, если верить публикации, работало Ленинград-Финляндское отделение: «Здесь ежедневно сотни вагонов с местным грузом остаются невыгруженными. Только 15 октября на отделении осталось 800 таких вагонов!

---

[14] ЦГА СПб. Ф. Р-2275. Оп. 9. Д. 2006. Л. 208.

[15] Там же. Л. 209–210.

[16] Там же. Д. 1869. Л. 11.

[17] Там же. Л. 13.

[18] Там же. Л. 12.

На Ленинград-Витебском отделении остались невыгруженными 400 вагонов местного груза, на Ленинград-Московском — 200, на Ленинград-Балтийском — 350 и т. д.»[19]. Газета также сообщала о низкой скорости движения: «Дело дошло до того, что на отдельных участках поезда идут в два раза медленнее, чем положено по норме»[20]. По данным «Сталинца», в ноябре Октябрьская дорога также не справлялась с нагрузкой и не выполняла план[21].

Начало боевых действий совпало с приходом зимы. Это обстоятельство породило дополнительные трудности. Во время первых снегопадов, в ноябре и в начале декабря, работники дистанций зачастую просто не справлялись с очисткой путей[22]. Еще в ноябре на некоторых станциях из-за первых заморозков вышли из строя путевые стрелки. «Сталинец» приводил случай: «Первые заморозки 8 ноября на ст. Навалочная вывели из строя 6 стрелок только потому, что их не перевели на зимнюю смазку»[23]. Затем начались сильные холода, приводившие к поломкам. Из-за них лопались вагонные рессоры[24]. Промерзшие прокладки вызывали сбои воздушных автотормозов. Возникли сложности со снабжением паровозов водой — мороз выводил из строя водокачки[25]. Пропускная способность железнодорожных путей снизилась[26]. Кировская дорога на участке Волховстрой — Лодейное Поле — Петрозаводск какое-то время вообще была парализована. Станислав Александрович Жуков пишет об этом: «Теперь для отправки эшелонов требовалось либо уменьшить их массу (сократить количество вагонов), либо использовать для перевозки два, а то и три паровоза. В связи с этим значительно возросла нагрузка на машинистов, время их беспрерывной работы, зачастую, превышало 24 часа. Возникли проблемы обеспечения паровозов водой

---

[19] Сталинец. 1939. 17 октября.

[20] Там же. 18 октября.

[21] См., например: Там же. 14, 21 ноября.

[22] Там же. 1939. 24 ноября; 1940. 27 февраля.

[23] Там же. 1939. 24 ноября.

[24] Степаков В. Н. «...Выполним обещание, данное любимым наркомом товарищем Кагановичем!» // Новый часовой. 2000. № 10. С. 372.

[25] Жуков С. А. Организация материального снабжения... С. 125.

[26] РГВА. Ф. 34980. Оп. 1. Д. 29. Л. 85.

(промерзание обеспечивающих водоемов до дна, выход из строя водокачек) и их технического обслуживания (из-за промерзших прокладок давала сбои воздушная система автотормоза)»[27].

С началом войны Октябрьской дороге пришлось выделить часть своих работников и ресурсы для ремонта и восстановления путей на только что занятой финской территории. Уже 30 ноября пришлось чинить взорванные пути около Белоострова, причем для этого привлекли местное население[28]. Корреспондент «Сталинца» С. Мукомель писал, что жители (включая стариков и детей) добровольно «двинулись на помощь Красной армии» и приняли «активное участие в восстановлении пути»[29]. Вслед за наступающими частями РККА следовали бригады военных и гражданских железнодорожников. Особенно большой объем работ требовалось выполнить на участке Куоккала — Терийоки — там взорвали несколько мостов, разрушили часть полотна, вывели из строя систему паровозного водоснабжения[30].

Еще одна трудность — многочисленные пробки, возникшие на путях, ведущих к фронту. Например, 3 декабря затор образовался на станции Токсово. Его не могли устранить два дня. Лишь потом эту пробку ликвидировали при помощи подъемного крана ремонтно-восстановительного поезда, переставлявшего вагоны с одного пути на другой[31]. Сложности возникли и с направлявшимися в Ленинград санитарными поездами. Они скапливались у единственного железнодорожного моста (Финляндского) и останавливались там на много часов[32]. В первых числах декабря на Финляндской дороге поезд мог за 12 часов проехать лишь 10 километров или и вовсе простоять все это время[33].

---

[27] Жуков С. А. Организация материального снабжения... С. 124–125.

[28] ЦГАИПД СПб. Ф. Р-24. Оп. 2. Д. 3629. Л. 52.

[29] Сталинец. 1939. 2 декабря.

[30] Степаков В. Н. «...Выполним обещание, данное любимым наркомом товарищем Кагановичем!» С. 371.

[31] ЦГАИПД СПб. Ф. Р-25. Оп. 10. Д. 294. Л. 13.

[32] Филиал ЦАМО (ВМД). Ф. 141. Оп. 7914. Д. 1. Л. 36; Журавлев Д. А. Влияние боевых действий на социально-экономическую обстановку в Ленинграде... С. 126.

[33] ЦГА СПб. Ф. Р-2275. Оп. 9. Д. 1869. Л. 99.

Главной причиной была недостаточная пропускная способность ряда направлений и станций Октябрьской дороги. В самых сложных условиях функционировал Ленинградский узел, располагавшийся в непосредственной близости от фронта. Сергей Валентинович Критский в своей диссертации констатирует недостаточные количество и длину путей на станциях Белоостровского и Васкеловского направлений, на станции Кушелевка, недостаток или даже отсутствие на них необходимой погрузочно-разгрузочной инфраструктуры. (При этом Белоостров и Кушелевка имели особую роль в снабжении фронта, они стали «распорядительным станциями» для 7-й, а затем и для 13-й армии, именно к ним шел основной подвоз грузов, частей и соединений, здесь их принимали и распределяли[34].)

Проблемой была и слабая железнодорожная связь между левым и правым берегами Невы. Как указано выше, через Неву существовал только один железнодорожный мост. Он в принципе был единственной точкой, где железные дороги Карельского перешейка соединялись с остальной железнодорожной сетью страны. При этом участок, на котором располагался мост (однопутный перегон Глухоозерская — Дача Долгорукова), обеспечивал пропуск не более чем 36 пар поездов в сутки. В сложившихся условиях этого было мало[35].

Вдобавок в Ленинградском узле отсутствовали некоторые соединительные ветки, в результате требовалось проводить дополнительные маневровые работы по переформированию отдельных составов, что затрудняло работу станций[36].

И при этом нагрузка на железные дороги с началом войны резко выросла. Об этом свидетельствуют данные о работе ремонтно-восстановительных поездов Октябрьской дороги. В августе они сделали 49 выездов для ликвидации последствий крушений, аварий и брака. В сентябре — тоже 49, в октябре — 46, в ноябре — 52,

---

[34] Критский С.В. История развития Петроградского (Ленинградского) железнодорожного узла... С. 216.

[35] Там же.

[36] Там же. С. 216–217.

а в декабре — уже 82[37]. Затянувшиеся боевые действия требовали значительных ресурсов, это вызвало резкое увеличение грузопотока на Октябрьской и Кировской дорогах. Более пятой части всех эксплуатировавшихся в стране вагонов оказались заняты на перевозках в северо-западном направлении[38]. В архивном фонде Ленсовета хранятся телеграммы с просьбами прислать вагоны из Ростовской области и с Ташкентской железной дороги[39]. В городе скапливалось все больше вагонов. Во-первых, не успевали разгружать поезда, предназначенные для Ленинграда. Во-вторых, сказывалась низкая пропускная способность Кировской дороги. Грузы, адресованные северным армиям, приходили в Ленинград быстрее, чем их отправляли в Карелию. Объем перевозок на северо-западном направлении резко увеличился (за весь 1940 г. по сравнению с предыдущим годом — вдвое[40]), при этом в целом по стране произошло их уменьшение. За декабрь 1939 — февраль 1940 г. железные дороги СССР перевезли грузов на 10 % меньше, чем за тот же период 1938–1939 гг. Как признавала советская историография, «это было беспрецедентное сокращение железнодорожных перевозок»[41].

Поначалу с возникающими трудностями пытались справиться с помощью активизации работы существующих управленческих структур. По распоряжению начальника Октябрьской Богданова начиная с 22 декабря регулярно по четыре раза в сутки проводились «краткие совещания о работе дороги» — в 10, 15, 22 часа, в 2:30 ночи. На них должны были присутствовать начальники дорожных служб[42]. 23 декабря Богданов издал распоряжение о «разгрузке» станции Навалочная, которая со второй половины ноября

---

[37] Подсчитано по: ЦГА СПб. Ф. Р-2275. Оп. 9. Д. 1876.

[38] Социалистическое народное хозяйство СССР в 1933–1940 гг. М.: Изд-во АН СССР, 1963. С. 517.

[39] ЦГА СПб. Ф. Р-7384. Оп. 17. Д. 57. Л. 10, 44.

[40] История железнодорожного транспорта России и Советского Союза. Т. 2. 1917–1945 гг. СПб.: [б. и.], 1997. С. 313–314; Бочков Е. А. Вооруженные конфликты и локальные войны... С. 122; Бочков Е. А. Транспортное обеспечение Красной Армии... С. 143.

[41] Социалистическое народное хозяйство СССР в 1933–1940 гг. С. 517.

[42] ЦГА СПб. Ф. Р-2275. Оп. 9. Д. 1867. Л. 209.

не справлялась с потоком эшелонов и была забита составами, иногда — до 1100–1200 вагонов. Не удавалось вывезти порожняк. Богданов потребовал выправить работу станции за 3 дня, однако не указал, как именно это сделать[43]. Естественно, в указанный срок добиться порядка не удалось.

На протяжении всей войны руководители страны, города и железных дорог пытались разрешить проблемы, связанные с организацией грузоперевозок. Работе Октябрьской и Кировской дорог, Ленинградского железнодорожного узла посвящен ряд постановлений Политбюро ЦК ВКП(б), Совнаркома СССР, Экономсовета и Комитета обороны.

22 декабря 1939 г. Политбюро приняло постановление, один из пунктов которого гласил: «Разрешить тов. Кагановичу Л. М. выезд на Кировскую и Октябрьскую железные дороги»[44]. По-видимому, нарком путей сообщения должен был подробно изучить обстановку на местах. Он посетил Ленинград, Петрозаводск, прифронтовые станции[45]. Вслед за этим началось формирование новых управленческих структур. 30 декабря Каганович отдал приказ о введении должности уполномоченного наркома путей сообщения по Ленинградскому военному округу. На этот пост назначили члена коллегии и начальника военного отдела НКПС Ивана Владимировича Ковалева. В его обязанности вошли руководство воинскими перевозками в районе боевых действий, координация работы Кировской и Октябрьской дорог и военного командования. Ковалеву подчинялись 30 сотрудников[46].

Центральная власть пыталась сократить поток перевозок в сторону Ленинграда. Гражданские хозяйственные перевозки на Октябрьской и Кировской дорогах были уменьшены уже в сентябре[47]. 28 декабря Политбюро решило еще снизить пассажирское движение на Октябрьской. Одновременно другие железные дороги должны были сократить отправку коммерческих грузов на Октябрьскую

---

[43] Там же. Л. 210.

[44] РГАСПИ. Ф. 17. Оп. 162. Д. 26. Л. 153.

[45] Каганович Л. М. Памятные записки... С. 486.

[46] ЦГА СПб. Ф. Р-2275. Оп. 9. Д. 2006. Л. 17.

[47] ГА РФ. Ф. Р-8418. Оп. 23. Д. 214. Л. 1.

и Кировскую[48]. В тот же день соответствующее постановление принял Совнарком[49].

Требовалось отрегулировать и взаимодействие гражданских путейцев с военными. Несогласованность в работе железных дорог и органов военных сообщений (ВОСО) вела к тому, что военные эшелоны отправлялись не по назначению, военные грузы несвоевременно переадресовывались (вагоны пропускались в пункты назначения, а затем, неразгруженные, возвращались назад)[50].

31 декабря Политбюро утвердило постановление, предложенное Кагановичем. Речь шла о «военной дороге» — железнодорожных путях, расположенных на занятой советскими войсками территории Карельского перешейка и находившихся в подчинении Ленинградского военного округа. Работникам НКПС и ЛВО предписывалось организовать быструю разгрузку поездов на «военной дороге» и возвращение пустых цистерн из-под топлива на Октябрьскую дорогу. Военным властям следовало устроить хранилища горючего, уложить дополнительные пути. От путейцев требовалось создать у границы на Карельском перешейке несколько перевалочных баз для грузов, адресованных на «военную дорогу». На каждый выгрузочный пункт на ней должен был отправиться специальный комиссар (для организации ускоренной работы). От военного руководства требовалось способствовать скорейшей разгрузке поездов. НКПС и руководителям названных двух дорог приказывалось в первую очередь продвигать грузы по заявкам Ленинградского округа и Управления военных сообщений[51]. Это было первое за период войны постановление Политбюро, регулировавшее сотрудничество наркоматов обороны и путей сообщения. По-видимому, за месяц между железнодорожниками и военными возникло немало трений и спорных вопросов.

Следующий директивный документ, посвященный сотрудничеству НКО и НКПС, датирован 5 января 1940 г. В этот день Экономсовет при СНК принял постановление «Об упорядочении погрузки

---

[48] РГАСПИ. Ф. 17. Оп. 3. Д. 1018. Л. 11.

[49] ГА РФ. Ф. Р-5446. Оп. 1в. Д. 509. Л. 201–202.

[50] Критский С.В. Развитие Ленинградского железнодорожного узла… С. 148.

[51] РГАСПИ. Ф. 17. Оп. 162. Д. 26. Л. 162–163.

грузов, назначенных на Октябрьскую, Кировскую и Северную дороги». В целях межведомственной координации от наркомата обороны требовали заранее (для оперативных грузов — за три дня, для остальных — за пять) предъявлять план своих перевозок в наркомат путей сообщения[52].

Таким образом, в декабре — январе постановления Политбюро и Экономсовета определили порядок взаимодействия разных ведомств в отношении регулирования железнодорожных потоков. Затем появилось несколько документов, оговаривавших соотношение армейских и гражданских грузов в этих перевозках. 16 января было принято совместное постановление ЦК и СНК, установившее объем военных и народнохозяйственных грузов для Октябрьской и Кировской дорог до конца месяца. Кроме того, этот документ требовал быстрее производить разгрузку и увеличить количество пунктов выгрузки (в том числе — в Ленинграде, там же для военных должны были выделить новые склады)[53]. В последующем объем воинских грузов для Октябрьской и Кировской дорог определял Комитет обороны при СНК (постановления от 2 февраля и 9 марта)[54].

Менялась организация структур управления транспортом и в самом Ленинграде. Прежде всего это относится к Ленинградскому железнодорожному узлу, на который приходилось три четверти всей работы Октябрьской дороги по погрузке и разгрузке[55]. 1 января 1940 г. начальник дороги Богданов издал приказ «О работе Ленинградского узла». Для руководства этим железнодорожным узлом создавалось специальное управление. Учреждался пост начальника узла (он также был заместителем начальника дороги). Ему подчинялся аппарат из нескольких секторов и групп, которые планировали работу отделений дороги и контролировали выполнение плановых заданий[56].

Однако управление узла не оправдало возлагавшихся на него надежд. 21 февраля передовица «Сталинца» констатировала:

---

[52] ЦГА СПб. Ф. Р-2275. Оп. 9. Д. 2006. Л. 205.

[53] РГАСПИ. Ф. 17. Оп. 162. Д. 26. Л. 172–173; ГА РФ. Ф. Р-5446. Оп. 1в. Д. 523. Л. 14–16.

[54] РГА ВМФ. Ф. Р-1678. Оп. 4. Д. 30. Л. 7, 89.

[55] Сталинец. 1940. 21 февраля.

[56] Там же. 6 января.

«Прошло более полутора месяцев со дня реорганизации. Но, тем не менее, в Ленинградском узле нет никаких перемен. Этот решающий участок по-прежнему является узким местом, продолжает лимитировать работу дороги». Отмечалось бессилие нового учреждения: «К безобразиям, творящимся на станциях, в управлении узла относятся безучастно. Здесь все еще "перестраиваются", хлопотливо переставляют столы и объясняют положение в узле тем, что "люди привыкли работать по старинке". Эта "старинка" — бич всей работы Ленинградского узла. По "старинке" люди не выполняют команды узла, по "старинке" люди делают что хотят, не считаясь с интересами дороги, а руководители узла и, в частности, помощник начальника узла по политчасти т. Семенов, не дают отпора этим "настроениям"... До сих пор на отделениях и на станциях идут ничем не обоснованные разговоры о том, что Ленинградский узел ни за что не отвечает, что он не имеет измерителей»[57].

Новые управленческие структуры создавались и для отдельных частных задач. 8 января Богданов распорядился сформировать на станциях Белоостров и Васкелово специальные бюро «для учета перехода вагонов, грузов и перевозочных приспособлений между Октябрьской ж. д. и Финляндской ж. д.»[58].

В целом административные преобразования приносили немного пользы. Главной проблемой была не структура управления, а наплыв огромного количества подвижного состава.

Вагоны никак не удавалось разгружать в соответствии с графиком. Уже 10 декабря на совещании руководства Октябрьской констатировали, что, как правило, вагоны несвоевременно подаются на выгрузку. Не хватало грузчиков и техники. В распоряжении Ленинградского узла было мало грузчиков, а клиенты дороги (например, военные) их не предоставляли. На Варшавской товарной станции для бесперебойной работы требовалось 100 человек и 20 автомашин, а имелось всего 20 человек и 5 машин[59].

---

[57] Сталинец. 1940. 21 февраля.

[58] ЦГА СПб. Ф. Р-2275. Оп. 9. Д. 2004. Л. 2.

[59] Там же. Д. 1869. Л. 96.

На страницах «Сталинца» можно найти многочисленные сообщения о станциях, переполненных вагонами. Так, 26 декабря это издание сообщало: «Пути в парках станции Ленинград-Сортировочная-Московская забиты вагонами. Станция в глубоком прорыве. Не выполняются основные измерители, завышен транзитный простой, срывается график отправления поездов, медленно продвигается местный груз под выгрузку в Ленинградский узел»[60]. На следующий день в газете можно было прочесть: «Решающая станция узла — Ленинград-Сортировочная-Московская в течение нескольких месяцев находится в прорыве. Не лучше положение и на других станциях: Предпортовая, Навалочная, Кушелевка. Парки этих станций превратились в отстойники вагонов. По ст. Навалочная, например, отдельные группы вагонов стоят без движения в ожидании подачи к точкам выгрузки по несколько суток. Не только отдельные группы вагонов, но и готовые составы десятки часов ожидают отправки»[61]. Такой же ситуация оставалась и в январе: «Станция Предпортовая, имея суточный план выгрузки больше чем в 200 вагонов, 31 декабря разгрузила всего 11 вагонов, 1 января — 4 вагона, 2 января — ни одного вагона»[62].

Партийное руководство искало средства ускорить разгрузку прибывающих эшелонов. 6 января 1940 г. бюро горкома приняло решение «Об усилении разгрузочных работ в Ленинградском железнодорожном узле». Вагоны должны были разгружаться силами предприятий, которым предназначались грузы. Специально для разгрузочных работ требовалось в трехдневный срок выделить три тысячи рабочих сроком на полтора-два месяца. Контроль над выполнением партийной директивы возлагался на заместителя председателя Ленгорисполкома Бориса Михайловича Мотылёва. В его распоряжение передавалось «не менее 30 человек ответственных работников». Заводские парторганизации также должны были контролировать разгрузку и привлекать виновных в простоях к партийной ответственности. Городскому прокурору Николаю Федоровичу

---

[60] Сталинец. 1939. 26 декабря.
[61] Там же. 27 декабря.
[62] Сталинец. 1940. 4 января.

Попову поручалось «быстро расследовать дела и привлекать к строгой судебной ответственности хозяйственных руководителей, допускающих простой вагонов под выгрузкой и не вывозящих грузы с места выгрузки»[63].

28 января появляется постановление с похожим названием: «О разгрузке Ленинградского узла». Его принял Экономсовет при СНК (после предварительного утверждения в Политбюро). Этот документ требовал от Ленорисполкома «организовать своевременный вывоз грузов со станций узла». Предлагалось мобилизовать в автохозяйствах города 300 грузовиков с водителями (на два месяца). Наркомат химической промышленности должен был выделить им 1200 комплектов бензина, а наркомат нефтепромышленности — 700 тонн бензина. Помимо автомашин, исполкому предлагалось использовать трамваи[64]. В тот же день Политбюро утвердило проект постановления ЦК ВКП(б) и СНК СССР «О мероприятиях по железнодорожному транспорту»[65]. Один из пунктов был посвящен рабочей силе. От наркомов и директоров предприятий требовалось «принять немедленно практические меры по организации погрузки и выгрузки, сокращению простоев вагонов на путях промышленного транспорта, для чего до 5 февраля полностью укомплектовать штат рабочих заводов на погрузочно-выгрузочных работах». При недостатке рабочих рук разрешалось использовать работников других предприятий, которые не имели отношения к получаемым и отправляемым грузам[66]. По данным, прозвучавшим в апреле 1940 г. на объединенной городской и областной партийной конференции, всего во время войны горком, облисполком и горсовет мобилизовали для разгрузки вагонов в Ленинградском узле более 7 тыс. рабочих, для вывоза

---

[63] Подробнее см.: ЦГАИПД СПб. Ф. Р-25. Оп. 2. Д. 2542. Л. 2–3.

[64] РГАСПИ. Ф. 17. Оп. 3. Д. 1019. Л. 93–94; ГА РФ. Ф. Р-5446. Оп. 1в. Д. 512. Л. 43–44; Ф. Р-6757. Оп. 2. Д. 23. Л. 8 — 8 об.; РГАЭ. Ф. Р-4372. Оп. 38. Д. 2. Л. 140 — 140 об.

[65] РГАСПИ. Ф. 17. Оп. 3. Д. 1019. Л. 87–89; ГА РФ. Ф. Р-5446. Оп. 1в. Д. 512. Л. 36–39.

[66] РГАСПИ. Ф. 17. Оп. 3. Д. 1019. Л. 88; ГА РФ. Ф. Р-5446. Оп. 1в. Д. 512. Л. 37–38.

груза со станций привлекли 200 машин[67]. Как видим, на выгрузку железнодорожных составов были направлены значительные ресурсы.

Власти пытались использовать материальные стимулы. В решении бюро горкома от 6 января предлагалось установить «премиально-прогрессивную оплату труда» для ответственных за разгрузку вагонов представителей предприятий[68]. Согласно постановлению Экономсовета от 26 февраля, для ускорения продвижения поездов разрешалось «как временную меру» ввести в феврале — апреле «премирование работников железнодорожного транспорта на затрудненных участках за перевыполнение установленных норм отправления и приемки поездов»[69].

На страницах «Сталинца» 18 декабря появилось объявление о конкурсе «на составление графика передаточных поездов в Ленинградском узле». Право участия предоставлялось «всем железнодорожникам или группам (2–3 чел.), знакомым с работой Ленинградского узла, а также преподавателям ЛИИЖТа и железнодорожных техникумов». Проекты принимались до 2 января. График должен был быть «максимальным по пропускной способности для Южного, Северного полукольца и Финляндской соединительной ветви», а «рабочий парк паровозов... должен быть минимальным и оборот их тесно увязан с графиком». Победителям обещали премии: за лучший проект — 1 тыс. руб., за «непринятые жюри, но одобренные графики» — 200 руб.[70] О поступивших предложениях и результатах, к сожалению, сказать ничего не могу. Публикаций об итогах конкурса в газете не появилось, а среди изученных архивных документов упоминаний о нем мне не попадалось.

Не забывались и меры репрессивного характера. 6 января бюро горкома поручило прокуратуре привлекать «к строгой судебной ответственности» хозяйственных руководителей, допускавших простои вагонов[71]. Постановление ЦК и СНК от 28 января требовало

---

[67] ЦГАИПД СПб. Ф. Р-24. Оп. 2. Д. 3629. Л. 53.

[68] ЦГАИПД СПб. Ф. Р-25. Оп. 2. Д. 2542. Л. 2.

[69] РГАЭ. Ф. Р-4372. Оп. 38. Д. 17. Л. 225.

[70] Сталинец. 1939. 18 декабря.

[71] ЦГАИПД СПб. Ф. Р-25. Оп. 2. Д. 2542. Л. 2.

от прокурора СССР дать указание «областным и транспортным прокурорам о срочном расследовании всех фактов систематической задержки вагонов железнодорожного транспорта на подъездных путях промышленности и о привлечении виновных в этом руководителей предприятий к уголовной ответственности»[72]. Начальник Октябрьской железной дороги Богданов был снят со своего поста. По решению Политбюро от 13 февраля его заменил Борис Павлович Бещев (до этого руководил Орджоникидзевской железной дорогой)[73].

Но разрешить проблему перегруженности Ленинграда подвижным составом не удавалось. Управленческие реорганизации, мобилизация людей и техники на разгрузку, материальные стимулы и угрозы были паллиативами. Чтобы справиться с заторами, требовалось увеличить пропускную способность железнодорожных путей региона.

Так, «пробки» в начале войны постоянно возникали у единственного железнодорожного моста через Неву. Уже 10 декабря на совещании руководства Октябрьской дороги прозвучало предложение ликвидировать это «узкое место», пустив поезда по Володарскому мосту[74]. Но только 31 декабря Президиум Ленинградского совета разрешил Управлению Октябрьской дороги использовать трамвайный путь на Володарском мосту. Железнодорожники могли использовать его в течение короткого времени: ночью с часу до пяти и днем с десяти до четырнадцати[75]. Кроме того, железнодорожные грузы перебрасывались и по трамвайным путям Литейного моста (одновременно — до 20 вагонов легкого типа)[76]. По Финляндскому железнодорожному мосту стали, как правило, пускать только составы с тяжелой техникой, санитарные поезда, специальные формирования и снабженческие грузы, а войска выгружались еще на подступах к Ленинграду, после чего маршем следовали

---

[72] РГАСПИ. Ф. 17. Оп. 3. Д. 1019. Л. 88; ГА РФ. Ф. Р-5446. Оп. 1в. Д. 512. Л. 38.

[73] РГАСПИ. Ф. 17. Оп. 3. Д. 1019. Л. 42.

[74] ЦГА СПб. Ф. Р-2275. Оп. 9. Д. 1869. Л. 100.

[75] ЦГА СПб. Ф. Р-2275. Оп. 9. Д. 2006. Л. 33; Ф. Р-7384. Оп. 36. Д. 16. Л. 81.

[76] Критский С.В. Развитие Ленинградского железнодорожного узла... С. 148.

на Карельский перешеек. Большинство гражданских грузов, которые шли в адрес Ленинград-Финляндского отделения Октябрьской дороги, стали переадресовывать, чтобы разгрузить их на станциях других отделений[77].

Сложным вопросом было снабжение северных армий. Слабым звеном железнодорожной сети оказалась Кировская дорога[78]. Самым «узким местом» была станция Волховстрой. Из Ленинграда (с запада), Чудова (с юга) и Вологды (с Востока) в Волховстрой за день прибывало значительно больше поездов, чем удавалось отправить в Карелию (на север)[79]. Каждый день на станции требовалось обработать 1–1,5 тыс. вагонов. Справиться с задачей не удавалось — это было просто технически невозможно. В отдельные дни в Волховстрое скапливалось до 900 вагонов с военными грузами[80]. В результате 8-я, 9-я и 14-я армии часто получали минимальное количество припасов. Отчет о работе тыла ВВС ЛВО за время войны сообщал: «Чрезвычайная перегруженность Кировской железной дороги к концу первого месяца войны поставила под угрозу срыва снабжение частей ВВС Северных Армий»[81]. 19 января 1940 г. начальник снабжения Красной армии Андрей Васильевич Хрулёв докладывал Ворошилову: «...в 9 армии запасы крупы, муки, сена, жиров равны 5–7 дням»[82]. 31 января начальник ВВС РККА Яков

---

[77] Критский С. В. История развития Петроградского (Ленинградского) железнодорожного узла... С. 217.

[78] См.: Бочков Е. А. Вооруженные конфликты и локальные войны... С. 123–124; Бочков Е. А. Транспортное обеспечение Красной армии... С. 144–145; Жуков С. А. Организация материального снабжения... С. 38–39, 65; Жуков С. А. Готовился ли СССР к советско-финляндской войне 1939–1940 гг.? // Клио. 2014. № 12. С. 144–145; Жуков С. А., Колесник М. И. Состояние экономики Северо-Запада СССР перед советско-финляндской войной... С. 37–38.

[79] См.: История железнодорожного транспорта России и Советского Союза. Т. 2. С. 314; Назаров В. Н. Железнодорожный транспорт и условия воинских железнодорожных перевозок на Северо-Западный (Финляндский) фронт (1939–1940) // Вестник РГГУ. Сер. Литературоведение. Языкознание. Культурология. 2017. № 1. С. 76–77.

[80] Бочков Е. А. Транспортное обеспечение Красной Армии... С. 149.

[81] РГВА. Ф. 37977. Оп. 1. Д. 279. Л. 52.

[82] РГВА. Ф. 34980. Оп. 1. Д. 29. Л. 120.

Владимирович Смушкевич доносил Ворошилову о «крайне медленном продвижении транспортов по Кировской жел[езной] дороге…» В результате в северных армиях складывалось «крайне тяжелое» положение с авиационным горючим. Топливо для самолетов имелось на складах в районе Ленинграда, но его доставка была «крайне затруднена»[83]. 2 февраля командующий 8-й армией Григорий Михайлович Штерн и начальник Управления снабжения горючим Красной армии Петр Васильевич Котов сообщали наркому Ворошилову и начальнику Генштаба Борису Михайловичу Шапошникову: «Положение со снабжением горючими материалами исключительно в безобразном состоянии. Армия живет сегодняшним днем, не имея никакого запаса, что ставит в затруднительное положение подвоз и оперативные переброски. Заявка на январь месяц выполнена по бензинам на 40 %, по автолу (разновидность моторного масла. — *М. Т.*) на 12,4 %»[84]. С опозданием доставляли и другие грузы — продукты, теплую одежду[85]. Адмирал Кузнецов в середине января сообщал Сталину и Молотову, что снабжение Северного флота из-за железной дороги «находится под угрозой срыва»[86].

15 декабря Политбюро приняло решение построить железнодорожную линию, которая бы напрямую соединила Кировскую и Северную дороги[87]. 28 декабря Политбюро утвердило постановление «О мероприятиях по Кировской и Октябрьской жел[езной] дорогам». По предложению Кагановича на участке Волховстрой — Петрозаводск для увеличения пропускной способности создавались новые разъезды, прокладывались дополнительные пути. Наркомату путей сообщения разрешили проводить работы без проектов и смет (т. е. в авральном порядке, не дожидаясь составления планов). Путейцам должна была помочь армия: ЛВО выделял тысячу красноармейцев[88].

---

[83] РГВА. Ф. 34980. Оп. 1. Д. 29. Л. 2.

[84] Там же. Л. 33.

[85] Там же. Л. 85.

[86] РГА ВМФ. Ф. Р-1678. Оп. 1. Д. 162. Л. 26.

[87] РГАСПИ. Ф. 17. Оп. 3. Д. 1018. Л. 5.

[88] Там же. Л. 10–11; ГА РФ. Ф. Р-5446. Оп. 1в. Д. 509. Л. 201.

12 февраля началось строительство вторых путей на линии Волхов-строй — Лодейное Поле[89].

В начале 1940 г. в Ленинграде и его ближайших окрестностях развернулось активное железнодорожное строительство. По решениям Политбюро и Совнаркома от 5 февраля и приказу Кагановича от 7 февраля, в Ленинградском узле к 1 мая требовалось построить несколько новых соединительных веток: Шушары — Предпортовая, Купчинская — Ленинград-Сортировочная-Московский, Лигово — Предпортовая, Предпортовая — Шоссейная, Шоссейная — Средне-рогатский, Семрино — Новолисино, Новгородская линия — разъезд Стекольный, Тосно — Пустынка, Пустынка — Горы, Полюстрово — Ручьи. Создавалась линия Мга — Охта (38 километров, с мостом через Неву). На Финляндской стороне узла удлинялись пути, на станциях и участках на юге Ленинградской области (Дно, Вырица и другие) также увеличивалась длина путей, строились новые разъезды[90]. Кроме того, новые пути прокладывали к северу от Ленинграда (линия Ручьи — Парголово с промежуточной станцией Бугры)[91]. Только в феврале на создание вторых путей Кировской дороги и реконструкцию Ленинградского узла правительство выделило 250 млн руб.[92]

Работы продолжались и после окончания войны. В апреле 1940 г. на них было занято 9 тыс. ленинградцев и жителей области[93]. Если говорить о Ленинграде и его ближайших окрестностях, то тут было создано два «номерных» строительства: № 102 (работы в Ленинградском узле и на прилегающих направлениях) и № 103 (железная дорога Заневский Пост — Горы)[94].

---

[89] ЦГАИПД СПб. Ф. Р-24. Оп. 2в. Д. 4088. Л. 78.

[90] См.: РГАСПИ. Ф. 17. Оп. 3. Д. 1019. Л. 28–31; ГА РФ. Ф. Р-5446. Оп. 1в. Д. 512. Л. 95–98; ЦГА СПб. Ф. Р-2275. Оп. 9. Д. 2006. Л. 181–190; также о строительстве в Ленинградском узле в 1940–1941 гг. см.: Критский С. В. История развития Петроградского (Ленинградского) железнодорожного узла... С. 218–223; Критский С. В. Развитие Ленинградского железнодорожного узла... С. 149–150.

[91] Степаков В. Н. «...Выполним обещание, данное любимым наркомом товарищем Кагановичем!» С. 372.

[92] ЦГАИПД СПб. Ф. Р-24. Оп. 2. Д. 3626. Л. 35; Д. 3658. Л. 34–35.

[93] Там же. Д. 3626. Л. 36; Д. 3658. Л. 35.

[94] Критский С. В. История развития Петроградского (Ленинградского) железнодорожного узла... С. 218.

Не буду останавливаться на строительстве № 102 (интересующихся отсылаю к работам Сергея Валерьевича Критского). Но позволю себе обратить внимание читателя на строительство № 103.

Участок железной дороги Заневский Пост — Горы (длина 37,5 км) был сдан в эксплуатацию в июне 1940 г.[95] Таким образом, наконец появился второй железнодорожный мост через Неву, а кроме того — прямой выход с Кировской железной дороги на правобережную сторону Ленинградского узла в обход станции Ленинград-Сортировочная-Московский[96]. Строительством этого участка занимался Мостотрест НКПС. Соединение участка с уже существовавшей схемой было выполнено по «временной схеме», без сооружения путепроводных развязок. Нужно отметить, что линия Заневский Пост — Горы была сдана в эксплуатацию с серьезными недоделками. Мост через Неву разводился на понтонах ручным способом, с применением сложной системы лебедок и «мертвых якорей». И в результате, чтобы пропустить суда, движение поездом приходилось прерывать на 3,5 часа. Пропускная способность линии оказалась меньше заданной. Разведение моста нужно было механизировать. На разъездах Манушкино и Островки не закончили устройство путевого развития. На всем участке почти отсутствовали здания (к моменту сдачи были готовы только семафоры и стрелочные будки)[97].

Совсем рядом с городом, на правом берегу должна была появиться новая станция — Правобережная. Она должна была стать головной станцией правобережной части узла. Ее создание обсуждалось еще до войны, но теперь от проектов наконец перешли к строительству. «Однако, — отмечает Критский, — месторасположение новой станции было выбрано без подробных технико-экономических изысканий, фактически — волевым порядком (видимо, из-за срочности всего строительства); судя по всему, на первых порах не был даже однозначно определен ее статус — в различных документах того времени она называется то участковой, то сортировочной».

---

[95] Критский С. В. История развития Петроградского (Ленинградского) железнодорожного узла... С. 218.

[96] Там же. С. 218–219.

[97] Там же. С. 219.

Сооружения станции возводились на территории между Дачей Долгорукова и Заневским Постом (в районе нынешнего Ранжирного парка станции «Дача Долгорукова»). К лету 1941 г. объем выполненных работ был невелик, в период блокады Ленинграда построенную часть станции разобрали, после Великой Отечественной восстанавливать ее не стали[98].

В начале 1941 г. в Лентранспроекте закончили разработку «Основных положений на проектирование генеральной схемы Ленинградского железнодорожного узла», в которых предусматривались усиление транспортных связей с вошедшими в 1940 г. в состав Советского Союза Эстонией, Латвией, Литвой, южной частью Карело-Финской ССР, увязка с линиями на подступах к узлу, которые должны были вступить в строй через несколько лет (линия Новгород — Смоленск — к 1945 г.; линия Лодейное Поле — Коноша — к 1947-му) или подлежали реконструкции с укладкой вторых путей. Продолжению работ в этом направлении помешало начало Великой Отечественной[99].

Вскоре после войны были проведены и организационные изменения. В соответствии с постановлением Совнаркома от 18 апреля и приказом наркома путей сообщений от 22 мая Октябрьская дорога разукрупнялась, из ее состава была выделена Ленинградская дорога (в ее состав включили линии Витебского, Новгородского, Варшавского и Балтийского направлений), поменялись границы Кировской дороги (она стала граничить с Октябрьской в Волховстрое и на присоединенной к СССР территории — в Сортавале)[100].

Между тем армия требовала не только железнодорожных, но и автотранспортных перевозок. К тому же активное использование автомашин могло снизить нагрузку на железные дороги. В связи с трудностями в работе Кировской железной дороги и станции Волховстрой ленинградские руководители обратили внимание на ведущие в Карелию автомобильные трассы. Управление шоссейных дорог (УШОСДОР) УНКВД по Ленинградской области обследовало

---

[98] Там же. С. 220.

[99] Там же. С. 224.

[100] Критский С. В. Развитие Ленинградского железнодорожного узла... С. 151; Критский С. В. История развития Петроградского (Ленинградского) железнодорожного узла... С. 225.

трассу Ленинград — Лодейное Поле — граница с Карелией (протяженностью 273,99 км). По словам начальника УШОСДОРА Бухарева, состояние проезжей части было «в основном удовлетворительное» (кроме двухкилометрового участка у деревни Заостровье), однако ряд мостов не был рассчитан на большую нагрузку. «В целом по маршруту пропуск тяжелых танков невозможен. В особенно скверном состоянии находятся мосты через реку Ижору, Мгу у дер. Заостровье, требующие усиления». Кроме того, на зимнее время прекратили работу паромы через Волхов, Сясь, Пашу и Оять, а отправлять машины по еще слишком тонкому льду было нельзя. Поэтому, хотя УШОСДОР приступил к наращиванию льда на реках Сясь и Паша, движение транспорта по дороге Бухарев считал временно невозможным[101]. Поскольку фронт не мог ждать, 23 декабря бюро обкома приказало УШОСДОРу построить наплавной мост через реку Свирь, а после ледостава — обеспечить лежневую дорогу по льду. Также требовалось «произвести исправление» дороги Лодейное Поле — Олонец. Секретарь Лодейнопольского райкома партии Иванов должен был «обеспечить мобилизацию внутри района необходимых для устройства переправы материалов, рабочей силы и транспортных средств». Осуществление контроля над реализацией решения возлагалось на отправленного в Лодейнопольский район инструктора военного отдела обкома Сергеева[102]. Позднее от Волховстроя через Лодейное Поле и Олонец до Питкяранты была построена военно-автомобильная дорога[103]. Она начала функционировать 6 января[104]. У Лодейного Поля организовали переправу через Свирь[105].

---

[101] РГА ВМФ. Р-92. Оп. 2. Д. 588. Л. 49 — 49 об.

[102] ЦГАИПД СПб. Ф. Р-24. Оп. 2а. Д. 140. Л. 1.

[103] Бочков Е. А. Вооруженные конфликты и локальные войны... С. 132; Бочков Е. А. Транспортное обеспечение Красной Армии... С. 149; Жуков С. А. Организация материального снабжения... С. 129; Ленинградская область в годы Великой Отечественной войны 1941–1945 гг. (к 70-летию освобождения Ленинградской области от фашистской и финской оккупации). СПб.: ЛГУ, 2014. С. 26.

[104] Жуков С. А. Организация материального снабжения... С. 129.

[105] ЦГАИПД СПб. Ф. Р-24. Оп. 12. Д. 19. Л. 107.

Мобилизованной осенью техники не хватало для военных нужд. Немало автомобилей и тракторов, поступивших в армию накануне и во время войны, требовало ремонта[106]. Много машин выходило из строя (например, из-за мороза[107]). Из Ленинграда изымали все новые и новые автомобили. Их забирали «по требованию фронта уже сверх установленных лимитов» или привлекали «на временные перевозки для РККА». Руководители ряда предприятий противодействовали этим чрезвычайным мерам. Заводы то и дело срывали поставки машин и даже совсем отказывались выполнять их. Например, когда 15 декабря транспорт для временных перевозок потребовали у завода № 211, заместитель директора завода Петров отказался дать автомобили, заявив, что их у него нет («проверка на месте показала обратное» — отмечали в райвоенкомате). Военный комиссар Выборгского района жаловался: «Машины высылаются технически негодные», они «в пути на перевозках портятся»[108]. Как уже говорилось выше, план производства фабрикам и заводам никто не снижал. При этом, как сообщал тот же военком Выборгского района, «мобилизация части автотранспорта РККА создала значительные трудности с перевозками на предприятиях»[109]. Директора разных учреждений и производств, представители райисполкомов постоянно жаловались на нехватку машин[110]. Затруднения испытывали все предприятия города[111]. По данным автоуправления Ленгорсовета (АТУЛ), с сентября и до конца войны у этого учреждения забрали 573 машины — 49 % от находившихся на ходу (без учета санитарных автобусов)[112]. Всего на 22 марта 1940 г. разные управления, отделы и хозяйства Ленгорсовета передали армии 1379 грузовых машин (1289 — по плану, 81 — сверх плана), 490 легковых

---

[106] РГВА. Ф. 4. Оп. 14. Д. 2492. Л. 319; Ф. 34980. Оп. 1. Д. 33. Л. 11–13; Ф. 37977. Оп. 1. Д. 279. Л. 45; Зимняя война 1939–1940. Кн. 2. И. В. Сталин и финская кампания. С. 27.

[107] РГВА. Ф. 34980. Оп. 1. Д. 29. Л. 85–86.

[108] ЦГАИПД СПб. Ф. Р-2. Оп. 2. Д. 2143. Л. 15.

[109] Там же. Л. 16.

[110] См.: ЦГА СПб. Ф. Р-7179. Оп. 11. Д. 498. Л. 25, 34, 37, 42, 49, 53, 62–63.

[111] ЦГА СПб. Ф. Р-7384. Оп. 17. Д. 56. Л. 37.

[112] Там же. Оп. 4. Д. 35. Л. 314.

(457 — по плану, 33 — сверх), 158 автобусов с санооборудованием (34 — по плану, 124 — сверх), 12 машин скорой помощи (все по плану), 6 автоцистерн (все по плану), 11 тракторов (все по плану), 6 поливальных машин (1 — по плану, 5 — сверх) и 17 мотоциклов (7 — по плану, 10 — сверх)[113]. Забирали в армию и шоферов. С начала мобилизации в сентябре 1939 и до января 1940 г. из автопарка Автотранспортного управления Ленсовета в РККА призвали 1726 водителей. Для выполнения плана перевозок управлению требовалось 2389 шоферов, но в его распоряжении осталось всего 1285[114]. Гражданскому автотранспорту стали выделять меньше бензина[115]. Все это негативно сказывалось на состоянии городского и областного хозяйства.

В качестве конкретного примера можно взять ленинградское такси. В 1939 г. таксомоторный транспорт города насчитывал 540 автомашин[116]. Имелось три таксомоторных парка[117]. В ходе войны было мобилизовано 300 автомобилей. Раз число машин так сократилось, содержать три парка стало нерентабельно. Два ликвидировали. «Предположительно, — пишет современный исследователь, — тогда же свою работу прекратила действовавшая с 1936 года диспетчерская служба такси — заказать таксомотор по телефону стало невозможно»[118]. Из-за мобилизации шоферов в таксомоторном транспорте возник и дефицит кадров: «...для оставшихся шоферов такси сверхурочные часы работы на долгое время стали нормой. Следствием мобилизации в армию молодых

---

[113] ЦГА СПб. Ф. Р-7384. Оп. 4. Д. 36. Л. 54–55.

[114] Там же. Д. 35. Л. 74.

[115] ОР РНБ. Ф. 1015. Ед. хр. 55. Л. 89 об.; норму бензина для гражданского автотранспорта сократили еще в сентябре 1939 г. (РГА ВМФ. Ф. Р-1678. Оп. 4. Д. 18. Л. 375; ЦГА СПб. Ф. Р-7384. Оп. 17. Д. 50. Л. 28). Потом ее еще раз снизили в начале 1940 г. (Жуков С. А. Организация материального снабжения... С. 139).

[116] Чапчаев В. В. Функционирование легкового таксомоторного транспорта Ленинграда в условиях Второй мировой войны (1939–1942 гг.) // Военная история России XIX–XX веков: Материалы XII Международной военно-исторической конференции 22–23 ноября 2019 г. СПб.: СПбГУПТД, 2019. С. 552.

[117] Там же. С. 553.

[118] Там же. С. 555.

мужчин стало привлечение... большого числа малоопытных шоферов, а также увеличение среди шоферов такси числа женщин — с 7 до 69»[119]. При этом на такси возлагали и выполнение «особых» заданий (т. е. работ для военных нужд). Выпуск такси в свободный прокат — для обслуживания по найму — почти прекратился. Шоферы, отправлявшиеся на работу ночью, должны были соблюдать светомаскировку. «Таким образом, встреча никак не обозначенной машины-такси и пассажира в неосвещенном городе могла произойти только случайно на одной из 73 стоянок»[120].

Также можно отметить, что, помимо ленинградского автотранспорта, действующая армия получала машины из автотранспортных частей других военных округов[121].

Еще одним привлеченным к военным перевозкам гражданским ведомством стал Аэрофлот. Уже до начала боевых действий Северное управление Гражданского воздушного флота (СУ ГВФ) сформировало 13-й отряд связи[122], который подчинили действовавшей в северном Приладожье 8-й армии[123]. Кроме того, части ВВС использовали аэродромы и аэропорты ГВФ[124]. Этого, однако, оказалось мало.

В первые дни войны была создана подчиненная Главному управлению ГВФ (ГУ ГВФ) специальная авиагруппа в составе четырех авиаотрядов. 31-й отряд базировался в Ленинграде, 1-й — в Петрозаводске, 2-й — в Ухте, 3-й — в Мурмашах. Вскоре 31-й отряд выделили из состава группы и подчинили непосредственно начальнику Северного управления ГВФ[125]. Обслуживавший войска на Карельском перешейке 31-й отряд был укомплектован личным составом, техникой и необходимым оборудованием к 20 декабря. Если говорить об отрядах, совершавших полеты для действовавших к северу от Ладоги 8-й, 9-й и 14-й армий, то 1-й отряд закончил

---

[119] Там же. С. 555–556.

[120] Там же. С. 556.

[121] Жуков С. А. Организация материального снабжения... С. 98.

[122] ЦГА СПб. Ф. Р-9939. Оп. 2. Д. 18. Л. 2, 59.

[123] Там же. Л. 59.

[124] Там же.

[125] Там же. Л. 3.

комплектование и приступил к работе 19 декабря, 3-й отряд — 24 декабря, 2-й — 27 декабря[126]. Чуть позже по приказу заместителя начальника ГУ ГВФ Михаила Федоровича Картушева от 7 января 1940 г., на основе 31-го отряда была сформирована Ленинградская авиагруппа, в состав которой входили созданные на базе 31-го авиаотряда три «неотдельных» отряда (31-й, 1-й и 2-й), а также Ленинградский аэропорт[127]. В результате в документах фигурируют три авиагруппы: Особая Северная, а также включенные в ее состав Ленинградская и Петрозаводская (т.е. 1-й, 2-й и 3-й авиаотряды, действовавшие к северу от Ладоги).

Как отмечалось в отчете СУ ГВФ от 12 апреля, работе «сильно мешали... организационные неувязки». Командование Северной авиагруппы часто вмешивалось в оперативную работу сперва 31-го отряда, а затем и Ленинградской авиагруппы, «пыталось давать разного рода непродуманные распоряжения и приказания», что, конечно, «вносило дезорганизацию и неразбериху»[128]. К северу от Ладоги возникли трудности во взаимодействии с военными. 2 января руководство ГВФ сообщало наркому обороны Ворошилову, что в районе Ухты полеты начались не сразу «из-за отказа командующего ВВС 8-й армии т. Рычагова в предоставлении аэродрома»[129]. Чтобы лучше координировать действия ГВФ и военных, на начальника СУ ГВФ И. Ф. Миловидова возложили обязанности уполномоченного при Военном совете Северо-Западного фронта по гражданской авиации[130]. Приказ об этом Военный совет фронта отдал 10 января 1940 г.[131]

Первые вылеты для обслуживания войск самолеты Северной группы совершили 10 декабря[132]. Несмотря на сложные метеоусловия, за следующие 112 суток работы машины не поднимались

---

[126] ЦГА СПб. Ф. Р-9939. Оп. 2. Д. 18. Л. 60.

[127] Там же. Л. 3, 61.

[128] Там же. Л. 19.

[129] РГВА. Ф. 34980. Оп. 1. Д. 29. Л. 239.

[130] ЦГА СПб. Ф. Р-9939. Оп. 2. Д. 18. Л. 4; Тайны и уроки зимней войны. С. 267.

[131] Тайны и уроки зимней войны. С. 267.

[132] ЦГА СПб. Ф. Р-9939. Оп. 2. Д. 18. Л. 3, 60.

в воздух лишь два дня[133]. За сутки Ленинградский аэропорт выпускал до 120 самолетов (в отдельные дни — до 160, при сильных морозах — до 40)[134]. Из Петрозаводска обычно вылетало до 100 самолетов (иногда — до 140), из Ухты — до 70[135]. Летчикам часто приходилось делать по несколько рейсов в день. Начальник ГУ ГВФ Василий Сергеевич Молоков и начальник политуправления ГВФ Илья Сергеевич Семенов в связи с этим указали в докладной записке от 2 января ряд фамилий. Например, экипажи летчиков Гармаша, Яницкого, Новикова, Голованова и Воскресенского ежедневно «при любых условиях погоды» делали по два рейса Ленинград — Петрозаводск, а пилоты санитарных самолетов Диодоров, Каширихин и Горохов иногда совершали за день два-три рейса к линии фронта и обратно[136]. Писательница Вера Кетлинская в очерке для неизданной книги «Сто пять дней боев» утверждала, что отдельные рекордсмены делали и по 5 рейсов в обе стороны[137]. Она, однако, не привела фамилий, и, возможно, работая над пропагандистским изданием, преувеличила. Газета «Крылья Советов» сообщала о случаях, когда в день совершалось по четыре рейса (первым был экипаж летчика Тютяева, в общей сложности он провел пять часов в воздухе)[138].

Сведения о количестве использованных самолетов разнятся. Согласно записке о состоянии Ленинградского аэропорта от 29 декабря 1940 г., Северное управление ГВФ выделило для работы на военных 53 самолета[139]. В отчете о работе СУ ГВФ от 12 апреля 1940 г. утверждается, что численность командно-политического, летного и инженерно-технического состава Северной авиагруппы «составила в среднем 300 чел., среднее количество самолетов всех типов — 53». Кроме того, данный документ содержит данные о количестве и типах самолетов Ленинградской авиагруппы, если суммировать их, то получится, что в 31-м, 1-м и 2-м отрядах насчитывалось

---

[133] Там же. Л. 7; Д. 19. Л. 2.

[134] Там же. Д. 18. Л. 20.

[135] Там же. Л. 84.

[136] РГВА. Ф. 34980. Оп. 1. Д. 29. Л. 240.

[137] ЦГАИПД СПб. Ф. Р-25. Оп. 10. Д. 296. Л. 150.

[138] Крылья Советов. 1940. 13 февраля.

[139] ЦГАИПД СПб. Ф. Р-24. Оп. 2б. Д. 650. Л. 24.

39–41 машина[140]. По-видимому, в этих документах говорится лишь о технике, которую выделило СУ ГВФ. Обслуживание фронта потребовало увеличить авиапарк, в состав Северной группы передали «значительное количество самолетов» из других регионов[141]. Как утверждается в записке руководства ГУ ГВФ для наркома обороны Ворошилова от 2 января (т. е. эти сведения — неполные, до конца войны оставалось больше двух месяцев), в авиагруппу вошло 77 самолетов[142]. В докладе Ворошилова об итогах войны сообщается, что всего для армии работали 110 самолетов Гражданского воздушного флота и Главного управления Северного морского пути[143].

Помимо нехватки самолетов, поначалу недоставало и другой материальной части. У Ленаэропорта было мало помещений, ремонт приходилось проводить не только в мастерских, но и на открытом воздухе, на морозе. В прифронтовой зоне имелось не так уж много аэродромов и аэропортов. В Ухте и Мурманске взлеты и посадки приходилось проводить на озерах[144]. Вообще 2-й (Ухтинский) и 3-й (Мурманский) отряды прибыли на «совершенно необорудованные и неподготовленные места». Не хватало автотранспорта, разного оборудования, даже тары для горючего и смазки, что, естественно, «резко отражалось на работе, выматывало силы личного состава и снижало темп работы»[145]. Из-за отсутствия специ-

---

[140] В 31-й отряд входили «тяжелые корабли»: один ПС-84, два ПС-40, один Г-2, один Г-1, один ПС-7, пять К-5 (с конца февраля), также какое-то время в составе отряда находились еще два ПС-84, всего — 13 самолетов. В 1-м отряде имелись «средние» самолеты: семь ПР-5 и три П-5, в сумме — 10. 2-й отряд состоял из «легких» машин: двенадцать С-1, а также несколько У-2, СП и Я-6 (из текста документа не вполне ясно, сколько именно; по два самолета каждой модели или два У-2 и по одному СП и Я-6), т. е. от 16 до 18 самолетов (ЦГА СПб. Ф. Р-9939. Оп. 2. Д. 18. Л. 3).

[141] ЦГА СПб. Ф. Р-9939. Оп. 2. Д. 18. Л. 2.

[142] Из них ПС-84 — 5, пассажирские самолеты разных типов — 41, почтово-грузовые — 6, легкие санитарные — 25 (РГВА. Ф. 34980. Оп. 1. Д. 29. Л. 239).

[143] Уроки войны с Финляндией. С. 118; «Не представляли себе... всех трудностей, связанных с этой войной» // Военно-исторический журнал. 1993. № 5. С. 38; Тайны и уроки зимней войны. С. 443.

[144] ЦГА СПб. Ф. Р-9939. Оп. 2. Д. 18. Л. 34.

[145] Там же. Л. 60.

альных механизмов заправлять самолеты приходилось вручную, ведрами[146].

У Северного управления ГВФ недоставало людей. На протяжении всей войны авиагруппа получала пополнения из других областей[147]. Разные управления ГВФ командировали для этого около 400 человек летно-технического состава[148].

Нужно отметить, что работать приходилось в условиях сильных морозов. Если в первые дни войны было относительно тепло, то в конце декабря началось падение температуры, а в январе ударили сильнейшие морозы[149]. Такой холодной зимы в регионе не было с 1828 г.[150] Когда температура упала до -40–$42°$, то полеты сперва пришлось прекратить, ведь авиамоторы не были приспособлены к такой температуре, однако инженерно-технический состав нашел выход, сделав несколько усовершенствований. Так, старший инженер С. Я. Филатов и инженер Тимофеев предложили устанавливать на двигатели дополнительные кожухи для подогрева воздуха, подающегося в карбюратор, что уменьшало теплоотдачу и предотвращало замерзание моторов[151].

Одной из главных задач летчиков стала транспортировка раненых. В советской литературе можно найти данные, что ГВФ перевез 21 тыс. таких пассажиров[152]. Это утверждение подтверждается

---

[146] Там же. Л. 84.

[147] Там же. Л. 14.

[148] Там же. Л. 73.

[149] Исаев А. В. Антисуворов. Десять мифов Второй мировой. М.: Яуза; Эксмо, 2006. С. 43; Левашко В. О. Погодные условия советско-финляндской войны в период с 30 ноября 1939 г. по 14 марта 1940 г. в воспоминаниях воинов и жителей Ленинграда // Природно-географические факторы в повседневной жизни населения России: история и современность: материалы междунар. науч. конф. СПб.: ЛГУ им. А. С. Пушкина, 2019. Т. 1. С. 261.

[150] Энгл Э., Паананен Л. Зимняя война: Советское нападение на Финляндию 1939–1940. М., 2006. С. 30.

[151] ЦГАИПД СПб. Ф. Р-25. Оп. 10. Д. 296. Л. 161; также об усовершенствованиях, введенных Филатовым см.: ЦГА СПб. Ф. Р-9939. Оп. 2. Д. 18. Л. 22, 73, 84.

[152] Тыл Советских Вооруженных Сил в Великой Отечественной войне 1941–1945 гг. М.: Воениздат, 1977. С. 56.

архивными документами. Согласно отчету о работе авиагрупп, они эвакуировали 21 177 раненых (Ленинградская группа — 8847, Петрозаводская — 12 330)[153]. Многие из них попали в Ленинград, часть — уже после окончания войны. На 20 марта 1940 г. в Ленинградский аэропорт поступило 10 174 раненых[154]. По данным СУ ГВФ, за декабрь — март в Ленинградский аэропорт прибыло (самолетами как Ленинградской, так и Петрозаводской групп) 10 698 раненых[155]. Отчет Фронтового эвакуационного пункта гласит, что за декабрь — апрель авиация доставила в город 10 807 пациентов, однако при этом на апрель приходится всего 2 человека[156]. Если говорить о Ленинградской группе, то она доставила с фронта 8847 раненых, в том числе 6227 с Карельского перешейка[157].

На Карельском перешейке самолеты вывозили «ранбольных» из 37 пунктов[158]. Всего их эвакуировали из 90 пунктов, расположенных поблизости от фронта[159]. Полеты часто приходилось проводить в сложных метеоусловиях, иногда под обстрелом противника, непосредственно с позиций, только что занятых советскими войсками, на которых еще могли отсутствовать врачи[160]. Раненые, которые не успели пройти через руки медперсонала (например, с острова Туркин-саари), могли попасть в Ленинград через час — час и двадцать минут[161]. Впрочем, в большинстве случаев их вывозили из дивизионных госпиталей и медсанбатов[162]. Обычно время полета от госпиталя или медсанбата колебалось в диапазоне от 40 минут до полутора часов[163].

---

[153] ЦГА СПб. Ф. Р-9939. Оп. 2. Д. 18. Л. 44.

[154] Там же. Д. 19. Л. 2.

[155] Там же. Д. 18. Л. 6.

[156] Подсчитано по: Филиал ЦАМО (ВМД). Ф. 141. Оп. 44899. Д. 3. Л. 76.

[157] ЦГА СПб. Ф. Р-9939. Оп. 2. Д. 18. Л. 6; в тексте прямо не говорится, что речь идет именно о Ленинградской группе, это ясно из контекста.

[158] Там же. Д. 19. Л. 3.

[159] Там же. Д. 18. Л. 63.

[160] См.: Там же. Д. 18. Л. 5–6, 63–64, 68–69, 71–72; Д. 19. Л. 2.

[161] Там же. Д. 19. Л. 2.

[162] Там же. Д. 18. Л. 5; Д. 19. Л. 2.

[163] Там же. Д. 19. Л. 1.

В расположенном в 15 км от города Ленинградском аэропорту «ранбольных встречала специальная бригада. После того, как раненым оказывали необходимую помощь, кормили и обогревали, их отправляли в медицинские учреждения города»[164]. Не буду углубляться здесь в детали (подробнее об этом будет сказано в следующей главе), отмечу лишь, что в госпитали они попадали через 1,5–2 часа, так что, как отмечается в отчете медсанслужбы Особой Северoной авиагруппы, «быстрота доставки раненого самолетом нейтрализовалась его последующей транспортировкой»[165].

Раненые были не единственными пассажирами. Кроме них, на борту самолета могли оказаться сопровождающий медперсонал, сотрудники НКВД, работники ГВФ, командиры и бойцы Красной армии. Были и высокопоставленные пассажиры: заместитель наркома обороны и начальник Главного артиллерийского управления Григорий Иванович Кулик, заместитель наркома обороны и начальник Главного политуправления Красной армии Лев Захарович Мехлис, командующий 8-й армией Григорий Михайлович Штерн[166]. В советской литературе можно прочесть, что особая авиагруппа перевезла (вместе с ранеными) 33 845 человек[167]. Отчет о работе СУ ГВФ во время войны от 12 апреля сообщает, что в качестве пассажиров на самолетах ГВФ побывали 34 033 человека, при вычитании раненых остается 12 856[168]. Другой отчет (от 27 апреля) говорит про 12 679 человек[169].

Кроме того, гражданская авиация доставила на фронт массу разных грузов: продовольствия, оружия и боеприпасов, горючего, запчастей для техники и т. д. Так, самолеты ГВФ перевезли 227 474 кг медикаментов, разных медицинских инструментов и имущества. Одной только крови доставили 3 тонны, это позволило спасти жизни многих тяжелораненых[170]. Сколько всего грузов примерно было

---

[164] Филиал ЦАМО (ВМД). Ф. 141. Оп. 44899. Д. З. Л. 68–69.

[165] ЦГА СПб. Ф. Р-9939. Оп. 2. Д. 19. Л. 9.

[166] Там же. Д. 18. Л. 65.

[167] Гражданская авиация СССР. 1917–1967. М.: Транспорт, 1968. С. 117.

[168] Подсчитано по: ЦГА СПб. Ф. Р-9939. Оп. 2. Д. 18. Л. 44.

[169] Там же. Л. 65.

[170] Там же. Л. 62.

перевезено за период с декабря по март, можно понять, обратившись к таблице «О работе Ленинградской и Петрозаводской авиагрупп на спецзаданиях по обслуживанию фронта», прилагавшейся к отчету о деятельности СУ ГВФ от 12 апреля. Если суммировать две содержащиеся в начале таблицы графы (грузы — 1651205 кг, почта — 1029517), то получится 2680711 кг. Это число, однако, не совпадает с другими данными таблицы, в графах которой подробно раскрыты все категории грузоперевозок (продовольствие, фураж, боеприпасы и оружие, медикаменты, обмундирование, горючее, запчасти, газеты, листовки, почта, фильмы, армейское полевое снаряжение, служебные грузы ГВФ, «прочий груз). Скажем, если суммировать все, что можно подвести под категорию «почта» (графы с заголовками «почта», «газеты» и «листовки»), то получится существенно меньшее число: 590323 кг. Но в целом, хоть числа и отличаются, общий итог схож. Если сложить сведения по всем рубрикам, то итогом будет 2679912 кг. При вычитании служебных грузов ГВФ (Ленинградская группа — 32798 кг, Петрозаводская — 19140) останется 2027974 кг (Ленинградская группа — 903672, Петрозаводская — 1744302)[171]. В любом случае как данные из начала таблицы, так и результат сложения можно округлить до 2680 тонн, что окажется близким к сведениям, которые содержатся в советской историографии — 2664 тонны[172].

Часть грузов предназначалась окруженным советским войскам. Например, 168-й стрелковой дивизии в районе Кителя (в северном Приладожье) сбросили примерно 20 т продуктов, боеприпасов и медикаментов[173]. Поначалу грузы просто скидывали с воздуха (что, естественно, даже при попадании груза к советским бойцам, могло привести к его порче), затем часть самолетов оборудовали специальными устройствами для подвески грузовых парашютов, которые создали под руководством начальника парашютной службы СУ ГВФ Каратаева. Первое испытание данного приспособления

---

[171] Подсчитано по: ЦГА СПб. Ф. Р-9939. Оп. 2. Д. 18. Л. 44.

[172] Гражданская авиация СССР. С. 117; Тыл Советских Вооруженных Сил... С. 56.

[173] ЦГА СПб. Ф. Р-9939. Оп. 2. Д. 18. Л. 69.

провели 10 февраля[174]. Впоследствии ими оборудовали 8 машин[175]. Всего (как с парашютами, так и без них) на Петрозаводском и Ухтинском направлениях окруженным сбросили свыше 500 т грузов[176]. Из них с помощью грузовых парашютов на Петрозаводском направлении — около 35 т, на Ухтинском — 20[177].

Летчики ГВФ выполняли и задания пропагандистского свойства — разбрасывали над вражеской территорией листовки. Например, экипаж Александра Евгеньевича Голованова с санкции Жданова сбросил над территорией Финляндии 700 тыс. листовок[178]. Всего самолеты особых авиагрупп разбросали 12 853 кг, или около 1 млн экземпляров листовок[179].

При этом, несмотря на значительный объем перевозок и крайне высокую интенсивность полетов, работа авиации ГФВ отличалась относительно низкой аварийностью. В Ленинградской группе было зафиксировано всего 18 аварийных происшествий: 4 аварии (3 из них указаны в отчете как собственно аварии, 1 — как «особое происшествие»: пилот Московского скоростного отряда Купала, управляя самолетом на земле, наскочил на самолет Ленавиагруппы, в результате обе машины оказались сломаны; т. е. речь идет об аварии, но по вине чужого летчика), 4 поломки и 10 вынужденных посадок[180].

Ряд летчиков гражданской авиации был награжден. Например, Алексей Иванович Кашерихин получил орден Красного Знамени — он во время войны налетал 532 часа и перевез около 600 раненых[181].

Хотя самолеты ГВФ начали использовать для военных перевозок уже в начале войны, дальнейшее серьезное наращивание масштабов ее использования явно было импровизацией — и оказалось

---

[174] Крылья Советов. 1940. 16 февраля.

[175] ЦГА СПб. Ф. Р-9939. Оп. 2. Д. 18. Л. 33, 96.

[176] Там же. Л. 96.

[177] Там же. Л. 33.

[178] РГВА. Ф. 34980. Оп. 1. Д. 29. Л. 240.

[179] ЦГА СПб. Ф. Р-9939. Оп. 2. Д. 18. Л. 4; ЦГАИПД СПб. Ф. 24. Оп. 2б. Д. 650. Л. 24.

[180] ЦГА СПб. Ф. Р-9939. Оп. 2. Д. 18. Л. 18.

[181] ЦГАИПД СПб. Ф. 25. Оп. 10. Д. 296. Л. 157.

импровизацией удачной. Вместе с тем нужно констатировать, что в транспортном обеспечении РККА гражданская авиация все же играла второстепенную роль.

Для военных перевозок была задействована вся транспортная система региона. В результате советско-финляндская война стала стимулом для ее развития. О развитии железных дорог города и области в 1940–1941 гг. сказано выше.

Но, кроме того, взоры хозяйственного руководства обратились и на водный транспорт. Также было решено больше использовать местные ресурсы, чтобы снизить зависимость города от ввоза из других регионов. Никита Андреевич Ломагин в одной из своих статей пишет: «В плане работы уполномоченного Госплана по Ленинграду и области на 1941 г. содержался перечень мероприятий по более широкому использованию местных ресурсов, прежде всего торфа, по переводу промышленности и транспорта на местное топливо, соблюдению экономии жидкого и твердого топлива, а также внедрению газогенераторного топлива. Аппарату уполномоченного надлежало провести проверку на 10 ленинградских предприятиях внедрения заменителей остродефицитных материалов и использования работ научно-исследовательских институтов и предложений рабочих. Особое значение придавалось проверке выполнения плана перевозок Октябрьской и Ленинградской железными дорогами и разработке мероприятий по переключению грузов с железных дорог на воду, а также подготовке и проведению навигации Северо-Западным речным пароходством и Ленинградским морским портом»[182].

В постановлении Госплана «Об итогах работы уполномоченных Госплана за 1940 г. и организации проверок выполнения государственного плана развития народного хозяйства Союза ССР на 1941 г.» отмечалось, что практически вся доставка грузов в Ленинград производилась по железной дороге, в то время как водные маршруты почти не использовались. Ломагин по этому поводу отмечает: «Это подразумевало создание соответствующей

---

[182] Ломагин Н. А. Учет и контроль — основа социализма. С. 179–180, прим. 13.

инфраструктуры: подъездных путей, пирсов, оборудования для перевалки грузов, наконец буксиров и барж, а также принятия управленческих решений для координации работы наркоматов путей сообщения и речного флота». Однако, тут же констатирует историк, эта работа стала проводиться только после начала Великой Отечественной, а «по-настоящему была развернута лишь в связи с блокадой»[183].

2. Топливная база и электроснабжение

Активизация железнодорожных перевозок для фронта сопровождалась уменьшением грузопотока, предназначенного для ленинградских промышленности и городского хозяйства. Сокращалось поступление некоторых жизненно важных для коммунального хозяйства Ленинграда ресурсов, в частности — хлора, нужного для дезинфекции воды на водопроводных станциях[184]. В город прекратили завозить алебастр и цемент, в результате в феврале 1940 г. остановились некоторые стройки[185].

Однако наиболее сложной была топливная проблема. Только 12% топлива поступало из Ленинградской области[186]. Город зависел от подвоза из других регионов. При этом нехватка топлива усугубила дефицит электрической энергии. Ленинград еще до советско-финляндской войны постоянно сталкивался с перебоями в энергоснабжении. На XVIII съезде партии в марте 1939 г. председатель Ленгорисполкома Попков должен был упомянуть, что город «в течение последних двух лет ощущает острый недостаток электроэнергии»[187]. На рубеже 1939–1940 гг. в систему «Ленэнерго» входило 8 электростанций, они вырабатывали 98% потребляемого городом электричества. Оставшиеся 2% обеспечивали

---

[183] Там же. С. 157.

[184] ЦГА СПб. Ф. Р-7384. Оп. 17. Д. 57. Л. 14.

[185] Там же. Л. 28, 49.

[186] ЦГАИПД СПб. Ф. Р-24. Оп. 2. Д. 3658. Л. 14.

[187] XVIII съезд Всесоюзной Коммунистической партии (б). 10–21 марта 1939 г. Стенографический отчет. М.: Госполитиздат, 1939. С. 368.

не входившие в систему 90 мелких станций[188]. За 1937–1939 гг. мощность ленинградских электростанций увеличилась на 8,5 %. В то же время рост городской промышленности составил 30 %[189]. По словам Жданова, в конце 1930-х гг. происходило «слепое, без всякого экономического расчета, впихивание в Ленинград новых предприятий и цехов». В результате «и так не особенно широкая энергетическая база Ленинграда еще больше сузилась»[190]. В то же время план по строительству электростанций не выполнялся. В 1939 г. его реализовали лишь на 70 %[191]. В период советско-финляндской войны электростанции города могли обеспечить только 70 % городской потребности в электроэнергии[192].

В коллективной работе «Зимняя война 1939–1940. Политическая история» в разделе «Экономика и социально-политическая обстановка в СССР» (автор — Владимир Николаевич Барышников) можно прочесть: «20 февраля ряд предприятий города приостановил работу из-за непоступления угля»[193]. Данное утверждение позаимствовано из старой советской монографии «Социалистическое народное хозяйство СССР в 1933–1940 гг.», создатели которой дали ссылку на документ из Государственного архива Октябрьской революции и социалистического строительства Ленинградской области (ГАОРСС ЛО, ныне — ЦГА СПб)[194]. Этот документ — телеграмма Попкова и уполномоченного Госплана по Ленинграду и Ленинградской области Петра Ивановича Кирпичникова, адресованная председателю Совнаркома Молотову. Она датирована 20 февраля 1940 г., а из ее текста можно сделать вывод, что «целый ряд предприятий города» остановил работу еще до дня отправки телеграммы[195]. Таким образом, ситуация была значительно тяжелее.

---

188 ЦГА СПб. Ф. Р-4965. Оп. 3. Д. 24. Л. 87.

189 ЦГАИПД СПб. Ф. Р-24. Оп. 2. Д. 3628. Л. 27.

190 Там же. Д. 3635. Л. 14а.

191 Там же. Д. 3628. Л. 28; Д. 3661. Л. 40.

192 Там же. Д. 3628. Л. 27; Д. 3661. Л. 37.

193 Зимняя война 1939–1940. Политическая история. С. 219.

194 Социалистическое народное хозяйство СССР в 1933–1940 гг. С. 517.

195 ЦГА СПб. Ф. Р-7384. Оп. 17. Д. 47. Л. 80.

Прекращать работу ленинградские предприятия начали еще в декабре. 22 декабря из-за нехватки угля остановил производство Невский мыловаренный завод. Несмотря на выполнение этим предприятием военных заказов (производство динамитного глицерина), 1 января заводу отключили электроэнергию[196]. 5 января прекратил работу завод им. К. Маркса[197]. В первых числах января остановился завод «Красногвардеец», изготавливавший хирургические инструменты. Рабочих отправили «во внеочередной отпуск». 26 января завод ненадолго получил уголь и свет, но 3 февраля вновь прекратил работу[198]. В январе из-за нехватки топлива и электроэнергии остановились заводы: металлический им. И. В. Сталина, «Салолин», Невский машиностроительный, мыловаренный им. Л. Я. Карпова, ликероводочный[199]. В начале февраля встали заводы «Ленинская искра» и «Пневматика»[200].

Нелегко было и там, где работа продолжалась. 4 января директор Фармацевтического завода № 1 Гольдберг сообщал Попкову, что завод получает угля и света в разы меньше положенного, температура в помещениях «понижается с каждым днем, дальнейшее продолжение работы становится невозможным, так как при работе с жидкостями, стеклом и железными прутками... совершенно коченеют руки». Так как завод производил медикаменты и бинты для военных госпиталей, Гольдберг считал невозможным «в данный серьезный момент приостановить производство» и просил выделять предприятию лимит в 5 т угля и 800 кВт/ч в сутки (электроэнергии завод получал 336 кВт/ч в день)[201].

Производивший среди прочего миноискатели завод им. Н. Г. Козицкого (№ 210) в январе — феврале получал половину требовавшейся электроэнергии. Итогом стали массовые простои в цехах, в январе в неплановые отпуска отправилось 450 рабочих (в феврале это количество уменьшилось на 60 %)[202].

---

[196] См.: Там же. Л. 24–25.

[197] Там же. Л. 40.

[198] Там же. Л. 65.

[199] Там же. Л. 19.

[200] Там же. Л. 37.

[201] Там же. Л. 45.

[202] ЦГА СПб. Ф. Р-1324. Оп. 8. Д. 8. Л. 53.

Внезапные отключения света приводили к авариям. 16 января внезапно прекратилась подача энергии на Кировский завод. В мартеновском цеху в это время проводилась плавка. Отключились электрокраны, один из которых переносил расплавленный металл. В результате металл проел ковш и разлился по цеху[203].

Из-за нехватки топлива и электричества в начале 1940 г. большинство металлообрабатывающих и оборонных предприятий Ленинградской области не выполняли плана[204]. Красная армия недополучала танки, орудия, снаряды, и, как пишет Н. С. Ниязов, «даже красноармейские звездочки, отсутствие которых не позволяло вовремя отправить на фронт необходимое количество меховых шапок»[205].

Страдало и гражданское население. Для отопления не хватало дров. По плану в 1939 г. в город требовалось доставить 2350 тыс. кубометров дров, но к 1 октября в Ленинград привезли только 1220 тыс. кубометров[206]. С началом зимы прекратился завоз по рекам, железные дороги оказались заняты военными перевозками, а количество автомашин в городском и областном хозяйстве существенно уменьшилось. «Холодно дома...» — зафиксировала 29 декабря в дневнике студентка Ася Звейнек[207]. Записки другого студента, Аркадия Манькова, говорят о том же: «Дров нет, электричества не хватает. В БАНе (Библиотеке Академии наук. — М. Т.) сидят в пальто и только до шести. После этого выключают свет. Из университета гонят с пяти часов. И совершенно не топят. Куда идти, где заниматься? Дома адский холод»[208].

Закрывались некоторые учебные заведения. В январе остановила работу Центральная школа для детей с расстройством слуха и речи (располагалась в доме 18 на улице Дзержинского) — «ввиду

---

[203] ЦГАИПД СПб. Ф. Р-24. Оп. 2в. Д. 4016. Л. 58.

[204] Там же. Оп. 2б. Д. 641. Л. 30.

[205] Ниязов Н. С. Социально-экономические проблемы развития военно-промышленного комплекса Ленинграда в 1935–1941 гг.: Автореф. ... к. и. н. СПб., 1997. С. 16.

[206] Ленинградская правда. 1939. 16 октября.

[207] ОР РНБ. Ф. 1000. Оп. 2. Ед. хр. 504. Л. 69.

[208] Маньков А. Г. Дневники тридцатых годов. С. 243–244.

очень низкой температуры помещения и отсутствия у школы дров»[209]. В конце того же месяца директора Индустриального, Горного и Сельскохозяйственного институтов, а также Лесной академии ставили перед горисполкомом вопрос о прекращении занятий из-за отсутствия угля и дров[210]. Не отапливалось общежитие областной политпросветшколы, температура в комнатах едва достигала 5°[211].

Власти неоднократно предпринимали попытки решения топливного вопроса. 17 декабря 1939 г. появилось постановление ЦК ВКП(б) и СНК СССР «О топливе для предприятий г. Ленинграда», предписывавшее Управлению государственного резерва (УГР) предоставить «для оказания помощи электростанциям и важнейшим предприятиям гор. Ленинграда» 20 тыс. т донецкого угля и 2 тыс. т мазута[212]. Постановление Экономсовета от 11 января 1940 г. требовало от НКПС «за счет всех других грузов и впереди их продвигать угольные маршруты, торф, дрова, продовольствие». Лишь в конце этого перечня документ упоминал «военные грузы»[213].

Местное руководство пыталось активнее использовать региональные ресурсы. 8 января 1940 г. бюро обкома и исполком Леноблсовета (в соответствии с принятым в тот же день постановлением Экономсовета) потребовали от райисполкомов выделить для лесозаготовок рабочих (3 тыс. — для объединения «Ленлес», 1,5 тыс. — для Дубовицкой лесозаготовительной конторы) и лошадей (700 и 600 соответственно). В случае необходимости райисполкомам разрешали привлекать дополнительных работников[214].

Кроме того, нужно было рационально распределять поступавшее в город топливо. 16 декабря 1939 г. в постановлении «О состоянии электроснабжения в г. Ленинграде» Экономсовет установил, что распределением угля займутся уполномоченные Госплана,

---

[209] ЦГА СПб. Ф. Р-7384. Оп. 17. Д. 47. Л. 50.

[210] Там же. Д. 47. Л. 38.

[211] Ленинградская правда. 1940. 9 января.

[212] РГАСПИ. Ф. 17. Оп. 3. Д. 1018. Л. 2; в тот же день данное решение продублировал Экономсовет: ГА РФ. Ф. Р-5446. Оп. 1в. Д. 509. Л. 142.

[213] РГА ВМФ. Ф. Р-1678. Оп. 4. Д. 32. Л. 63.

[214] ЦГА СПб. Ф. Р-7179. Оп. 10. Д. 1694. Л. 8.

Ленсовета и Главуглесбыта. В первую очередь они должны были обеспечивать электростанции и важнейшие предприятия[215].

В поисках выхода из топливного кризиса город то и дело посещало высокое начальство. Так, постановление Экономсовета от 16 декабря объявило, что в Ленинград выезжают нарком электростанций СССР Михаил Георгиевич Первухин и нарком местной топливной промышленности РСФСР Алексей Федорович Баусин — «для принятия совместно с Ленинградскими организациями мер по обеспечению погрузки и подачи торфа электростанциям». Первухин вместе с уполномоченным Госплана и местными руководителями должен был за два дня разработать предложения «об организованном сокращении отпуска электроэнергии некоторым потребителям»[216].

19 декабря на пост уполномоченного Государственной плановой комиссии по Ленинграду и Ленинградской области был назначен Петр Иванович Кирпичников[217]. Постановление Экономсовета от 20 декабря определило его полномочия. Ему поручалось «переадресовывать прибывающие в Ленинград топливные грузы (уголь, нефть, торф) потребителям в пределах их фондов». Кроме того, он получил право регулировать очередность «отпуска электроэнергии потребителям Ленэнерго в ходе исполнения утвержденных месячных планов распределения электроэнергии»[218].

7 января 1940 г. Экономсовет уточнил, что для распределения поступающего в город угля при исполкоме создается специальная комиссия. В ее состав вошли Попков (председатель), Кирпичников и управляющий ленинградской конторой Углесбыта Степанов. Задачей комиссии было ежедневное распределение всего прибывающего угля (кроме «идущего в адрес УГР, НКО, НКПС, КБФ»)[219]. Помимо угля, комиссия стала заниматься дровами и т. д. Вскоре она превратилась в Правительственную комиссию по топливоснабжению. В этот орган стекались просьбы о помощи как

---

[215] РГА ВМФ. Ф. Р-1678. Оп. 4. Д. 18. Л. 350–351.

[216] Там же. Л. 350.

[217] РГАЭ. Ф. Р-4372. Оп. 37. Д. 15. Л. 52

[218] Там же. Оп. 36. Д. 43. Л. 77.

[219] Там же. Оп. 38. Д. 15. Л. 21.

от ленинградских предприятий и учреждений, так и от наркоматов, которым они подчинялись.

Иногда комиссии приходилось решать не только внутригородские вопросы. Часть угля, отправленного в Ленинград, просто не доходила до места назначения. 2 февраля глава комиссии Попков телеграфировал председателю Экономсовета при СНК СССР Микояну, что Калининская железная дорога с 21 декабря по 3 января «захватила» 1200 т угля, предназначенные Ленинградскому коксогазовому заводу. В результате предприятие значительно сократило производство, выработка газа не превышала половины потребности промышленности и населения. «Дальнейшие переадресовки угля повлекут полную остановку завода», — констатировал Попков[220]. (При этом газом, который вырабатывал завод, пользовалось примерно 200 тыс. жителей города, населявшие около 30 тыс. квартир[221].)

Нужно отметить, что и своевременное прибытие топлива в Ленинград не решало всех проблем. Не хватало рабочих. Сотни вагонов по несколько дней оставались неразгруженными[222].

Помимо нехватки топлива, предприятия все время жаловались на недостаток электроэнергии, которую, по словам директора завода «Красный гвоздильщик» Александра Акимовича Нодельмана, распределяли «очень скупо»[223].

Чтобы снабдить энергией промышленные предприятия, власти всячески пытались сократить ее расход в других сферах. Отчасти экономия достигалась за счет уменьшения числа трамваев и троллейбусов на маршрутах, введения светомаскировки и отказа от освещения улиц и учреждений, витрин и рекламы торговых предприятий, кино, клубов и т. п. Сокращать расход электроэнергии начали еще до войны. Уже 25 сентября Экономсовет потребовал

---

[220] ЦГА СПб. Ф. Р-7384. Оп. 17. Д. 47. Л. 4.

[221] Федоров Н. Ф., Фишельсон М. С. Городское хозяйство Ленинграда за годы советской власти. Л.: Общество по распространению политических и научных знаний РСФСР (Ленинградское отделение), 1959. С. 20.

[222] ЦГА СПб. Ф. Р-7384. Оп. 17. Д. 57. Л. 18.

[223] ЦГАИПД СПб. Ф. Р-25. Оп. 10. Д. 299. Л. 75.

от «Ленэнерго» уменьшить электропотребление на 4,3 %[224]. 27 сентября было принято решение Президиума Ленинградского совета, конкретизировавшее эти указания. В документе подробно оговаривалось, какие учреждения и в каких размерах должны сократить расход энергии. Нарушителям грозили штрафы[225]. 8 января исполком городского совета потребовал от населения и разных учреждений уменьшить использование электрического света. Предполагалось, что, по сравнению с декабрем, в январе потребление снизится на 30 %. В учреждениях запрещалось пользоваться светом днем, до 17 часов (за исключением тех случаев, когда в помещении не было естественного освещения). Запрещалось пользоваться электроприборами для отопления. Для граждан в 5 раз увеличивались штрафы за перерасход электричества[226]. Данное решение действовало всю оставшуюся зиму, затем его действие продлили и на март[227]. Аналогичное постановление 8 февраля утвердил исполком областного совета[228].

Принятые меры должны были высвободить какое-то количество энергии на нужды промышленности. Однако ее все равно катастрофически не хватало. Нодельман рассказывал, что хозяйственники

---

[224] ГА РФ. Ф. Р-6757. Оп. 2. Д. 16. Л. 157–158.

[225] О снижении потребления электрической энергии на сентябрь 1939 г. (Решение Президиума Ленинградского Совета РК и КД от 27 сентября 1939 г., протокол № 212, п. 19 опр.) // Бюллетень Ленинградского Совета РК и КД. 1939. № 47–48. С. 7; вслед за этим последовали приказы на уровне отдельных отделов Ленинградского совета. Например, 7 октября приказ об экономии электроэнергии подписал заместитель заведующего отделом торговли Ленсовета С. В. Шмоткин: ЦГАИПД СПб. Ф. Р-873. Оп. 1. Д. 5. Л. 297.

[226] ЦГА. Ф. Р-9156. Оп. 4. Д. 60. Л. 11–12; О мероприятиях по экономии электроэнергии. (Решение Исполнительного Комитета Ленинградского городского Совета депутатов трудящихся от 8 января 1940 г., протокол № 2, п. 4) // Бюллетень Ленинградского Совета РК и КД. 1940. № 2–3. С. 5; также см. решение бюро горкома с одобрением предложений Ленгорисполкома: ЦГАИПД СПб. Ф. Р-25. Оп. 2. Д. 2545. Л. 8.

[227] Об экономии электроэнергии в марте 1940 г. (Решение Исполнительного Комитета Ленинградского городского Совета депутатов трудящихся от 4 марта 1940 г., протокол № 7, п. 9) // Бюллетень Ленинградского Совета РК и КД. 1940. № 12. С. 3.

[228] ЦГА СПб. Ф. Р-7179. Оп. 10. Д. 1695. Л. 52–54.

искали выход в периодической приостановке работы отдельных цехов и концентрации электроресурсов на узловых технологических участках. «Ленэнерго выматывало душу, — вспоминал он. — Звонок оттуда бросал в дрожь: "Снижаем энергию!" Это звучало как "оставь надежду!" и мы опускали руки. Чуть ли не каждый вечер сидели у директора и решали, что остановить, что пустить и какими очередями. Иногда в течение дня останавливали то один цех, то другой, чтобы регулировать выпуск продукции; работать стало значительно труднее»[229].

Государственные и партийные органы усиливали контроль над ленинградскими электростанциями. Постановление ЦК ВКП(б) от 11 декабря ввело на некоторых электростанциях Ленинграда и области должность парторга ЦК[230]. При этом, как говорилось выше, Ленинград инспектировал нарком электростанций Первухин, а уполномоченный Госплана Кирпичников получил право регулировать очередь предприятий на получение энергии[231].

Проблемы с электроэнергией усугублялась некоторыми чрезвычайными обстоятельствами. Так, периодически срывавшиеся с креплений заградительные аэростаты рвали своими стальными тросами линии электропередач. Это случалось 29 ноября, 1–4, 28 и 29 декабря 1939 г., 20 февраля 1940 г. Очередной прецедент состоялся 24 февраля, в этот день аэростат упустили в районе Урицк — Красное Село. Его унесло ветром, он стал выводить из строя все встречавшиеся на пути провода, например линии связи. В итоге на высоковольтных линиях произошло три аварии. Это, как сообщали из «Ленэнерго» командующему ЛВО, создало «чрезвычайно напряженное состояние электроснабжения Ленинграда»[232].

Еще один фактор, осложнивший выработку электричества, — природный. Как сообщала объяснительная записка к годовому отчету о работе ленинградской промышленности (1940 г.),

---

[229] ЦГАИПД СПб. Ф. Р-25. Оп. 10. Д. 299. Л. 91–92.

[230] РГАСПИ. Ф. 17. Оп. 117. Д. 59. Л. 81, 83, 97.

[231] О поездке Первухина: РГА ВМФ. Ф. Р-1678. Оп. 4. Д. 18. Л. 350; о полномочиях Кирпичникова: РГАЭ. Ф. Р-4372. Оп. 37. Д. 43. Л. 77.

[232] РГВА. Ф. 37977. Оп. 1. Д. 277. Л. 103.

«на выполнении плана выработки электроэнергии неблагоприятно отразился режим работы гидростанций»[233]. Несколько предшествовавших лет выдались засушливыми. На Ладоге, в озере Ильмень и, следовательно, в реках Неве, Волхове и Свири снизился уровень воды. В ноябре 1939 г. начальник Северо-Западного речного пароходства писал в «Ленинградскую правду», что столь низкого горизонта «не наблюдалось около пяти лет»[234]. Согласно справке Ленинградского управления гидрометеослужбы, уровень воды в Ладожском озере оказался самым низким «за последние 58 лет наблюдений»[235]. Выработка гидроэлектростанций оказалась меньше, чем когда-либо прежде[236]. В 1939 г. ГЭС недовыработали 12 % мощности всей системы «Ленэнерго»[237].

Определенную роль играла высокая текучесть кадров[238]. Низкая квалификация работников должна была способствовать росту аварийности. В 1939 г. на ленинградских электростанциях произошло 323 аварии, в результате потребители недополучили свыше 1 млн киловатт-часов энергии[239].

Тем не менее главной причиной снижения эффективности работы электростанций все же была нехватка топлива. Из-за топливного дефицита часть станций была вынуждена остановить свою работу[240]. Значительная часть ленинградских станций работала на торфе (как отмечалось в советской литературе, в 1938 г. «выработка электроэнергии на местном топливе составила... более 53 % всей выработанной электроэнергии по Ленинграду и области электроэнергии»[241]; в период советско-финляндской войны удельный вес торфа

---

[233] ЦГА СПб. Ф. Р-4965. Оп. 3. Д. 24. Л. 88.

[234] ЦГА СПб. Ф. Р-960. Оп. 10. Д. 6. Л. 58.

[235] РГА ВМФ. Ф. Р-952. Оп. 2. Д. 3. Л. 5.

[236] ЦГА СПб. Ф. Р-4965. Оп. 3. Д. 24. Л. 88.

[237] ЦГАИПД СПб. Ф. Р-24. Оп. 2. Д. 3632. Л. 83.

[238] См.: РГАСПИ. Ф. 17. Оп. 117. Д. 59. Л. 79 об.

[239] ЦГАИПД СПб. Ф. Р-24. Оп. 2. Д. 3628. Л. 27–30; Д. 3661. Л. 38.

[240] ЦГА СПб. Ф. Р-4965. Оп. 3. Д. 24. Л. 89.

[241] Биркенгоф А. Л., Даринский А. В., Кобяков С. Г., Невельштейн Г. С., Соколов Н. Н. Ленинградская область. Природа и хозяйство. Л.: Лениздат, 1958. С. 129.

в топливном балансе «Ленэнерго» составлял около 60 %[242]), однако в нужном количестве он не доставлялся[243]. Поставки торфопредприятий были меньше предусмотренных планом[244]. Приходилось жечь заменители (дрова, сланцы, мазут)[245]. Их использование снижало эффективность производства.

13 декабря бюро горкома рассмотрело вопрос «О мероприятиях по улучшению работы электростанций». На торфопункты и электростанции для погрузочно-разгрузочных работ направлялось 1840 рабочих. Кроме того, Ленсовет должен был выделить 50 крановщиков и мотористов, а горком — послать для контроля своих уполномоченных[246]. 31 декабря Экономсовет принял постановление, в котором назвал положение со снабжением ленинградских предприятий торфом «нетерпимым», а также установил нормы ежесуточной отгрузки этого вида топлива для «Ленэнерго». Документ содержал подробные указания о работе железных дорог и торфопредприятий[247]. 2 января Президиум Леноблисполкома утвердил постановление «Об отгрузке торфа 5-й и 8-й ГЭС на январь 1940 года». Наряду с прочим, этот документ устанавливал поощрительную систему оплаты труда занятых на погрузке работников. На торфяные предприятия отправлялись дополнительные рабочие[248]. 16 января бюро горкома выделило для этих предприятий

---

[242] См.: Басов А. П. Торф в энергетическом балансе Ленинграда // Торфяная промышленность. 1970. № 4. С. 15; Копенкина Л. В. Торфяная отрасль в годы Великой Отечественной войны (к 70-летию Великой Победы) // Труды Инсторфа. 2016. № 13. С. 51.

[243] В целом за 1939 г. план добычи торфа по Ленобласти был выполнен всего на 69,9 % (РГАЭ. Ф. Р-4372. Оп. 38. Д. 17. Л. 201). О состоянии торфопредприятий накануне войны (в сентябре) см.: ЦГА СПб. Ф. Р-7179. Оп. 10. Д. 1641. Л. 278–288.

[244] Ежесуточные донесения об отгрузке торфа для Ленэнерго за 1939 г. см.: ЦГАИПД СПб. Ф. Р-24. Оп. 2в. Д. 3436.

[245] ЦГА СПб. Ф. Р-4965. Оп. 3. Д. 24. Л. 89–90; ЦГАИПД СПб. Ф. Р-24. Оп. 2. Д. 3632. Л. 31.

[246] ЦГАИПД СПб. Ф. Р-25. Оп. 2. Д. 1971. Л. 24–25.

[247] ГА РФ. Ф. Р-6757. Оп. 2. Д. 20. Л. 456–459; РГАЭ. Ф. Р-4372. Оп. 36. Д. 43. Л. 12–13.

[248] ЦГА СПб. Ф. Р-7179. Оп. 10. Д. 1526. Л. 193–195.

новую партию людей и техники. Партийные руководители объявили, что на погрузку торфа мобилизуются коммунисты, комсомольцы, профсоюзный актив[249].

К кампании по разработке и доставке торфа подключилась пресса. 25 января «Ленинградская правда» опубликовала первую сводку об отгрузке торфа. Сообщалось, что торфопредприятия области за 23 января отгрузили 71,9 % планового задания. Приводились цифры по отдельным предприятиям (от 105 до 60,9 %)[250]. Впоследствии сводки появлялись ежедневно — до 20 февраля. Общий процент выполнения плана больше не указывался — лишь по отдельным предприятиям. Иногда вместо процентов рядом с названием предприятия стоял прочерк, обозначавший что «отгрузка торфа... не производилась»[251]. Чаще всего сводки не сопровождались какими-либо комментариями, но несколько раз они все же присутствовали. Вначале это была критика работы Октябрьской железной дороги за несвоевременную подачу вагонов[252]. Потом основным объектом атаки стали торфопредприятия[253].

Итоги работы по преодолению кризиса топлива и электроэнергии подводились на объединенной городской и областной партконференции, состоявшейся сразу после окончания советско-финляндской войны, в апреле 1940 г. Секретарь Ленинградского обкома и горкома партии Кузнецов выступил с жесткой критикой в адрес наркомата электростанций и электропромышленности. Он утверждал: «Очевидно, наркомат не понимает создавшегося положения, не понимает значения Ленинграда в общей системе народного хозяйства... Наркомат палец о палец не ударяет. Я считаю, что это самый косный и неоперативный наркомат»[254]. По словам партийного руководителя, фактически функции бездеятельного наркомата выполняла ленинградская организация ВКП(б)[255].

---

[249] ЦГАИПД СПб. Ф. Р-25. Оп. 2. Д. 2556. Л. 8–9.

[250] Ленинградская правда. 1940. 25 января.

[251] Там же. 30 января.

[252] Там же. 30 января, 8, 11 февраля.

[253] Там же. 11, 20 февраля.

[254] ЦГАИПД СПб. Ф. Р-24. Оп. 2. Д. 3628. Л. 28–29.

[255] Там же. Л. 29.

На той же конференции выступил управляющий «Ленэнерго» Иван Петрович Карась. Он признал: «Мы не справляется с основными нашими задачами — бесперебойного и нормального снабжения ленинградской промышленности электроэнергией»[256]. Однако главным виновником этого положения, судя по докладу, было вовсе не «Ленэнерго». Основная причина столь печального положения — нехватка топлива, плохая работа треста «Ленгосторф»[257]. Не забыл Карась и о низком уровне воды[258]. Глава «Ленэнерго» перекладывал вину на другое ведомство и на природу. Оправдывался и управляющий «Ленгосторфа» Л. В. Черняк. Вначале он сослался на объективные факторы (погода, нехватка рабочей силы[259]). Потом выступил с контробвинениями. Черняк утверждал, что ленинградские энергетики неэффективно использовали полученный ими торф[260].

Партийные и государственные органы продолжили обсуждать вопросы топливного и энергетического снабжения и после конференции. В результате в начале августа 1940 г. появилось постановление горисполкома «О разработке единого плана развития энергетики г. Ленинграда» (одобрено на заседании бюро горкома 31 июля). Создавалась специальная комиссия для разработки перспективного плана развития электростанций[261]. Однако к началу Великой Отечественной войны добиться сосредоточения в Ленинграде значительных топливных запасов и серьезно расширить мощности, производившие электроэнергию, не удалось.

3. Военная промышленность

По данным ленинградского горкома партии, за 1939 г. заводы и фабрики Ленинграда дали 10,71 % от валового выпуска продукции всей промышленности Советского Союза[262]. По стоимости валового

---

[256] Там же. Д. 3632. Л. 76.

[257] Там же. Л. 76–77.

[258] Там же. Л. 82–83.

[259] Там же. Д. 3634. Л. 6, 8.

[260] Там же. Л. 8.

[261] ЦГА СПб. Ф. Р-7384. Оп. 36. Д. 34. Л. 49–52.

[262] ЦГАИПД СПб. Ф. Р-24. Оп. 2. Д. 3661. Л. 9.

выпуска промышленных изделий город занимал второе место после Москвы[263]. В во время войны производственные мощности города были поставлены на службу фронту.

Уже в первые дни войны выяснилось, что при планировании боевых операций не учли потребностей войск в снаряжении для зимних условий. Командование военного округа и флота стало направлять городской власти соответствующие заявки. Развернулась работа по изготовлению маскхалатов, рукавиц, переносных печей и т. д.[264] Местные органы власти регулярно принимали соответствующие решения. Например, в постановлении бюро обкома от 23 декабря шла речь о производстве для ЛВО термосов, саней, автопечей, автоприцепов, бидонов и приспособлений для крепления носилок к лыжам[265]. Штаб округа присылал все новые и новые требования. В частности, 4 января председатель Ленсовета Попков получил ходатайство об изготовлении к 10 января 600 домиков-бань[266].

Одновременно с этим мощности ленинградских предприятий были мобилизованы на увеличение производства военной техники, оружия и боеприпасов. К концу 1930-х гг. в городе существовала мощная военно-производственная база. В 1938 г. из 219 промышленных предприятий наркомата оборонной промышленности 38 (17,3 %) располагалось в Ленинграде и Ленобласти[267]. Помимо этого, военную продукцию выпускал ряд заводов и фабрик, подчиненных другим ведомствам. Так, формально гражданский наркомат среднего машиностроения среди прочего руководил рядом

---

263 Дзенискевич А. Р. Фронт у заводских стен. С. 151.

264 ЦГАИПД СПб. Ф. Р-24. Оп. 2. Д. 3658. Л. 157.

265 Там же. Оп. 2а. Д. 140. Л. 1–2.

266 ЦГА СПб. Ф. Р-7384. Оп. 4. Д. 35. Л. 1.

267 Щерба А. Н. Военная промышленность Ленинграда в 20–30-е годы; Жуков С. А. Организация материального снабжения… С. 28; наркомат оборонной промышленности существовал до начала 1939 г., когда вместо него создали четыре новых ведомства: наркомат вооружений, наркомат боеприпасов, наркомат судостроительной промышленности и наркомат авиационной промышленности (История создания и развития оборонно-промышленного комплекса… Т. 4. С. 1035, прим. 47; Соколов А. К. От военпрома к ВПК: советская военная промышленность. 1917 — июнь 1941 г. М., 2012. С. 391).

танковых заводов, в том числе — ленинградским заводом № 174[268]. Другой пример: изготавливавший бронетехнику и артиллерию Кировский завод принадлежал наркомату тяжелого машиностроения. В общей сложности, по оценке Сталина, в городе находилось «процентов 30–35 оборонной промышленности нашей страны»[269]. Кроме того, значительная часть гражданских заводов, фабрик и артелей города была привлечены к военному производству накануне и во время советско-финляндской войны.

В период войны руководство военным производством сосредоточилось в Управлении военно-техническим снабжением (УВТС) Северо-Западного фронта. В УВТС отправляли информацию об изобретениях и возможных усовершенствованиях оружия. После этого Военный совет фронта ходатайствовал перед Совнаркомом о развертывании новых производств. Некоторые предложения в УВТС могли счесть актуальными, но недостаточно значимыми для согласования с Москвой. В этом случае Военный совет и УВТС самостоятельно размещали на ленинградских предприятиях заказы[270]. Подобным образом совмещались хозяйственная централизация и автономия местного руководства.

Общий контроль над военным производством осуществляло партийное руководство[271]. Особую активность пришлось проявить второму секретарю обкома и горкома ВКП(б) Кузнецову, так как его непосредственный начальник Жданов неоднократно покидал Ленинград (выезжал в Москву и на фронт, ведь его назначили членом Военного совета Северо-Западного фронта[272]). Именно

---

[268] Соколов А. К. От военпрома к ВПК. С. 393.

[269] Зимняя война 1939–1940. Кн. 2. И. В. Сталин и финская кампания. С. 272; Тайны и уроки Зимней войны. 505; «Зимняя война»: работа над ошибками (апрель — май 1940 г.). С. 32.

[270] ЦГАИПД СПб. Ф. Р-24. Оп. 2б. Д. 638. Л. 56–57.

[271] Там же. Ф. Р-24. Оп. 2б. Д. 638. Л. 56–57; Ф. Р-4000. Оп. 18. Д. 498. Л. 75.

[272] На объединенной городской и областной партконференции в апреле 1940 г. Кузнецов заявил, что Жданов во время войны «непосредственно пробыл на фронте больше двух месяцев» (ЦГАИПД СПб. Ф. 24. Оп. 2. Д. 3628. Л. 121). Это утверждение воспроизводится и в посвященной Жданову литературе (Кутузов В. А., Демидов В. И. А. А. Жданов и советско-финляндская война 1939–1940 гг. С. 57). Согласно данным тетради регистрации посетителей Жданова,

Кузнецову пришлось принимать бо́льшую часть решений, связанных с работой военной промышленности. Сам Алексей Александрович шутил, что «по вине белофиннов» ему пришлось заняться изучением военной науки[273].

Можно отметить, что похожее разделение функций имело место и позже, во время Великой Отечественной войны. Крупный специалист по истории блокады Ленинграда Никита Андреевич Ломагин отмечает, что «война и блокада дали А. А. Кузнецову шанс вырасти в крупного руководителя», так как «номинальный руководитель Ленинградской партийной организации А. А. Жданов был вовлечен в решение многих проблем на уровне ЦК, нередко отсутствовал в городе и, кроме того, часто болел»[274].

За период войны с Финляндией ленинградские предприятия разработали и начали производство ряда новых изделий. Нужно отметить, что их проектирование и освоение осуществлялось существенно быстрее, чем в мирное время. Это было связано с уменьшением бюрократических проволочек. Как отмечали на посвященном работе промышленности совещании 17 мая 1940 г., во время войны все вопросы согласовывались «в наикратчайший срок»[275]. По словам одного из выступавших, после разработки какого-либо прибора достаточно было прийти к Жданову или Кузнецову, чтобы «было… получено соответствующее распоряжение штабу ЛВО и машина пошла бы»[276]. В Москве вопросы о производстве новых образцов согласовывались напрямую со Сталиным, в обход наркомата

в период войны 11 дней он провел в Москве (подсчитано по: РГАСПИ. Ф. 77. Оп. 4. Д. 75. Л. 65, 89, 90). В своем ленинградском кабинете Жданов принимал посетителей 19 дней (подсчитано по: Там же. Д. 77. Л. 16–21). Зимняя война продлилась 105 дней. Если отнять указанные в тетрадях регистрации посетителей 30 дней, то остается 75. Даже с вычетом еще нескольких дней, которые Жданов мог провести в дороге, все равно остается «больше двух месяцев». Воспоминания о пребывании Жданова на фронте оставил начальник санитарной службы 7-й армии Давид Наумович Верховский. См.: ЦГАИПД СПб. Ф. Р-4000. Оп. 5. Д. 3604. Л. 1–7; Волынец А. Н. Жданов. С. 269–271.

[273] ЦГАИПД СПб. Ф. Р-4000. Оп. 18. Д. 498. Л. 73.

[274] Ломагин Н. А. Неизвестная блокада. Кн. 1. С. 147.

[275] ЦГАИПД СПб. Ф. Р-25. Оп. 13а. Д. 9. Л. 4.

[276] Там же. Л. 27.

обороны[277]. Быстро утверждались нововведения, которые ранее согласовывались бы годами[278]. Внутри предприятий работа также ускорилась. Если прежде заказчики предъявляли заводам и конструкторским бюро чрезвычайно детализированные и подробные требования, то теперь задания ставились в самом общем и, главное, конкретном виде[279]. Конструкторы знали, для чего предназначены разрабатываемые ими машины, и обладали свободой в поиске технических решений[280]. Предприятия упростили свой документооборот, все чертежи оформляли самым простым способом[281]. На Кировском заводе ликвидировали группу контроля по выпуску чертежей, так как она задерживала работу. Теперь за ошибки в чертежах отвечали непосредственно конструкторы[282]. Ради экономии времени нарушались довоенные положения о секретности. Часть чертежей, которые запрещалось показывать мастерам и рабочим, стали отправлять в цеха. Благодаря этому рабочие лучше понимали, что́ именно от них требовали[283].

В номенклатуре военной продукции ленинградских заводов и фабрик заметное место занимали боеприпасы. Если по сравнению с 1937 г. производство всей ленинградской оборонной промышленности в 1939 г. выросло в полтора раза, то у предприятий наркомата боеприпасов оно, несмотря на невыполнение планов, увеличилось более чем в два раза[284]. Во время советско-финляндского конфликта боеприпасы выпускались не только оборонными, но и гражданскими предприятиями. Еще в сентябре часть гражданской промышленности начала переходить к изготовлению военной продукции. В дни войны снаряды производились Вагоно-ремонтным заводом Трамвайно-троллейбусного управления, Невским машиностроительным заводом им. В. И. Ленина, заводами им. И. И. Лепсе,

---

[277] Там же. Л. 23.

[278] Там же. Л. 11.

[279] Там же. Л. 14, 51.

[280] Там же. Л. 51.

[281] Там же. Л. 53.

[282] Там же. Л. 41–42.

[283] Там же. Л. 15.

[284] Там же. Д. 12. Л. 64.

им. К. Маркса, им. 2-й Пятилетки и «Электросилой»[285]. Ремонтно-механический завод «Водоканала» выпускал корпуса для снарядов, «Ленпишмаш» (Ленинградский завод пишущих машинок) поставлял взрыватели[286]. Пивоваренный завод «Красная Бавария» с ноября по март изготавливал корпуса авиабомб[287]. Завод им. И. Е. Егорова получил заказ на производство авиабомб[288]. Кушелевская фабрика музыкальных инструментов Ленгорместпрома выпускала детали для ручных гранат РГ-33, артель «Металлоигрушка» — рукоятки и корпуса гранат, предприятия коммунального хозяйства Ленсовета — корпуса для снарядов[289]. В изготовлении боеприпасов участвовали и другие предприятия[290].

Насущные потребности фронта вызвали разработку и запуск в серийное производство ряда новых изделий. Так, в самом начале боевых действий выяснилось, что финны широко используют мины[291]. По словам Кирилла Афанасьевича Мерецкова, «потери от мин были небольшие, но неподготовленность войск к преодолению минных полей породила вначале "минобоязнь"»[292]. О тех же настроениях свидетельствует и красноречивая запись, сделанная в одном из блокнотов Жданова: «Главные потери на минах»[293]. Оказалось, что у Красной армии не было миноискателей. Вечером 1 декабря несколько предприятий и научных учреждений, связанных с электротехникой, получили задание сконструировать приборы для обнаружения мин[294]. Жданов и Мерецков лично встретились с группой ленинградских

---

[285] ЦГАИПД СПб. Ф. Р-24. Оп. 2б. Д. 645. Л. 2, 3; Д. 650. Л. 1.

[286] Там же. Д. 646. Л. 1; Д. 650. Л. 1.

[287] Там же. Д. 649. Л. 4.

[288] ЦГАИПД СПб. Ф. Р-4000. Оп. 6. Д. 447. Л. 11.

[289] Жуков С. А. Организация материального снабжения... С. 103.

[290] Например, завод № 77 освоил производство 120-мм мин (ЦГАИПД СПб. Ф. Р-25. Оп. 13а. Д. 12. Л. 84).

[291] См.: РГВА. Ф. 34980. Оп. 1. Д. 38. Л. 31–32, 38.

[292] Зимняя война 1939–1940. Кн. 2. С. 141; Тайны и уроки Зимней войны. С. 452.

[293] РГАСПИ. Ф. 77. Оп. 3. Д. 165. Л. 48.

[294] Гетманцев А. А., Екимов А. Н. История одного изобретения. К 90-летнему юбилею Военной академии связи имени маршала С. М. Буденного // Фотон-Экспресс. 2009. № 7. С. 38; Гетманцев А. А., Екимов А. Н. История

инженеров и дали на решение задачи сутки[295]. В Военной электротехнической академии им. С. М. Буденного созданием миноискателя занялась группа во главе с военинженером 1-го ранга Николаем
Михайловичем Изюмовым и военинженером 2-го ранга Всеволодом
Николаевичем Ивановым. К вечеру 2 декабря опытный образец был
готов[296]. Жданов тут же принял изобретателей в Смольном. Как вспоминал Николай Николаевич Воронов, в кабинете первого секретаря
обкома и горкома устроили «импровизированное испытание»; прибор «быстро определял местонахождение даже очень мелких металлических предметов: маленькие гвозди, спрятанные в разных местах
под толстым ковром... обнаруживались сразу»[297].

Миноискатель получил обозначение ИМВЭТА (искатель мин
Военной электротехнической академии). Производство поручи-
ли заводу им. Н. Г. Козицкого (№ 210)[298]. К выполнению заказа
были привлечены все цеха, работа шла круглые сутки, включая
выходные. Для вечерних и ночных смен привлекли не только рабочих, но и заводских служащих[299]. Как производственную площадь использовали помещения заводоуправления, цеховых кон-
тор и лабораторий[300]. Отправка миноискателей в действующую
армию началась уже 4 декабря, на третий день после того, как инженеры получили задание на их разработку[301]. В первой партии

одного изобретения. Как за одну ночь был разработан миноискатель // Фотон-
Экспресс. 2010. № 6. С. 55.

[295] Мерецков К. А. На службе народу. С. 179.

[296] Военная ордена Ленина Краснознаменная академия связи имени
С. М. Буденного. 1919–1979 (Краткий исторический очерки). Л.: [б. и.], 1980.
С. 50; Гетманцев А. А., Екимов А. Н. История одного изобретения. К 90-летне-
му юбилею... С. 38; Гетманцев А. А., Екимов А. Н. История одного изобретения.
Как за одну ночь... С. 55.

[297] Воронов Н. Н. На службе военной. С. 140.

[298] ЦГА СПб. Ф. Р-1324. Оп. 8. Д. 5. Л. 19; Гетманцев А. А., Екимов А. Н. История одного изобретения. К 90-летнему юбилею... С. 38; Гетманцев А. А., Екимов А. Н. История одного изобретения. Как за одну ночь... С. 55.

[299] ЦГА СПб. Ф. Р-1324. Оп. 8. Д. 5. Л. 19.

[300] ЦГАИПД СПб. Ф. Р-25. Оп. 13а. Д. 12. Л. 82.

[301] ЦГАИПД СПб. Ф. Р-24. Оп. 2. Д. 3661. Л. 34; Оп. 2б. Д. 638. Л. 61; Ф. Р-25.
Оп. 13а. Д. 12. Л. 82; Зимняя война 1939–1940. Кн. 2. С. 140; Мерецков К. А.

насчитывалось 200 приборов[302]. На специальном совещании представителей завода, академии и Инженерного управления РККА было решено считать партию опытной, 5 экземпляров оставить на заводе для испытаний, 10 — передать Инженерному отделу ЛВО для разработки и оформления требований к приему новых партий, остальные миноискатели подлежали немедленной отправке в войска[303]. За следующие два дня было изготовлено еще 1300 штук[304]. Уже до окончания войны сконструировавшие их Изюмов и Иванов были награждены орденами Трудового Красного Знамени[305].

Создание миноискателей не ограничилось одной моделью. Сразу же после поступления ИМВЭТА в войска в электротехническую академию стали приходить отзывы с фронта. Капитан В. Ванеев из 221-го саперного батальона отмечал, что за первый же день работы с миноискателями было «обнаружено 12 штук мин». Он считал, что прибор «полностью удовлетворяет поставленным требованиям, дает возможности безошибочного определения мин, имеющих металлическую оболочку, и безопасного деминирования местности»[306]. Из 8-й армии сообщали, что красноармейцы могут искать «металлические мины» уже после «2-часовой тренировки с ними инструктора»[307]. Конечно же, у миноискателя были и недостатки. Самой серьезной проблемой стало то, что у значительной части финских мин были деревянные корпуса. Металлическими в них были лишь взрыватель да гвозди, которыми была соединена оболочка. Их массы было недостаточно, чтобы прибор мог обнаружить мину[308]. Поэтому всю войну продолжались работы

На службе народу. С. 179; Гетманцев А. А., Екимов А. Н. История одного изобретения. К 90-летнему юбилею... С. 38; Гетманцев А. А., Екимов А. Н. История одного изобретения. Как за одну ночь... С. 56.

[302] РГВА. Ф. 24701. Оп. 1. Д. 202. Л. 15–16; ЦГАИПД СПб. Ф. Р-24. Оп. 2в. Д. 4524. Л. 22; Ф. 25. Оп. 13а. Д. 12. Л. 82.

[303] РГВА. Ф. 24701. Оп. 1. Д. 202. Л. 15–16.

[304] ЦГАИПД СПб. Ф. Р-24. Оп. 2в. Д. 4524. Л. 22; Ф. 25. Оп. 13а. Д. 12. Л. 82.

[305] Правда. 1940. 8 марта.

[306] РГВА. Ф. 24701. Оп. 1. Д. 202. Л. 43–44.

[307] Там же. Л. 54.

[308] Там же. Л. 54, 56.

по совершенствованию ИМВЭТА, а также по созданию новых образцов. На заводе «Красная заря» был изготовлен миноискатель УМИ-40-1. В период с 22 по 29 февраля 1940 г. неподалеку от Выборга были проведены сравнительные испытания ИМВЭТА последнего выпуска и УМИ-40-1[309]. Новый образец обладал большей чувствительностью и мог «обнаружить мину любого образца, в том числе деревянные», а также фугасы с электропроводкой (ИМВЭТА это не удавалось)[310]. Кроме того, с его помощью можно было подслушивать разговоры, идущие через телефонный кабель[311].

Еще один образец миноискателя, разработанный Военной электротехнической академией к концу войны, получил название ВИМ-210 — «Винтовочный искатель мин, выпускаемый заводом № 210»[312]. Прибор состоял из «искателя» (рамка миноискателя с радиотехнической схемой), который надевался или на ствол винтовки вместо штыка, или на специальную штангу, ящик питания, носившийся в сумке за спиной бойца, и пульт управления с выключателем и соединительной муфтой, крепившийся на поясе. Весил ВИМ-210 около 7 кг. «Боец имеет возможность обороняться во время работы, — отмечал в описании прибора Изюмов, — так как надетая на винтовку рамка не препятствует стрельбе»[313]. Несколько экземпляров прибора успели изготовить и проверить к концу войны, но широко применять их не начали[314].

Всего завод им. Козицкого за время войны произвел 3500 миноискателей трех разных образцов[315]. Другие предприятия также выпускали миноискатели. Свой вариант прибора создали на заводе № 327[316]. После испытаний опытных образцов была изготовлена

---

[309] Там же. Л. 72.

[310] Там же. Л. 73 об.

[311] Там же. Л. 73–76.

[312] Там же. Л. 81.

[313] Там же. Д. 202. Л. 82; Д. 205. Л. 27.

[314] Там же. Д. 202. Л. 85–86; Д. 205. Л. 29–30.

[315] ЦГАИПД СПб. Ф. Р-24. Оп. 2б. Д. 638. Л. 59, 64.

[316] См.: Гетманцев А. А., Екимов А. Н. История одного изобретения. К 90-летнему юбилею... С. 38–39; Гетманцев А. А., Екимов А. Н. История одного изобретения. Как за одну ночь... С. 56.

партия в 50 экземпляров[317]. 100 миноискателей произвел завод «Светлана», 10 штук — завод «Красная заря»[318].

Нужно отметить, что к началу войны в Советском Союзе уже трудились в области создания миноискателей. В апреле 1940 г. на совещании военного руководства Мерецков отмечал, что «в лабораторном порядке работали и над образцом миноулавливателя, но... дело дальше разговоров не шло, так как все искали лучших образцов»[319]. Позже Изюмов вспоминал, что в декабре 1939 г. его группе предстояло «создать конструкцию совершенно нового прибора, не имевшего известных нам предшествующих вариантов»[320]. В действительности еще до войны был разработан прибор ИЗ. В июле 1940 г., составляя описание ВИМ-210, Изюмов сравнивал его конструкцию с ИЗ, который, по его словам, «в небольшом числе (два-три десятка)» применялся «в боях с белофиннами»[321]. Однако ИЗ был тяжелым (16 кг), для нормального обслуживания требовалось два человека. Кроме того, рамка прибора была неэкранированной, тон сигнала в наушниках менялся не только из-за присутствия металла, но даже от приближения к земле, получавшиеся ложные сигналы неизбежно вели «к неуверенности бойца в действии прибора»[322].

Петр Петрович Минаев пишет, что при Артиллерийским полигоне под Ленинградом «с 1938 года под руководством заслуженного деятеля науки В. Д. Охотникова коллектив ученых вел разработки с целью создания специальной аппаратуры для самодвижущихся противотанковых мин, а также приборов по обнаружению предметов, зарытых в землю, и приборов, используемых в сторожевой

---

[317] ЦГАИПД СПб. Ф. Р-24. Оп. 2б. Д. 638. Л. 65; Гетманцев А. А., Екимов А. Н. История одного изобретения. К 90-летнему юбилею... С. 39; Гетманцев А. А., Екимов А. Н. История одного изобретения. Как за одну ночь... С. 56.

[318] ЦГАИПД СПб. Ф. Р-24. Оп. 2б. Д. 638. Л. 65.

[319] Зимняя война 1939–1940. Кн. 2. С. 141.

[320] Цит. по: Гетманцев А. А., Екимов А. Н. История одного изобретения. К 90-летнему юбилею... С. 38; Гетманцев А. А., Екимов А. Н. История одного изобретения. Как за одну ночь... С. 56.

[321] РГВА. Ф. 24701. Оп. 1. Д. 202. Л. 85; Д. 205. Л. 29.

[322] Там же. Д. 202. Л. 84–85; Д. 205. Л. 28–29.

и охранной службе. Эти разработки впоследствии были применены во время советско-финляндской войны...»[323] Однако архивные документы, на которые ссылается Минаев, сообщают, что до конфликта с Финляндией конструкторское бюро Охотникова работало над всеми перечисленными темами, кроме создания «приборов по обнаружению предметов, зарытых в землю». Тактико-техническое задание на миноискатель бюро получило лишь в декабре[324]. Предварительные испытания охотниковского миноискателя состоялись 11–12 января 1940 г.[325] Впоследствии прибор испытывали в июле и сочли непригодным[326].

Наряду с простыми миноискателями появлялись и разные экзотические конструкции. В Институте радиовещательного приема и акустики (ИРПА) собрали 50 приборов для поиска мин замедленного действия[327]. Военно-электротехническая академия создала искатель напряжений ИНВЭТА. Внешне прибор был похож на миноискатель, но, как писал в его описании Изюмов, предназначался «для обнаружения электризованных препятствий наземного типа», должен был «предупреждать бойца за 10–20 шагов о приближении к заграждению, находящемуся под высоким напряжением переменного тока»[328]. 10 декабря образец прибора был отправлен на завод № 210[329]. Уже в декабре его использовали в частях действующей армии[330]. За время войны ИНВЭТА выпустили двумя сериями, при этом в конструкции второй серии, как отмечал Изюмов, были «учтены многие пожелания бойцов Северо-Западного фронта». Прибор, как гласит составленное в электротехнической академии описание,

---

[323] Минаев П. П. Выпуск боеприпасов оборонной промышленностью Ленинграда в 20–30-е годы XX века. СПб.: Нестор, 2004. С. 17.

[324] Начальник Инженерного управления Красной армии комбриг Петров утвердил его 8-го числа, начальник Управления связи комдив Найденов — 9-го (Архив ВИМАИВиВС. Ф. 7р. Оп. 7. Д. 202. Л. 31 — 31 об.).

[325] См.: Архив ВИМАИВиВС. Ф. 7р. Оп. 7. Д. 202. Л. 25 — 25 об.

[326] См.: Там же. Л. 93–107.

[327] ЦГАИПД СПб. Ф. Р-24. Оп. 2б. Д. 638. Л. 60, 64.

[328] РГВА. Ф. 24701. Оп. 1. Д. 203. Л. 2.

[329] Там же. Л. 7.

[330] Там же. Л. 10, 11.

«нашел себе широкое применение в инженерной службе. Следует указать, что немногочисленные электризованные заграждения белофиннов (например, перед районом Койвисто) благодаря успешным действиям нашей артиллерии и авиации были разрушены и во время штурма не имели на себе напряжения. Однако действие прибора многократно проверялось нашими электриками при установке своих электризованных заграждений (районы Перк-Ярки, Пяткеранта <sic> и др.). Приборы позволяли проверить наличие напряжения на заграждении, найти в снегу кабель питания, а в некоторых случаях с помощью приборов прослушивалась работа телеграфных и телефонных линий связи»[331].

На заводе им. К. Е. Ворошилова (№ 174) изготовили один экземпляр специального танкового миноискателя, его смонтировали на танк Т-26[332]. Разработал данный проект инженер Н. Н. Свиридов с завода № 185[333]. На «Светлане» сконструировали «прибор для взрыва мин на расстоянии», на Кировском заводе занимались его установкой на танк Т-28[334]. Устройство должно было взрывать мины при помощи электрического тока высокой частоты. С танка пришлось снять башню и установить вместо нее специальную рубку с генератором. Машина могла уничтожать мины в радиусе 7–8 метров, однако оказалась эффективной только против мин с электродетонатором[335]. К тому же этот электротральщик не успели доделать к концу войны. Испытания провели уже 14 апреля[336].

Танкам требовалось преодолевать не только минные поля, но и линии надолб. Над решением этой проблемы работали Кировский и Ижорский заводы, завод подъемного оборудования им. С. М. Кирова, завод № 185. 19 декабря директор последнего получил указание отдела инженерных войск ЛВО создать «приспособление к боевой машине по расчистке пути от препятствий». Его

---

[331] РГВА. Ф. 24701. Оп. 1. Д. 203. Л. 24–25; Д. 205. Л. 33–34.

[332] ЦГАИПД СПб. Ф. Р-24. Оп. 2б. Д. 638. Л. 53, 64; также см.: Антонов В. Т-26 в роли сапера. URL: https://warspot.ru/12502-t-26-v-roli-sapyora

[333] ЦГА СПб. Ф. Р-3209. Оп. 9. Д. 16. Л. 15.

[334] ЦГАИПД СПб. Ф. Р-24. Оп. 2б. Д. 638. Л. 53, 64.

[335] Коломиец М. В. Танки в Финской войне 1939–1940 гг. С. 137.

[336] Коломиец М. В. Средний танк Т-28. С. 50.

предполагалось монтировать на танк Т-28. Оно должно было устранять с пути железобетонные надолбы весом 1,5–2 тонны и высотой 1,2–1,5 метров, по возможности не ухудшая огневой мощи и маневренности танка[337]. К концу месяца на заводе появилось четыре проекта. Две модели успели изготовить и отправить в РККА до конца года, одна из них, как сообщал отчет о годовой работе предприятия, «была признана удовлетворительной и оставлена в армии для использования ее»[338]. В январе 1940 г. деятельность в данном направлении продолжалась. 20 числа в 20-й отдельной танковой бригаде испытали еще два разработанных заводом № 185 устройства: таран для раздвигания надолб и «гребенку», которая также должна была сдвигать финские заграждения. На следующий день в бригаде испытали еще один таран и «приспособление для раскидывания тетрайдных[339] надолб». Результаты оказались неудовлетворительными[340]. Предполагалось, что таран и «растаскиватель надолб» будут монтироваться на специальный инженерный танк. Поскольку приспособления не прошли испытания, проект остался на бумаге[341]. Кроме того, завод работал над минными тралами. Было проработано 15 конструкций, изготовлено 10 образцов[342]. На Кировском заводе также создавали минные тралы. Конструкторское бюро СКБ-2 за три дня разработало несколько вариантов[343]. В материале для книги «*Сто пять дней боев*» Жозеф Яковлевич Котин сообщал, что над тралами работали конструкторы Григорьев, Яковлев, Ермолаев, Духов, Сычев, Халкионов и Слуцман[344]. В посвященной Котину биографической работе можно прочесть, что в проектировавшую трал группу во главе с Николаем Леонидовичем Духовым входили инженеры Дмитрий Ефимович Григорьев, Л. Н. Переверзев, В. И. Таротько, Г. А. Турчанинов, М. Т. Шелемин,

---

[337] ЦГА СПб. Ф. Р-5350. Оп. 8. Д. 1. Л. 1.

[338] ЦГА СПб. Ф. Р-3209. Оп. 9. Д. 16. Л. 14.

[339] Т. е. имеющих форму тетраэдра — треугольной пирамиды.

[340] ЦГА СПб. Ф. Р-5350. Оп. 8. Д. 1. Л. 2.

[341] ЦГАИПД СПб. Ф. Р-24. Оп. 2б. Д. 638. Л. 53.

[342] ЦГА СПб. Ф. Р-3209. Оп. 9. Д. 16. Л. 14.

[343] ЦГАИПД СПб. Ф. Р-25. Оп. 10. Д. 299. Л. 29.

[344] Там же. Л. 60.

Борис Николаевич Яковлев[345]. Первые образцы были готовы через пять дней[346]. Всего было изготовлено и испытано 12 разных образцов, один из них — одобрен[347]. Сначала речь шла о простейших конструкциях в виде волокуш, деревянных или металлических, которые танки должны были толкать перед собой. Испытания показали, что такие конструкции ненадежны, в серийное производство пошел более сложный дисковый трал[348]. В результате, по данным отчета об изготовлении новой техники в дни войны, Кировский завод изготовил 93 трала для Т-28 и 40 тралов — для Т-26[349].

Завод подъемных сооружений им. С. М. Кирова для преодоления препятствий создал разборный металлический мост[350]. Задание поступило из штаба ЛВО, проект нужно было сделать за сутки. Над ним работали четыре группы, каждая отвечала за свою часть моста. Сам мост военные требовали изготовить за шесть дней[351].

Над созданием моста для преодоления противотанковых препятствий работали и на Кировском заводе, где была изготовлена 10-метровая металлическая конструкция, жестко смонтированная на танке Т-28. Машина с мостом должна была входить в ров, а уже по ней — проезжать другие танки. После испытаний образец признали неэффективным[352].

Еще один мост сделали на Ижорском заводе, но его сразу же признали неудачным[353]. Предполагалось, что при помощи данной конструкции преодолевать заграждения смогут танки Т-28, Т-26 и БТ. В высоту мост достигал 250 см, в ширину — 338, весил 12 т.

---

[345] Конструктор боевых машин. С. 103.

[346] Там же. С. 104.

[347] ЦГА СПб. Ф. Р-1788. Оп. 27. Д. 76. Л. 26.

[348] Коломиец М. В. Танки в Финской войне 1939–1940 гг. С. 136–137.

[349] ЦГАИПД СПб. Ф. Р-24. Оп. 2б. Д. 638. Л. 63; Максим Викторович Коломиец приводит иные сведения. Он пишет про 93 трала, произведенных на Кировском заводе, и про 49, изготовленных заводом № 174 (Коломиец М. В. Танки в Финской войне 1939–1940 гг. С. 137).

[350] ЦГАИПД СПб. Ф. Р-24. Оп. 2б. Д. 638. Л. 52, 64.

[351] ЦГАИПД СПб. Ф. Р-25. Оп. 10. Д. 299. Л. 61–63.

[352] Коломиец М. В. Танки в Финской войне 1939–1940 гг. С. 50; Коломиец М. В. Средний танк Т-28. С. 137.

[353] ЦГАИПД СПб. Ф. Р-24. Оп. 2б. Д. 638. Л. 52.

Доставлять эту конструкцию к линии надолб должны были два танка Т-28. Сверху располагались колеи для проезда танков. 5 февраля мост изучила комиссия из военных и заводчан. Они сочли, что мост проблематично использовать из-за сложности и неповоротливости конструкции. Надвинуть мост на заграждение было очень трудно, к тому же для этого нужно было строго определенное (видимо, шахматное) расположение надолб и расстояние между ними. Наконец, наклон въездов и съездов (30°) был на грани возможностей танков. Комиссия полагала, что мост непригоден для фронта, но предложила применять его в тылу, для восстановления автогужевого и железнодорожного движения[354]. Впрочем, входивший в комиссию военинженер 2-го ранга Б. М. Малютов и эту мысль оценил как нелепость. Он утверждал, что «из-за отсутствия решетки (раскосов) этот мост не способен выдержать даже самые легкие нагрузки»[355]. 10 февраля начальник Управления военно-технического снабжения Северо-Западного фронта комбриг Родион Николаевич Моргунов и военный комиссар Управления батальонный комиссар Кирютов отправили Жданову доклад о результатах своего знакомства с проектом Ижорского завода. Вероятно, речь шла о новом варианте конструкции, которая сохранила старые недостатки и была еще массивнее. Весил мост 16 т, в длину достигал 16 м, наклон въезда стал еще более крутым — 35–38° (танк не мог подняться). Выдвигать мост к вражеским заграждениям должен был Т-26, но, как оказалось, у этой машины не хватало мощности[356]. Разумеется, деятельность сотрудников Ижорского завода не ограничилась этой неудачей. В отчетности о работе военной промышленности Ленинграда упоминается, что во время войны данное предприятие изготавливало некие приспособления к танкам «для подрыва надолб». Было сделано 17 комплектов[357].

Лихорадочный поиск средств борьбы с вражескими укреплениями не обошелся без непродуманных поспешных решений

---

[354] РГВА. Ф. Р-34980. Оп. 1. Д. 30. Л. 60.

[355] Там же. Л. 60 об.

[356] Там же. Л. 61–62.

[357] ЦГАИПД СПб. Ф. Р-24. Оп. 2б. Д. 638. Л. 53, 63.

и усиленного внимания к разным экзотическим проектам. В декабре 1939 г. электротехническая академия разработала радиоуправляемую «сухопутную гусеничную торпеду», которая представляла из себя гусеничную тележку, способную доставить к позициям противника заряд взрывчатки[358]. В документах она именуется «СТ-ВЭТА» («сухопутная торпеда Военной электротехнической академии»), или «Ползун»[359]. 6 января бюро горкома приняло постановление с просьбой к ЦК ВКП(б) разрешить ленинградским заводам производство ряда образцов новой техники. Среди прочего бюро горкома запрашивало санкцию изготовить на заводе № 234 (он же — завод «Красный Октябрь») тысячу «сухопутных торпед, управляемых на расстоянии». Завод «Красная Заря» должен был отвечать за электротехническую часть проекта, московский завод им. И. И. Лепсе — дать 2 тысячи электромоторов ДСФ-1000. Завод № 233 получал задание изготовить 2 тысячи аккумуляторных батарей[360]. Политбюро в тот же день одобрило данное решение[361].

24 января 1940 г. два опытных образца «торпеды» испытали в районе дислокации 7-й армии рядом с населенным пунктом Уусикиркко. Устройство управлялось по проводам, несло заряд в 125 кг взрывчатки и могло доставить его на расстояние в 500 м. Комиссия, наблюдавшая за испытаниями, полагала, что «для более эффективного воздействия на противника использование торпед должно быть массовым и внезапным» и что «торпеды необходимо применить в период прорыва полосы главного сопротивления УР противника». При этом комиссия сочла, что для борьбы с ДОТами заряд взрывчатки требуется увеличить — он «должен быть не менее 150 кгр.»[362]. По-видимому, после этого количество взрывчатки действительно увеличили. В записях Жданова упоминается «наземная

---

[358] Коломиец М. В. Танки в Финской войне 1939–1940 гг. С. 32.

[359] Расшифровка аббревиатуры «СТ-ВЭТА» см.: РГВА. Ф. 24701. Оп. 1. Д. 206; название «Ползун» приведено на обложке того же дела.

[360] ЦГАИПД СПб. Ф. Р-25. Оп. 2а. Д. 81. Л. 3.

[361] РГАСПИ. Ф. 17. Оп. 162. Д. 26. Л. 168; 7 января это распоряжение Политбюро продублировал Комитет обороны при СНК (История создания и развития оборонно-промышленного комплекса... Т. 4. С. 437).

[362] Полный текст акта испытаний см.: РГВА. Ф. 24701. Оп. 1. Д. 206. Л. 2–6.

торпеда» с зарядом в 150 кг[363]. О таком же количестве взрывчатки пишет и опиравшийся на документы РГВА специалист по истории бронетехники Максим Викторович Коломиец[364]. Ленинградский завод № 234 успел собрать сотню таких снарядов[365]. Однако затем выяснилось, что «вследствие глубокого изрытия местности нашими же снарядами перед укреплениями противника торпеда не смогла бы дойти до намеченной цели». Уже развернутое производство пришлось остановить[366].

Можно отметить, что в документах «торпедой» именовалась не только данная разработка электротехнической академии. Как пишет Коломиец, в конце января «аналогичную торпеду изготовил завод № 174 им. Ворошилова, но ее испытания дали отрицательный результат и работы были прекращены»[367]. Электротехническая академия также разработала самодвижущуюся тележку, которую испытали 12 февраля. Она предназначалась для транспортировки взрывчатки или боеприпасов через пространство, простреливаемое врагом. Для перемещения четырехколесной тележки достаточно было мускульной силы одного человека, который должен был тянуть за трос, намотанный на лебедку. Можно было перевезти до 20 кг груза. При этом тележка должна была быть простой в производстве и очень дешевой, «при массовом изготовлении» ее стоимость не должна была «превышать 200–250 руб.». Для доставки заряда взрывчатки к вражеским укреплениям подрывная команда должна была состоять из трех человек. Снабженная зарядом взрывчатого вещества тележка в описании именовалась «механической торпедой», или «МТ-ВЭТА»[368].

---

[363] РГАСПИ. Ф. 77. Оп. 3. Д. 163. Л. 185.

[364] Коломиец М. В. Танки в Финской войне 1939–1940 гг. С. 32.

[365] ЦГАИПД СПб. Ф. Р-24. Оп. 2б. Д. 638. Л. 52, 60, 64.

[366] Там же. Л. 60; точку в этой истории поставило окончательно отменившее все связанные с «торпедами» производственные задания постановление Комитета обороны при СНК от 1 апреля 1940 г. (История создания и развития оборонно-промышленного комплекса России и СССР. 1900–1963 гг. Т. 4. С. 437, прим. 1).

[367] Коломиец М. В. Танки в Финской войне 1939–1940 гг. С. 32.

[368] Подробнее см.: РГВА. Ф. 24701. Оп. 1. Л. 14–21.

Еще один проект предложил некий инженер Ф. И. Макаров. 4 января 1940 г. он направил в горком письмо с описанием «снеговой торпеды», которая, по его мнению, позволила бы эффективно бороться с надолбами и дотами. «Торпеда» должна была передвигаться на лыжах при помощи реактивных двигателей. Макаров предлагал управлять ею с помощью радио или же запускать с гироскопом по прямой. Он считал, что его аппарат сможет «действовать на довольно большие расстояния» (от 1 до 3 км) и «развивать очень большие скорости» (100–200 км/час), нести от 100 до 1000 кг взрывчатки[369].

К письму прилагалась примерная схема устройства[370]. 6 января с проектом ознакомился Алексей Кузнецов. Предложение одобрил директор Института химической физики академик Семенов. Он считал, что заводам им. Ворошилова (№ 231) и «Двигатель» (№ 181) нужно поручить изготовить «по одному образцу такой торпеды и испытать ее на фронте»[371].

К работе над «торпедой» подключили ученых из столицы. 19 февраля заместитель заведующего отделом кадров горкома ВКП(б) Басов сообщал Кузнецову, что располагавшийся в Москве и подчинявшийся наркомату боеприпасов НИИ № 3, немного изменив предложенную Макаровым конструкцию, произвел 5 «торпед». Они находились на пути в Ленинград. «Дополнительно к этим, — писал Басов, — изготовляется еще 12 торпед»[372].

Тем временем, 22 января Макаров написал еще одно письмо, на этот раз Жданову. Теперь он хотел оснастить «торпеду» зарядом в 1–1,5 т взрывчатых веществ. Инженер был уверен, что у «торпеды» есть такие преимущества, как «меткость» и «большое фугасное действие». Кроме того, он почему-то полагал, что доты хорошо защищены сверху (и потому малоуязвимы для авиации и артиллерии крупных калибров), но слабо — «в месте соединения огневой точки с грунтом». О механизме торпеды Макаров на сей раз

---

[369] Подробнее см.: ЦГАИПД СПб. Ф. Р-24. Оп. 2б. Д. 638. Л. 32–36.

[370] Там же. Л. 31.

[371] Там же. Л. 30.

[372] Там же. Л. 37.

не распространялся: «Из целей предосторожности я умышленно не привожу здесь принципа действия и устройства такой торпеды»[373].

В конце концов, идею Макарова забраковали. Ко второму письму инженера в архивном деле прилагается отрицательный отзыв от специалистов из Управления военно-технического снабжения (УВТС) Северо-Западного фронта. Они отметили несовершенство ходовой части аппарата, сложность установки из четырех электромоторов «с чрезвычайно сложным управлением», плохую проходимость, «чрезвычайно большие габаритные размеры»[374]. Как представляется, военное и партийное руководство, столкнувшись с непредвиденными трудностями, пребывало в состоянии поспешного поиска каких-то новых военно-технических средств, которые позволили бы быстро разрешить возникшие на фронте проблемы. Потому оно уделяло немало внимания даже таким фантастическим проектам, как реактивная «торпеда» Макарова.

О другом курьезном проекте рассказал в своих воспоминаниях возглавлявший артиллерию РККА Николай Николаевич Воронов:

«Из Смольного мне позвонили с просьбой принять одного инженера с серьезным предложением, касающимся моей прямой специальности.

Просили не откладывать встречу и поскорее определить судьбу предложения.

На следующий день этот инженер прибыл на командный пункт в район Бобошино. Он вошел в землянку, тщательно закрыв за собой дверь.

— Наш разговор не будет подслушан? — спросил он и предупредил, что прибыл ко мне по вопросу большой государственной важности.

Я пообещал сохранить нашу беседу в строгой тайне.

Инженер сообщил, что ему стало известно, что наша артиллерия не может разрушать финские железобетонные долговременные сооружения, так как снаряды отскакивают от них. По его мнению, финские

---

[373] Там же. Оп. 2г. Д. 231. Л. 129 — 130 об.
[374] Там же. Л. 131–132.

доты покрыты толстым слоем особо прочной резины. При ударе о нее наши снаряды рикошетируют и потому не наносят вреда. Слушая эти "секреты", я с трудом сдерживался, чтобы не рассмеяться.

Изобретатель развернул эскизные наброски нового образца снаряда. Это был обычный штатный снаряд, на кончике которого изображен какой-то завиток. Он оказался солидным штопором. По мысли автора, снаряд этим штопором будет ввинчиваться в резину, а потом своим взрывом разрушать укрепление.

— Благодаря моему изобретению снаряды не будут теперь отскакивать от финских дотов,— уверенно заявил изобретатель.

Он снова просил сохранить в строжайшей тайне его открытие и как можно скорее принять новый снаряд на вооружение. Велико было его разочарование, когда я объявил, что это предложение безграмотно во всех отношениях, что у финнов нет никаких дотов, покрытых резиной, а их броня и железобетон успешно пробиваются нашими бронебойными и бетонобойными снарядами.

Долго смеялись мы потом над снарядами со штопором. Вот до чего может дойти изобретатель, если о деле знает только понаслышке»[375].

Серьезным испытанием для военной техники стали морозы. Оказалось, что до войны артиллерийские системы не испытывались при температуре ниже −20°. Оптические приборы проверялись только в −25°[376]. У артиллеристов не было морозоустойчивой смазки для орудий. Уже в ходе войны на Артиллерийском научно-исследовательском опытном полигоне подбирались стойкие к холоду смазочные смеси[377].

Так как возникла потребность в боевой машине, которая смогла бы быстро и уверенно передвигаться по снегу, на фронте появились аэросани. С их помощью красноармейцы патрулировали берега Финского залива и Ладожского озера, иногда совершали вылазки во вражеский тыл[378]. Кроме того, этот вид техники использовали

---

[375] Воронов Н. Н. На службе военной. С. 146–147.

[376] ЦГАИПД СПб. Ф. Р-24. Оп. 2в. д. 4524. Л. 23.

[377] Архив ВИМАИВиВС. Ф. 7р. Оп. 7. Д. 81. Л. 108; Д. 287. Л. 11.

[378] РГАСПИ. Ф. 77. Оп. 4. Д. 11. Л. 8–9; описания разведывательных вылазок на аэросанях см.: РГА ВМФ. Ф. Р-92. Оп. 2. Д. 589. Л. 20–23; Салагин Я.

для снабжения и эвакуации раненых. Военных аэросаней у Красной армии не было, применялись гражданские модели (АНТ-IV, ОСГА-6, НКЛ-16)[379]. Вместе с тем возникла мысль создать специальную боевую машину. 20 декабря уполномоченный особого отдела НКВД ЛВО младший лейтенант госбезопасности Иванов, начальник военного склада № 728 интендант 2-го ранга Молчанов и старший политрук Костерин отправили письмо Жданову. Они предложили организовать на заводе «Красный Октябрь» производство аэросаней. Жданов одобрил идею[380].

Военный совет СЗФ поручил конструкторскому бюро ЦКБ-50 разработать боевые аэросани. Группа во главе с инженером Б. Г. Ладинским в течение января — февраля 1940 г. конструировала «аэросани-лодку»[381] (другое название — «аэросани амфибия»[382]). На машине установили башню от бронеавтомобиля БА-10 с 45-мм пушкой и пулеметом. К началу марта сани построили (на заводе № 5 НКВД) и испытали. Машина разгонялась до 50 км/ч, показала хорошую проходимость по снегу, льду и воде. Комиссия, наблюдавшая за испытаниями, одобрила проект и рекомендовала принять сани на вооружение, однако после окончания войны чертежи положили под сукно[383].

Важнейшей задачей была работа над новыми образцами бронетехники. К началу войны с Финляндией танками занимались четыре ленинградских завода. Кировский, Ижорский и завод № 174 им. К. Е. Ворошилова производили Т-26, Т-28 и запчасти к ним[384].

На Ладоге (Флот в боях с белофиннами). М.–Л., 1941. С. 9–13; Петров П. В. Боевые действия Ладожской военной флотилии. С. 24–25.

[379] Пашолок Ю. Снежный танк. URL: http://warspot.ru/7957-snezhnyy-tank

[380] РГАСПИ. Ф. 77. Оп. 4. Д. 11. Л. 2–3.

[381] Там же. Л. 10.

[382] ЦГАИПД СПб. Ф. Р-24. Оп. 2б. Д. 638. Л. 63.

[383] РГАСПИ. Ф. 77. Оп. 4. Д. 11. Л. 8, 10.

[384] Кировский завод выпускал Т-28 (ЦГА СПб. Ф. Р-1788. Оп. 27. Д. 25. Л. 1, 5) и детали для Т-26 (Там же. Д. 27. Л. 10). Ижорский завод поставлял корпуса Т-28 для Кировского завода (ЦГА СПб. Л. 11), а также изготавливал корпуса для Т-26 и бронеавтомобили БА-10 (ЦГА СПб. Ф. Р-1790. Оп. 36. Д. 142. Л. 8–9). Завод им. Ворошилова производил Т-26 (ЦГА СПб. Ф. Р-4966. Оп. 3. Д. 18. Л. 3).

Также их конструкторы создавали новые тяжелые машины: СМК и КВ[385] (оба танка получили названия в честь советских руководителей: «Сергей Миронович Киров» и «Клим Ворошилов»). Кроме того, в городе располагался опытный завод № 185 им. Кирова[386]. Его сотрудники разрабатывали проект танка Т-100[387]. Еще до советско-финляндской войны специалистам было ясно, что толщину брони необходимо увеличивать[388]. Боевые действия подтвердили это. Защиту танков с легкостью пробивали даже 37-мм снаряды и бронебойные пули. Старший лейтенант С. М. Николенко рассказал в письме Жданову о случае, когда семь Т-28 за десять минут боя, «не успев пройти 200–250 метров», получили по 2–3 пробоины и «все были выведены из строя»[389]. Война подтолкнула работы над новыми машинами, ускорила процесс их принятия на вооружение. Опытные образцы КВ, СМК и Т-100 прошли испытания на фронте[390]. Лучшим был признан КВ, 19 декабря постановлением Комитета обороны при СНК его приняли на вооружение[391]. 6 января постановление Политбюро требовало

---

[385] О ходе работ над этими танками до советско-финляндской войны см.: Васильев А. А. Становление и развитие бронетанковой промышленности Ленинграда в 20–30-е годы XX века: Дис. ... к. и. н. СПб., 2003. С. 148–150; Коломиец М. В. Ленинградские КВ-1. С. 4–15; Конструктор боевых машин. С. 61–90; Попов Н. С., Петров В. И., Попов А. Н., Ашик М. В. Без тайн и секретов. С. 20–39; Свирин М. Броневой щит Сталина. С. 100–104.

[386] Первоначально это был цех при заводе «Большевик», затем — отдел завода им. Ворошилова, с 1934 г. — самостоятельный завод опытного танкостроения (РГАСПИ. Ф. 77. Оп. 4. Д. 12. Л. 5; Соколов А. К. От военпрома к ВПК. С. 472).

[387] РГАСПИ. Ф. 77. Оп. 4. Д. 12. Л. 6; Васильев А. А. Становление и развитие бронетанковой промышленности... С. 150; Свирин М. Н. Броневой щит Сталина. С. 100.

[388] ЦГА СПб. Р-3209. Оп. 8. Д. 19. Л. 7; Соколов А. К. От военпрома к ВПК. С. 331.

[389] ЦГАИПД СПб. Ф. Р-24. Оп. 2г. Д. 231. Л. 180 — 180 об.

[390] См.: Конструктор боевых машин. С. 93–102; Попов Н. С., Петров В. И., Попов А. Н., Ашик М. В. Без тайн и секретов. С. 40–43; Коломиец М. В. Ленинградские КВ-1. С. 16–21; Иринчеев Б. Танки в Зимней войне. С. 76–78; Коломиец М. В. Танки в Финской войне 1939–1940 гг. С. 124–134.

[391] См.: История создания и развития оборонно-промышленного комплекса России и СССР. 1900–1963 гг. Т. 4. С. 428–429; Коломиец М. В. Ленинградские КВ-1. С. 21–23.

«срочно приступить к производству» новой машины[392]. При этом в конструкцию следовало внести коррективы. Первоначально на КВ устанавливалась 76-мм пушка, но для прорыва финских укреплений требовался танк с орудием большей мощности. По требованию Военного совета СЗФ первые четыре КВ следовало вооружить 152-мм гаубицами[393]. Для решения этой задачи на Кировском были объединены усилия двух коллективов конструкторов — танкового СКБ-2 и Артиллерийского опытного конструкторского отдела (АОКО). Работников первого возглавлял Николай Леонидович Духов, сотрудников второго — заместитель начальника АОКО Николай Васильевич Курин[394]. За две недели, работая по 16–18 часов в день, они спроектировали новую башню с гаубицей МТ-1 (создана на основе гаубицы М-10). Поначалу КВ с пушкой получил в документах обозначение «КВ с малой башней», гаубичный КВ — «КВ с большой башней». Впоследствии они получили новые названия: КВ-1 и КВ-2[395].

14 января 1940 г. директор Кировского завода подписал приказ, в котором требовал до конца января изготовить четыре КВ с гаубицами, а в феврале приступить к производству пушечного варианта машины (и также собрать четыре экземпляра)[396]. До конца войны Кировский завод выпустил пять КВ[397]. Четыре из них отправились на фронт и участвовали в боях, пятый был готов 13 марта[398].

По тем же соображениям было решено поменять конструкцию Т-100. На отправившемся в декабре на фронт экземпляре стояла 76,2-мм пушка[399]. На заводе № 185 изготовили опытный экземпляр со 130-мм морской пушкой Б-13[400]. Танк был покрыт броней

---

[392] РГАСПИ. Ф. 17. Оп. 162. Д. 26. Л. 167.

[393] Коломиец М. В. Ленинградские КВ-1. С. 24.

[394] Попов Н. С., Петров В. И., Попов А. Н., Ашик М. В. Без тайн и секретов. С. 43.

[395] Коломиец М. В. Ленинградские КВ-1. С. 24–25.

[396] ЦГА СПб. Ф. Р-1788. Оп. 27. Д. 64. Л. 1.

[397] Там же. Л. 58.

[398] Коломиец М. В. Танки в Финской войне 1939–1940 гг. С. 130.

[399] Свирин М. Н. Броневой щит Сталина. С. 111.

[400] РГАСПИ. Ф. 77. Оп. 4. Д. 12. Л. 6; ЦГАИПД СПб. Ф. Р-24. Оп. 2б. Д. 638. Л. 58, 63.

толщиной 60 мм и получил обозначение «100-У»[401]. В январе заместитель наркома обороны Кулик приказал «усилить вооружение Т-100 установкой на него 152-мм гаубицы М-10 для борьбы с надолбами»[402]. Данный образец был назван Т-100Z («зет»)[403]. Новая башня со 152-мм орудием была изготовлена уже после войны, в середине марта, ее так и не установили на танк. В связи с принятием на вооружение КВ-2 Автобронетанковое управление РККА распорядилось прекратить все работы над Т-100[404].

Помимо разработки тяжелых машин, ленинградские предприятия занимались и легкой бронетехникой. Конструктора Кировского завода под руководством К. И. Кузьмина и Л. Е. Сычёва создали «подвижное пулеметное гнездо» (ППГ) — предназначенную для поддержки пехоты и вооруженную двумя пулеметами танкетку[405]. Некоторые историки пишут, что на заводе «изготовили несколько образцов... и отправили их на Карельский перешеек»[406], а затем «использовали в боях»[407]. Другие исследователи сообщают, что первый экземпляр был готов только в апреле 1940 г.[408] Судя по известным автору документам, верным является второе утверждение. ППГ не упоминается в отчетах об итогах работы промышленности города во время войны. Среди документов Кировского завода в ЦГА СПб хранится датированное маем заключение по проекту, в котором говорится только об одном образце и ничего не сообщается об опыте боевых действий[409].

---

[401] РГАСПИ. Ф. 77. Оп. 4. Д. 12. Л. 6; «У» обозначает «игрек» (Коломиец М. В. Танки в Финской войне 1939–1940 гг. С. 134).

[402] Цит. по: Свирин М. Н. Броневой щит Сталина. С. 114.

[403] Коломиец М. В. Танки в Финской войне 1939–1940 гг. С. 134.

[404] Свирин М. Н. Броневой щит Сталина. С. 114–115.

[405] Конструктор боевых машин. С. 105; Попов Н. С., Петров В. И., Попов А. Н., Ашик М. В. Без тайн и секретов. С. 45; Петров П. В. Ленинградская промышленность... С. 74–75.

[406] Конструктор боевых машин. С. 105–106.

[407] Попов Н. С., Петров В. И., Попов А. Н., Ашик М. В. Без тайн и секретов. С. 46.

[408] Коломиец М. В. Танки в Финской войне 1939–1940 гг. С. 139; Петров П. В. Ленинградская промышленность... С. 75.

[409] См.: ЦГА СПб. Ф. Р-1788. Оп. 27. Д. 87. Л. 16–23, 27–34.

Разумеется, во время войны массового производства новых танков развернуть не успели. Основная тяжесть боевых действий по-прежнему падала на машины старых конструкций со слабой защитой. Некоторые из них оснастили экранами дополнительной брони. Эти работы начались в 20-х числах декабря по инициативе главного конструктора завода № 174 Семена Александровича Гинзбурга[410]. Экранирование также осуществлялось на Кировском и Ижорском заводах[411]. Броню Т-26 и Т-28 увеличивали до 50 мм[412]. Всего за период войны экраны установили на 16 танках Т-28 и 69 Т-26[413]. Кроме того, экранирование осуществлялось непосредственно в войсках. Для этого в 8-ю армию выехала специальная бригада с завода № 174[414].

Активно обсуждались предложения о броневой защите пехотинцев. В конце декабря штаб Ленинградского округа заказал Кировскому и Ижорскому заводам проектирование и изготовление лыжных бронещитов[415]. Предполагалось, что боец лежа должен был толкать перед собой щит и стрелять через бойницу. Согласно рассказу Котина, во время затишья на фронте директор Кировского завода Исаак Моисеевич Зальцман вызвал конструкторов и сообщил, что нужно создать специальные приспособления для защиты головы и груди, которые позволят «хоть сотню метров в час, но дать возможность двигаться вперед». Данное задание Зальцман получил от заместителя наркома обороны Кулика. Объявили конкурс. Из начальников бюро и старших инженеров составили жюри. Затем, по словам Котина, «лучшие схемы были пущены в разработку». Опытные

---

[410] Коломиец М. В. Т-26. Тяжелая судьба легкого танка. М., 2007. С. 66.

[411] РГАСПИ. Ф. 17. Оп. 162. Д. 26. Л. 167; ЦГАИПД СПб. Ф. Р-24. Оп. 2. Д. 3661. Л. 34; Оп. 2б. Д. 638. Л. 52, 57, 63; ЦГА СПб. Ф. Р-4965. Оп. 3. Д. 18. Л. 19.

[412] ЦГАИПД СПб. Ф. Р-24. Оп. 2б. Д. 638. Л. 57.

[413] Там же. Л. 63; часть Т-26, оснащенных экранами, относились к огнеметной модификации ХТ-133 (РГАСПИ. Ф. 17. Оп. 162. Д. 26. Л. 167; Коломиец М. В. Т-26. С. 73).

[414] См.: Коломиец М. В. Танки в Финской войне 1939–1940 гг. С. 134–135.

[415] Антонов В. Сам себе цитадель. URL: http://warspot.ru/8271-sam-sebe-tsitadel

образцы 7 января показали Жданову. На следующий день Зальцман, Котин и Ефремов (еще один сотрудник завода) уже были в Москве, где встретились с Ворошиловым и Куликом[416]. После этого Зальцмана и Котина принял Сталин, осмотревший образцы[417]. Журнал посещений кабинета Сталина подтверждает свидетельство Котина. 8 января у Сталина действительно побывали представители Кировского завода. Они провели у генсека 10 минут — с 22:20 до 22:30. В кабинете в это время также находились Ворошилов, Вячеслав Молотов, Шапошников, Василевский, Кулик и Малышев[418]. По-видимому, именно этот эпизод имел в виду Молотов уже в 1970-е гг. в одном из своих разговоров с поэтом Феликсом Чуевым: «Во время финской войны Сталину привезли новый пулемет на полозьях. Сталин попросил себе винтовку из караулки, лазил по ковру с этим пулеметом, нашел несколько недостатков — с большим знанием дела»[419]. (Сперва он ошибочно сказал про пулемет, но затем мы видим явную поправку — ведь Сталин ползает по полу с винтовкой). Свой проект щита разработал Ижорский завод. 15 января кировский и ижорский бронещиты были испытаны в Красном Селе на стрельбище Ленинградского Краснознаменного пехотного училища им. С. М. Кирова. После устранения некоторых недостатков оба проекта пустили в серийное производство[420]. Всего во время войны два завода выпустили 55 191 бронещит[421]. Лыжи для них производили мебельные фабрики (около 15 тыс. комплектов). Кроме того, Ижорский завод изготовил 50 опытных образцов бронещитков для станковых пулеметов[422]. Одновременно завод освоил производство броненагрудников для радистов и стрелков авиации (100 штук). В документах также

---

[416] ЦГАИПД СПб. Ф. Р-25. Оп. 10. Д. 299. Л. 56–57.

[417] См.: Там же. Л. 57–58.

[418] На приеме у Сталина. Тетради (журналы) записей лиц, принятых И. В. Сталиным (1924–1953 гг.): Справочник. М.: Новый хронограф, 2008. С. 288.

[419] Чуев Ф. И. Молотов: Полудержавный властелин. М.: ОЛМА-ПРЕСС, 2002. С. 345.

[420] Антонов В. Сам себе цитадель.

[421] ЦГАИПД СПб. Ф. Р-24. Оп. 2б. Д. 638. Л. 52. Ср.: Там же. Л. 58, 63.

[422] Там же. Л. 63.

упоминается, что на Ижорском было сделано два броненагрудника для пехотинцев[423]. Вероятно, речь идет о проекте М. М. Страхова, от которого отказались, так как нагрудник стеснял движения бойца[424]. Там же изготовили 249 бронесаней[425]. Эти сани цепляли к танкам, на них перевозили пехоту, боеприпасы и вооружение[426]. С их помощью эвакуировали раненых[427].

Боевые действия выявили острую необходимость в обеспечении войск минометами[428]. На заводе № 7 (ныне завод «Арсенал») с 1937 г. действовало специальное конструкторское бюро, занимавшееся разработкой данного типа вооружения (СКБ-4)[429]. В период войны на заводе создали новые экспериментальные образцы: два экземпляра 162-мм миномета[430], три 50-мм миномета «Москит» и два миномета «Оса»[431]. Два варианта «Осы» были модернизацией уже существующего оружия. «Оса» появилась на свет еще в 1937 г., в 1938 г. ее приняли на вооружение как 50-мм ротный миномет образца 1938 г.[432] Применение на фронте выявило

---

[423] Там же. Л. 65.

[424] См.: Там же. Д. 633. Л. 13–16.

[425] Там же. Д. 638. Л. 84.

[426] Там же. Л. 58.

[427] Фиалиал ЦАМО (ВМД). Ф. 1. Оп. 7401. Д. 1. Л. 76.

[428] Минометы совсем недавно начали поступать в части, их было мало; войска не успели освоить их, не хватало подготовленных минометчиков, поэтому данный тип вооружения использовался слабо (см.: Уроки войны с Финляндией. С. 104, 110; «Не представляли себе… всех трудностей, связанных с этой войной» // Военно-исторический журнал. 1993. № 4. С. 11; № 5. С. 47).

[429] О создании СКБ-4 см.: Черенцова К. В. Организационные аспекты проведения научно-исследовательских и опытно-конструкторских работ на машиностроительном заводе № 7 (г. Ленинград) по созданию минометного вооружения в 1936–1940 годах // Война и оружие. Новые исследования и материалы. Труды Восьмой Международной научно-практической конференции. 17–19 мая 2017 года. СПб.: ВИМАИВиВС, 2017. Ч. IV. С. 468–469.

[430] В литературе иногда упоминается как 160-мм миномет (Лосик А. В., Щерба А. Н. Ленинградская индустрия у истоков отечественного минометного вооружения // Военно-исторический журнал. 2009. № 10. С. 25).

[431] ЦГАИПД СПб. Ф. Р-24. Оп. 2б. Д. 638. Л. 66.

[432] См.: Черенцова К. В. Из истории создания 50-мм ротных минометов Специальным конструкторским бюро № 4 Ленинградского машиностроительного

ряд конструктивных недостатков, которые и попытались устранить в новых образцах. 27 февраля их испытали в районе боевых действий, один из них рекомендовали для принятия на вооружение[433]. Кроме того, в НИИ-24 в дни войны спроектировали мины с раскрывающимся стабилизатором[434].

Заслуживает упоминания разработка приборов ночного ви́дения для танков (с применением инфракрасных лучей). Их сконструировали сотрудники НИИ-9 (подчинялся наркомату авиапромышленности). Прибор испытали на фронте, он позволял видеть на расстоянии до 45 м[435]. В НИИ изготовили 10 таких приборов[436].

Для наблюдения за фронтовыми испытаниями новой техники ее разработчики, а также руководители предприятий выезжали в зону боевых действий. Например, на фронте побывали директор Кировского завода Зальцман и конструктор Котин[437]. Такую же поездку совершили директор Ижорского завода Николай Степанович Казаков и работавший там конструктор Баранов[438]. От завода «Большевик» ездили его директор Дмитрий Федорович Устинов, главный конструктор Евгений Георгиевич Рудяк и инженер-конструктор Георгий Павлович Волосатов[439].

Как оценить масштаб и результаты работы по созданию новой боевой техники? 21 апреля 1940 г. Алексей Кузнецов заявил на объединенной областной и городской партконференции, что во время войны ленинградская промышленность дала Красной

завода № 7 (1936–1940 гг.) // Война и оружие. Новые исследования и материалы. Труды Девятой Международной научно-практической конференции. 15–17 мая 2019 года. СПб.: ВИМАИВиВС, 2019. Ч. II. С. 492–495.

[433] Подробнее см.: Черенцова К. В. Из истории создания 50-мм ротных минометов... С. 497.

[434] ЦГАИПД СПб. Ф. Р-25. Оп. 13а. Д. 12. Л. 83.

[435] ЦГАИПД СПб. Ф. Р-24. Оп. 2б. Д. 638. Л. 58.

[436] РГВА. Ф. 34980. Оп. 1. Д. 30. Л. 46; ЦГАИПД СПб. Ф. Р-24. Оп. 2б. Д. 638. Л. 66; кроме того, на заводе № 211 создали прибор «Дудка» для ночного вождения танков, о нем см.: Коломиец М. В. Танки в Финской войне 1939–1940 гг. С. 138–139.

[437] См.: ЦГАИПД СПб. Ф. 25. Оп. 10. Д. 299. Л. 52–55.

[438] См.: Там же. Д. 294. Л. 41–44.

[439] См.: Устинов Д. Ф. Во имя Победы. С. 103–104.

армии больше 100 новых машин и приборов[440]. Данное утверждение вошло в работу советского историка И. Г. Ганичева[441]. Если обратиться к внутренней документации обкома и горкома, то можно встретить другую цифру — в одном из отчетов говорится, что Управление военно-технического снабжения фронта заказало предприятиям города «свыше 70 наименований новых видов изделий и вооружения»[442]. Это число воспроизводили журналист Виктор Иванович Демидов и историк Петр Петрович Минаев[443].

Однако список, приложенный к отчету, насчитывает не «свыше», а ровно 70 пунктов[444]. При внимательном изучении перечня выясняется, что часть указанных машин появилась только в виде опытных образцов. 10 изделий увидели свет в единственном экземпляре (например: аэросани «Амфибия», экспериментальный танк Т-100 со 130-мм орудием, санитарный танк, телемеханическая установка управления огнем). Еще семь устройств появились в количестве двух образцов. В документе указано, что завод № 185 изготовил два «вездехода», обозначенных как «С-У-14»[445]. Из письма начальника КБ завода Бушнева Жданову становится ясно, что речь идет о самоходных артиллерийских установках СУ-14[446]. Работа над данной САУ велась советскими конструкторами еще в первой половине

---

[440] ЦГАИПД СПб. Ф. Р-24. Оп. 2. Д. 3628. Л. 119; Отчет о работе Городского комитета ВКП(б) — Доклад секретаря Горкома ВКП(б) тов. А. А. Кузнецова // Пропаганда и агитация. 1940. № 8. С. 27; эту же цифру см.: ЦГАИПД СПб. Ф. Р-24. Оп. 2. Д. 3661. Л. 34.

[441] Ганичев И. Г. Работа ленинградской партийной организации по укреплению единства народа и армии в предвоенные годы (1939 — июнь 1941 г.): автореф. дис. ... к. и. н. Л., 1967. С. 16.

[442] ЦГАИПД СПб. Ф. Р-24. Оп. 2б. Д. 638. Л. 57.

[443] Демидов В. И. Снаряды для фронта: Документальная повесть. Л.: Лениздат, 1985. С. 66; Минаев П. П. Реализация промышленностью Петрограда — Ленинграда государственной военно-технической политики в области развития важнейших видов вооружения, военной техники и боеприпасов для сухопутных войск Красной армии (20–30-е гг. XX в.): автореф. дис. ... д. и. н. СПб., 2006. С. 26.

[444] ЦГАИПД СПб. Ф. Р-24. Оп. 2б. Д. 638. Л. 63–66.

[445] Там же. Л. 63.

[446] РГАСПИ. Ф. 77. Оп. 4. Д. 12. Л. 6.

1930-х гг. и была остановлена в 1937 г.[447] Снова об этой машине вспомнили уже во время советско-финляндской войны, когда понадобилось найти эффективные средства борьбы с бетонными укреплениями. Из Москвы в Ленинград отправили две самоходки. Комитет обороны при СНК СССР 17 января дал заводу № 185 распоряжение отремонтировать их и экранировать броневыми листами. Таким образом, речь идет не о новом изделии, а о небольших изменениях в уже существующих машинах. К тому же работы с САУ завершили уже после подписания мира[448].

Некоторые пункты списка говорят об одних и тех же или сходных вещах: например, об экранировании разных типов танков[449], о различных образцах миноискателей[450]. Часть списка — не специальная военная продукция, а предметы вроде термосов, грелок, ампул для переливания крови и фонарей «летучая мышь». Если оставить в перечне лишь изделия, предназначенные для сугубо военных целей и изготовленные в количестве более двух экземпляров, то получится около 30 пунктов.

При этом нужно отметить, что список неполон. Например, в нем есть десять изготовленных в НИИ-9 приборов ночного вождения танков, но нет собранных там же устройств «обнаружения инфракрасных блоков противника»[451]. На заводе № 23 спроектировали и изготовили бомбосбрасыватели для истребителей И-16[452]. Кировский завод тысячами производил детали для приспособлений, повышавших проходимость автомобилей[453]. Однако об этом список также умалчивает. Очевидно, причина в том, что не все заказы проходили через Управление военно-технического снабжения фронта.

---

[447] См.: Свирин М. Н. Самоходки Сталина. С. 48–50, 101–106.

[448] Свирин М. Н. Самоходки Сталина. С. 124–125; также см.: Коломиец М. В. Танки в Финской войне 1939–1940 гг. С. 136.

[449] ЦГАИПД СПб. Ф. Р-24. Оп. 2б. Д. 638. Л. 63.

[450] Там же. Л. 64–65.

[451] В НИИ изготовили 50 таких приборов (РГВА. Ф. 34980. Оп. 1. Д. 30. Л. 46).

[452] ЦГАИПД СПб. Ф. Р-25. Оп. 13а. Д. 12. Л. 81; Жуков С. А. Организация материального снабжения... С. 259.

[453] ЦГА СПб. Ф. Р-1788. Оп. 27. Д. 78. Л. 2, 3.

Помимо производства вооружения и боеприпасов, а также создания новых образцов, в задачи ленинградской промышленности входил ремонт поврежденной боевой техники. В частности, Кировский завод за время войны отремонтировал в своих цехах 96 танков Т-28[454]. Ремонтом танков занимался и уже упоминавшийся завод им. К. Е. Ворошилова. Кроме осуществления работ непосредственно на предприятии, рабочие выезжали в воинские части. Только на фронте они привели в порядок 456 танков[455]. Свою бригаду рабочих отправил в действующую армию и Кировский завод[456]. Из-за обилия поврежденных машин предприятия, специализировавшиеся на бронетехнике, не справлялись с ремонтом. Поэтому 28 января бюро горкома ходатайствовало перед Комитетом обороны при СНК: «Обязать наркоматы судостроительной и химической промышленности немедленно включиться в дело ремонта танков»[457]. Восстанавливать бронетехнику стали на Невском машиностроительном заводе им. В. И. Ленина. Для этого переоборудовали три цеха, создали особое конструкторское бюро, привлекли 700 рабочих[458]. Ремонт артиллерийских систем проводился заводами № 7 и «Большевик»[459]. Принадлежавшие армии автомашины и трактора чинили некоторые авторемонтные заводы и МТС[460].

Важное место Ленинград занимал в советской авиапромышленности. В год начала Второй мировой войны на долю ленинградских предприятий Наркомата авиапромышленности пришлась почти четверть всего советского авиапроизводства — 251 транспортный и 22 293 учебных самолетов из общего числа в более чем 10 тыс. машин[461].

---

[454] Коломиец М. В. Средний танк Т-28. С. 41.

[455] ЦГА СПб. Ф. Р-4965. Оп. 3. Д. 18. Л. 3.

[456] ЦГА СПб. Ф. Р-1788. Оп. 27. Д. 76. Л. 54; Кузнецова Л. С. Ленинградская партийная организация в предвоенные годы. С. 100.

[457] ЦГАИПД СПб. Ф. Р-25. Оп. 2а. Д. 83. Л. 2.

[458] ЦГАИПД СПб. Ф. Р-24. Оп. 2б. Д. 645. Л. 2.

[459] ЦГАИПД СПб. Ф. Р-25. Оп. 13а. Д. 12. Л. 82 об. — 83.

[460] См.: РГВА. Ф. 4. Оп. 14. Д. 2612. Л. 15, 90–92.

[461] Степанов А. С. Авиапромышленность Ленинграда и ее перестройка накануне Великой Отечественной войны (1939 — первая половина 1941 г.) //

В городе имелось два авиазавода: № 23 и № 47. Завод № 23 (он же — «Красный летчик») до 1939 г. был монополистом по выпуску биплана У-2 и разных его модификаций. Этот самолет конструктора Николая Николаевича Поликарпова был один из самых массовых и известных советских самолетов. Кроме стандартного двухместного учебного варианта, существовало несколько его модификаций: АП (аэроопылитель), предназначенный для сельскохозяйственных работ, вместо второй кабины у него имелся бак для порошкообразных материалов, за которым размещалась еще одна кабина для техника; СП (спецприменения трехместный), конструктивно повторявший АП, но вместо сельхозоборудования в нем размещалась кабина; санитарные С-1 и С-2, первый производился до 1936 г., второй — с 1939-го, он оснащался более мощным двигателем и более просторным отсеком для больного; ВС (войсковая серия), учебный боевой самолет, принятый на вооружение в 1933 г. и оснащавшийся двумя пулеметами и малокалиберными бомбами. Во второй половине 1930-х У-2 был дополнен учебно-тренировочными монопланами УТ-1 и УТ-2 конструкции Александра Сергеевича Яковлева[462]. В 1939 г. завод № 23 производил У-2, УТ-2, СП, АП[463] и С-2[464]; завод № 47 — УТ-1 и УТ-2[465].

Продукция ленинградской авиапромышленности активно использовалась в ходе войны. В декабре 1939 — марте 1940 г. на пополнение ВВС Северо-Западного фронта было направлено 382 самолета всех типов, в том числе 50 У-2. Кроме того, У-2 и его модификации активно использовались гражданской авиацией, в том числе для санитарно-эвакуационных перевозок. Из-за войны с Финляндией завод № 23 в 1940 г. изготовил С-2 в три раза больше, чем предполагал первоначальный план[466]. Нужно отметить, что в 1939 г. оба завода

Россия в XX веке: проблемы политической, экономической и социальной истории. СПб.: [Исторический факультет С.-Петербургского государственного университета], 2008. С. 372.

[462] Там же. С. 372–373.

[463] Там же. С. 375.

[464] Там же. С. 373.

[465] Там же. С. 375.

[466] Там же. С. 373.

в целом перевыполнили план сдачи самолетов — завод № 23 исполнил его на 104,4 %, № 47 — на 101,1 %[467].

Нужно подчеркнуть, что работу ленинградской промышленности существенно осложнили транспортные трудности и топливный кризис. Например, завод им. К. Е. Ворошилова был связан с двумя сотнями других предприятий, получал от них около сотни наименований разных материалов, полуфабрикатов. Естественно, любые перебои сразу же вели к простоям в работе цехов[468]. Не хватало угля и дров, рабочим приходилось трудиться в помещениях без отопления. Когда на Невском машиностроительном заводе им. В. И. Ленина ремонтировали танки, температура в цехе колебалась от −5 до −15°[469].

Часть заводчан приходилось отвлекать от работы в цехах. Нужно было отправлять людей на железную дорогу — для погрузочно-разгрузочных работ. Выше говорилось, что некоторые предприятия отправили на фронт бригады для починки техники. Как сообщалось в советской историографии, на разных заводах и фабриках было создано «несколько десятков» таких «специальных ремонтных бригад»[470]. Помимо этого, ленинградские заводы выделили несколько бригад для ремонта кораблей ВМФ в прибалтийских портах[471]. Не следует забывать, что во время войны жителей Ленинграда и области призывали в армию[472]. Начальник цеха завода им. Ф. Энгельса Алексей Никитич Никитин вспоминал: «Рабочих не только не прибывало, но становилось меньше: уходили на фронт, одни по призыву, другие добровольно»[473]. При этом требовалось как можно скорее увеличивать выпуск продукции и создавать новые образцы. Директор Ижорского завода Казаков утверждал, что во время войны сроки производства на его заводе, а также на Кировском

---

[467] Там же. С. 372.

[468] ЦГА СПб. Ф. Р-4966. Оп. 3. Д. 18. Л. 38.

[469] ЦГАИПД СПб. Ф. Р-25. Оп. 10. Д. 300. Л. 26.

[470] Кузнецова Л. С. Ленинградская партийная организация в предвоенные годы. С. 100.

[471] ЦГАИПД СПб. Ф. Р-24. Оп. 2. Д. 3630. Л. 100.

[472] См., например: Там же. Оп. 2в. Д. 3718.

[473] ЦГАИПД СПб. Ф. Р-25. Оп. 10. Д. 299. Л. 2.

и им. Ворошилова сокращались в 3–4 раза[474]. Нагрузка на рабочих и инженеров существенно возрастала. Казаков писал о главном инженере Попове, который руководил заводом во время поездки директора на фронт: «Он не спал несколько ночей. Глаза его стали красными и воспаленными. Он оброс бородой, так как не было времени заниматься своей внешностью»[475]. Директор завода «Красный гвоздильщик» Александр Акимович Нодельман вспоминал, как однажды вечером завод получил срочный заказ, который требовалось выполнить к утру. Тогда начальник цеха Оболенский «сел на машину и помчался по затемненному Ленинграду разыскивать рабочих»[476].

Предприятиям не всегда удавалось выполнить спущенные им задания. На протяжении всей войны ленинградскими предприятиями не выполнялись планы по изготовлению боеприпасов[477]. Аналогичная ситуация сложилась с производством минометов. Получившие заказ на 50-мм ротные минометы заводы им. К. Маркса и им. Ф. Энгельса (к 25 февраля каждый должен был произвести по 500 штук) к указанному сроку не дали армии ни одного миномета[478]. Зато успешно справлялся с поставленными задачами завод № 7, который выпустил крупную партию 82-мм минометов (750 единиц)[479]. Кроме того, данное предприятие изготавливало 120-мм[480] и 50-мм минометы, произвело около 2 тыс. мин[481].

В целом задачи обеспечения фронта всем необходимым решались, серьезных срывов в снабжении армии удалось избежать[482]. Так, несмотря на невыполнение планов по производству боеприпа-

---

[474] ЦГАИПД СПб. Ф. Р-24. Оп. 2. Д. 3629. Л. 25.

[475] ЦГАИПД СПб. Ф. Р-25. Оп. 10. Д. 294. Л. 41.

[476] Там же. Д. 299. Л. 94.

[477] Жуков С. А. Организация материального снабжения... С. 103.

[478] РГВА. Ф. 4. Оп. 14. Д. 2660. Л. 3.

[479] Лосик А. В., Щерба А. Н. Ленинградская индустрия у истоков отечественного минометного вооружения. С. 26.

[480] ЦГАИПД СПб. Ф. Р-25. Оп. 13а. Д. 12. Л. 66.

[481] Там же. Л. 82 об.

[482] Жуков С. А. Организация материального снабжения. С. 134, 161; Жуков С. А. Об оценке работы тыла советских войск... С. 131, 134.

сов, их, как правило, хватало для обеспечения текущих операций[483]. По словам Ворошилова, «армия не ощущала недостатка в боеприпасах всех видов»[484]. «Установленные Генштабом нормы расхода боеприпасов на месяц войны на этой войне оказались преувеличенными», — отмечал начальник артиллерии Воронов[485]. Главные трудности служб тыла были связаны не с нехваткой боеприпасов или техники, а с вопросами их подвоза в войска[486].

Здесь, однако, нужно сказать, что войска обеспечивались боеприпасами за счет довоенных запасов и подвоза из других регионов.

Об этом наглядно говорилось в изданном в 1970-е гг. секретном (в тот момент) исследовании «Артиллерийское снабжение в Великой Отечественной войне 1941–1945 гг.». Выше, в 1-й главе этой книги, я говорил о невыполнении плана по производству боеприпасов в Ленинграде накануне советско-финляндской войны. Но план не выполнялся не только в городе на Неве, а в Советском Союзе в целом. Авторы «Артиллерийского снабжения» сообщали:

«Еще в четвертом квартале 1939 г. часть предприятий, производивших вооружение и боеприпасы, была переведена на работу по мобилизационному графику, в связи с чем квартальный план промышленных поставок военной продукции несколько увеличился. Однако промышленность не смогла его выполнить. Обнаружилось угрожающее отставание производства боеприпасов. Так, если план поставок по орудиям был выполнен на 95 процентов, по минометам — на 34, по винтовкам — на 82, по пулеметам — на 85, то по артвыстрелам — всего на 31, а по минам еще меньше — только на 12 процентов. Причем уровень производства снарядов в декабре был таким же, как и в октябре, а по минам даже на 10 процентов ниже. Введенный затем в действие мобилизационный план "МП-1"

---

[483] См.: Жуков С. А. Снабжение РККА боеприпасами при подготовке и в ходе советско-финляндской войны 1939–1940 гг. // Ученые записки Орловского государственного университета. Сер. Гуманитарные и социальные науки. 2015. № 6. С. 43–45.

[484] Тайны и уроки зимней войны. С. 448; Уроки войны с Финляндией. С. 121.

[485] Тайны и уроки зимней войны. С. 417.

[486] Жуков С. А. Организация материального снабжения... С. 160.

за 2,5 месяца советско-финляндской войны был выполнен по боеприпасам всего на 24 процента. Мобилизационное развертывание промышленности происходило чрезвычайно медленно и с большими перебоями главным образом по вине транспорта, который был загружен оперативными перевозками и не обеспечивал своевременной подачи предприятиям промышленного сырья. Последнее обстоятельство свидетельствовало о серьезном неблагополучии с МЗ (мобилизационным запасом. — *М. Т.*) материалов на предприятиях, ибо только их отсутствие могло вызвать столь большую зависимость работы промышленности от работы транспорта»[487].

В течение 1940 г., в том числе и после окончания войны, добиться выполнения производственных планов также не удавалось:

«С началом вооруженного конфликта с Финляндией был приведен в действие мобилизационный план промышленности (МП-1) и заводы НКБ (Наркомата боеприпасов. — *М. Т.*) переведены на работу по графику военного времени. Можно было ожидать, что в результате этого значительно будут увеличены промышленные поставки боеприпасов, но на деле этого не случилось. В период действия МП-1 (январь — апрель 1940 г.) промышленность выполнила план поставок снарядов среднего и крупного калибра на 73 процента. Зато в следующем квартале уровень производства снизился до 63 процентов, в последующем квартале упал еще ниже — до 41 процента. В целом же за 1940 г. план был выполнен только на 53 процента»[488].

Для боевых действий Зимней войны текущего производства не хватало: «...снарядные заводы работали в 1940 г. очень неравномерно, их лихорадило, и налаженного ритма в работе они не достигли. Среднемесячный уровень промышленных поставок боеприпасов даже не покрывал их расхода в боях на Карельском перешейке, вследствие чего пришлось использовать для снабжения фронта мобилизационные запасы, которых и без того было недостаточно».

---

[487] Артиллерийское снабжение в Великой Отечественной войне 1941–1945 гг. Кн. 1. С. 203.

[488] Там же. С. 235.

К этому фрагменту дана сводка, в которой говорится: «За время войны с Финляндией ощутимо уменьшились запасы боеприпасов в Белорусском и Киевском особых военных округах, из состава которых значительное количество войск вместе с полной нормой НЗ боеприпасов было отправлено на советско-финляндский фронт. Из-за необходимости использовать менее загруженные ж[елезнодорожные] коммуникации часть выстрелов была изъята из МЗ округов и отправлена в район боевых действий в качестве снабженческих грузов. Из общего количества поданных фронту боеприпасов около 40 процентов было взято из МЗ округов и центра»[489].

Снарядов привезли столько, что после войны возникла трудность с тем, чтобы убрать их с железнодорожных путей и станций. Журналист Виктор Иванович Демидов в книге «Снаряды для фронта» рассказывал:

«В ту ограниченную по масштабам кампанию артиллерия войск Ленинградского военного округа и развернутого на его территории Северо-Западного фронта не знала такого понятия, как нехватка боезапаса. Огнеприпасы гнали и гнали в сторону Ленинграда эшелон за эшелоном. Немало их осталось и после окончания военных действий. Железнодорожники и местные власти забили тревогу: почти на всех станциях многоэтажными штабелями лежали ящики с патронами и снарядами. В Ленинград примчался уполномоченный Управления военных сообщений РККА Иван Владимирович Ковалев. Но и его мандата не хватило на то, чтобы принудить ГАУ (Главное артиллерийское управление. — *М.Т.*) и командование Ленинградского военного округа немедленно убрать со станций и из тупиков взрывоопасные грузы: склады округа были забиты до отказа. Ковалев пошел на прием к А. А. Жданову, секретарю ЦК ВКП(б), Ленинградских обкома и горкома партии, члену Военного совета фронта. Уговорил его проехать по железнодорожным линиям. Андрей Александрович поразился, когда увидел это невероятное скопление боевого имущества.

---

[489] Там же.

Под мощным давлением секретаря ЦК придорожные завалы кое-как разобрали. Однако по-прежнему у дорог, в тупиках и на больших станциях, по выражению Александра Дмитриевича Егорова (в начале 1941 г. — и. о. начальника отдела боеприпасов Управления артиллерийского снабжения ЛВО. — *М. Т.*), "обрастали мхом" более 900 вагонов с боеприпасами. Пока опять не вмешался А. А. Жданов.

Служивший вместе с А. Д. Егоровым в Управлении артснабжения ЛенВО Павел Федорович Болотов и спустя 40 лет помнил выражение лица командовавшего тогда войсками округа генерал-лейтенанта М. П. Кирпоноса, когда он при нем, Болотове, разговаривал по телефону со Ждановым. Положил трубку, тяжело вздохнул, метнув на артснабженца Болотова недобрый взгляд, вытер вспотевший лоб и взялся за другой телефон. На Москву. Но Москве, всесильному начальнику ГАУ маршалу Кулику, командующий ЛенВО, недавний командир корпуса Кирпонос — не указ. И, положив, а потом и прихлопнув ни в чем не повинную телефонную трубку, генерал дал волю своему "домашнему" гневу. Пробурчал, не глядя на командира-снабженца: "Передайте этому, своему начальнику, чтобы как хочет, а убрал. Хоть на квартиру к себе пусть везет! И пусть сегодня доложит — чем я тут могу помочь..."

Начальник УАС (Управление артиллерийского снабжения. — *М. Т.*) (с 1940 года эта должность была возведена на уровень заместителя начальника артиллерии округа по артиллерийскому снабжению) бригинтендант Андрей Сергеевич Волков был не только человеком умным и разворотливым (недаром очарованный им маршал С. К. Тимошенко назвал Волкова "наиболее грамотным артиллеристом округа"), но и с должной природной хитринкой. Он понял, что струна натянута до предела и что в случае чего одним концом она пройдет по командованию, а вторым — и больнее всех — по нему, территориально ответственному за взрывоопасные грузы.

В результате склады округа напихали до последней возможности, до полного стеснения их операционной деятельности, но боеприпасы с узла — уже перед самой войной — убрали. Округ ими распоряжаться не мог: они числились на балансе Главного артиллерийского управления. Поэтому и не попали в отчетность УАС Ленфронта по состоянию на 22 июня 1941 года»[490].

Но вернемся к тому, что рассказывается в монографии об артиллерийском снабжении. После сноски о 40 % боеприпасов, полученных из мобзапасов, текст продолжается так:

«Всего за время войны с Финляндией израсходовали 5225 тыс. артиллерийских снарядов, или около 12 процентов всех имевшихся запасов. Несмотря на такую убыль, план текущих заказов на 1940 г. не только не был увеличен, но даже уменьшен на 16 процентов по сравнению с 1939 г. Однако промышленность недовыполнила и этот сокращенный план на 32 процента (по боеприпасам всех калибров). Промышленные поставки бронебойных и специальных выстрелов были мизерными, и запасы их оставались ничтожно малыми.

Таким образом, приведенный в действие мобплан промышленности не дал ожидаемого эффекта, и под сомнение была поставлена вся система мобилизационного планирования, досконально разработанного на бумаге, но недостаточно обеспеченного в организационном и материально-техническом отношении»[491].

(И здесь мы можем вспомнить докладную записку Бушмелева Мехлису, процитированную в 1-й главе и красноречиво говорившую о той же проблеме: составлявший целую «толстую книгу» мобплан совершенно не касался организационных вопросов.)

Из составленной в апреле 1941 г. справки мобилизационно-планового отдела Комитета обороны при СНК мы знаем, что в 1939 г. заказ наркомата обороны составлял 25 092 тыс. артиллерийских снарядов (в том числе 9760 тыс. мелких калибров, 14 955 тыс. средних и 380 тыс. крупных калибров), а советская промышленность дала 18 099 тыс. снарядов (мелкие калибры — 8531 тыс., средние — 9469 тыс., крупные — 99 тыс.). Мин (для минометов) заказывали 12 500 тыс. штук, а получили 2174 тыс. В 1940 г. заказ военных составил 22 195 тыс. снарядов (мелкие калибры — 8287 тыс., средние — 13 453 тыс., крупные — 455 тыс.) и 12 209 тыс. мин. Получили

---

[490] Демидов В. И. Снаряды для фронта. С. 23–24.

[491] Артиллерийское снабжение в Великой Отечественной войне 1941–1945 гг. Кн. 1. С. 235–236.

при этом 14 921 тыс. снарядов (мелкие калибры — 7188 тыс., средние — 7539 тыс., крупные — 194 тыс.) и 18 285 тыс. мин[492].

Чуть отличающиеся и более детализированные данные можно найти в уже процитированном «Артиллерийском снабжении». Кроме того, там также приведены данные о производстве боеприпасов стрелкового оружия и ручных гранат. Воспроизведем фрагмент таблицы из этого исследования (опустив при этом данные за 1938 г.)[493] (см. на. с. 217).

Как видим, не выполнялись планы не только по снарядам и минам, но даже по винтовочным и пистолетным патронам.

Ленинградская промышленность, которая не могла выполнить свою часть планов по производству боеприпасов, отражала в этом отношении проблемы, присущие всему советскому военно-промышленному комплексу. В значительной мере она сталкивалась с теми же организационными и снабженческими проблемами, что и предприятия в других регионах (впрочем, для ленинградских предприятий зимой 1939–1940 гг. на это накладывались дополнительные трудности, связанные с острой ситуацией в работе транспорта).

Впрочем, вернемся от советской промышленности в целом к событиям, происходившим в Ленинграде.

После войны, 17 мая 1940 г. по предложению Жданова в Ленинграде собралось совещание руководителей и конструкторов оборонных предприятий, посвященное скоростному проектированию и освоению производства новой техники в период боевых действий. Главной задачей этого собрания, по словам Алексея Кузнецова, был обмен мнениями о средствах, с помощью которых во время войны

---

[492] Справка мобилизационно-планового отдела Комитета обороны при СНК СССР о выполнении заказов оборонного ведомства за 1929–1941 гг. — 28 апреля 1941 г. URL: https://istmat.org/node/58617; в сборнике документов «Оборонно-промышленный комплекс СССР накануне Великой Отечественной войны» таблица воспроизведена с дефектом — пропущена строка, указывающая на годы с 1936 по 1941. См.: *История создания и развития оборонно-промышленного комплекса...* Т. 4. С. 824–825.

[493] Артиллерийское снабжение в Великой Отечественной войне 1941–1945 гг. Кн. 1. С. 232–233.

Боеприпасы	1939 г.			1940 г.		
	план (в тыс. шт.)	поставлено (в тыс. шт.)	% выполнения плана	план (в тыс. шт.)	поставлено (в тыс. шт.)	% выполнения плана
37-мм зенитные выстрелы	—	—	—	1000	215	21
45-мм пушечные выстрелы	9770	7790	80	7400	6453	87
76-мм полковые выстрелы	400	358	89	500	156	31
76-мм дивизионные выстрелы	1300	1147	88	1000	977	98
76-мм горные выстрелы	475	472	99	800	814	77
76-мм зенитные выстрелы	3000	3092	103	1700	1292	76
85-мм зенитные выстрелы	—	—	—	400	139	35
107-мм пушечные выстрелы	780	286	37	800	493	82
122-мм гаубичные выстрелы	4000	1882	47	3440	1777	52
152-мм гаубичные выстрелы	2000	882	41	1487	897	60
122-мм пушечные выстрелы	1000	233	23	1000	483	48
152-мм гаубично-пушечные выстрелы	2000	671	33	1500	866	58
152-мм пушечные	80	—	0	50	—	0
203-мм гаубичные выстрелы	380	85	22	420	199	47
210-мм пушечные выстрелы	—	—	—	2	—	0
280-мм мортирные выстрелы	—	—	—	2	—	0
305-мм гаубичные выстрелы	—	—	—	1	—	0
Итого артвыстрелов	25 185	16 838	67	21 302	14 561	68
50-мм мины	5000	200	4	12 150	10 745	89
82-мм мины	6000	3160	53	7000	6905	99
107-мм мины	500	—	0	450	130	29
120-мм мины	1000	—	0	900	341	38
Итого мин	12 500	3360	27	20 500	18 121	88
Винтовочные патроны	2 050 000	1 404 000	69	1 872 000	1 529 600	82
Патроны ТТ и револьверные	35 000	29 800	85	190 000	156 700	82
Ручные гранаты	9000	6044	67	9000	10 071	111

на заводах и фабриках сумели добиться быстрых темпов работы[494]. Участники совещания много времени уделили критике процветавшего до войны бюрократизма. Звучали замечания в адрес центральных органов управления. Так, по словам главного конструктора завода № 174 Гинзбурга, в Артиллерийском управлении нельзя было получить «чертеж самой простой детали, системы которой 15 лет находятся в производстве»[495]. Работа ускорилась благодаря устранению бюрократических проволочек и тому, что сотрудникам КБ дали больше свободы. Котин, обобщая военный опыт, говорил, что проектировать можно быстрее, «если дать побольше инициативы конструкторам»[496]. По общему мнению, успехов добивались за счет избавления от лишней бюрократической волокиты. В то же время, как утверждал другой выступавший, «старые методы крепко засели у наших работников, и сейчас у нас в целом так не выходит, как выходило во время войны, и старая рутина начинает нас немного заедать»[497]. Старые бюрократические болезни не были изжиты до конца и стали возвращаться, как только закончился чрезвычайный военный период.

Впрочем, у отказа от излишней бюрократии и некоторых формальностей могут быть и негативные последствия. Появляется возможность принятия решения о запуске в серийное производство недоработанного и даже неиспытанного образца, который не сможет оправдать вложенные в него средства. История заказа на две тысячи «сухопутных торпед» Военной электротехнической академии — наглядный тому пример.

* * *

Во время войны хозяйственная система региона подверглась серьезным испытаниям. Нагрузка на железные дороги резко увеличилась, это вызвало кризис снабжения. Город встретился с острым дефицитом топлива и электроэнергии. Городскому и областному хозяйству пришлось быстро адаптироваться к новой обстановке.

---

494 ЦГАИПД СПб. Ф. Р-25. Оп. 13а. Д. 9. Л. 1а.

495 Там же. Л. 51.

496 Там же. Л. 5.

497 Там же.

Был проведен ряд организационных изменений. На промышленных предприятиях избавились от излишних бюрократических процедур, конструкторским бюро позволили проявлять больше инициативы. В результате существенно ускорился цикл разработки и запуска в производство новых изделий.

Региональные партийные и советские органы осуществляли координацию работы предприятий и учреждений разных ведомств. Их руководители контролировали военное производство, занимались организацией разгрузки прибывавших в город железнодорожных эшелонов, распределением топлива. На ленинградские областной и городской комитеты ВКП(б) легла обязанность компенсировать организационные недоработки предвоенного периода. Важнейшие решения по хозяйственным вопросам зачастую разрабатывались обкомом и горкомом партии, а Политбюро лишь санкционировало их. Наряду с этим командование Ленинградского военного округа, затем Северо-Западного фронта, могло размещать свои заказы на предприятиях самостоятельно, в обход Москвы. Становилась все более выраженной автономия местного руководства.

Вместе с тем заводы и фабрики, а также транспортная система работали на пределе своих возможностей. Затягивание войны могло серьезнейшим образом осложнить как работу предприятий, так и продовольственное снабжение Ленинграда.

Ленинград, Ленинградская область и медицинское обеспечение действующей армии

1. Система эвакуационных госпиталей и других медицинских учреждений

Во время советско-финляндской войны Ленинград был важным военно-медицинским центром. Раненых лечили в городских больницах; кроме того, была развернута сеть медучреждений, подчиненных Фронтовому эвакуационному пункту. Что представляли собой названные учреждения, как они работали, с какими проблемами столкнулись и как решали их?

К концу октября 1939 г. в Ленинграде насчитывалось 97 больниц[1]. В них, по данным на 1 января, имелось 30 536 коек[2] (по другим сведениям — 31 082[3]). В городе работали шесть медицинских вузов (из них четыре — гражданских, два — военных) и 23 медицинских НИИ[4]. Кроме того, имелись и другие лечебные заведения (поликлиники, диспансеры, здравпункты и т. д.).

Сколько людей работало в ленинградской медицине? Заведующий городского отдела здравоохранения Лев Абрамович Эмдин 27 октября 1939 г. заявил депутатам Ленсовета, что в подчиненных ему учреждениях здравоохранения должны были трудиться 71 409 человек, в их числе: врачи — 11 899 (не считая 967 стоматологов), средний медперсонал — 24 050, младший — 19 126 младшего

---

[1] ЦГА СПб. Ф. Р-9156. Оп. 4. Д. 42. Л. 5, 58.

[2] Эмдин Л. Охрана здоровья трудящихся Ленинграда. К выборам в местные советы депутатов трудящихся. Л.: Газетно-журнальное и книжное изд-во Ленинградского совета РК и КД, 1939. С. 11.

[3] Там же. С. 29.

[4] Там же. С. 12, 48, 53.

медперсонала. На 100 коек приходилось 10,6 врачей[5]. Однако затем Эмдин уточнил, что это штатное, а не фактическое количество работников. На 11 839 врачебных мест в действительности приходилось 7100 человек, на 24 050 должностей медсестер — 16 403. На одного врача приходилось 1,7 оклада, на медсестру — 1,5. Кроме того, в медучреждениях трудилось 34 547 человек обслуживающего персонала. По словам Эмдина, на одного врача приходился 261 житель, на одну медсестру — 132[6]. Изданный для служебного пользования сборник «Здоровье и здравоохранение в Ленинграде за 1939 г.» содержит несколько отличающиеся данные: в городе (без медперсонала железнодорожных учреждений) работали 7850 врачей (не считая 560 стоматологов) и 16 299 человек среднего медперсонала (из них 8241 — медсестры). При этом по штату число врачебных должностей достигало 11 585, а среднего медперсонала — 23 893. В среднем на одного врача или медсестру приходилось 1,5 места[7].

Как уже говорилось в первой главе, еще в сентябре в ходе частичной мобилизации в Ленинграде создавались эвакогоспитали. Тогда же появился Фронтовой эвакуационный пункт № 50 (ФЭП-50). 17 ноября Политбюро утвердило проект постановления СНК о развертывании госпиталей, санитарных поездов и обогревательных пунктов в Ленинградском округе[8]. Этот документ требовал сформировать дополнительные эвакогоспитали. Кроме того, некоторые больницы выделяли в распоряжение военных «оперкойки». Тогда же ФЭП приступил к работе по управлению медучреждениями. Первым днем его деятельности можно считать 26 ноября[9]. 30 ноября — в день начала боевых действий — Эвакопункту были подчинены Ленинградский красноармейский военный и Морской госпитали, клиники Военно-медицинской академии[10].

---

[5] ЦГА СПб. Ф. Р-9156. Оп. 4. Д. 42. Л. 6.

[6] Там же. Л. 83.

[7] Бен Е. Э. Общие демографические условия, сеть медицинских учреждений и кадры // Здоровье и здравоохранение в Ленинграде за 1939 год. С. 10–12.

[8] РГАСПИ. Ф. 17. Оп. 162. Д. 26. Л. 111.

[9] Филиал ЦАМО (ВМД). Ф. 141. Оп. 7914. Д. 1. Л. 1б.

[10] Там же. Л. 174.

Фронтовой эвакопункт возглавил систему располагавшихся в Ленинграде и области военных медучреждений. В отчете ФЭП говорится, что он выполнял функции эвакуационно-лечебного управления фронта[11]. Его возглавляли военврач 1-го ранга Илья Михайлович Черняк (он же до февраля 1940 г. был главой Ленинградского красноармейского военного госпиталя) и дивизионный комиссар Рыбкин. Поначалу Эвакопункт развернули на территории Ленинградского красноармейского военного госпиталя (ЛКВГ), в 2–3 небольших комнатах, где «не мог даже разместиться личный состав для работы»[12] (при этом имелся некомплект сотрудников — 20 %[13]). ФЭП должен был постоянно вести переписку с Москвой, но у него не было собственной телеграфной связи[14]. Лишь позднее для Эвакопункта выделили новое помещение и нужную аппаратуру[15].

Структура ФЭП совершенствовалась. Первое время он состоял из двух отделов: 1-й — эвакуационный, 2-й — отдел снабжения[16]. После реорганизации отделов стало пять: эвакуационный, по управлению санитарными поездами, снабжения, лечебный, санитарной статистики[17]. Кадровый и материально-технический потенциал Эвакопункта постоянно наращивался. Так, отдел снабжения в начале войны состоял из шести фармацевтов «без какой бы то ни было материально-технической базы, без транспорта и без аппарата». Своего санитарного склада у ФЭП не было, а отношения с санитарным отделом фронта и его складами были определены «недостаточно ясно»[18]. Поэтому, как говорит отчет Эвакопункта, вновь формирующиеся госпитали нередко, особенно в начале войны, «испытывали затруднения в получении самых необходимых предметов медицинского обслуживания и медикаментов»[19]. В даль-

---

[11] Филиал ЦАМО (ВМД). Ф. 141. Оп. 7914. Д. 1. Л. 2–3.

[12] Там же. Л. 4–5.

[13] Там же. Л. 2.

[14] Там же. Л. 4.

[15] Там же. Л. 5.

[16] Там же. Л. 2.

[17] Там же. Л. 9.

[18] Там же. Оп. 44899. Д. 4. Л. 3–4.

[19] Там же. Д. 7. Л. 73.

нейшем число сотрудников отдела снабжения серьезно увеличили, в его распоряжение выделили 24 грузовика[20]. Было установлено взаимодействие с обозно-вещевым отделом фронта[21].

В итоговой отчетности руководители Эвакопункта выделили два этапа своей деятельности в ходе советско-финляндской войны. Первый продолжался с 30 ноября по 31 января. В Ленинград поступали больные и раненые не только с Карельского перешейка, но и из войск северного направления. При этом армии не разворачивали свои собственные госпитальные базы[22]. В связи с близостью к театру боевых действий в городе располагались даже некоторые дивизионные госпитали[23]. В первые дни войны красноармеец мог попасть в ленинградские медучреждения уже спустя 6–8 часов после ранения[24]. Ленинград выполнял функции дивизионного, армейского, фронтового и глубокого тыла одновременно[25].

Второй период начался 1 февраля и продолжался до окончания боев. К этому времени линия фронта отдалилась от Ленинграда. Северные армии получили собственные санитарный отдел и эвакопункт[26]. Для них выделили свой тыловой коечный фонд, определили отдельные маршруты эвакуации[27]. Одновременно с этим действовавшие на Карельском перешейке 7-я и 13-я армии развернули армейские госпитальные базы[28]. Уменьшилась нагрузка, приходившаяся на расположенные в Ленинграде медицинские учреждения.

Под руководство ФЭП передали госпитали, сформированные разными ведомствами. Некоторые из них находились в двойном

---

[20] Там же. Д. 4. Л. 9–10.

[21] См.: Там же. Л. 7.

[22] Там же. Оп. 7914. Д. 1. Л. 31; 8-я армия развернула свою госпитальную базу в конце декабря 1939 г., 7-я, 9-я и 13-я — в феврале 1940 г. (Очерки истории советской военной медицины. Л.: Медицина (Ленинградское отделение), 1968. С. 182).

[23] Филиал ЦАМО (ВМД). Ф. 1. Оп. 7401. Д. 1. Л. 193.

[24] Филиал ЦАМО (ВМД). Ф. 141. Оп. 5924. Д. 20. Л. 3; Оп. 44899. Д. 7. Л. 45; Очерки истории советской военной медицины. С. 184.

[25] Филиал ЦАМО (ВМД). Ф. 1. Оп. 7401. Д. 1. Л. 188.

[26] Филиал ЦАМО (ВМД). Ф. 141. Оп. 7914. Д. 1. Л. 31.

[27] Там же. Л. 31–32.

[28] Там же. Оп. 5924. Д. 20. Л. 3; Оп. 7914. Д. 1. Л. 267; Оп. 44899. Д. 1. Л. 25.

подчинении — у военных и у наркомздрава. Предполагалось, что сформированные городским и областным здравотделами госпитали должны выполнять указания Эвакопункта в оперативном отношении (загрузка, выписка, перевод из одного госпиталя в другой, внутренний распорядок), а в финансовых, административно-хозяйственных и лечебных вопросах — починяться органам гражданского здравоохранения[29]. Данное обстоятельство вело к трениям между военными и гражданскими учреждениями, к спорам о границах полномочий.

Наибольшие трудности у ФЭП возникли в отношениях с городским отделом здравоохранения. Противоречия проявились еще до войны. В сентябре в связи с мобилизацией в Ленинграде и области резко выросло число красноармейцев. Увеличился и приток больных в ЛКВГ. Он не справлялся, часть пациентов решили отправить в имеющиеся в городе эвакогоспитали[30]. Этот шаг, однако, вызвал противодействие сформировавшего госпитали Горздрава. В течение сентября — ноября он дважды запрещал, а потом сдавался и разрешал принимать больных военнослужащих[31]. В начале войны госпитали, по распоряжению Сануправления фронта, подчинялись ФЭП «только для оперативного использования коечного фонда»[32]. Эвакопункт не мог контролировать их работу, решать вопросы сортировки раненых, быстро отбирать раненых для дальнейшей эвакуации в тыл[33].

Начальство Горздравотдела негативно относилось к проверке работы больниц от ФЭП, требовало заранее согласовывать их[34]. Инспектор лечебного отдела Эвакопункта мог попасть в больницу с «оперкойками» только после долгих и утомительных переговоров с больничным управлением отдела здравоохранения[35]. В течение

---

[29] Журавлев Д. А. Роль здравоохранения в подготовке Ленинграда к войне. С. 223.

[30] Филиал ЦАМО (ВМД). Ф. 141. Оп. 7914. Д. 1. Л. 33–34.

[31] Там же. Л. 170–171, 197–198; Оп. 44899. Д. 1. Л. 100–101.

[32] Там же. Оп. 7914. Д. 1. Л. 5–6.

[33] Там же. Л. 6–7.

[34] Там же. Л. 170; Оп. 44899. Д. 1. Л. 12.

[35] Там же. Оп. 44899. Д. 1. Л. 12.

декабря отдел здравоохранения при помощи разных проверок пытался поставить ФЭП под свой контроль. Иногда Эвакопункт одновременно проверяли 4–5 комиссий, а кроме того — отдельные инспектора и инструктора от разных служб штаба округа[36]. В итоге, как говорится в предварительном отчете о работе ФЭП, его сотрудники «в течение короткого времени» проверили все госпитали; за их работой, «несмотря на явное нежелание со стороны Горздравотдела», был установлен «систематический контроль»[37]. Противоречия и споры между Эвакопунктом и органами наркомздрава возникали и в дальнейшем — на протяжении всей войны[38]. В целях урегулирования конфликтов между военным и гражданским ведомствами Ленинград посещали руководители из Москвы; в частности, для этого приезжали начальник Санитарного управления РККА Ефим Иванович Смирнов и другие представители управления, нарком здравоохранения Георгий Андреевич Митерев[39].

В начале войны ФЭП оказался не готов к резкому наплыву раненых. Для приема пациентов с фронта, их осмотра и распределения по другим медучреждениям предназначался только один госпиталь — сортировочно-эвакуационный № 1170 (СЭГ-1170). Он размещался на территории Александро-Невской лавры и располагал одним сортировочным отделением с двумя небольшими перевязочными, в которых работали два врача[40]. Из 800 коек госпиталя для сортировки раненых отводилось 120[41]. Уже вечером 30 ноября прибыли первые пять автобусов с ранеными[42]. Они привезли 99 бойцов и командиров РККА[43]. Стало ясно: одного сортировочного отделения мало. В госпитале ликвидировали кожно-венерическое

---

[36] Там же. Оп. 7914. Д. 1. Л. 6–7.

[37] Там же. Л. 6.

[38] См.: Журавлев Д. А. Роль здравоохранения в подготовке Ленинграда к войне. С. 225–229.

[39] Там же. С. 242–243.

[40] Филиал ЦАМО (ВМД). Ф. 141. Оп. 7914. Д. 1. Л. 35.

[41] Филиал ЦАМО (ВМД). Ф. 1. Оп. 7401. Д. 8. Л. 141; Смирнов Е. И. Война и военная медицина. С. 81.

[42] Смирнов Е. И. Война и военная медицина. С. 82.

[43] Филиал ЦАМО (ВМД). Ф. 141. Оп. 44899. Д. 1. Л. 119.

стационарное отделение и срочно развернули еще одно сортировочное[44]. 5 декабря СЭГ-1170 принял первый военно-санитарный поезд, который доставил 227 больных и раненых. А 8 декабря прибыло еще два поезда с 596 красноармейцами[45]. Это, как писал возглавлявший в те дни Санитарное управление РККА Е. И. Смирнов, выявило «недостаточность принятых мер... пришлось свернуть два стационарных хирургических отделения и вместо них развернуть еще два сортировочных отделения. Но и это было полумерой»[46]. К концу декабря госпиталь принимал в сортировочных отделениях по 1300 человек одновременно[47]. По словам Смирнова, «раненые и больные в этих отделениях лежали на носилках, а не на кроватях»[48]. В отчете ФЭП можно прочесть: «В 3-х комнатах размером около 150 кв. метров раненые лежали на носилках, сидели на стульях, а затем ввиду длительного ожидания кое-кто из них ложился на пол. Не было никаких условий для настоящей медицинской сортировки в этих условиях»[49]. Как видим, на первых порах положение в сфере медицинского обеспечения фронта было близким к катастрофическому. Раненые поступали в сортировочный госпиталь в частности и в город вообще быстрее, чем их отправляли дальше. В Ленинграде и в глубоком тылу не успевали готовить места для новых пациентов, все койки в эвакогоспиталях мгновенно заполнялись, не хватало военно-санитарных поездов[50]. Проблема была настолько серьезной, что уже 4 декабря нарком обороны Ворошилов обратился к Молотову с ходатайством срочно принять постановление Совнаркома о формировании новых госпиталей[51]. 12–14 дека-

---

44 Филиал ЦАМО (ВМД). Ф. 1. Оп. 7401. Д. 8. Л. 142; Смирнов Е. И. Война и военная медицина. С. 82.

45 Филиал ЦАМО (ВМД). Ф. 1. Оп. 7401. Д. 8. Л. 142.

46 Смирнов Е. И. Война и военная медицина. С. 82.

47 Там же. С. 82; Журавлев Д. А. Роль здравоохранения в подготовке Ленинграда к войне. С. 153.

48 Смирнов Е. И. Война и военная медицина. С. 82.

49 Филиал ЦАМО (ВМД). Ф. 141. Оп. 7914. Д. 1. Л. 68.

50 Филиал ЦАМО (ВМД). Ф. 1. Оп. 7401. Д. 8. Л. 171; Ф. 141. Оп. 7914. Д. 1. Л. 37, 38.

51 РГВА. Ф. 34980. Оп. 1. Д. 29. Л. 216.

бря в ленинградских эвакогоспиталях просто не осталось свободных коек[52].

В результате в Ленинграде развернули еще один сортировочный госпиталь. Его создали на базе больницы им. И. И. Мечникова, он получил номер 2307[53]. Первый санитарный поезд прибыл туда в ночь с 8 на 9 января 1940 г.[54] СЭГ-2307 должен был не только разгрузить госпиталь № 1170, но и снизить напряжение на железных дорогах. Дело в том, что СЭГ-1170 располагался на левом берегу Невы, поэтому все военно-санитарные поезда должны были пересекать Финляндский железнодорожный мост. Возникали пробки, поезда ждали своей очереди по многу часов[55]. Находившийся на правом берегу госпиталь № 2307 помог разрешить проблему заторов у моста.

Кроме того, в Ленинграде появились новые эвакуационные (не сортировочные) госпитали. Политбюро и Совнарком несколько раз принимали соответствующие постановления[56]. Создавать их приходилось в срочном порядке, изыскивая самые разные возможности (3 января 1940 г. заместитель председателя Ленгорисполкома Борис Михайлович Мотылев провел совещание на тему «О развертывании дополнительных больничных коек»; в качестве мест для возможного размещения госпиталей среди прочего рассматривались дома культуры, гостиницы и лекторий при доме совета Володарского района[57]). Формирование медучреждений продолжалось до окончания войны и даже в первые дни после подписания мира — бои прекратились 13 марта 1940 г., а последние два эвакогоспиталя в Ленинграде открылись 14 и 15 марта[58]. Некоторые подразделения медицинской службы создавались в других областях и потом

---

⁵² Филиал ЦАМО (ВМД). Ф. 141. Оп. 7914. Д. 1. Л. 37, 38.

⁵³ ЦГА СПб. Ф. Р-7384. Оп. 4. Д. 35. Л. 80.

⁵⁴ Филиал ЦАМО (ВМД). Ф. 141. Оп. 7914. Д. 1. Л. 40.

⁵⁵ Там же. Л. 36; Журавлев Д. А. Влияние боевых действий на социально-экономическую обстановку в Ленинграде... С. 126.

⁵⁶ См.: РГАСПИ. Ф. 17. Оп. 162. Д. 26. Л. 157, 169, 206–208; Д. 27. Л. 48, 60–62; ГА РФ. Ф. Р-5446. Оп. 1в. Д. 523. Л. 8–11, 79–83.

⁵⁷ См.: ЦГАИПД СПб. Ф. 24. Оп. 2в. Д. 4261. Л. 3–6.

⁵⁸ Филиал ЦАМО (ВМД). Ф. 141. Оп. 7914. Д. 1. Л. 178.

перемещались в ленинградский регион[59]. Ленгорздравотдел принял в свое подчинение 12 эвакогоспиталей, сформированных в Москве (на 6300 коек)[60].

Росло количество коек в уже действовавших учреждениях. Они быстро заполнялись. В отчете Ленинградской областной клинической больницы сообщалось, что стоило развернуть 100 или 300 новых «оперкоек», как через два-три дня все они оказывались заняты[61]. В Ленинградском красноармейском военном госпитале новые палаты создавали в клубе, столовых и ленинских комнатах[62]. Начальство Военно-медицинской академии просило у Ворошилова разрешения увеличить число коек за счет помещений клуба и некоторых кафедр[63].

При этом до войны руководители санитарной службы Красной армии полагали, что койки нужно будет развернуть в соотношении: 55% — для раненых, 45% — для больных[64]. Из подготовленных к 30 ноября для приема красноармейцев ленинградских коек хирургическими (т. е. рассчитанными прежде всего на раненых, а также на получивших ожоги и обморожения) числилось примерно 52%[65]. Однако во время войны больные составили только 11–13% санитарных потерь[66]. Структуру коечной сети пришлось менять. Так, в Ленинградском красноармейском госпитале перед войной в коечном фонде хирургических коек было 30%, в ходе войны — уже 80%[67]. В целом же в Ленинграде в марте доля хирургических мест достигла 86%[68]. Аналогичным образом изменился удельный вес

---

[59] РГАСПИ. Ф. 17. Оп. 162. Д. 26. Л. 208; Д. 27. Л. 62; ГА РФ. Ф. Р-5446. Оп. 1в. Д. 523. Л. 10, 82.

[60] ЦГА СПб. Ф. Р-7384. Оп. 4. Д. 36. Л. 192.

[61] Филиал ЦАМО (ВМД). Ф. 141. Оп. 1680. Д. 5. Л. 2.

[62] Филиал ЦАМО (ВМД). Ф. 2648. Оп. 8268. Д. 1. Л. 2, 65.

[63] РГВА. Ф. 34980. Оп. 1. Д. 29. Л. 216.

[64] Смирнов Е. И. Война и военная медицина. С. 62, 68, 81.

[65] Подсчитано по: Филиал ЦАМО (ВМД). Ф. 141. Оп. 7914. Д. 1. Л. 174.

[66] Смирнов Е. И. Война и военная медицина. С. 82, 91.

[67] Материалы к истории Ленинградского окружного военного госпиталя, б. первого Военно-сухопутного госпиталя. Л.: Государственное изд-во медицинской литературы (Ленинградское отделение), 1948. С. 31.

[68] Подсчитано по: Филиал ЦАМО (ВМД). Ф. 141. Оп. 7914. Д. 1. Л. 179.

хирургических коек и в медучреждениях области: 44 % — в начале войны, 90 % — к 20 марта[69].

Как правило, поток раненых, прибывавших в город, по своим размерам превышал поток санитарной эвакуации, направлявшейся из Ленинграда дальше — в глубокий тыл. Исключением стал лишь январь — период затишья на фронте[70]. Поэтому, несмотря на стремительный рост системы госпиталей, эвакуационные «пробки»[71], подобные той, что случилась в начале войны, возникали еще несколько раз. Если первая пришлась на середину декабря, то вторая — на конец того же месяца. 29 числа выяснилось, что учреждения ФЭП переполнены. В этот день в город прибыл с фронта военно-санитарный поезд, но было непонятно, где размещать раненых. Из вагонов выгрузили красноармейцев, находившихся в самом тяжелом состоянии, остальные ждали своей очереди 14 часов[72]. Аналогичные ситуации повторялись в конце февраля и в середине марта[73]. При наличии свободных коек большая часть «ранбольных» (канцеляризм из документов той эпохи) проходила через сортировочные госпитали за 4–8 часов. При «пробках» случались задержки до 3–4 дней[74]. Иногда раненые подолгу не могли попасть даже в СЭГ. Например, 10 марта начало выгрузки санитарного поезда у переполненного ранеными госпиталя № 2307 задержали на 9 часов 20 минут. 14 марта — на 7 часов 30 минут[75].

В начале боевых действий в Ленинграде находилось 12 военно-медицинских учреждений (7469 коек). Кроме того, десять

---

[69] Подсчитано по: Там же. Л. 179, 182.

[70] Там же. Л. 47.

[71] Так в документах Фронтового эвакопункта вполне официально именовали периоды, когда уже прибывших пациентов не успевали обрабатывать и отправлять дальше (из сортировочных госпиталей — в обычные эвакуационные, из Ленинграда — в глубокий тыл), а вновь привезенных было негде размещать.

[72] Филиал ЦАМО (ВМД). Ф. 141. Оп. 7914. Д. 1. Л. 38–39.

[73] Там же. Л. 39.

[74] Филиал ЦАМО (ВМД). Ф. 1. Оп. 7401. Д. 8. Л. 171.

[75] Филиал ЦАМО (ВМД). Ф. 141. Оп. 2339. Д. 1. Л. 7; Ф. 5747. Оп. 44613. Д. 1. Л. 293.

гражданских больниц и институтов выделили для размещения военнослужащих 4060 «оперативных коек»[76]. 20 марта 1940 г. в городе располагались 20 госпиталей (на 16 591 мест) и 26 учреждений с «оперкойками» (на 8338 человек)[77]. В Ленинградской области в начале боевых действий имелось 14 эвакогоспиталей (4083 койки)[78]. 20 марта в области можно было насчитать 24 госпиталя и 9 больниц с «оперкойками» (всего 13 051 койка)[79]. Таким образом, за время войны военно-медицинская сеть города по числу учреждений и больничных коек выросла больше чем в два раза. А в области число предназначенных для раненых и больных мест утроилось.

Госпитали и больничные «оперкойки» создавались разными ведомствами[80]. Если взять данные на 20 марта, то окажется, что 54,2 % (20 600) всех коек для ФЭП предоставил Ленинградский горздравотдел. На втором месте военно-санитарная служба РККА — 32,9 % (12 525). Областной здравотдел развернул 9,7 % (3680) коечного фонда Эвакопункта. Остальные места для раненых оборудовали водный отдел здравоохранения (1,4 % — 505), санитарная служба КБФ (1,3 % — 471) и дорожный отдел здравоохранения (0,5 % — 200)[81].

При этом к началу войны большая часть эвакогоспиталей не была до конца оборудована. В начале декабря еще продолжались работы по приспособлению их помещений к медицинским задачам. И накануне и во время войны строительные работы и материально-техническое оснащение разместившихся в школьных зданиях госпиталей проводились за счет городских властей. Кроме того, под госпитали приспосабливали музеи и клубы, но эти помещения плохо отвечали госпитальным требованиям. Куда больше им отвечали располагавшиеся в городе и пригородах санатории и курорты,

---

[76] Подсчитано по: Филиал ЦАМО (ВМД). Ф. 141. Оп. 7914. Д. 1. Л. 17–174.

[77] Подсчитано по: Там же. Л. 173–179; Ф. 1. Оп. 13739. Д. 26. Л. 21–23.

[78] Филиал ЦАМО (ВМД). Ф. 141. Оп. 7914. Д. 1. Л. 179.

[79] Там же. Л. 182.

[80] Список подчинявшихся ФЭП лечебных учреждений с адресами и количеством коек см.: Там же. Оп. 44899. Д. 1. Л. 20–24.

[81] Там же. Л. 16.

которые в итоге также выделили койки для Эвакопункта. По линии наркомата обороны под медучреждения отводились казармы, здания военно-учебных заведений и другие помещения, принадлежавшие военным, но не включенные в мобплан. В трех казармах в Ленинграде было развернуто 2400 коек[82].

Находившихся в распоряжении ФЭП материальных ресурсов недоставало. Выход нашли в организации шефства со стороны фабрик и заводов[83]. 23 декабря бюро горкома распределило 32 госпиталя и больницы между предприятиями разных районов. За некоторыми госпиталями закрепили сразу несколько шефов. В других случаях предприятие могло шефствовать не над всем медучреждением, а только над отдельным этажом. Это затрудняло контроль со стороны райкомов партии, снижало ответственность шефов, усложняло связь между руководителями госпиталей и предприятий. К тому же формировались новые госпитали, над которыми никто не шефствовал[84]. Чтобы исправить данное положение, 8 марта бюро горкома издало постановление, в котором заново распределило медучреждения между шефами[85]. Предприятия занимались оборудованием и текущим ремонтом медучреждений. Однако нужно отметить, что из-за слабого контроля или полного его отсутствия шефы постепенно устранялись от своих обязанностей. Кроме того, акцент их работы смещался от материального снабжения к организации культурно-массовых мероприятий для раненых и больных[86].

Кроме госпиталей и больниц, 19 декабря ФЭП получил в свое распоряжение некоторые учреждения, принадлежавшие Всесоюзному центральному совету профсоюзов[87]. Речь шла о 10 санаториях

---

[82] Журавлев Д. А. Медицинская помощь раненым в ходе советско-финляндской войны. С. 71–72.

[83] Наиболее раннее известное автору упоминание — статья «Шефы военного госпиталя» (Смена. 1939. 18 декабря).

[84] ЦГАИПД СПб. Ф. 25. Оп. 2а. Д. 85. Л. 6–7.

[85] Там же. Л. 2–5.

[86] См.: Журавлев Д. А. Роль здравоохранения в подготовке Ленинграда к войне. С. 243–244.

[87] Филиал ЦАМО (ВМД). Ф. 141. Оп. 7914. Д. 1. Л. 244; Оп. 44899. Д. 6. Л. 1.

и 16 домах отдыха[88]. Некоторые из них находились в Ленинграде, другие — в области. Значительная часть этих заведений располагалась вдоль лужского направления Варшавской железной дороги, остальные также находились недалеко от железнодорожных линий[89]. Исключением был лишь дом отдыха в деревне Изори, от которой путь к ближайшей станции протянулся на 19 километров; это затрудняло перевозку раненых[90].

Уже 19 декабря дома отдыха на Кировских островах, в Новом Петергофе и Пушкине начали принимать легкораненых бойцов и командиров прямо из СЭГ-1170[91]. В феврале и марте санатории и дома отдыха также принимали получивших легкие ранения. В остальное время туда отправляли представителей начсостава, которым после лечения требовался свежий воздух, а также тех, кто ждал протезирования[92]. Названные учреждения были рассчитаны на 6158 человек, но для приема раненых нужно было оборудовать перевязочные, изоляторы и приемные покои. В результате число мест сократилось до 5848[93]. Всего в период боевых действий (с 19 декабря до 12 марта) в санатории и дома отдыха ВЦСПС направили 13 427 человек (кроме того, 61 человек после госпиталей отправился на южные курорты)[94]. Из них до 13 марта выбыло 8066 (в том числе в части — 5565, в отпуск — 1151)[95].

Кроме того, в ведении Эвакопункта имелось шесть батальонов выздоравливающих. Их задачей было восстановление здоровья бойцов, нуждавшихся в отдыхе или в амбулаторном лечении длительностью до 15 дней[96]. Три батальона располагались

---

[88] Филиал ЦАМО (ВМД). Ф. 141. Оп. 44899. Д. 6. Л. 3; описания всех санаториев и домов отдыха см.: Там же. Л. 13–79.

[89] Там же. Л. 3.

[90] Там же. Л. 6.

[91] Там же. Оп. 7914. Д. 1. Л. 244–245; Оп. 44899. Д. 6. Л. 1, 8, 106.

[92] Там же. Оп. 7914. Д. 1. Л. 246; Оп. 44899. Д. 6. Л. 119.

[93] Там же. Оп. 44899. Д. 6. Л. 5.

[94] Там же. Л. 126.

[95] Там же. Л. 174. Командирам, жившим в Ленинграде, после лечения могли дать кратковременный отпуск на 10–15 дней (Там же. Оп. 7914. Д. 1. Л. 275).

[96] Там же. Л. 253.

в Ленинграде. Батальон № 1 организовали 16 ноября — при 31-м запасном полку, на 100 коек. К началу войны число коек довели до 300. В декабре его увеличили, предоставили помещение большей площади для размещения 1457 выздоравливающих[97]. Второй батальон создали при том же запасном полку 25 декабря. Он был рассчитан на 1110 человек, но в моменты максимальной нагрузки состоял из 1300–1400[98]. В последние две недели войны батальон № 2 выполнял функции госпиталя для легкораненых[99]. Батальон № 3 сформировали 22 февраля при 456-м танковом полку в связи с тем, что 1-й и 2-й батальоны не вмещали всех выздоравливавших; он был рассчитан на 852 человека[100]. До 20 марта через эти батальоны прошли 12 124 человека[101]. Большинство из них потом отправились в части. Увольнение с военной службы или повторная госпитализация случались, но редко[102].

Еще три батальона выздоравливающих дислоцировались за пределами Ленинграда. Батальон № 4 (был рассчитан на 500 человек) развернули 1 декабря в Новом Петергофе — при 48-й автосанитарной транспортной бригаде. 5-й батальон (на 300 человек) сформировали 6 января в Боровичах — при 32 запасном полку[103]. 6-й батальон, организованный в марте 1940 г. при 50-м танковом полку и рассчитанный на 600 коек, размещался в Пушкине[104].

При Ленинградском городском отделе социального обеспечения был создан специальный интернат для красноармейцев, лишившихся зрения. Он расположился в двухэтажном доме на Крестовском острове и свою работу начал 22 февраля[105]. Ослепшие бойцы учились читать шрифт Брайля. Потом они могли получить высшее образование в Ленинградском педагогическом институте

---

[97] Там же. Оп. 44899. Д. 7. Л. 158–159.

[98] Там же. Л. 159.

[99] Там же. Д. 1. Л. 44, 107; Д. 7. Л. 161.

[100] Там же. Д. 7. Л. 159.

[101] Там же. Оп. 7914. Д. 1. Л. 256.

[102] Там же. Л. 258, 275.

[103] Там же. Оп. 44899. Д. 7. Л. 160.

[104] Там же. Оп. 7914. Д. 1. Л. 255; Оп. 44899. Д. 7. Л. 161.

[105] Там же. Оп. 44899. Д. 7. Л. 112.

им. А. И. Герцена (при 7-классном образовании вначале направлялись на рабфак)[106].

Среди задач, стоявших перед ленинградскими медицинскими учреждениями, была и профилактика инфекционных заболеваний. Скопление больших масс войск, боевые действия, обилие раненых — все это создавало условия для возникновения эпидемий. В дни советско-финляндского конфликта и в Ленинграде, и в находившихся рядом частях РККА увеличилось количество заражений сыпным тифом. До войны за полгода в войсках ЛВО зафиксировали всего шесть случаев[107]. Согласно данным, которые в апреле 1940 г. озвучил на совещании начсостава санслужбы ЛВО начальник 3-го отдела санитарного отдела округа Скрынников, за три с половиной месяца войны в 7-й армии было 14 прецедентов, в 13-й армии — один[108]. Также выросло количество заболевших брюшным тифом (только в 62-й стрелковой дивизии зафиксировали больше десятка случаев)[109]. По другим сведениям, в войсках Северо-Западного фронта с 1 января по 13 марта 1940 г. было отмечено 20 случаев сыпного и 59 случаев брюшного тифа, а в частях КБФ за время войны — 20 случаев брюшного тифа[110].

Сыпной тиф передается вшами. В отдельных воинских подразделениях, сражавшихся на фронте, вшивость доходила до 70 %[111]. В начале войны прибывавшие в город раненые сплошь и рядом были вшивыми[112]. В связи с этим ФЭП, Ленгорздравотдел, санитарные

---

[106] Филиал ЦАМО (ВМД). Ф. 1. Оп. 7401. Д. 1. Л. 366; о трудоустройстве других инвалидов см: Там же. Ф. 141. Оп. 44899. Д. 5. Л. 69–71; также о социальной помощи инвалидам см.: Журавлев Д. А. Роль здравоохранения в подготовке Ленинграда к войне. С. 283–289.

[107] Филиал ЦАМО (ВМД). Ф. 1. Оп. 7401. Д. 1. Л. 281.

[108] Там же. Л. 285.

[109] Там же. Л. 286.

[110] Гриф секретности снят: Потери Вооруженных Сил СССР в войнах, боевых действиях и военных конфликтах: Статистическое исследование. М.: Воениздат, 1993. С. 103; Россия и СССР в войнах XX века. Книга потерь. М.: Вече, 2010. С. 176.

[111] Филиал ЦАМО (ВМД). Ф. 1. Оп. 7401. Д. 1. Л. 96, 98.

[112] Филиал ЦАМО (ВМД). Ф. 141. Оп. 7914. Д. 1. Л. 79; Оп. 44899. Д. 1. Л. 7, 134–135.

службы Северо-Западного фронта и Ленинградского округа развернули ряд профилактических противоэпидемических мероприятий: от организации бань в действующей армии до пропитки белья ксантогенатом калия[113]. В Ленинграде был создан специальный пропиточный пункт, куда с фронта доставляли белье из 7-й армии[114]. Все проезжавшие через город эшелоны проходили осмотр и санитарную обработку[115]. Количество вшивых среди поступавших в госпитали от месяца к месяцу снижалось[116]. Согласно отчету о работе сортировочного госпиталя № 2307, к концу войны «процент вшивости» среди прибывших на санитарных поездах колебался от 1 до 6[117].

Санобработку проводили и в СЭГ. Однако у них не было своих мощных дезинфекционных установок. Больных и раненых отправляли в городские санпропускники, которые не могли обработать больше, чем 60–70 человек в час. ФЭП предложил построить при сортировочных госпиталях два санпропускника: один — на 300 человек в час, второй — на 150. При них предполагалось устроить дезинфекционные камеры для обмундирования и белья. Сануправление фронта идею поддержало[118]. 25 января Военный совет Северо-Западного фронта принял соответствующее решение[119].

---

[113] Филиал ЦАМО (ВМД). Ф. 1. Оп. 7401. Д. 1. Л. 292; состав, которым пропитывали белье, в документах обычно именуется «мылом "К"». О том, что это ксантогенат калия, упомянуто в: Там же. Ф. 141. Оп. 44899. Д. 4. Л. 91; использовали его и позже, во время Великой Отечественной войны. Служивший на Волховском фронте Николай Николаевич Никулин, рассказывая о борьбе со вшами, упоминал, что: «"мыло К" — желтая, страшно вонючая паста, в которой надо было прокипятить одежду» (Никулин Н. Н. Воспоминания о войне. М.: АСТ, 2020. С. 24). Подробнее о свойствах препаратах «К» см. статью: Маслов П. Инсектицид «К» — противопаразитарное средство // Военно-санитарное дело. 1940. № 4. С. 53–58.

[114] Филиал ЦАМО (ВМД). Ф. 1. Оп. 7401. Д. 1. Л. 292.

[115] Там же. Л. 284.

[116] Филиал ЦАМО (ВМД). Ф. 141. Оп. 7914. Д. 1. Л. 235–236; Оп. 44899. Д. 7. Л. 172.

[117] Филиал ЦАМО (ВМД). Ф. 141. Оп. 2339. Д. 1. Л. 10; Ф. 5747. Оп. 44613. Д. 1. Л. 296.

[118] Филиал ЦАМО (ВМД). Ф. 141. Оп. 7914. Д. 1. Л. 79–80.

[119] ЦГА СПб. Ф. Р-7384. Оп. 4. Д. 35. Л. 79.

Однако его воплощение в жизнь затянулось. Президиум Ленгорисполкома утвердил нужное постановление только 11 февраля[120]. К 29 февраля помещения для пропускников построили, но отсутствовало оборудование (например, котлы)[121]. В конце войны санпропускники еще не были готовы. Переписка о требовавшихся котлах, проводах и т. д. продолжалась весь март и апрель[122]. Даже в конце июля объекты еще не ввели в строй[123].

Вновь создаваемым эвакогоспиталям требовались работники. Казалось бы, с этим не должно было возникнуть трудностей — в городе имелась масса медицинских учреждений, где работало немало специалистов высокой квалификации. Однако медики были нужны не только в Ленинграде, но и на фронте[124]. Нехватка врачей была велика, все новые и новые специалисты отправлялись в действующую армию. Порой дело доходило до того, что в город специально приезжали представители медсанбатов, требовали дать им врачей и тут же увозили их в свои дивизии[125]. Во время напряженных боев Ленгорздравотдел по договоренности с Санитарным управлением фронта создавал и посылал на фронт хирургические бригады[126].

В гражданских медучреждениях резко сократилась численность медперсонала. Уже после мобилизации сентября 1939 г. в некоторых лечебных учреждениях города отсутствовал целый ряд специалистов[127]. Во время войны мобилизация врачей продолжилась, часто она осуществлялась безо всякого согласования с городским отделом здравоохранения[128]. 11 февраля 1940 г. заведующий Горздравом Эмдин на совещании руководителей райздравотделами

---

[120] ЦГА СПб. Ф. Р-7384. Оп. 36. Д. 34. Л. 53–54.

[121] Там же. Оп. 4. Д. 35. Л. 134.

[122] См.: Там же. Л. 166, 168, 182–184.

[123] Там же. Д. 36. Л. 23.

[124] См.: Филиал ЦАМО (ВМД). Ф. 1. Оп. 44835. Д. 99.

[125] Там же. Оп. 7401. Д. 1. Л. 147.

[126] Там же. Л. 185.

[127] Журавлев Д. А. Роль здравоохранения в подготовке Ленинграда к войне. С. 109.

[128] Журавлев Д. А. Медицинские работники Ленинграда в период советско-финляндской войны... С. 163.

заявил: «Не менее 50 % медицинского персонала ушло из Ленинграда»[129]. Сократилось число гражданских лечебных учреждений. Если к началу войны в Ленинграде было 97 больниц, то к концу 1939 г. — всего 62[130]. Естественно, нагрузка на оставшихся работников увеличилась, при этом снизилось качество медицинской помощи, оказываемой горожанам[131].

Объем работы возрастал и у тех, кто работал в военных госпиталях. В сортировочных отделениях СЭГ-1170 в секторе тяжелораненых на одного врача приходилось 80–90 раненых, в отделении ходячих — примерно 200, на одну медсестру — 90 раненых[132]. Потребовалось организовать две смены длительностью по 12 часов. Некоторые сотрудники, как гласит отчет госпиталя, работали «безвыходно» по два-три дня «и более, пока буквально не падали с ног»[133].

Чтобы снизить нагрузку на врачей и медсестер, использовалась помощь учебных учреждений и общественных организаций, привлекались добровольцы, жены командиров Красной армии. В СЭГ-1170 отправили курсантов Военно-медицинской академии и военно-медицинского училища[134]. В этом госпитале работали 175 жен начсостава[135]. В клиниках Военно-медицинской академии трудилось 300 жен военнослужащих и 600 других женщин-«общественниц»[136]. Большую помощь ФЭП оказало Общество Красного Креста. К сортировочным госпиталям № 1170 и 2307 были прикреплены 10–11 санитарных дружин, в каждой из которых числилось

---

[129] ЦГА СПб. Ф. Р-9156. Оп. 4. Д. 63. Л. 11.

[130] ЦГАИПД СПб. Ф. 24. Оп. 2. Д. 3661. Л. 67.

[131] Журавлев Д. А. Роль здравоохранения в подготовке Ленинграда к войне. С. 205–206; Журавлев Д. А. Влияние боевых действий на социально-экономическую обстановку в Ленинграде... С. 132; Журавлев Д. А. Медицинские работники Ленинграда в период советско-финляндской войны... С. 163–164.

[132] Филиал ЦАМО (ВМД). Ф. 1. Оп. 7401. Д. 8. Л. 148.

[133] Там же. Л. 143.

[134] Там же.

[135] Там же. Л. 178.

[136] Иванова М. В хирургической клинике // Бои на Карельском перешейке. М.: Госполитиздат, 1941. С. 405.

по 30–35 санитарок[137]. Некоторым госпиталям придали команды МПВО — для переноски раненых[138].

В медсестры и санитарки шли люди разных профессий — от студенток и домохозяек до стрелочниц и актрис[139]. Нередко такие «общественницы» не имели ни малейшей подготовки, как именно работать (например, как делать перевязку) им объясняли раненые[140]. Впрочем, и у профессиональных медицинских сестер часто была не слишком подходящая квалификация. Так, большинство медсестер СЭГ-1170 до войны трудилось в органах охраны материнства и младенчества или в психиатрических учреждениях. Для их переподготовки при госпитале пришлось организовать курсы перевязочных сестер[141].

Война выявила необходимость подготовки врачей широкого профиля. На объединенной городской и областной партконференции в апреле 1940 г. секретарь Петроградского райкома партии Смирнов информировал о работе больницы им. Ф. Ф. Эрисмана. По его словам, главным выводом из опыта военного времени стала мысль: «Необходимо перестроить практику подготовки кадров врачей». Многие врачи, говорил он, «не умеют производить переливания крови, а нужно поставить дело так, чтобы каждый врач, будь он невропатолог, будь он хотя бы гинеколог и др., не только прослушал курс о переливании крови и военно-полевой хирургии, а знал эти специальности, столь необходимые в военное время»[142].

После заключения мира полученный военно-медицинский опыт стал предметом тщательного изучения. В апреле в Ленинграде состоялось совещание начальствующего состава санитарной службы ЛВО[143]. Аналогичные мероприятия были организованы и орга-

---

[137] Филиал ЦАМО (ВМД). Ф. 141. Оп. 7914. Д. 1. Л. 318.

[138] Там же. Оп. 44899. Д. 7. Л. 69; Журавлев Д. А. Роль здравоохранения в подготовке Ленинграда к войне. С. 238.

[139] ЦГАИПД СПб. Ф. 25. Оп. 10. Д. 295. Л. 28.

[140] См.: ОР РНБ. Ф. 1000. Оп. 2. Ед. хр. 504. Л. 78; ЦГАИПД СПб. Ф. 25. Оп. 10. Д. 295. Л. 30–32.

[141] Филиал ЦАМО (ВМД). Ф. 1. Оп. 7401. Д. 8. Л. 175.

[142] ЦГАИПД СПб. Ф. 24. Оп. 2. Д. 3629. Л. 48.

[143] См.: Филиал ЦАМО (ВМД). Ф. 1. Оп. 7401. Д. 1.

нами гражданского здравоохранения. 8 апреля Ленгорздравотдел устроил совещание, посвященное вопросам хирургии[144]. 25–27 мая прошла общегородская конференция работников эвакогоспиталей и больниц[145].

За время войны с Финляндией санитарные потери действующей Красной армии (ранеными, контужеными, обмороженными и больными) составили 264 908 человек[146]. По данным ФЭП, с 30 ноября по 20 марта в Ленинград привезли 160 372 раненых и больных военнослужащих[147]. Согласно сведениям Санитарного управления РККА, на апрель 1940 г. количество поступивших в Ленинград (включая прибывших после войны) составило 167 915 человек[148]. Получается, что через ленинградские госпитали и больницы прошло более половины всех «ранбольных». По данным предварительного отчета ФЭП, к 20 марта из госпиталей увезли 122 067 человек: 107 815 отправились в медучреждения других регионов, 9612 — в дома отдыха и санатории, 4720 — в батальоны выздоравливающих[149]. Видимо, это неполные цифры, так как встречаются и иные сведения. В другом месте того же предварительного отчета сообщается, что только через три батальона выздоравливающих прошли 12 124 человека[150]. В одном из томов итогового отчета Эвакопункта говорится, что до 12 марта в санатории и дома отдыха Ленинграда и области отправились 13 427 военнослужащих[151].

---

[144] См.: ЦГА СПб. Ф. Р-9156. Оп. 4. Д. 273.

[145] См.: Филиал ЦАМО (ВМД). Ф. 1. Оп. 7401. Д. 8. Л. 283; ЦГА СПб. Ф. Р-9156. Оп. 4. Д. 274, 275, 276, 277; также об осмыслении медицинского опыта советско-финляндской войны см.: Журавлев Д. А. Роль здравоохранения в подготовке Ленинграда к войне. С. 248–268.

[146] Гриф секретности снят. С. 125; Россия и СССР в войнах XX века. Книга потерь. С. 189; Журавлев Д. А. Роль здравоохранения в подготовке Ленинграда к войне. С. 118, прим. 5.

[147] Филиал ЦАМО (ВМД). Ф. 141. Оп. 7914. Д. 1. Л. 41.

[148] Журавлев Д. А. Роль здравоохранения в подготовке Ленинграда к войне. С. 122.

[149] Филиал ЦАМО (ВМД). Ф. 141. Оп. 7914. Д. 1. Л. 47.

[150] Там же. Л. 256.

[151] Там же. Оп. 44899. Д. 6. Л. 126.

Привезенные в город бойцы и командиры — это не только раненые. Занимавший в то время пост наркома здравоохранения Георгий Андреевич Митерев вспоминал, что «обмороженных было больше, чем раненых»[152]. Это не так, тем не менее процент получивших обморожения действительно был высок. Если оценивать состояние дел во всех участвовавших в боевых действиях войсках, то удельный вес обмороженных составил 6,7 или 6,8 % от санитарных потерь[153]. При этом их доля в санитарных потерях хирургического профиля составляла 9,4 %[154]. На Северо-Западном фронте, по сведениям главного хирурга фронта Петра Андреевича Куприянова, состав санитарных потерь был таков: раненые — 75,5 %, контуженные — 4,59 %, обожженные — 0,78 %, обмороженные — 8,13 %, больные — 11,13 %[155]. Среди поступивших в лечебные учреждения Эвакопункта обмороженных было примерно 8–9 %[156]. Больше всего обморожений было в декабре[157]. Потом, хоть морозы и усилились, их количество снизилось. Если принять число обмороженных, поступивших в Ленинград в декабре 1939 г. за 100 %, то в январе в город прибыло 28 %, в феврале — 52,3 %, а в марте — всего 13,3 %[158]. Самые тяжелые случаи обморожений приходились на тяжелораненых[159]. Как отмечалось в отчете ФЭП, значительное количество пострадавших от холода в начале войны — результат «недостаточности мер предупреждения обморожений в частях (теплая обувь

---

[152] Митерев Г. А. В дни мира и войны. С. 58.

[153] Гриф секретности снят. С. 125; Россия и СССР в войнах XX века. Книга потерь. С. 189; Советско-финляндская война 1939–1940. СПб., 2003. Т. I. С. 523; Журавлев Д. А. Роль здравоохранения в подготовке Ленинграда к войне. С. 119.

[154] Журавлев Д. А. Деятельность медицинской службы Красной армии в период советско-финляндской войны 1939–1940 годов. С. 226.

[155] Филиал ЦАМО (ВМД). Ф. 1. Оп. 7401. Д. 1. Л. 201.

[156] См.: Журавлев Д. А. Роль здравоохранения в подготовке Ленинграда к войне. С. 139–140.

[157] Филиал ЦАМО (ВМД). Ф. 141. Оп. 7914. Д. 1. Л. 212; Оп. 44899. Д. 7. Л. 34.

[158] См.: Там же. Оп. 7914. Д. 1. Л. 212.

[159] Журавлев Д. А. Деятельность медицинской службы Красной армии в период советско-финляндской войны 1939–1940 годов. С. 226.

и т. п.) и недостаточной подготовки личного состава в вопросах индивидуальной профилактики обморожений»[160]. При этом, как отмечает в одной из своих статей Дмитрий Алексеевич Журавлев, «рациональное хирургическое лечение обморожений, разработанное в СССР в конце 1930-х гг., не получило широкого распространения в период советско-финляндской войны, в связи с чем отмечались более длительные сроки лечения и высокая летальность»[161].

Известный хирург Николай Нилович Бурденко, выступая в апреле 1940 г. на совещании начальствующего состава санитарной службы Ленинградского округа, сравнил смертность раненых в госпиталях Петрограда/Ленинграда во время Первой мировой и советско-финляндской войн. В 1914–1917 гг. город был в глубоком тылу, раненые попадали туда «во втором и более позднем периоде раневого процесса, когда обычно процент смертности бывает низок». При этом количество умерших в петроградских госпиталях достигало 2%. В 1939–1940 гг. Ленинград находился близко к фронту, пациенты поступали быстро и в больших количествах, но до второй половины февраля смертность в военно-медицинских учреждениях города составляла всего 0,5%. По словам Бурденко, эти показатели «должны быть записаны в историю военно-полевой хирургии как золотые цифры»[162].

Однако данные, приведенные Бурденко, — неполные. Он говорил о периоде до середины февраля; а ведь после этого поступление раненых в Ленинград выросло, увеличилась и смертность (каждому отдельному красноармейцу волей-неволей уделяли меньше внимания и времени). Повышением смертности в госпиталях города был отмечен и первый послевоенный месяц[163]. Если обратиться к предварительному отчету Фронтового эвакуационного пункта, то можно узнать, что за декабрь 1939 — февраль 1940 г. количество умерших

---

[160] Филиал ЦАМО (ВМД). Ф. 141. Оп. 7914. Д. 1. Л. 213; о причинах обморожений также см.: Советско-финляндская война 1939–1940. Т. I. С. 524–525.

[161] Журавлев Д. А. Деятельность медицинской службы Красной армии в период Советско-финляндской войны 1939–1940 годов. С. 227.

[162] Филиал ЦАМО (ВМД). Ф. 1. Оп. 7401. Д. 1. Л. 8.

[163] См.: Журавлев Д. А. Роль здравоохранения в подготовке Ленинграда к войне. С. 250–251.

в учреждениях ФЭП составило 0,62 %, что, как говорится в документе, не превышало средних показателей для постоянных госпиталей РККА мирного времени. Это — общая смертность вместе с контужеными, обожженными, обмороженными и больными. Среди раненых умерли 0,85 %[164]. Красноармейцы прибывали в госпитали города и после войны — в апреле[165]. Постепенная демобилизация военных медучреждений Ленинграда продолжалась до начала 1941 г.[166] По данным ФЭП, за декабрь 1939 — август 1940 г. смертность раненых во всех соответствующих учреждениях (как в городе, так и в области) составила 1,59 %[167]. Илья Михайлович Черняк (напомню, что он возглавлял ФЭП-50) в докладе на городской конференции эвакогоспиталей 15 мая 1940 г. сообщил, что за декабрь 1939 — апрель 1940 г. в медучреждениях ФЭП смертность у раненых составила 1,46 %, а у больных — 0,6 %[168]. Кроме того, больше половины раненых отправилось дальше в тыл, если они умирали — то уже не в Ленинграде. В то же время немало получивших раны заканчивали свой путь в полевых медучреждениях, действовавших в прифронтовой полосе.

В целом смертность раненых действительно оказалась ниже, чем в 1914–1917 гг. По оценке хирурга Владимира Андреевича Оппеля, в дни Первой мировой в госпиталях и лазаретах русской армии умирало примерно 10 % раненых[169]. При этом смертность в тыловых эвакуационных пунктах и госпиталях Красного Креста составила 3,1 %[170] (больше, чем в ленинградских госпиталях как во время советско-финляндской войны, так и за период с декабря

---

[164] Филиал ЦАМО (ВМД). Ф. 1. Оп. 7401. Д. 1. Л. 225.

[165] Филиал ЦАМО (ВМД). Ф. 141. Оп. 44899. Д. 1. Л. 179, 180.

[166] См.: Журавлев Д. А. Лечебные учреждения Ленинграда после окончания советско-финляндской войны. С. 148–157.

[167] Филиал ЦАМО (ВМД). Ф. 141. Оп. 44899. Д. 1. Л. 217; Д. 7. Л. 27.

[168] Там же. Оп. 5924. Д. 20. Л. 18.

[169] Без передовых перевязочных пунктов и перевязочных пунктов дивизий — вместе с ними она составляла 11,5 % (Оппель В. А. Очерки хирургии войны. Л.: Гос. изд-во медицинской литературы (Ленинградское отделение), 1940. С. 63).

[170] Там же.

1939 по август 1940 г.). Согласно статистическому исследованию «Гриф секретности снят», из тех советских военнослужащих, которые получили раны, обморожения или заболели в ходе боевых действий против Финляндии, по первоначальным сведениям к 1 марта 1941 г. скончались 15 921 человек — 6,4 % от санитарных потерь по итоговым донесениям из частей и соединений на 15 марта 1940 г.[171] Позже данные как по попавшим в госпитали, так и по исходам лечения уточнили, в итоге число умерших составило 16 292 человека[172] — 6,15 % от санитарных потерь[173]. По-видимому, уровень смертности раненых в СССР также был ниже, чем аналогичный финляндский показатель. За время Зимней войны армия Финляндии потеряла ранеными 43 557 человек (16 437 — тяжело, 27 120 — легко), из них впоследствии в госпиталях умер 3671 человек — т. е. 8,43 %[174].

Другой критерий эффективности медицинской службы — количество вернувшихся в строй. Согласно предварительному отчету ФЭП, за декабрь — февраль 1939–1940 гг. его учреждения отправили в части больше, чем 27 % от поступивших к ним военнослужащих. «Фактически, — говорилось в названном документе, — эта цифра еще выше, так как форма отчетных сведений не предусматривала направление в местные дома отдыха и санатории, откуда значительный процент также выписан в часть»[175]. К 30 апреля 1940 г. ленинградские лечебные учреждения вернули в части 16,8 % «ранбольных» (5,27 % раненых, 36,8 % больных)[176]. Не нужно забывать, что значительное число раненых поступило в госпитали в самом

---

[171] Гриф секретности снят. С. 101; Россия и СССР в войнах XX века. Книга потерь. С. 174.

[172] Гриф секретности снят. С. 122, 125; Россия и СССР в войнах XX века. Книга потерь. С. 186, 189.

[173] Подсчитано по: Гриф секретности снят. С. 125; Россия и СССР в войнах XX века. Книга потерь. 189.

[174] Casualties in the Winter War. URL: http://www.winterwar.com/War%27sEnd/casualti.htm (дата обращения: 03.02.2019).

[175] Филиал ЦАМО (ВМД). Ф. 141. Оп. 7914. Д. 1. Л. 275.

[176] Журавлев Д. А. Роль здравоохранения в подготовке Ленинграда к войне. С. 252.

конце войны, в марте; многие из них выписывались из госпиталей на протяжении последующих месяцев. Одновременно с этим массу раненых эвакуировали дальше, в глубокий тыл. Если говорить о лечении попавших в госпитали во время советско-финляндской войны на протяжении длительного периода после конфликта не только в Ленинграде и области, а по всей стране, то к 1 марта 1941 г., согласно данным исследования «Гриф секретности снят», в строй вернулось 172 203 человека — 69,4 % от санитарных потерь по итоговым донесениям из частей и соединений на 15 марта 1940 г.[177] Если взять уточненные данные о потерях, то же количество составит уже 65 % от санитарных потерь[178]. По другим сведениям, медицинская служба Красной армии вернула в строй около 75 % раненых бойцов и командиров[179].

Военно-медицинские учреждения Ленинграда и области не готовились к приему столь значительного количества раненых и к обусловленной этим обстоятельством напряженнейшей работе. Можно сказать, что условия советско-финляндской войны, ее ожесточенность и продолжительность застали медицинскую систему региона врасплох. Однако, как указал в апреле 1940 г. на совещании начсостава санитарной службы ЛВО Петр Андреевич Куприянов, у Ленинграда как военно-медицинского центра были несомненные плюсы: «мощная лечебная, хорошо налаженная сеть, наличие прекрасных кадров»[180]. В городе имелись серьезные материальные и кадровые ресурсы, которые в срочном порядке были мобилизованы. Несмотря на то что Эвакопункт, госпитали и больницы работали в условиях большого напряжения и на пределе своих возможностей, чаще всего их коллективы оказывались в состоянии решить вставшие перед ними задачи.

---

[177] Гриф секретности снят. С. 101; Россия и СССР в войнах XX века. Книга потерь. С. 174.

[178] Подсчитано по: Гриф секретности снят. С. 101, 125; Россия и СССР в войнах XX века. Книга потерь. С. 174, 189.

[179] Бочков Е. А. Вооруженные конфликты и локальные войны с участием РККА. С. 151.

[180] Филиал ЦАМО (ВМД). Ф. 1. Оп. 7401. Д. 1. Л. 188.

2. Транспортировка раненых

Раненых бойцов следовало доставить в сортировочный госпиталь, а затем — отправить в эвакуационный. В условиях советско-финляндской войны Ленинград стал ключевым транспортным и перевалочным пунктом для массы перевозившихся с фронта в ближний и дальний тыл раненых.

Вначале обратим внимание на внутригородские перевозки раненых, потом рассмотрим их организацию за пределами города.

Для транспортировки раненых внутри Ленинграда использовались автобусы и трамваи. Большинство поступавших из действующей армии «ранбольных» вначале попадали в сортировочные госпитали № 1170 и 2307 (лишь немногие, преимущественно больные, прибывали в Ленинградский красноармейский военный госпиталь или в клиники Военно-медицинской академии)[181]. Уже оттуда их развозили по другим учреждениям. Как пишет Дмитрий Алексеевич Журавлев, из прибывших в находившиеся Ленинграде учреждения ФЭП 162 456 раненых и больных (еще одна цифра из документов Военно-медицинского архива) только 5469 поступили «непосредственно на лечебные койки города, минуя сортировочные госпитали. Как правило, это были эвакуированные воздушным путем и проходившие сортировку в аэропорту "Пулково", а также раненые и больные, доставленные с Карельского перешейка автотранспортом в декабре 1939 года»[182].

Организация автобусных перевозок сопровождалась трениями между Эвакопунктом и автоуправлением Ленгорсовета (АТУЛ). 30 ноября ФЭП получил из коммунального хозяйства 80 автобусов[183]. 50 из них тут же отправились в войсковой район. В городе в распоряжении Эвакопункта осталось всего 30 машин, к тому же без гаражей и ремонтной базы. В перерывах между выездами техника стояла под открытым небом. В условиях зимы требовалось или

---

[181] Там же. Ф. 141. Оп. 44899. Д. 1. Л. 178.

[182] Журавлев Д. А. Медицинская помощь раненым в ходе советско-финляндской войны. С. 71.

[183] Филиал ЦАМО (ВМД). Ф. 141. Оп. 7914. Д. 1. Л. 100; Оп. 44899. Д. 3. Л. 3.

долго прогревать моторы, или постоянно держать их работающими — а это вело к перерасходу горючего[184]. Руководители автоуправления решили, что вскоре машины неизбежно начнут выходить из строя, а обвинят в этом управление — дескать, именно оно поставило автобусы, находившиеся в предаварийном состоянии. АТУЛ предложило ФЭП и ЛКВГ (Ленинградский красноармейский военный госпиталь, именно на его территории дислоцировались автомашины) свои услуги по содержанию и ремонту санитарного транспорта — в одном из своих парков, но за счет военных медиков. Те предложение отвергли[185]. Уже после этого 8 декабря начальник автотранспортного управления Броварский и начальник 1-го отдела этого управления Иванис сообщали в штаб ЛВО, что технический уход за машинами, переданными ФЭП, «по имеющимся у нас сведениям... отсутствует вовсе» и что автобусы работают «на износ»[186]. В той же записке руководители автоуправления рассказали о своем предложении и отказе Эвакопункта — они заранее пытались отвести от себя обвинения, касающиеся нестабильной работы санитарного транспорта.

В конце декабря Эвакопункт уже сам просил содержать и обслуживать его автобусы в одном из парков АТУЛ. Суженное заседание Президиума Горсовета приняло соответствующее решение[187]. К имевшимся в распоряжении ФЭП тридцати автобусам было добавлено еще пятьдесят. Всю эту технику собрали во 2-м парке автоуправления, на базе которого 20 декабря сформировали 414-ю автосанитарную роту. Все расходы по содержанию машин возлагались на ЛВО[188].

Однако конфликт руководителей эвакопункта и АТУЛ не исчез и продолжил развиваться. Руководители ФЭП утверждали, что дирекция автопарка «планомерный ремонт автобусов не производит, задерживает его», текущий ремонт осуществляется «кое-как».

---

[184] Филиал ЦАМО (ВМД). Ф. 141. Оп. 7914. Д. 1. Л. 100; Оп. 44899. Д. 3. Л. 14–15.

[185] ЦГА СПб. Ф. Р-7384. Оп. 4. Д. 25. Л. 95 об.; Д. 35. Л. 48.

[186] Там же. Д. 25. Л. 95 об.

[187] Там же. Д. 35. Л. 48 об.

[188] Филиал ЦАМО (ВМД). Ф. 141. Оп. 7914. Д. 1. Л. 100; Оп. 44899. Д. 3. Л. 15; ЦГА СПб. Ф. Р-7384. Оп. 4. Д. 35. Л. 48 об.

Работники парка, как сообщал 17 января начальник Эвакопункта председателю Ленгорисполкома Попкову, в первую очередь ремонтировали машины, стоявшие на балансе их организации. Боксы с автобусами и ремонтная зона не отапливались, а бойцы автосанитарной роты содержались «чрезвычайно скученно и в антисанитарных условиях»[189]. Руководители АТУЛ возражали. В адресованной в Ленгорисполком записке Броварский и Иванис назвали обвинение в небрежном отношении к ремонту санитарного транспорта «голословным». К тому же, писали они, АТУЛ обеспечивал автобусы бензином, маслом, покрышками, запчастями из своих запасов до середины января 1940 г. — и только после этого начались поставки по линии ФЭП. В отсутствии отопления руководители автоуправления также винили Эвакопункт[190]. 17 января руководители АТУЛ, Эвакопункта и санроты провели совместное совещание и урегулировали взаимные претензии и финансовые расчеты[191].

Имевшихся в распоряжении ФЭП восьмидесяти автобусов было явно недостаточно, одновременно на них можно было перевезти лишь около тысячи человек[192]. В феврале начальник политуправления Северо-Западного фронта бригадный комиссар Марк Никанорович Зеленков сообщал Жданову, что часть госпиталей расположена в пригородах, поэтому «требуется дополнительно 30–40 автобусов»[193]. Транспорт городских учреждений вновь стали изымать для армии. Кроме того, когда 414-я транспортная рота не справлялась с перевозками, ей на помощь по специальным вызовам на время выделяли автомобили автотранспортного управления[194]. Последнее могло в самые напряженные дни дополнительно предоставить 20–30 машин[195]. В приспособленных для перевозки раненых пассажирских автобусах постепенно разбалтывалось и расшатывалось оборудование, поэтому под конец войны, как

---

[189] ЦГА СПб. Ф. Р-7384. Оп. 4. Д. 35. Л. 50.

[190] Там же. Л. 48 об. — 49.

[191] Там же. Л. 49.

[192] См.: Филиал ЦАМО (ВМД). Ф. 141. Оп. 44899. Д. 3. Л. 15–16.

[193] РГВА. Ф. 34980. Оп. 1. Д. 54. Л. 146.

[194] Филиал ЦАМО (ВМД). Ф. 5747. Оп. 44613. Д. 6. Л. 133–134.

[195] ЦГА СПб. Ф. Р-7384. Оп. 4. Д. 35. Л. 174 об.

сообщает отчет СЭГ-1170, «транспортировка раненых на таких машинах доставляла последним много неудобств»[196]. Только в конце войны в распоряжении Эвакопункта появилось несколько специальных санитарных машин[197]. ФЭП получил четыре автобуса ЗИС-16, каждый из которых был рассчитан на 20 раненых[198].

Для управления перевозками было создано несколько диспетчерских пунктов — при Эвакопункте, автосанитарной роте и сортировочных госпиталях[199]. К каждому автобусу прикрепили санитарного инструктора[200]. Сменных шоферов и санитаров не было (они не предусматривались по штатам)[201]. Поэтому иногда, в самые напряженные моменты, водителям и санинструкторам приходилось работать по двое-трое суток непрерывно[202]. Благодаря их самоотверженным усилиям транспортировка раненых в общем осуществлялась без серьезных перебоев. Всего за время войны автобусы перевезли внутри Ленинграда 206 111 раненых и больных фронтовиков[203].

Помимо автомобилей, для внутригородской транспортировки раненых использовали трамвай. Эвакопункт получил в свое распоряжение 52 вагона: 17 составов — по два четырехосных вагона (на 44 лежачих места), 6 составов — по три трехосных вагона (на 56 человек). Вагоны были оборудованы носилками в три яруса, одновременно в них могло разместиться 1024 человека (904 лежачих, 120 сидячих)[204]. По ночам трамваи перевозили раненых из СЭГ-1170 в другие госпитали[205]. (Отмечу в скобках, что в одной из своих статей я высказал предположение, что перевозку раненых проводили

---

[196] Филиал ЦАМО (ВМД). Ф. 1. Оп. 7401. Д. 8. Л. 166.

[197] Там же. Л. 167.

[198] Филиал ЦАМО (ВМД). Ф. 141. Оп. 7914. Д. 1. Л. 101; Оп. 44899. Д. 3. Л. 16.

[199] Там же. Оп. 7914. Д. 1. Л. 100–101.

[200] Там же. Л. 104.

[201] Там же. Л. 104; Оп. 44899. Д. 3. Л. 16.

[202] Филиал ЦАМО (ВМД). Ф. 1. Оп. 7401. Д. 8. Л. 167; Оп. 44899. Д. 3. Л. 17.

[203] Филиал ЦАМО (ВМД). Ф. 141. Оп. 7914. Д. 1. Л. 101.

[204] Там же. Оп. 44899. Д. 3. Л. 36.

[205] См.: ЦГАИПД СПб. Ф. 25. Оп. 10. Д. 294. Л. 19–27.

именно в ночное время для того, «чтобы не привлекать внимания ленинградцев»[206]. При этом уточнение о том, что речь идет о предположении, а не о факте, почерпнутом из источников, в процессе работы над текстом из статьи выпало. В действительности причина была другой. На ночь прекращались пассажирские перевозки. А днем при интенсивном движении проводить дополнительные перевозки и маневры было бы сложно[207].)

Однако трамвайные рельсы были проведены лишь к малой части госпиталей. В начале войны подъездные пути имелись у СЭГ-1170, больницы им. Мечникова и ЛКВГ, которые быстро заполнились ранеными[208]. 19 декабря суженное заседание Президиума Ленгорсовета решило специально для санитарных перевозок построить две трамвайные ветки. Первая должна была пройти через улицы Жуковского и Маяковского к больнице им. В. В. Куйбышева. Вторая — по Загородному проспекту к больнице им. А. А. Нечаева[209]. Затем появились и другие распоряжения о прокладке новых путей (26 и 27 декабря)[210]. Когда рельсы до больниц им. Нечаева и Куйбышева все же появились, их койки уже были заполнены. Так что новые пути для доставки раненых не использовались[211]. В январе — феврале была построена трамвайная линия на территории СЭГ-2307, однако и ее не применяли — из-за того, что рельсы не подходили вплотную к санитарной железнодорожной рампе, где пациентов

---

[206] Тягур М. И. Ленинград во время советско-финляндской войны 1939–1940 годов: трансформация повседневной и хозяйственной жизни города // Вестник Пермского университете. Сер. История. 2016. № 2. С. 84.

[207] Узнать это мне довелось благодаря участию в съемках документального фильма «Эхо белой войны» (телеканал «78»). Об этом рассказал в своем интервью директор музея городского электротранспорта Кирилл Анатольевич Нюквист. К сожалению, в фильм данный фрагмент интервью не вошел. В свою очередь, мне об этом сообщила Ольга Богородская, руководившая съемками двух серий фильма, посвященных жизни Ленинграда во время советско-финляндской войны.

[208] Филиал ЦАМО (ВМД). Ф. 141. Оп. 7914. Д. 1. Л. 105; Оп. 44899. Д. 3. Л. 36.

[209] ЦГА СПб. Ф. Р-7384. Оп. 36. Д. 18. Л. 168.

[210] Там же. Л. 184, 195.

[211] Филиал ЦАМО (ВМД). Ф. 141. Оп. 44899. Д. 3. Л. 36–37.

госпиталя грузили на уходившие в глубокий тыл поезда[212]. Кроме того, была построена ветка к больнице им. Ф. Ф. Эрисмана[213]. Всего в декабре появилось 1,71 км трамвайных путей[214]. В январе — феврале — еще 2 км[215]. В итоге трамваи для транспортировки «ранбольных» использовались в весьма ограниченных масштабах.

Теперь обратим внимание на перевозки, осуществлявшиеся за пределами Ленинграда. В данном случае применялись автомашины, авиация и санитарные поезда.

На автобусах раненых привозили в Ленинград в первые несколько дней войны. Всего с 30 ноября по 5 декабря в город из 7-й армии автотранспорт доставил 1517 «ранбольных»[216]. Еще 78 человек тем же способом попали в городские госпитали в марте[217]. Нужно отметить, что фронт испытывал нехватку специализированных санитарных машин. Ветеран ФНА Иван Яковлевич Востриков вспоминал, что в декабре 1939 г. видел на Карельском перешейке «открытые машины с ранеными бойцами в... лютый мороз»[218].

Значительно больше подлежавших госпитализации красноармейцев прибыло на самолетах. Перевозки раненых по воздуху начались во второй половине декабря и продолжались до апреля[219]. Использовались самолеты разной вместимости (самый большой — Г-2, рассчитанный на 22 пассажира; самый маленький — У-2)[220]. Согласно отчету медсанслужбы Особой Северной авиагруппы, на 20 марта 1940 г. в Ленинградский аэропорт поступило 10 174 раненых[221]. По данным Северного управления Гражданского воздушного флота, за декабрь — март в Ленинградский аэропорт прибыло (самолетами

---

[212] Филиал ЦАМО (ВМД). Ф. 141. Оп. 2339. Д. 1. Л. 41; Ф. 5747. Оп. 44613. Д. 1. Л. 327.

[213] ЦГА СПб. Ф. Р-7384. Оп. 4. Д. 49. Л. 286.

[214] Там же. Л. 289.

[215] Там же. Л. 285.

[216] Филиал ЦАМО (ВМД). Ф. 141. Оп. 44899. Д. 3. Л. 51–52.

[217] Подсчитано по: Там же. Л. 66.

[218] ЦГАИПД СПб. Ф. 9379. Оп. 1. Д. 11. Л. 2.

[219] Филиал ЦАМО (ВМД). Ф. 141. Оп. 44899. Д. 3. Л. 76.

[220] О разных типах самолетов см.: Там же. Л. 71–75.

[221] ЦГА СПб. Ф. Р-9939. Оп. 2. Д. 19. Л. 2.

как Ленинградской, так и Петрозаводской групп) 10 698 раненых[222]. Отчет Фронтового эвакуационного пункта гласит, что за декабрь — апрель авиация доставила в город 10 807 пациентов, однако при этом к апрелю относится всего двое человек[223].

В расположенном в 15 км от города Ленинградском аэропорту «ранбольных» встречала специальная бригада (двое врачей, три сестры, шестеро санитаров), срочно оказывавшая необходимую помощь[224]. Для перевозок раненых внутри аэропорта использовали три санитарных машины (вмещали по паре носилок)[225]. Раненых кормили, обогревали в специально подготовленных помещениях и палатках[226]. Затем их отправляли в медучреждения Ленинграда. Для этого Фронтовой эвакуационный пункт ежедневно выделял один дежурный автобус[227]. Иногда помимо транспорта эвакуационного пункта вызывались автомобили городского отдела здравоохранения, в неотложных случаях раненых могли отвезти в ближайшую больницу Горздрава (больница им. И. Г. Коняшина) на санмашинах аэропорта. Как уже говорилось в предыдущей главе, доставка «ранбольных» в госпитали длилась 1,5–2 часа, так что, согласно отчету медсансслужбы Особой Северной авиагруппы, «быстрота доставки раненого самолетом нейтрализовалась его последующей транспортировкой»[228].

Однако главную роль в перевозке «ранбольных» играл железнодорожный транспорт. Именно поезда доставили в город больше всего раненых. И если в Ленинград пациентов госпиталей и больниц привозили не только по железной дороге, то вглубь страны они уезжали исключительно поездами[229].

Поначалу за движение военно-санитарных поездов (ВСП) отвечал лишь один врач из ФЭП. Естественно, он не справлялся (к тому

[222] Там же. Д. 18. Л. 6.
[223] Подсчитано по: Филиал ЦАМО (ВМД). Ф. 141. Оп. 44899. Д. 3. Л. 76.
[224] Там же. Л. 68–69.
[225] Там же. Д. 3. Л. 71.
[226] ЦГА СПб. Ф. Р-9939. Оп. 2. Д. 19. Л. 3; Филиал ЦАМО (ВМД). Ф. 141. Оп. 44899. Д. 3. Л. 70.
[227] Филиал ЦАМО (ВМД). Ф. 141. Оп. 44899. Д. 3. Л. 69.
[228] ЦГА СПб. Ф. Р-9939. Оп. 2. Д. 19. Л. 9.
[229] РГВА. Ф. 34980. Оп. 1. Д. 54. Л. 348.

же у него были другие обязанности, а сведения с железных дорог поступали с опозданием). Тогда при санитарном отделе ЛВО создали диспетчерский пункт. Он, однако, не подчинялся Эвакопункту[230]. При этом госпитали, другие медучреждения и распределение раненых по-прежнему входили в компетенцию ФЭП. В конце концов управление санитарными поездами снова передали в руки Эвакопункта, внутри которого создали специальный отдел, начавший свою работу 11 января 1940 г.[231]

Куда перемещали раненых, уже побывавших в ленинградских медучреждениях? К началу боевых действий тыловые эвакогоспитали были созданы в Калинине, Великих Луках, Ржеве[232]. В ходе войны количество расположенных вдали от фронта военно-медицинских учреждений увеличивалось. К. Криптон писал, что большой процент раненых «направлялся вглубь страны, размещаясь по всевозможным городам вплоть до Урала»[233]. Действительно, часть госпиталей развернули на востоке: в Перми, Свердловске, Челябинске и Уфе[234]. Другие госпитали формировались на юге, в частности в Грозном и Армавире[235]. В общей сложности военно-санитарные поезда увозили «ранбольных» в 120 населенных пунктов СССР[236]. ФЭП отправлял поезда по пяти маршрутам[237].

К концу ноября 1939 г. в распоряжении Фронтового Эвакопункта находилось всего два поезда[238]. Конечно же, их было недостаточ-

---

[230] Филиал ЦАМО (ВМД). Ф. 141. Оп. 7914. Д. 1. Л. 161.

[231] Там же. Л. 107.

[232] Там же. Оп. 44899. Д. 3. Л. 54.

[233] Криптон К. Осада Ленинграда. С. 24.

[234] РГАСПИ. Ф. 17. Оп. 162. Д. 26. Л. 207; ГА РФ. Ф. Р-5446. Оп. 1в. Д. 523. Л. 9–10; о работе уральских военно-медицинских учреждений см.: Кусков С. А. Забытые госпитали. Организация военного здравоохранения на Урале в период Советско-финской войны // XX век и Россия: общество, реформы, революции. 2016. № 4. С. 56–65.

[235] РГАСПИ. Ф. 17. Оп. 162. Д. 27. Л. 61; ГА РФ. Ф. Р-5446. Оп. 1в. Д. 523. Л. 81.

[236] Филиал ЦАМО (ВМД). Ф. 141. Оп. 44899. Д. 2. Л. 57; Полный список см.: Там же. Л. 58–60.

[237] См.: Там же. Оп. 7914. Д. 1. Л. 117–118; Оп. 44899. Д. 2. Л. 116–117.

[238] Там же. Оп. 7914. Д. 1. Л. 110; Оп. 44899. Д. 3. Л. 54.

но. Началось срочное формирование новых в Ленинграде, кроме того, поезда прибывали из других регионов. Уже 15 декабря в распоряжении ФЭП имелось девять постоянных ВСП[239]. В конце месяца их насчитывалось 25[240]. В литературе можно встретить утверждение, что всего было создано 30 санитарных поездов[241]. Эти сведения опровергаются отчетом Эвакопункта, согласно которому на момент окончания войны ФЭП подчинялось 72 поезда (на 23 439 мест)[242]. 10 из них работали в армейском районе, остальные 62 перевозили раненых в глубь страны[243]. Кроме постоянных ВСП, существовали и временные, курсировавшие между фронтом и городом. За счет небольшой длины маршрута (ведь фронт был близко) иногда они успевали совершить два рейса в сутки[244]. В периоды наибольшей активности на фронте из-за нехватки транспортных средств для эвакуации раненых и больных использовались необорудованные пассажирские поезда и товарные вагоны[245]. Санитарные поезда создавались в разных городах (Великие Луки, Вологда, Днепропетровск, Орджоникидзе и др.), но больше всего их сформировали в Москве (19) и Ленинграде (9)[246]. Количество вагонов в одном составе колебалось от 12 до 23[247]. Многие из них комплектовались в такой спешке, что на вагонах не успевала высохнуть краска[248]. Как правило, прибывшие в Ленинград поезда были плохо укомплектованы оборудованием[249]. Остро не хватало медработников. На них стали отправлять дружинниц Красного Креста — от 5 до 16 человек на ВСП[250]. Командиры поездов положительно оценивали их труд[251].

---

[239] Там же. Оп. 44899. Д. 3. Л. 54.

[240] Там же. Л. 58.

[241] Бочков Е. А. Вооруженные конфликты и локальные войны... С. 149.

[242] Филиал ЦАМО (ВМД). Ф. 141. Оп. 7914. Д. 1. Л. 110.

[243] Там же. Л. 108–109.

[244] Там же. Оп. 44899. Д. 3. Л. 54.

[245] Советско-финляндская война 1939–1940. Т. 1. С. 528.

[246] Филиал ЦАМО (ВМД). Ф. 141. Оп. 7914. Д. 1. Л. 109.

[247] Там же. Оп. 44899. Д. 2. Л. 15.

[248] Там же. Л. 35, 37.

[249] Там же. Л. 1; также см.: Там же. Л. 44.

[250] Там же. Оп. 7914. Д. 1. Л. 125.

[251] Там же. Л. 125–126.

Первый военно-санитарный поезд с фронта прибыл в Ленинград 5 декабря[252]. В начале войны в распоряжении ФЭП имелась всего одна санитарная рампа[253] — при СЭГ-1170. Туда направлялись все ВСП[254]. Поначалу разгрузка поездов продолжалась по 2–3 часа, потом сократилась до одного часа[255]. Если эшелон направлялся в глубокий тыл, то с него могли сгрузить тех, кому требовалась срочная помощь[256]. За декабрь в СЭГ-1170 привезли 34 698 раненых и больных. Количество прибывавших составов доходило до четырех в день, а один раз — даже до шести (13 декабря). С этой железнодорожной рампы осуществлялась и эвакуация в глубокий тыл[257]. То, что вся нагрузка по приему и отправке ВСП легла на один сортировочный госпиталь, вызывало определенные затруднения. И, как уже упоминалось (в главе 2), это стало причиной скопления поездов и образования регулярных заторов у моста через Неву[258]. Чуть позже появилась санрампа при больнице им. И. И. Мечникова (СЭГ-2307). Санитарные составы всегда разгружались у одного из двух сортировочных госпиталей[259].

После создания прирельсовых приемников и при отсутствии эвакуационных «пробок» сортировочные госпитали прекрасно справлялись с приемом ВСП. Бригадный комиссар Зеленков приводил в записке Жданову типичный пример работы санрампы при СЭГ-1170: «12.II. с. г. прибыло 2 поезда с ранеными, в одном поезде было 590 человек, из них 190 носилочных. Разгрузка первого поезда происходила в течение 1 час[а] 5 мин[ут], в 50 минут разгружен и 2-й поезд. Раненых выгружали спокойно, уверенно,

---

[252] Филиал ЦАМО (ВМД). Ф. 141. Оп. 7914. Д. 8. Л. 142.

[253] Рампа — сооружение, предназначенное для разгрузочно-погрузочных работ.

[254] Филиал ЦАМО (ВМД). Ф. 141. Оп. 7914. Д. 1. Л. 86.

[255] Филиал ЦАМО (ВМД). Ф. 1. Оп. 7401. Д. 8. Л. 160.

[256] Там же. Л. 161.

[257] Филиал ЦАМО (ВМД). Ф. 141. Оп. 44899. Д. 3. Л. 19.

[258] Там же. Оп. 7914. Д. 1. Л. 36; Журавлев Д. А. Влияние боевых действий на социально-экономическую обстановку в Ленинграде... С. 126; Журавлев Д. А. Роль здравоохранения в подготовке Ленинграда к войне. С. 132.

[259] Филиал ЦАМО (ВМД). Ф. 141. Оп. 7914. Д. 1. Л. 115.

организованно. Сравнительно быстро произведена и сортировка по госпиталям. На это ушло около 2½ часов для первого поезда». По словам Зеленкова, госпиталь мог «принимать до 3-х поездов в сутки без особого напряжения»[260].

Чтобы уменьшить нагрузку на сортировочные госпитали и ускорить ход эвакуации в глубокий тыл, в Ленинграде создали прирельсовые приемники. На станциях Московская-товарная и Витебская-товарная выделили платформы для стоянки ВСП. Рядом поставили отапливаемые вагоны и палатки — для временного размещения «ранбольных» перед погрузкой в эшелоны[261]. Кроме того, иногда раненых сажали в поезда на станциях Балтийская-товарная и Варшавская-товарная[262]. Санитарные рампы (без приемников, т. е. без специальных помещений для временного размещения раненых) оборудовали на Балтийском и Финляндском вокзалах[263].

В целом Ленинградский железнодорожный узел считался сложным участком движения. Иногда санитарные эшелоны задерживались внутри города больше чем на сутки[264]. В начале войны много времени занимала заправка ВСП топливом и водой. По настоянию Эвакопункта Октябрьская дорога выделила для них отдельные заправочные пути и сформировала специальные заправочные бригады. Это помогло существенно сократить время заправки[265].

Некоторые раненые и больные прибывали в Ленинград по железной дороге на обычных пассажирских поездах — как в одиночку, так и группами. Иногда им выделяли отдельные вагоны. Для приема таких раненых на Московском и Финляндском вокзалах создали эвакопосты. Красноармейцев размещали в теплых помещениях, оказывали необходимую помощь, потом отправляли в сортировочные госпитали[266].

---

[260] РГВА. Ф. 34980. Оп. 1. Д. 54. Л. 146.

[261] Филиал ЦАМО (ВМД). Ф. 141. Оп. 44899. Д. 3. Л. 20.

[262] Там же. Оп. 7914. Д. 1. Л. 115–116.

[263] Там же. Л. 93.

[264] Там же. Оп. 44899. Д. 2. Л. 124.

[265] Там же. Д. 2. Л. 102.

[266] Там же. Д. 3. Л. 28–29.

Не вся железнодорожная эвакуация подчинялась ФЭП. В начале войны у расположенных севернее Ладоги 8-й, 9-й и 14-й армий не было своих армейских госпитальных баз[267]. Однако их развернули в январе. Одновременно с этим был создан санитарный отдел управления снабжения и эвакуации северных армий, начавший работу 13 января[268]. Среди прочего он должен был руководить железнодорожной эвакуацией раненых. С 31 января в Ленинград перестали приходить военно-санитарные поезда из Карелии[269]. Теперь раненые из района севернее Ладожского озера доставлялись в город на Неве только самолетами (из Ухты, Реболы и Петрозаводска)[270]. «Ранбольных» северных армий увозили по железной дороге в Череповец, Вологду, Уфу, Свердловск, Ирбит, Челябинск, Чкалов, Куйбышев, Пензу, Саратов, Казань, Армавир, Грозный и другие города[271].

Однако, хотя ВСП северных армий уже не направлялись в Ленинград, они все равно проезжали по территории Ленинградской области. Санэвакуация усложнялась тем, что Кировская дорога соединялась с остальной железнодорожной сетью страны только в одном месте — на станции Волховстрой. Отчет о работе санитарного отдела сообщает, что Генштаб разрешал пропускать на Кировскую дорогу лишь один санитарный поезд в сутки. Если поездов было больше, то «они становились в очередь по всем станциям от Вологды до Тихвина, приходилось их спаривать или отправлять еще с различными ухищрениями, причем тут уже сопротивлялась железная дорога по всяким техническим причинам»[272].

Для решения проблемы низкой пропускной способности станции Волховстрой в течение февраля там построили дополнительную железнодорожную ветку и санитарную рампу, развернули эвакогоспиталь № 1862 (на 500 коек) и эвакуационный приемник

---

[267] РГВА. Ф. 34980. Оп. 1. Д. 29. Л. 224.

[268] Филиал ЦАМО (ВМД). Ф. 1. Оп. 7401. Д. 8. Л. 52.

[269] Филиал ЦАМО (ВМД). Ф. 141. Оп. 7914. Д. 1. Л. 40; Оп. 44899. Д. 3. Л. 57.

[270] Там же. Оп. 44899. Д. 3. Л. 57.

[271] См.: Филиал ЦАМО (ВМД). Ф. 1. Оп. 7401. Д. 8. Л. 54–55, 69.

[272] Там же. Л. 52.

№ 61 (на тысячу человек). Теперь ВСП, приходившие сюда из 8-й и 9-й армий, разгружались и разворачивались назад. Из 15-й армии раненых привозили на автомашинах. Проведя какое-то время в Волховстрое, красноармейцы отправлялись дальше по железной дороге, но уже в других ВСП. Всего через волховстроевские госпиталь и эвакопункт прошло 5303 человека (3950 прибыли на автотранспорте, 1353 — в поездах)[273].

Как сообщается в отчетности ФЭП, обычно раненых размещали на всех трех ярусах полок[274]. Часто санитарные поезда заполнялись сверх нормы и двигались очень медленно[275]. Начальник Политуправления фронта Зеленков приводил в записке Жданову пример с ВСП № 112: он должен был идти от Кеми до Ленинграда полтора дня, но вместо этого находился в пути четверо суток. Низкая скорость движения поездов отражалась на настроениях раненых. Зеленков сообщал об этом так: «Появляются разговоры о том, что нет заботы о людях, не проводится нормальное лечение... Каждая длительная остановка вызывает много недовольства и разговоров. Некоторые бойцы даже требуют литера на проезд в пассажирском поезде». К этому добавлялись некоторые другие неудобства. «Многие машинисты забывают, что везут раненых, — писал Зеленков, — плохо тормозят состав при остановках, от чего получаются сильные толчки. Все это отражается на здоровье больных. У некоторых больных открывается сильное кровотечение и они впадают в бессознательное состояние»[276].

Вопрос скорости решался разными средствами. Одно из них — рассредоточение железнодорожных потоков санитарной эвакуации. Именно для этого и был создан санитарный отдел управления снабжения и эвакуации северных армий, которому выделили отдельные маршруты. Внутри Ленинграда работу по погрузке и разгрузке раненых также рассредоточили. Санитарные эшелоны получали приоритет перед остальными поездами. В январе 1940 г. нарком путей

---

[273] Там же. Л. 53.
[274] Филиал ЦАМО (ВМД). Ф. 141. Оп. 7914. Д. 1. Л. 111, 117.
[275] Там же. Оп. 44899. Д. 2. Л. 85.
[276] РГВА. Ф. 34980. Оп. 1. Д. 54. Л. 145.

сообщения Каганович распорядился пропускать ВСП без очереди, как экспрессы[277].

На протяжении всей войны Ленинград служил главным центром санитарной эвакуации. Согласно предварительному отчету ФЭП, с 30 ноября 1939 по 20 марта 1940 г. в город на Неве привезли 160 372 раненых и больных военнослужащих. Из них на автобусах — 1517 (0,9 %); на ВСП, следовавших непосредственно в Ленинград, — 138 072; высадили с санитарных поездов, проезжавших через городом транзитом, — 4266 (в сумме 88,8 %); на пассажирских поездах — 6235 (3,8 %); на самолетах — 10 282 (6,5 %)[278]. За тот же период из Ленинграда в глубокий тыл на санпоездах уехало 107 815 человек[279].

Как и госпитальная сеть, система санитарных перевозок временами работала на пределе возможностей. Потребовалось в экстренном порядке существенно увеличить число задействованных в ней людей, машин, поездов, мест для погрузки/разгрузки раненых.

* * *

К исходу осени 1939 г. в Ленинграде и области была сформирована система эвакуационных военно-медицинских учреждений, рассчитанная на легкую и быструю войну. В ходе боевых действий количество раненых оказалось непредвиденно большим, сеть госпиталей пришлось срочно расширять. Эвакопункт, госпитали и больницы работали в условиях огромного напряжения и на пределе сил. В конечном счете они в основном сумели решить поставленные перед ними задачи — благодаря имевшимся в городе и срочно мобилизованным материальным и кадровым ресурсам. Система санитарных перевозок тоже подвергалась серьезным перегрузкам, в отдельные периоды работала на грани возможностей, однако и ей в целом удалось справиться с задачей транспортировки пострадавших на войне бойцов и командиров.

---

[277] Филиал ЦАМО (ВМД). Ф. 141. Оп. 44899. Д. 2. Л. 118.

[278] Там же. Оп. 7914. Д. 1. Л. 41.

[279] Там же. Л. 47.

ПВО и МПВО:
защита от воздушной угрозы

1. 2-й корпус ПВО
и другие формирования противовоздушной обороны
на страже ленинградского неба

В советской литературе можно было прочесть о попытках финнов атаковать Ленинград с воздуха.

Так, в изданной 1941 г. книге Г. Караева сообщалось:

«Попытка белофинских самолетов совершить налет на Ленинград была отбита в первый же день войны.

Навстречу наглому врагу устремились наши истребители. Бой с вражескими самолетами был краток. Когда объятый пламенем головной белофинский самолет рухнул вниз, остальные поспешно повернули обратно и скрылись»[1].

Позже, в 1960-е гг., авторы научно-популярной книжки о ПВО Ленинграда в годы Великой Отечественной, коснувшись в начале своего повествования Зимней войны, рассказали про несколько неудачных налетов на город:

«Самолеты противника не раз пытались прорваться к Ленинграду. Один из них, маскируясь облачностью, достиг района Дибунов. Лететь по прямой до центра Ленинграда оставалось немногим больше 20 километров. Но 7-я батарея 115-го зенитного артиллерийского полка прервала этот полет.

5 февраля 1940 г. наши прожектористы обнаружили самолет, пытавшийся пробиться к Ленинграду под покровом ночи. Летчик принимал отчаянные попытки, чтобы вырваться из слепящих лучей. Но отлично натренированные прожектористы цепко держали

---

[1] Караев Г. Разгром белофинского плацдарма. 30 ноября 1939 г. — 13 марта 1940 г. Л.: Лениздат, 1941. С. 43.

врага и вели самолет до тех пор, пока зенитчики 115-го полка не сбили его.

Тогда же, в феврале, пыталась совершить налет на Ленинград группа бомбардировщиков. Навстречу ей взлетели наши истребители, ведомые командиром эскадрильи 25-го авиаполка капитаном Костенко. Внезапная стремительная атака решила исход боя — два бомбардировщика были сбиты, а остальные повернули обратно. После этого авиация противника уже не пыталась прорваться к Ленинграду»[2].

При этом никаких ссылок авторы не делали. Впрочем, учитывая научно-популярный формат книжки, это неудивительно.

Действительно ли финны пытались атаковать Ленинград? Какие силы при этом противостояли им? Как была организована и как функционировала система ПВО в городе и в области?

Сейчас мы можем ответить на эти вопросы, опираясь как на документы, так и на разработки современных историков.

Некоторые из относящихся к данному сюжету источников опубликованы. Среди них — доступный в интернете скан «Журнала боевых действий соединения и частей 2-го корпуса ПВО»[3].

Заинтересованный читатель может найти немало сведений о работе советской ПВО в статье кандидата исторических наук Алексея Юрьевича Лашкова «Противовоздушная оборона Красной армии и Краснознаменного Балтийского флота в советско-финляндской войне (1939–1940 гг.)», написанной с опорой на документы из РГВА[4]. Там говорится про ПВО как в тылу, так и в зоне боевых действий. Мы будем обращаться в первую очередь к тому, что Лашков рассказывает о защите неба над Ленинградом и областью. Из статей Олега Николаевича Киселева мы можем почерпнуть информацию об истребительной авиации ЛВО и о действиях

---

[2] Смелянов Н. В., Иванов В. Г., Буров А. В. Часовые ленинградского неба. Л.: Лениздат, 1968. С. 22.

[3] Журнал боевых действий соединений и частей 2-го корпуса ПВО...

[4] Лашков А. Ю. Противовоздушная оборона... // Военно-исторический журнал. 2019. № 11, 12.

финских бомбардировщиков против объектов на территории Ленобласти[5].

За оборону Ленинграда с воздуха отвечал 2-й корпус ПВО
(командир — комбриг Филипп Яковлевич Крюков, начальник
штаба — Валериан Митрофанович Добрянский, комиссар — бригадный комиссар Леонид Михайлович Чумаков). В зоне ответственности корпуса находились Ленинград и его пригороды: Пуш-
кин, Сестрорецк, Урицк (Лигово), Петергоф, Колпино. В состав
корпуса входили: шесть зенитно-артиллерийских полков (зенап),
один прожекторный полк, три прожекторных дивизиона, два полка аэростатов заграждения (АЗ), один зенитно-пулеметный полк,
один полк ВНОС (воздушное наблюдение, оповещение и связь),
один батальон связи, 54-я истребительная авиационная бригада[6].
Частично приписной состав корпуса стали мобилизовать 4 сентября. После того как 7 сентября начались БУС, корпус был полностью отмобилизован — вызваны запасные, получен автотранспорт[7] (тут, правда, можно отметить, что половина поступивших
по мобилизации автомашин прибыла без запчастей и с негодной
резиной[8]).

Если говорить об истребителях, то, как отмечает Олег Николаевич Киселев, «к исходу осени 1939 года ВВС ЛВО развернули
против Финляндии весьма внушительную группировку истребительной авиации, насчитывающую в общей сложности 778 истребителей. Это более чем в два раза превосходило численность финских
ВВС, включая учебные и вспомогательные самолеты, а также самолеты, находящиеся на консервации». В указанное Киселевым число
входят самолеты как ЛВО, так и КБФ, из них исправных — 723[9].

---

[5] Киселев О. Н. Если завтра война, если завтра в поход... URL: https://
warspot.ru/3137-esli-zavtra-voyna-esli-zavtra-v-pohod; Киселев О. Н. «Бленхеймы» над Лодейным Полем. URL: https://warspot.ru/8000-blenheymy-nad-
lodeynym-polem

[6] Лашков А. Ю. Противовоздушная оборона... // Военно-исторический
журнал. 2019. № 11. С. 5.

[7] РГВА. Ф. 37977. Оп. 1. Д. 277. Л. 164.

[8] Там же. Л. 165.

[9] Киселев О. Н. Если завтра война, если завтра в поход...

Конечно, далеко не все из них предназначались для прикрытия своей территории и подчинялись ПВО. Как пишет Лашков, «в интересах организации ПВО были привлечены более 1/3 всех истребителей ВВС округа (по линии сухопутной авиации), в т[ом] ч[исле] 54-я истребительная авиабригада (иаб) и более половины истребителей авиагруппы 8-й армии». При этом 54-я бригада «обеспечивала воздушное прикрытие города на Неве и находилась в подчинении начальника окружной системы ПВО»[10].

В 54-й иаб имелись 251 исправный и 14 неисправных самолетов. Это были И-16 (172 исправных и 10 неисправных), И-153 (41 и 4 соответственно) и И-15 бис (38 штук, все исправны). Три истребительных авиаполка (иап) бригады (19-й, 26-й и 44-й) базировались на аэродромах Горелово, Углово, Манушкино, Ропша и Витино[11].

У назначенного в марте 1939 г. командиром бригады участника боевых действий в Китае Героя Советского Союза полковника Алексея Сергеевича Благовещенского, как отмечает Киселев, «сразу же не сложились отношения с командиром 2-го корпуса ПВО комбригом Крюковым». У бригады было двойное подчинение: над ней стояли командующий ВВС ЛВО и одновременно с этим 2-й корпус ПВО. Пользуясь этим, «Благовещенский при молчаливой поддержке командующего ВВС ЛВО Е. С. Птухина фактически игнорировал распоряжения командира и штаба 2-го корпуса ПВО. Взаимодействие истребителей с зенитной артиллерией корпуса не отрабатывалось, от участия в учениях ПВО Благовещенский под разными предлогами уклонялся. Спускаемые же штабом ВВС ЛВО планы боевой подготовки не учитывали статус бригады именно как бригады ПВО. Несмотря на прямое распоряжение командира корпуса, Благовещенский не утруждал себя докладами о состоянии учебно-боевой подготовки и не являлся по вызову командира корпуса». Это поведение «объяснялось, прежде всего, его пренебрежительным отношением к наземным средствам ПВО. Считая, что истребители самостоятельно способны обеспечить безопасность Ленинграда,

______

[10] Лашков А. Ю. Противовоздушная оборона... // Военно-исторический журнал. 2019. № 11. С. 4.

[11] Киселев О. Н. Если завтра война, если завтра в поход...

Благовещенский просто не желал подчиняться командиру второстепенного, с его точки зрения, соединения». Хотя «органы НКВД регулярно докладывали о явно ненормальных взаимоотношениях между командирами 2-го корпуса ПВО и 54-й авиабригады», начальник ВВС РККА командарм 2-го ранга Александр Дмитриевич Локтионов и наркомат обороны на поступавшие к ним сигналы не реагировали[12].

Результаты Киселев описывает так: «Прямым следствием амбиций Благовещенского стали результаты боевой подготовки бригады в 1939 году... Никакими особыми навыками в пилотировании ночью или в сложных метеоусловиях большинство пилотов не обладало. Относительно неплохо обстояли дела с высотной подготовкой, и немногим более половины летчиков могли пилотировать на высотах до 7000–9000 метров (165 пилотов из 253). Ночные полеты освоили еще 89 летчиков, причем большинство из них только на учебных самолетах, а в облаках летать умели лишь 13 человек. Не все гладко было и с воздушно-стрелковой подготовкой: например, в 19-м ИАП в 1939 году летчики выполнили 403 вылета для стрельбы по конусу (в полку на 1 сентября было 72 летчика), но задача была выполнена только в 216 из них. Примерно такой же процент выполненных задач был и при стрельбе по наземным целям (в 96 из 179 вылетов). В целом, к ноябрю 1939 года 54-я авиабригада оказалась подготовлена даже несколько хуже, чем начавшая год с худших стартовых позиций 59-я авиабригада (также дислоцировалась в ЛВО. — *М. Т.*)»[13].

При этом летом в связи со столкновением с японцами на Халхин-Голе 54-я иаб выделила часть своего личного состава (80 человек) для отправки в Монголию. Людей для этого взяли в победившем во внутрибригадном соцсоревновании 44-м истребительном авиаполку, среди выехавших на восток летчиков были ветераны гражданской войны в Испании. И если после окончания боев на Халхин-Голе отправившиеся туда летчики 59-й авиабригады, также выделившей людей, постепенно вернулись в ЛВО, то пилоты

---

[12] Там же.
[13] Там же.

из 54-й бригады, напротив, в основном остались на Дальнем Востоке[14]. А ведь для 54-й иаб это были летчики из числа самых лучших и наиболее опытных.

Впрочем, недостатки в подготовке летчиков бригады компенсировались количеством как личного состава, так и техники. Киселев даже пишет, что в начале советско-финляндской войны ПВО советских войск и тыловых объектов в целом «получила несколько гипертрофированные масштабы», а 54-я иаб по численности «в разы» превосходила «всю ударную авиацию ВВС Финляндии»[15].

Конечно, прикрывать от возможных атак с воздуха нужно было не только Ленинград и его ближайшие окрестности. Если мы говорим о городах на юго-западе Ленобласти, то Псков должны были защищать 38-й и 261-й зенитные артиллерийские дивизионы, а Новгород — зенитные пулеметные команды стрелковых частей[16]. Для обороны таких пунктов, как Кречевицы (рядом с Новгородом) и Лодейное Поле, были специально сформированы дивизионы зенитной артиллерии. Ряд объектов (Волховстрой, Свирьстрой, станция Дно) должны были прикрывать подразделения НКВД[17]. В состав авиагруппы 8-й армии, которая готовилась наступать в Северном Приладожье, входил 49-й истребительный авиаполк. Его 3-я и 5-я эскадрильи были оперативно подчинены непосредственно командиру авиагруппы армии и получили задачу защищать такие пункты на востоке Ленобласти, как аэродром Лодейное Поле, электростанция Свирьстрой, Волховская ГЭС, а также располагавшиеся в тылу армии железнодорожные узлы. 3-я эскадрилья (15 самолетов И-15бис) базировалась в Лодейном Поле, а 5-я (12 И-15бис) — в Новой Ладоге[18]. Позднее, когда была сформировала 15-я армия, расположенные в границах ее тыла вдоль Кировской железной дороги объекты прикрывала эскадрилья, базировавшаяся в Лодейном Поле. Лашков называет ее номер (4-я), но не указывает, в состав

---

[14] Киселев О. Н. Если завтра война, если завтра в поход...

[15] Там же.

[16] Лашков А. Ю. Противовоздушная оборона... // Военно-исторический журнал. 2019. № 11. С. 8.

[17] Там же. С. 5.

[18] Киселев О. Н. Если завтра война, если завтра в поход...

какой авиабригады она входила[19]. Речь идет о 4-й эскадрилье того же 49-го ИАП.

Система ПВО была развернута и по линии ВМФ. Краснознаменному Балтийскому флоту требовалось прикрыть от возможных авианалетов Кронштадт (т. е. главную базу Балтфлота), военные объекты Лужской губы, Южного и Западного укрепрайонов, аэродромы морской авиации. Основу противовоздушной обороны флота в восточной части Финского залива составили три полка ПВО (1-й — Кронштадт, 2-й — Лебяжье, 3-й — Муково), истребительная авиагруппа (177 самолетов 61-й авиабригады) и система ВНОС. При этом во время войны Балтфлот формировал новые зенитные подразделения — для баз, разворачивавшихся в Прибалтике, и для островов Финского залива, занятых в самом начале войны. Так, в Кронштадте были созданы два отдельных зенитных артиллерийских дивизиона, предназначавшихся для противовоздушной обороны островов Суурсаари и Лавансаари (части КБФ высадились там в первые дни боевых действий)[20].

Конечно, учитывая значение Ленинграда и его близость к границе и фронту, его противовоздушной обороне уделялось особое внимание.

О том, как построили систему ПВО города, рассказывается в статье Алексея Юрьевича Лашкова. В радиусе 20–25 километров от центра города была организована зона огня зенитной артиллерии, обеспеченная прожекторами, которые могли создать световое поле. По границе города проходили зоны аэростатов заграждения, поднимавшихся над городом в одну линию. Система связи истребительной авиации позволяла управлять частями 54-й иаб как с командного пункта командира 2-го корпуса ПВО, где постоянно находился начальник штаба или начальник 1-го отдела авиабригады, так и с командного пункта командира бригады в Горелово. Управление подразделениями в воздухе производили через посты наведения с применением простейших сигналов, которые

---

[19] Лашков А. Ю. Противовоздушная оборона... // Военно-исторический журнал. 2019. № 12. С. 7.

[20] Там же. № 11. С. 6.

выкладывались на земле (стрелами из материи), а также с помощью радио[21].

Взаимодействие истребительной авиации и зенитной артиллерии собирались проводить по плану, предусматривавшему пять вариантов действий против воздушных сил противника. Лашков излагает их так:

«При реализации первого варианта "Действия активных средств обороны в одной зоне" ИА (истребительная авиация. — *М. Т.*) должна была уничтожать авиацию противника в зоне своей ответственности и в зоне огня ЗА (зенитная артиллерия. — *М. Т.*) во всем диапазоне высот, а в зоне действия АЗ — на высотах более 5 км. В это же время расчеты зенитной артиллерии открывали огонь по не атакуемым истребителями воздушным целям или в момент выхода их из атак.

Второй вариант "Неограниченные действия зенитной артиллерии" предусматривал ведение ЗА огня по всем целям и высотам (при условии, когда ИА не действовала: плохая погода, непригодные аэродромы, заправка после боя).

Третий вариант "Неограниченные действия истребительной авиации" использовался в том случае, когда ИА действовала во всех зонах, а зенитная артиллерия вела стрельбу лишь по не атакованным воздушным целям; при этом аэростаты заграждения в воздух не поднимались.

Четвертый вариант "Действия в облачную погоду" вводился, когда истребительная авиация, зенитная артиллерия и аэростаты заграждения получали задачу вести борьбу с противником в своих зонах или с разделением по высотам — одни под облаками, другие — выше, третьи — в облаках. При этом зенитным расчетам требовалось свою работу тесно увязывать с действиями ИА.

Пятый вариант "Ночной" был рассчитан на отражение ночных налетов авиации противника. В этом случае эскадрильи самолетов-истребителей И-15 с радиостанциями на борту, находясь в зоне светового поля (северо-западное направление), должны были быть выше цели на 1 км и оттуда вести огонь. Для распознавания

---

[21] Лашков А. Ю. Противовоздушная оборона... // Военно-исторический журнал. 2019. № 11. С. 5–6.

"свой-чужой" под фюзеляжем И-15 устанавливались крупные (15 см) фары, проецировавшие свет вниз. При этом ЗА предоставлялось право вести огонь по всем воздушным целям»[22].

В начале войны система ВНОС 2-го корпуса ПВО работала не только для Ленинграда, но и для наступающих на Карельском перешейке войск. Как отмечает Лашков, 7-я армия обслуживалась «ВНОС пункта ПВО г. Ленинграда, с постами которого штабы частей и соединений имели прямую связь»[23]. Журнал боевых действий 2-го корпуса ПВО в записи от 4 декабря сообщает о размещении своих постов ВНОС на занятой финской территории: «2-й полк ВНОС приступил к выброске постов ВНОС на бывшую финляндскую территорию. Всего выставляется по плану 3.12.39 г. четыре поста (Куоккала, Териоки, Коентаки и Ванхаями[24]). Связь с постами не установлена»[25]. Вскоре, в связи с продвижением советских войск вперед, их связь с постами ВНОС 2-го корпуса была прервана, пришлось организовывать войсковую службу ВНОС[26]. В 7-й и 13-й армиях были созданы свои собственные службы ВНОС, сформированы отделы ВНОС с главными постами, учреждены должности начальников ВНОС корпусов[27]. Тем не менее системы ВНОС 2-го корпуса и Северо-Западный фронт продолжали взаимодействовать. В январе командующий СЗФ командарм 1-го ранга Семен Константинович Тимошенко утвердил план взаимодействия ПВО Ленинграда и ВВС СЗФ, в котором предусматривалось создание единой авиадиспетчерской службы, взаимное оповещение о воздушной обстановке, согласованность в действиях по борьбе с вражеской авиацией[28].

Для обнаружения финских самолетов использовались не только традиционные средства (путем визуального наблюдения, по звуку), но и новая техника. Впервые в боевых условиях Красная армия

---

[22] Там же. С. 6.

[23] Там же. С. 8.

[24] Именно в такой форме названия приведены в источнике.

[25] Журнал боевых действий соединений и частей 2-го корпуса ПВО...

[26] Лашков А. Ю. Противовоздушная оборона... // Военно-исторический журнал. 2019. № 11. С. 8.

[27] Там же. № 12. С. 4.

[28] Там же. С. 5.

опробовала радиолокаторы. В статье Лашкова можно прочесть, что «вокруг города была создана полоса радиообнаружения воздушных целей на расстоянии 80–90 км от его границ. Основу технических средств составили отечественные радиолокационные станции (РЛС) системы РУС-1 (радиоулавливатель самолетов, "Ревень")... В зоне ответственности 2-го корпуса ПВО РЛС были развернуты на следующих участках: 01 — Лигово, Ванха-Яами; 10 — Ванха-Яами, Сипарила; 20 — Сипарила, Перкярви; 19 — Перкярви, Руси; 18 — Руси, Кандакюля; 21 — Руси, Курголово. Несмотря на ограниченные технические возможности и определенные сложности в эксплуатации станций, они успешно справлялись с возложенными на них задачами. В частности, 20 января 1940 года боевой расчет РЛС, расположенной в районе пос. Муолла (Правдино), своевременно обнаружил появление в полосе 7 А финского самолета»[29].

«Ревень» был разработан к концу 1937 г. Система успешно прошла полигонные испытания в Киевском военном округе в августе 1939 г. В сентябре, присвоив наименование «РУС-1», ее приняли на вооружение. Война с Финляндией стала для этих станций первым боевым применением. Всего до 22 июня 1941 г. выпустили 45 комплексов. В состав РУС-1 входили передающая и две приемные станции, смонтированные на грузовых автомашинах. Автомашины располагались на местности так, чтобы передающая станция находилась в центре линии между приемными станциями на дистанции в 30–40 км позади каждой из них. Зона обнаружения самолетов составляла 60–80 км[30]. «Ревень» позволял обнаружить самолет, но не более того. Он не давал возможности узнать высоту, направление и скорость полета[31]. Но это все-таки был первый советский серийный радиолокатор. Очень быстро для него создали замену.

«Редут», или РУС-2, как писали о нем советские авторы, обладал способностью «фиксировать цели в зоне радиусом до 120 кило-

___

[29] Лашков А. Ю. Противовоздушная оборона... // Военно-исторический журнал. 2019. № 11. С. 5.

[30] История создания и развития оборонно-промышленного комплекса... Т. 4. С. 1036–1037.

[31] Смелянов Н. В., Иванов В. Г., Буров А. В. Часовые ленинградского неба. С. 25.

метров. Это было не единственным преимуществом станции "Редут". Истребительная авиация и зенитная артиллерия получали от нее весьма важные данные, например, расстояние до цели. Путем последовательных засечек можно было даже определить курс и скорость полета вражеских машин. И хотя высота цели оставалась неизвестной, "Редут" все-таки был значительным шагом вперед по сравнению со станцией РУС-1»[32]. Первый экспериментальный «Редут» был изготовлен в 1937-м. После ряда испытаний в 1938 г. на свет появился второй образец. «Редут» также опробовали во время советско-финляндской войны (на Карельском перешейке), а в июле 1940 г. приняли на вооружение под наименованием РУС-2[33].

Большинство ленинградцев не видело работу постов ВНОС и ничего не знало про «Ревень» и «Редут». Но зато по ночам жители города могли наблюдать поднимавшиеся в небо аэростаты заграждения.

Впервые аэростаты подняли над Ленинградом вечером 30 ноября. В журнале 2-го корпуса ПВО указано начало времени подъема: 17:25. Поднимали их на 2 тыс. м. И в тот же вечер у одного тандема (т.е. у сдвоенного аэростата) в районе станции Обухово оборвался трос. Трос провис над полотном железной дороги и был разорван проходившим поездом[34].

3 декабря оборвалось еще восемь аэростатов. Три штуки в 3-м полку и пять — в 4-м. Причина: тросы, обледенев, провисли и легли на провода высокого напряжения. 4 декабря также оторвалось три аэростата, еще у двух лопнули оболочки[35].

В записи от 1 марта констатируется, что всего с 1 декабря по 1 марта случилось 68 обрывов аэростатов. Девятнадцать раз причиной было обледенение тросов, их провисание на высоковольтные провода и перегорание. Двенадцать раз тросы аэростатов порвались после того, как из-за разных направлений ветра переплелись

---

[32] Там же. С. 25–26.

[33] История создания и развития оборонно-промышленного комплекса... Т. 4. С. 1037.

[34] Журнал боевых действий соединений и частей 2-го корпуса ПВО...

[35] Там же.

в воздухе. 21 обрыв был вызван внезапными порывами шквального ветра. В 16 случаях причиной обрыва стал «недостаточный практический опыт у личного состава и халатность». Вслед за этими цифрами в записи сообщалось:

«Приняты меры:

1. А. З. (аэростаты заграждения. — *М. Т.*) удалены от проводов высокого напряжения от 500 до 1000 м.

2. С целью уменьшения провисания верхних тросов троса укорочены на 300–500 м.

3. Увеличены интервалы между точками в зависимости от типов А. З. от 800 до 1200 м.

4. Улучшена работа метеостанций и кольцевое обслуживание.

5. Проведено ряд (так в тексте. — *М. Т.*) теоретических и практических занятий со всем личным составом.

6. Виновники аварий привлечены к ответственности.

7. Проведено инструктивное совещание с командирами частей с указанием мер борьбы с авариями»[36].

Иногда, как уже говорилось во 2-й главе, сорвавшиеся с места аэростаты своими тросами рвали линии электропередачи[37].

Всего в период с 27 ноября 1939 по 13 марта 1940 г. произошло 70 обрывов и аварий аэростатов[38].

В некоторых случаях аэростаты спускали или вовсе не поднимали из-за погоды. Запись в журнале 2-го корпуса от 15 декабря гласит, что в 17 часов аэростаты были «опущены в связи с сильным обледенением». 17 декабря их не подняли «из-за плохих метеоусловий». 15 января они также «из-за больших морозов не поднимались»[39].

К слову, мороз мешал не только подъему аэростатов. В записи от 18 января упоминается, что из-за него выходили из строя некоторые приборы, в частности дальномеры, а также имелись случаи отказа в работе корректоров системы «Прожзвук»[40].

---

[36] Журнал боевых действий соединений и частей 2-го корпуса ПВО...
[37] РГВА. Ф. 37977. Оп. 1. Д. 277. Л. 103.
[38] Там же. Л. 174.
[39] Журнал боевых действий соединений и частей 2-го корпуса ПВО...
[40] Там же.

Лашков пишет, что аэростаты заграждения должны были поднимать на высоту 5 км[41]. Но, как видно из журнала 2-го корпуса, так делали далеко не каждый день. Выше уже упоминалось, что 30 ноября аэростаты подняли на всего 2 км.

Кроме аэростатов, ленинградцы могли увидеть появившиеся у мостов пулеметные установки. Художница Анна Петровна Остроумова-Лебедева 1 декабря записала, что «около мостов, мимо которых я проезжала, около Литейного, Троицкого и Дворцового (старые названия) стояли с обеих сторон на грузовиках и высоких постаментах» счетверенные пулеметы, направленные в небо. Рядом с каждым пулеметом стоял «красноармеец, а в двух шагах — начальник, смотрящий в небо из бинокля». При этом «на Троицком мосту и посередине него стояли пулеметы». Следом Остроумова-Лебедева добавляла: «Все это производило страшное впечатление, но в то же время сознание такой охраны успокаивало»[42].

А ночью на темном фоне режима светомаскировки в глаза бросались лучи прожекторов. В той же записи Остроумова-Лебедева сообщала: «...улицы темные, как в печной трубе. Никакого движения, только небо иногда вспыхивает от редких трамваев, от вспышек проводов и освещается бегающими неутомимо прожекторами»[43].

Как отмечает Лашков, «близкое территориальное расположение Ленинграда к государственной границе (30—50 км) определило особую роль ИА в общей системе ПВО города». Воздух над городом ежедневно патрулировали истребители. Воздушное пространство было разбито на несколько зон, «в каждой зоне патрулирование осуществлялось звеньями истребителей в диапазоне высот от 3 до 6 км. Их действия координировались непосредственно командиром эскадрильи. Пребывание дежурных экипажей в воздухе от 1 часа до 1 часа 10 минут (смена производилась за 15—20 минут) должно было привести к максимальному суточному расходу

---

41 Лашков А.Ю. Противовоздушная оборона... // Военно-исторический журнал. 2019. № 11. С. 6.

42 ОР РНБ. Ф. 1015. Ед. хр. 55. Л. 54 — 54 об.

43 Там же. Л. 54.

(300–334 самолетовылета). Однако, как показала практика, реальный общий налет не превышал 60 проц[ентов] ожидавшегося показателя»[44].

О числе авиавылетов в день можно узнать из журнала боевых действий 2-го корпуса. Например, 15 января истребительная авиация в ходе патрулирования над Ленинградом сделала 60 вылетов. А на следующий день, 16-го, истребители совершили всего 13 вылетов[45].

В связи с продвижением советских войск фронт отодвинулся от города на расстояние в 75–100 километров. После этого число вылетов на патрулирование можно было снизить. Оно проводилось силами одного-двух авиазвеньев путем барражирования на высоте в 6 км и одной эскадрильи в диапазоне высот от 5 до 5,5 км[46].

Всего за время войны для прикрытия Ленинграда и его ближайших окрестностей истребительная авиация ПВО совершила 8584 самолетовылета с общим налетом 8987 часов[47].

К западу от Ленинграда с целью прикрыть объекты на берегах Финского залива патрулирование вели истребители КБФ. Ежедневно до 25–30 самолетов в светлое время суток барражировали в двух зонах. Границы 1-й зоны простирались от Красной Горки до мыса Инониеми, 2-й — от Сестрорецка до маяка Толбухин. В районе барража устанавливались «входные и выходные ворота», которые предназначались только для истребителей. В ВВС КБФ имелось мало экипажей, подготовленных к ночным полетам, поэтому было решено усилить авиацию Балтфлота эскадрильей «ночников» (10 самолетов) с Черноморского флота. С их помощью создали зону ночного барража в районе Петергоф — восточная часть острова Котлин. Днем для организации непрерывного дежурства в воздухе над северной частью Лужской губы привлекали до 5–6 истребителей, еще три самолета совершали полеты в районе Нарвской губы.

---

[44] Лашков А.Ю. Противовоздушная оборона... // Военно-исторический журнал. 2019. № 11. С. 8.

[45] Журнал боевых действий соединений и частей 2-го корпуса ПВО...

[46] Лашков А.Ю. Противовоздушная оборона... // Военно-исторический журнал. 2019. № 12. С. 6.

[47] Там же.

Для охраны аэродромов в восточной части Финского залива выделили 27 истребителей И-16, которые обеспечивали вылет и посадку бомбардировщиков 8-й авиабригады. Чтобы уменьшить шансы внезапной атаки противника на объекты КБФ, были установлены уже упомянутые выше «входные и выходные ворота», введены специальные опознавательные сигналы. В Невской губе создали запретную зону для всех самолетов, за исключением тех, которые выполняли задания по охране главной базы флота и поиску подводных лодок[48].

Запретной зоной для полетов стало и воздушное пространство над Ленинградом и его ближайшими окрестностями. Полеты в этой зоне (взлеты с аэродромов и посадки) должны были проводиться по заранее установленным «коридорам» на высоте 800 м с получением соответствующего разрешения от штаба ПВО Ленинграда. На самолеты (на плоскости и хвостовое оперение) наносился специальный парольный знак (периодически его меняли). Были утверждены и парольные сигналы с использованием сигнальных ракет разного цвета — для использования летчиками при входе или выходе самолетов в «коридоры», при попадании в зону огня зенитной артиллерии, при обстреле со стороны своих истребителей. «Однако, — пишет Лашков, — несмотря на принятое решение о категорическом запрете всех полетов советской авиации (без получения соответствующего на то разрешения) над городом и его ближайшими районами, он периодически нарушался»[49].

Вновь обратимся к журналу боевых действий 2-го корпуса ПВО.

Уже в записи от 1 декабря в этом документе констатируется: «Наша авиация нарушает правила полетов, поэтому обстреливается ЗА».

Запись от 11 декабря гласит: «Полеты без предварительного предупреждения штаба ПВО и в запретной зоне над Ленинградом по-прежнему имеют массовый характер, что не гарантирует безопасность полетов и создает условия, при которых возможен пролет к Л[енингра]ду самолетов пр[отивни]ка».

---

[48] Там же. № 11. С. 7.
[49] Там же. № 12. С. 5.

13 января в журнале появились слова: «Части ВВС округа по-прежнему не выполняют указаний командующего ВВС и летают без заявок в запретной зоне над Ленининградом и [в] его окрестностях — в зоне огня З. А.». Дальше приводился пример: накануне, 12 января, 18 бомбардировщиков СБ летали в восточном секторе, там же были полеты П-5, У-2, Р-5. Этим, указывалось в документе, создаются условия, в которых (особенно при плохой видимости) «под видом своим могут пролететь к Ленинграду совершенно безнаказанно самолеты пр[отивни]ка». Из-за этого излишне часто и зря поднимаются по тревоге части, чем «притупляется бдительность при несении службы по тревоге». И, наконец, это может «привести к обстрелу своих самолетов» или к их столкновениям с тросами аэростатов заграждения (и гибели).

15 января в запретной зоне оказался самолет, который освещали прожекторами в течение 15 минут. «Оказался наш Р-5».

В записи от 28 января можно прочесть: «Желательно ночные полеты на боевое задание с аэродромов в зоне З. А. пункта Ленинград не производить, т[ак] к[ак] при возвращении с задания самолеты блудят над Ленинградом и подвергаются возможности обстрела. Особенно это касается Левашевского (так в тексте, правильно: Левашовский. — *М. Т.*) аэродрома».

1 февраля в 13:00 «1 СБ вылетел из Горской в Левашево (так в тексте, правильно: Левашово. — *М. Т.*) без гарантии», в 13:42 из Горелово на север отправились без предупреждения около 96 СБ, в 13:50 — с Левашовского аэродрома на север также без предупреждения — 26 СБ, в 14:35 с Красногвардейского аэродрома — 93 СБ, в 15:40 со стороны Петергофа через залив летело 113 истребителей и «неизвестное количество СБ и ДБ-3 без предупреждения». Самолеты 13-й армии в тот день тоже производили полеты, не оповещая 2-й корпус ПВО.

2 февраля полеты без оповещения 2-го корпуса летали самолеты 15-й авиабригады (Горелово) и ВВС КБФ.

27 февраля в журнале отмечалось: «Систематически нарушаются правила полетов частью, расположенной на аэродроме Левашево (так в тексте. — *М. Т.*)». В тот день над Ленинградом пролетели 14 СБ. Кроме того, констатировалось в документе, «группы

самолетов, идущие с Кричевиц, проходят над Ленинградом — заявки на полеты не представляются».

29 февраля нарушил правила полетов еще один СБ с Левашовского аэродрома. При приближении истребителей он увеличил скорость и высоту. Когда истребитель дал очередь, «СБ сбросил белую ракету и [был] опознан как свой».

И даже 12 марта «имели место случаи нарушения правил полетов»[50].

Такие нарушения увеличивали шанс того, что зенитчики и истребители ПВО откроют огонь по своим.

За время войны в небе над Ленинградом советские самолеты трижды были обстреляны своей истребительной авиацией[51].

Иногда все правила со стороны аэродромов соблюдались, но авиацию все равно по ошибке обстреливали свои. 16 февраля, как свидетельствует журнал 2-го корпуса, под огонь зенитной артиллерии КБФ попал истребитель, «несмотря на то что предупреждение о вылете было сделано своевременно». 20 февраля зенитчики Балтфлота снова вели огонь по своим самолетам. 5 марта у Свирьстроя был обстрелян зенитной артиллерией самолет «Дуглас», заявка о полете которого «была передана оперативному дежурному ВВС С. З. (Северо-Западного. — *М. Т.*) фронта Июнову»[52].

Пытались ли финны бомбить цели в Ленинграде и Ленобласти?

Сразу можно указать, что утверждение Караева о попытке атаковать город на Неве в первый же день войны[53] журналом 2-го корпуса ПВО не подтверждается. Еще можно отметить, что в этом журнале в принципе не может содержаться сведений о февральском воздушном бое, про который говорится в книжке Смелянова, Иванова и Бурова. Они сообщали, что навстречу врагу «взлетели наши истребители, ведомые командиром эскадрильи 25-го авиаполка капитаном Костенко»[54]. 2-му корпусу ПВО подчинялась 54-я истребительная

[50] Журнал боевых действий соединений и частей 2-го корпуса ПВО...

[51] РГВА. Ф. 37977. Оп. 1. Д. 277. Л. 167.

[52] Журнал боевых действий соединений и частей 2-го корпуса ПВО...

[53] Караев Г. Разгром белофинского плацдарма. С. 43.

[54] Смелянов Н. В., Иванов В. Г., Буров А. В. Часовые ленинградского неба. С. 22.

авиабригада, а 25-й полк входил в состав 59-й иаб, находившейся в подчинении 7-й армии[55].

Зато в журнале 2-го корпуса есть данные о других появлениях финской авиации над советской территорией.

19 декабря, как донесли из Шлиссельбурга, в 11:40 в районе лесозавода Ильинский «финский самолет с опознавательными знаками СССР сбросил 4 бомбы», при этом «две бомбы разорвались». Также самолет обстрелял автомашину. Жертв не было[56].

Лашков, указав на этот случай со ссылкой на РГВА, не отвергает утверждения о советских опознавательных знаках, а наоборот, не сомневается, что это факт, иллюстрирует этим примером тезис: «Имели место случаи использования неприятельскими летчиками советских опознавательных знаков на своих летательных аппаратах»[57].

Сообщения о том, что враг маскируется с помощью советских опознавательных знаков, были достаточно частыми. Об этом говорилось и в некоторых сводных и обобщающих документах. Так, в составленной в 1-м управлении РКВМФ «Краткой сводке действий финского флота по разведывательным данным с 26 января по 3 февраля 1940 г.» в разделе с выводами можно прочесть: «Финские самолеты для дезориентации нашей авиации и ПВО перекрашивают свои опознавательные знаки на наши»[58]. Среди советского военного руководства считали, что речь идет про несомненный факт[59].

Однако на практике такие сообщения не подтверждались. Так, 29 января 1940 г. был совершен авианалет на корабли Ладожской военной флотилии, находившиеся в гавани Саунасаари. Тогда также сообщали, что на финских самолетах можно было увидеть красные звезды[60]. Однако когда были найдены обломки сбитого самолета,

---

[55] Киселев О. Н. Если завтра война, если завтра в поход...

[56] Журнал боевых действий соединений и частей 2-го корпуса ПВО...

[57] Лашков А. Ю. Противовоздушная оборона... // Военно-исторический журнал. 2019. № 11. С. 8.

[58] РГА ВМФ. Ф. Р-92. Оп. 2. Д. 494. Л. 58.

[59] Другой пример в документах см.: РГВА. Ф. 37977. Оп. 1. Д. 277. Л. 184.

[60] РГА ВМФ. Ф. Р-92. Оп. 2. Д. 588. Л. 72, 92; Д. 589. Л. 17–18.

то, как говорится в донесении командования Ладожской флотилии командующему Балтийским флотом от 7 февраля 1940 г. (целиком посвящено налету 29 января) и в докладе начальника штаба ЛВФ о боевой деятельности флотилии за весь период войны, оказалось, что на «куске бортовой обшивки фюзеляжа видна часть свастики, но не на белом фоне, как обычно носят финские самолеты, а на защитном, эти знаки издали рассмотреть было невозможно»[61]. И никаких красных звезд.

Но вернемся к журналу 2-го корпуса ПВО.

В той же записи за 19 декабря сообщается, что в 13 часов в районе Кикерино «самолет СБ сбросил бомбы». В графе для примечаний добавлено: «Самолет сбит»[62]. Идет речь о советском самолете или о финском аэроплане, ошибочно принятом за бомбардировщик СБ, понять из записи нельзя. К сожалению, других упоминаний об этом эпизоде в изученных мною источниках не попадалось.

В ночь на 20 декабря в 0 часов 55 минут, как сообщили во 2-й корпус ПВО из штаба Ладожской военной флотилии, один финский самолет в районе деревни Верхние Никулясы обстрелял автомашину и сбросил две бомбы[63].

21 декабря в Сестрорецке в Дубках от сброшенной бомбы начался пожар, жертв не было. «Чья бомба, — отмечалось в журнале, — установить не удалось»[64].

5 января финские бомбардировщики пытались бомбить Кировскую железную дорогу. Олег Николаевич Киселев в неопубликованной работе[65] о действиях 4-го авиаполка финляндских ВВС, отмечает, что эти атаки были предприняты самолетами «Бленхейм» из 46-й эскадрильи. Первым в 9:35 по финскому времени (10:35 по Москве) с аэродрома Йоройнен стартовал самолет лейтенанта Песолы. Он доложил своему командованию, что в 10:55

---

[61] Там же. Л. 92; Д. 589. Л. 18.

[62] Журнал боевых действий соединений и частей 2-го корпуса ПВО...

[63] Там же.

[64] Там же.

[65] Неопубликованной она была на момент сдачи рукописи издательству. К сегодняшнему дню любой желающий может ознакомиться с ней. Она увидела свет в виде серии статей, размещенных на страницах сайта «Tactic Media».

с высоты 200 м сбросил две 100-килограммовых бомбы в районе станции Тельжево (неподалеку от Сясьстроя). «В 11:05, — пишет Киселев, — к летящему в поисках очередной цели бомбардировщику в хвост с севера зашла четверка И-16, три из которых ринулись в атаку. Финны поспешно сбросили бомбы в районе некой "Gorka" и бросились удирать на полном газу. Истребители снова постепенно отстали, но успели изрядно нашпиговать свинцом финский бомбардировщик». Пострадали маслобаки, на обратном пути остановился один из моторов. Самолет дотянул до аэродрома, там выяснилось, что шасси не выпускаются, пришлось садиться на «брюхо». В бою был ранен стрелок экипажа сержант Лумиала. «Советская версия, — рассказывает дальше Киселев, — от финской отличается не сильно, за исключением одного момента. Четверка И-16 4-й эскадрильи 49-го ИАП под командованием капитана Егорова после сопровождения бомбардировщиков встретила одиночный "Бленхейм", который, в итоге, смог оторваться от преследования. Однако произошло это в 7 километрах северо-западнее Салми, т. е. примерно в полутора сотнях километров от того места, которое десятью минутами ранее якобы бомбил Песола! Таким образом, факт бомбардировки Песолой Мурманской железной дороги вызывает серьезные сомнения. Кроме того, по словам финского экипажа, дорога была занесена снегом во многих местах, хотя в действительности в это время грузы по ней шли почти непрерывным потоком, дорога была задействована на полную мощность. Все это заставляет полагать, что лейтенант Песола серьезно промахнулся и в действительности бомбил пути где-то в районе Олонца или Видлицы. Зато вылетевший во второй половине дня с той же задачей лейтенант Ахтиайнен смог отбомбиться по перегону между станцией Шамокша и полустанком Шоткуса, а также по поезду на станции Сясьстрой, после чего благополучно вернулся обратно».

В журнале 2-го корпуса ПВО зафиксировано, что в этот день, как донес начальник штаба отдельного дивизиона зенитной артиллерии НКВД (Волховстрой) капитан Гущин, один финский самолет в 14:55 сбросил на станцию Мошкино (Пашский район, неподалеку от Лодейного Поля) одну бомбу. Жертв и разрушений не было.

На станцию Шоткуса было сброшено три бомбы, две из них не взорвались, жертвы и разрушения также отсутствовали[66].

26 февраля финские бомбардировщики предприняли атаку на Лодейное Поле. С опорой на финские данные эти события для русскоязычных читателей подробно описал Олег Николаевич Киселев.

Налет на Лодейное Поле совершили самолеты 4-го авиаполка полковника Тойво Сомерто. К началу войны две его эскадрильи (44-я и 46-я) были вооружены двухмоторными бомбардировщиками «Бристоль Бленхейм» Mk.I английского производства. Уже в ходе войны 46-я эскадрилья сдала свои Mk.I и получила пригнанные из Британии «Бленхеймы» Mk.IV. Полк имел широкий круг задач. «Бленхеймы», как пишет Киселев, «должны были вести дальнюю разведку, бомбить цели в глубоком тылу противника и оказывать поддержку соединениям финской армии». Среди прочего они должны были атаковать и советские аэродромы, однако «фактически почти до конца 1939 года ни одного такого вылета совершено не было». Обе эскадрильи занимались, главным образом, разведкой и ударами по населенным пунктам и коммуникациям в тылу 8-й армии в Приладожье, периодически также проводя разведвылеты в тыл 9-й армии на север Карелии. Только в начале февраля одиночный «Бленхейм» несколько раз атаковал аэродром в районе Реболы (в Карелии) в полосе 9-й армии. После того как 46-я эскадрилья получила новые самолеты, личный состав какое-то время их осваивал. Готовой вернуться к боевой работе эскадрилью сочли к концу февраля.

«В качестве дебютной цели для новых бомбардировщиков 46-й эскадрильи, — рассказывается в статье Киселева, — была выбрана советская авиабаза Лодейное Поле. Еще 4 февраля разведчик из 44-й эскадрильи обнаружил там большое скопление советских бомбардировщиков, в том числе тяжелых четырехмоторных ТБ-3. Для серьезного удара по ним прежде не было сил, поскольку число боеспособных "Бленхеймов" Mk.I 44-й эскадрильи весь февраль колебалось на отметке три-пять машин, еще и остро необходимых на фронте».

---

[66] Журнал боевых действий соединений и частей 2-го корпуса ПВО...

Приказ о бомбардировке силами 46-й эскадрильи Лодейного Поля был отдан еще 17 февраля, но из-за плохой погоды выполнить его было нельзя.

«25 февраля был получен повторный приказ: всеми исправными бомбардировщиками нанести удар по аэродрому Лодейное Поле и уничтожить имеющиеся там самолеты. Для этого были сформированы две сводные группы по четыре "Бленхейма"... Под каждый "Бленхейм" подвесили четыре 120-фунтовые (54-кг) фугаски и столько же 15-кг зажигательных бомб».

Обе группы, вылетев с аэродрома Луонетярви (близ города Ювяскюля), должны были взять курс на остров Мёккерикё в Ладожском озере (12 км к юго-западу от Валаама), после — пересечь озеро, выйти к Мурманской железной дороге у станции Шоткуса, а затем разделиться. Первая группа должна была зайти на цель вдоль железной дороги, с юго-запада, вторая — долететь до деревни Люговичи и уже от нее заходить на цель с юга. Запасной целью выбрали деревню Видлица (в отличие от Лодейного Поля, Видлица расположена в Карелии). Обратный маршрут предполагал пролет над Ладогой в сторону Валаама и затем через Йоройнен на аэродром.

Как отмечает Киселев, «аэродром Лодейное Поле действительно был заманчивой целью. После формирования на базе левофланговых соединений 8-й армии новой 15-й армии с передачей ей части ВВС 8-й армии аэродром Лодейное Поле фактически остался единственным в полосе 15-й армии. На нем базировались основные силы ударной авиации ВВС армии: 13-я авиабригада (39-й и 45-й СБАП (скоростной бомбардировочный авиаполк. — *М.Т.*)) и части 3-го ТБАП (тяжелый бомбардировочный авиаполк. — *М.Т.*), в сумме 145 бомбардировщиков, в том числе 15 ТБ-3. Здесь же находился 1008-й головной склад ГСМ». Оборона аэродрома с воздуха, помимо зенитчиков, «возлагалась на 1-ю эскадрилью ПВО (11 истребителей И-153). Аэродром был буквально забит самолетами, расставленными по всему периметру, местами в два-три ряда. Недалеко от аэродрома располагался важный железнодорожный узел и крупный по местным меркам город (более 16 тысяч жителей)».

26 февраля в 3:05–3:30 утра (здесь также приводится финское время — оно на час меньше московского) восемь самолетов поднялись в воздух и отправились в путь. Только до Шоткусы лететь нужно было 450 километров. Поначалу обе группы следовали по запланированному маршруту друг за другом, однако затем потеряли друг друга (Киселев описывает подробности, приводит версии событий от командиров обеих групп) и отклонились от курса.

Первая группа, возглавляемая капитаном Кепсу, вместо Ладоги вышла к линии фронта на Карельском перешейке в районе озера Суванто. По самолетам открыли сильный огонь с земли. Маневрируя, финские самолеты вместо ладожского берега оказались около Ленинграда, который еще и стали огибать с запада и юга, тем самым удлиняя маршрут. «Здесь, — пишет Киселев, — по... самолетам открыли стрельбу зенитчики ПВО Ленинграда и Краснознаменного Балтийского флота. Однако Кепсу умело маневрировал, меняя высоту и направление полета, а потому смог проскочить опасную зону, вышел к южному берегу Ладоги в районе Путилово и продолжил свой путь к цели. Фактически "Бленхеймы" пролетели между главной базой КБФ и Ленинградом, поставив жирный "минус" советской ПВО. Впрочем, к Ладоге вышли уже три самолета вместо четырех: бомбардировщик с номером BL-124 куда-то исчез». Его командир прапорщик Сипонен отстал от группы еще на подходе к Ленинграду. «Потеряв группу, Сипонен в итоге оказался над Кронштадтом, откуда по нему был открыт яростный зенитный огонь. Уклоняясь, "Бленхейм" выскочил к Петергофу и уже оттуда пошел вдоль берега, чтобы обогнуть Кронштадт и уйти на свою территорию. Попутно над фортом Красная Горка финны избавились от бомбового груза, затем ушли вглубь Финского залива и через Карельский перешеек вернулись к себе на базу, приземлившись в 6:30 утра»[67].

Этот сброс бомб был зафиксирован в журнале 2-го корпуса ПВО, который со ссылкой на донесение ПВО КБФ сообщает, что в 5 утра один самолет сбросил бомбу в Финский залив севернее мыса Серая Лошадь[68].

---

[67] Киселев О. Н. «Бленхеймы» над Лодейным Полем.

[68] Журнал боевых действий соединений и частей 2-го корпуса ПВО...

Вторая группа во главе с капитаном Пипониусом оказалась около аэродрома Иммола, где их обстреляли свои же финские зенитчики. Самолеты со снижением пошли к Ладоге и вышли к ее берегу в районе Кякисалми (ныне Приозерск). Снова обратимся к статье Олега Николаевича Киселева: «Пока группа Кепсу металась над Карельским перешейком, Пипониус... смог долететь до Валаама, откуда уже по приборам направился к противоположному берегу Ладоги. Чтобы не растерять ведомых, капитан включил навигационные огни и с ними летел до побережья. Однако BL-133 прапорщика Турпейнена все-таки отстал. Несмотря на это, финны смогли добраться до Люговичей, имевших хороший ориентир в виде озера, после чего повернули в сторону Лодейного Поля и... потерялись». До цели оставалось всего 10 км, но «внизу была непроглядная темень, сильный восточный ветер мешал полету по приборам (по крайней мере, так свой конфуз позже объяснял Пипониус) — в общем, все было против командира 2-й группы. Затем на одном из разворотов отстал BL-126 лейтенанта Лемминки. Упрямый Пипониус еще раз попытался найти Лодейное Поле, используя в качестве ориентира реку Свирь, но снова без результата, если таковым не считать потерю последнего ведомого, BL-132 прапорщика Лямминпяя». После этого Пипониус направился к запасной цели — Видлице. Там в 6:15 он с двух заходов сбросил на деревню все свои бомбы, вызвав пожар, после чего в 7:45 сел в Луонетярви.

«Пока Пипониус кружил в окрестностях Лодейного Поля, — отмечает Киселев, — около 5:20 к аэродрому с юго-запада подошли три “Бленхейма” капитана Кепсу. Он тоже шел с включенными навигационными огнями, чтобы не растерять ведомых, и у него это получилось лучше, чем у Пипониуса. На советском аэродроме гостеприимно горели посадочные огни, и Кепсу начал снижение до 1000 метров, чтобы сбросить бомбы». Одновременно с этим он погасил навигационные огни, «в результате BL-129 прапорщика Кармила маневр командира проворонил и от группы отстал. В 5:25 Кепсу сбросил на стоявшие вдоль границы аэродрома самолеты все бомбы. Последний оставшийся с ним ведомый, прапорщик Мякинен на BL-128, сразу бомбить не стал, а облетел аэродром и только в 5:43 нанес удар». Спустя две минуты раздались еще взрывы — к аэродрому подлетел отставший от Пиппонеуса лейтенант Лемминки. «По его расчетам, он отстал от Пипониуса в 5:30 примерно в 8 километрах северо-западнее Лодейного Поля, повернул на юг и спустя 10 минут выскочил к линии железной дороги, от которой вышел точно на аэродром и сбросил свои бомбы. Тут фортуна сыграла с лейтенантом злую шутку: из восьми бомб шесть зависли в бомбоотсеке, и лишь две 120-фунтовые фугаски ушли вниз. По наблюдению Лемминки, на аэродроме было 5–8 очагов пожаров, еще один сильный пожар наблюдался в самом городе. На самом деле горело не в городе, а между городом и аэродромом: возможно, Кепсу удалось зацепить хранилище топлива».

Чуть раньше у Лодейного Поля оказался отбившийся от группы Пипониуса прапорщик Турпейнен. «Отстав от группы, он, не мудрствуя, полетел прямиком к цели. Однако в темноте найти город оказалось довольно сложно, и около 15 минут "Бленхейм" летал кругами, пока летчики не заметили тот самый большой пожар. В 5:30 Турпейнен сбросил бомбы непосредственно на город, после чего ушел в сторону Ладоги и благополучно вернулся на базу. Еще один "потеряшка" из группы Пипониуса, прапорщик Лямминпяя на BL-132, тоже довольно долго кружил в районе цели, но так и не нашел ее и в 5:50 сбросил бомбы в районе станции Заостровье. Две бомбы разорвались возле путей, одна не сбросилась, остальные пропали в ночной темноте. Наконец, прапорщик Кармила, потеряв ведущего, просто полетел дальше вдоль Ладоги, пока в 5:40 не достиг Видлицы, по которой и отбомбился».

В диапазоне от 7:10 до 7:45 семь самолетов вернулись на аэродром Луонетярви, последним прилетел Пипониус.

Так как результаты ночного налета для финнов были неясны, то днем к Лодейному Полю вылетел один из участвовавших в налете «Блейнхемов» (номер BL-128, входил в группу Кепсу) с фотокамерой. Управлявший им лейтенант Сиириля, читаем у Киселева, «прошел над Видлицей на высоте 6100 метров, сделал несколько снимков, после чего камера отказала. Три советских истребителя попытались преследовать "Бленхейм", но из-за большой разницы в высоте вскоре отстали». Чуть позже он был над Лодейным Полем, «где сбросил на стоянки самолетов три 120-фунтовые бомбы и четыре "зажигалки". С большой высоты он не смог увидеть, куда упали бомбы, честно отметив лишь попадание первой из них в юго-западном углу аэродрома в полусотне метров от ближайшего самолета. Пока Сиириля облетал аэродром, пришла в движение ПВО, и на взлет пошло звено "Чаек", но шансов перехватить идущий на большой высоте "Бленхейм" у них не было». Стоило Сиириля закончить свой полет над советским аэродромом, «с Луонетярви стартовал BL-130 лейтенанта Хакалы, который тоже направился к Лодейному Полю. В 14:50 он вышел на цель с юго-запада на высоте 4500 м и сбросил серию бомб на самолеты в восточной части аэродрома. По наблюдению экипажа, все бомбы легли точно между стоящими на аэродроме самолетами, за исключением последней "зажигалки", улетевшей далеко за пределы поля. Все это время ПВО аэродрома никак себя не проявляла, хотя это был уже третий налет за день. Лишь во время бомбометания с аэродрома вновь начало взлет звено "Чаек". Из повреждений, вызванных предыдущими налетами, Хакала заметил лишь воронки в северо-западной части аэродрома». И, наконец, «последним в этот день над Лодейным Полем появился BL-133 лейтенанта Ахтиайнена. Зайдя на цель со стороны солнца, бомбардировщик в 16:05 сбросил бомбы на группу ТБ-3 и СБ в северо-западном углу аэродрома с высоты 6100 метров. Согласно донесению Ахтиайнена, он наблюдал одно прямое попадание в СБ и два попадания рядом с самолетами. Дежурное звено истребителей аэродрома в очередной раз начало взлет, когда "Бленхейм" уже ложился на обратный курс»[69].

Начальник УНКВД по Ленинградской области Сергей Арсеньевич Гоглидзе сообщал Жданову:

«...26 февраля самолеты противника три раза появлялись в районе Лодейного Поля. Первый раз в 6 ч. 35 м. — сбросили в г. Лодейном Поле 4 бомбы, не причинивших при взрыве никаких повреждений. Второй раз самолеты появились в 17 ч. 08 м. в том же районе. Сбросили 4 бомбы на аэродром. В результате взрывов ранено 2 человека, повреждено 3 самолета. Огнем нашей зенитной артиллерии был сбит 1 самолет противника.

---

[69] Киселев О. Н. «Бленхеймы» над Лодейным Полем.

Последний раз самолеты противника появились в том же районе в 23 часа. Один из них совершал полеты над железнодорожным мостом через реку Паша. С самолета были сброшены две ракеты. В результате обстрела зенитной артиллерией самолет скрылся»[70].

Киселев в своей статье уточняет, что повреждения получили два СБ из 39-го скоростного бомбардировочного полка, а днем бомбы повредили три ТБ-3 и ранили двух летчиков 3-го тяжелого бомбардировочного полка. Он пишет, что ему не удалось выяснить, «что так сильно горело ночью на аэродроме или рядом с ним»[71].

Финские летчики доложили, что уничтожили восемь советских бомбардировщиков, разрушили крупное здание, повредили железнодорожные пути[72]. Как видим, реальный ущерб от налета был меньше. Но и советская сторона заявила о сбитом финском самолете, что также не подтверждается.

При этом в ту же ночь какой-то самолет сбросил бомбы у Волховстроя.

Журнал 2-го корпуса ПВО, ссылаясь на донесение начальника отделения НКВД в Волховстрое, отмечал, что в 6:25 один финский самолет «произвел бомбометание ст. Волховстрой». Он сбросил семь бомб: три — между железнодорожным мостом и алюминиевым комбинатом в реку Волхов, еще четыре — в районе деревни Борисова Горка. Сброс бомб, как зафиксировали в журнале, также подтверждался сообщением из 33-го погранотряда. Кроме того, начальник штаба ПВО Волховстроя Мирошниченко «доносил, что среди упавших бомб имеются химические (требует уточнения)»[73].

В уже процитированном сообщении Гоглидзе так докладывал об этом эпизоде Жданову:

«26 февраля 1940 года в 6:30 в районе ст. Волховстрой Кировской ж[елезной] д[ороги] появился неприятельский самолет,

---

[70] Зимняя война 1939–1940 гг. в документах НКВД: По материалам Архива Управления Федеральной службы безопасности по городу Санкт-Петербургу и Ленинградской области. СПб.: Информационно-издательское агентство «ЛИК», 2010. С. 247.

[71] Киселев О. Н. «Бленхеймы» над Лодейным Полем.

[72] Там же.

[73] Журнал боевых действий соединений и частей 2-го корпуса ПВО...

который сбросил 8 бомб. 3 бомбы — 2 химических и 1 фугасная взорвались на расстоянии 150 метров от ж[елезнодорожного] моста через реку Волхов. 5 бомб — 2 химических, 2 фугасных и 1 зажигательная взорвались между Борисовой Горкой и селом Октябрьским в полутора километрах от указанного жел[езно]дор[ожного] моста.

Химические бомбы были заряжены дифосгеном»[74].

Алексей Юрьевич Лашков отмечает, что информация о химических бомбах не подтвердилась[75].

Олег Николаевич Киселев говорит о сбросе бомб у Волховстроя как о наиболее странном элементе в истории налета на лодейнопольский аэродром, ведь Волховстрой находится «более чем в 100 километрах юго-западнее Лодейного Поля»! Кто из финских летчиков промахнулся настолько сильно, пишет он, «мы уже вряд ли когда-нибудь узнаем»[76].

Кроме не существовавших химических бомб, в советских документах в связи с налетом 26 февраля фигурируют и диверсанты. Еще раз обратимся к сообщению от Гоглидзе к Жданову:

«При последних (тут от руки было вписано: "по непроверенным данным". — *М. Т.*) налетах с самолетов противника сброшено 12 диверсантов в районе села Назарьевское Лодейнопольского р-на.

Мною даны указания командирам войск НКВД по охране промышленных предприятий и железнодорожных сооружений об усилении охраны объектов и установлении диверсантов.

Начальникам районных отделений НКВД Волховстрой и Лодейное Поле предложено мобилизовать агентурно-осведомительную сеть с целью обнаружения диверсантов, организовать обходы железнодорожных объектов и промышленных предприятий, используя при этом актив местного населения.

ДТО (дорожно-транспортному отделу. — *М. Т.*) НКВД Кировской ж[елезной] д[ороги] также даны соответствующие указания»[77].

---

[74] Зимняя война 1939–1940 гг. в документах НКВД. С. 247.

[75] Лашков А. Ю. Противовоздушная оборона... // Военно-исторический журнал. 2019. № 12. С. 8; при этом он пишет не про восемь, а про семь бомб.

[76] Киселев О. Н. «Бленхеймы» над Лодейным Полем.

[77] Зимняя война 1939–1940 гг. в документах НКВД. С. 247.

Три дня спустя, 29 февраля, как сообщает журнал 2-го корпуса, в районе Лодейного Поля в 14:23 был сбит один самолет противника, он упал на железную дорогу, а летчик выпрыгнул с парашютом. Затем в 22:55 над Лодейным Полем в очередной раз видели самолет противника, по нему велся зенитный огонь[78].

1 марта финские самолеты, согласно журналу 2-го корпуса ПВО, появлялись над приграничными Белоостровом и Сестрорецком, а также над расположенными неподалеку от них финскими населенными пунктами, занятыми советскими войсками[79].

В этом районе действовали летчики финского 4-го авиаполка. Его эскадрильи к этому времени переориентировали на удары по железнодорожным дорогам на Карельском перешейке, в полосе действий советской 7-й армии. Олег Николаевич Киселев в уже упоминавшейся неопубликованной работе пишет, что в районе Белоострова самолет BL-132 прапорщика Лямминпяя 46-й эскадрильи был атакован звеном советских И-16, которое «продолжало удерживаться в 100–200 метрах за ним даже после того, как пилот увеличил скорость. Одновременно еще шесть И-16 зашли на бомбардировщик с востока. Но в итоге пологим пикированием на полном газу преследователей удалось оставить позади. Но буквально три минуты спустя, в 16:18, стрелок доложил, что в хвост заходят еще три И-16, которые гнались за “Бленхеймом” до Койвисто, несмотря на то что пилот использовал форсированный режим работы мотора». В какой-то момент стрелок сержант Мёрскю дал удачную пулеметную очередь по вырвавшемуся вперед истребителю, после чего тот ушел вниз. «Позже, — отмечает Киселев, — наземные наблюдатели сообщили, что в 16:25 восточнее Койвисто упал неизвестный самолет». Однако «ни следов упомянутого воздушного боя, ни следов “упавшего” на лед самолета в советских документах обнаружить не удалось. Достаточно уверенно можно говорить лишь о том, что потерь советская истребительная авиация в этот день не имела».

В журнале 2-го корпуса ПВО записи от 1 марта сделаны с нарушением хронологии (видимо, по мере поступления сообщений

---

[78] Журнал боевых действий соединений и частей 2-го корпуса ПВО...

[79] Там же.

о происходившем), но если упорядочить их, картина получается такая. В 15:42, в районе Куоккала (финская территория, ныне Репино) отмечался неизвестный самолет, «будто бы сброшено две бомбы (данные требуют проверки). В р-не Форта Ино самолет обстрелян ЗА 7 армии и атакован истребителями. Самолет, очевидно, свой, скрылся над Финским заливом в 15:49». Затем самолет противника был замечен у Куоккалы и Терийоки, его обстреляла зенитная артиллерия КБФ и атаковали истребители, он ушел на запад. В 18:29 в этом районе повторно обнаружили вражеский самолет, его также атаковали зенитчики и истребители. В 18:20 один самолет появился над Новым Белоостровом. Затем около Куоккалы на станцию Олилла было сброшено четыре бомбы, одна не разорвалась. В 18:35 в районе Сестрорецка был обнаружен один самолет, 115-й зенитный артиллерийский полк открыл по нему огонь и израсходовал 29 снарядов[80].

В записи от 4 марта говорится об итогах расследования событий 1 и 2 марта, когда бомбардировке подверглись Белоостров, Куоккала и Терийоки. На Белоостров, согласно результатам расследования, 1 марта в 18:20 было «сброшено шесть фугасно-осколочных бомб весом около 100 кг и шесть зажигательных (фосфорных) бомб». На Куоккалу, где были сосредоточены запасы бомб и горючего, в то же время сбросили пять фугасных бомб, одна из них не разорвалась и к 4 марта все еще находилась в земле. Сообщение о том, что 1 марта бомбардировке подвергся еще и Терийоки, не подтвердилось. Обстоятельства налета излагались так:

«Налет произведен, очевидно, тремя двухмоторными самолетами, которые шли в хвост нашей девятке, возвращающейся после бомбометания с фронта.

В р-не Куоккала самолеты пр[отивни]ка разошлись поодиночке и произвели бомбометание по ст. Белоостров, ст. Куоккала и ст. Териоки (так в тексте. — *М.Т.*).

В этот же период производили полет без разрешения и гарантии два наших самолета СБ (один Сестрорецкого аэродрома — посажен нашей И. А., высланной на пр[отивни]ка).

---

[80] Журнал боевых действий соединений и частей 2-го корпуса ПВО...

По самолету противника в р-не Н. Белоостров нашей З. А. (9 батарея 115 ЗАП (зенитно-артиллерийский полк. — *М. Т.*)) произведено на пределе Н-1000 (т. е. на высоту в 1 тыс. м. — *М. Т.*) 5 выстрелов, после чего самолет резко повернул и ушел в северном направлении.

Наша И. А., отвлеченная нашими самолетами СБ, ходившими в этом р-не без гарантий, встречи с противником не имела».

Жертв и повреждений на станциях Белоостров и Куоккала не было. По осколкам бомб специалисты вынесли вердикт, что «это бомбы не советского производства»[81].

Если же говорить о событиях 2 марта, то на Куоккалу сбросили еще пять бомб, одна снова не разорвалась[82]. И еще, как сообщал Гоглидзе начальник опергруппы УНКВД Ленинградской области по Карельскому перешейку старший лейтенант госбезопасности Николай Кондратьевич Моргуль, в этот день в диапазоне с 16 до 20 часов один финский самолет совершил на Терийоки три налета и сбросил десять бомб. Шесть бомб упали на банно-прачечный комбинат, при этом две попали в палатки с бельем, в которых находились работники комбината и красноармейцы. Погибло двое работников комбината и шестеро красноармейцев, еще три человека было ранено, в том числе двое — тяжело[83].

Впрочем, Куоккала и Терийоки находились на занятой советскими войсками финской территории, мы немного заползли за довоенные границы Ленинградской области.

4 марта — единственный день советско-финляндской войны, когда в Ленинграде объявили воздушную тревогу.

Журнал 2-го корпуса ПВО сообщает, что в 14:33 пост ВНОС № 0209 (Кирьясалы) обнаружил «на большой высоте за облаками шум моторов». В 14:42 шум моторов подтвердил и пост ВНОС № 0214 (Хартонен). В 14:50 патрулирующей в воздухе над Ленинградом девятке истребителей по радио приказали выйти в район Нового Белоострова за облака для встречи противника. В 14:57 была

---

[81] Там же.

[82] Там же.

[83] Зимняя война 1939–1940 гг. в документах НКВД. С. 262.

объявлена тревога частям ПВО, в 14:59 — объявили воздушную тревогу по городу Ленинграду. К началу тревоги в воздухе патрулировали 18 истребителей. Теперь в небо дополнительно подняли еще 48 самолетов. Однако истребители с противником не встретились, в зону действия зенитной артиллерии он также не заходил. После того как самолеты финнов вышли в районе Метеякюля (шум моторов отметил пост ВНОС № 1515 в 15:20), в 15:40 был объявлен отбой воздушной тревоги по городу, а в 15:52 — отбой тревоги средствам зенитной обороны Ленинграда. Заканчивается описание этого эпизода следующими словами: «Вывод: Предположительно пр[отивни]к производил разведывательные полеты, скрываясь за облаками»[84].

Помимо финских бомб, на территорию Ленинградской области падали и бомбы советские. 26 февраля в 15 часов с самолета, взлетевшего с Кавголовского озера, на южную окраину Токсово упали две бомбы. «Повреждений, кроме порывов в линии связи, нет», — говорилось в журнале 2-го корпуса. На следующий день, 27 февраля, в журнале отметили, что с аэродрома в Пушкине без заявки на полеты поднялся в воздух ДБ-3 под управлением летчика Журавлева, сбросивший затем две бомбы в районе станции Семрино[85].

Этот раздел начинался с цитат из работ советских авторов, которые уверенно писали о том, как отражались попытки ВВС Финляндии атаковать Ленинград. Современный исследователь Алексей Юрьевич Лашков также утверждает: «Все попытки финской авиации прорваться к городу на Неве заранее пресекались нашими истребителями на Карельском перешейке в полосе ответственности 7-й и 13-й армий»[86]. Но чтобы делать такие утверждения, нужно сперва доказать, что финны действительно пытались атаковать Ленинград.

Другой автор, А. Котлобовский, пишет про финский 4-й авиаполк: «Были также предприняты попытки совершить налеты

---

[84] Журнал боевых действий соединений и частей 2-го корпуса ПВО...

[85] Там же.

[86] Лашков А. Ю. Противовоздушная оборона... // Военно-исторический журнал. 2019. № 12. С. 6.

на Ленинград, которые после понесенных потерь больше не предпринимались»[87]. Однако никаких подробностей при этом он не сообщает и ничем свои слова не подтверждает. Учитывая, что большую часть войны 4-й полк действовал преимущественно по целям, расположенным в зоне ответственности советских 8-й, 9-й и 15-й армий, утверждение Котлобовского вызывает еще больше сомнений. И оно просто не находит подтверждений[88].

Финские самолеты появлялись в советском воздушном пространстве, в некоторых случаях пролетали мимо Ленинграда, бомбили отдельные объекты в Ленобласти (самая крупная такая акция — налет на Лодейное Поле). Но нужно признать, что у нас нет никаких данных о том, что во время советско-финляндской войны 1939–1940 гг. финские бомбардировщики пытались атаковать непосредственно сам Ленинград.

2. МПВО и режим светомаскировки

Истребители, зенитчики, прожектористы, аэростаты заграждения должны были помешать финским самолетам приблизиться к Ленинграду и сбросить на него бомбы. В том случае, если бы враг все-таки смог атаковать город на Неве, в дело должны были вступить формирования МПВО,

Согласно «Положению об управлении Местной противовоздушной обороны г. Ленинграда», во главе городской МПВО стоял заместитель председателя Ленинградского совета по ПВО. В его подчинении находился штаб МПВО[89]. Пост начальника штаба должен был занимать кадровый военный. В состав штаба входили пять отделов (оперативный, боевой подготовки, инженерный, химической защиты, материального обеспечения) и две части (финансовая

---

[87] Котлобовский А. ВВС Финляндии в Зимней войне (1939 г.). URL: http://www.airwar.ru/history/locwar/europe/finland/finland.html

[88] Здесь я еще раз должен выразить благодарность Олегу Николаевичу Киселеву за возможность ознакомиться с его работой о действиях 4-го авиаполка до ее публикации.

[89] ЦГА СПб. Ф. Р-4906. Оп. 2. Д. 3. Л. 2.

и административно-хозяйственная)[90]. Во время войны между СССР и Финляндией во главе городской МПВО стоял полковник Емельян Сергеевич Лагуткин, начальником городского штаба был полковник Лукин. Аналогичная система существовала и в области. Должность начальника областной МПВО занимал председатель областного исполкома Николай Васильевич Соловьев, начальником штаба был майор Соколов.

Функции МПВО распределялись между разными отделами и управлениями Ленинградского совета. Например, горздравотдел отвечал за медико-санитарную службу МПВО[91]. На жилищное управление возложили ответственность за газоубежища[92]. Автотранспортное управление должно было обеспечить машинами формирования МПВО[93]. В подчинении управления благоустройства Ленсовета на базе Треста очистки города создавалась дегазационная служба[94].

В районах существовали свои начальники и штабы. Начальник районной МПВО одновременно был заместителем председателя районного совета (заместитель по МПВО). Районный штаб отвечал за формирование и комплектование участковых команд МПВО, контролировал создание «объектовых команд» (т. е. команд МПВО на промышленных объектах) и «групп самозащиты в жилых домах». На штаб возлагалось руководство боевой подготовкой «всех формирований местной ПВО района»[95].

Районы делились на участки, в рамках которых формировались команды МПВО. По территории участки совпадали с границами отделений милиции и возглавлялись их начальниками[96]. Начальник участка должен был руководить подготовкой групп самозащиты, лично проводить подготовку начальствующего состава команд, разрабатывать план защиты населения и ликвидации последствий

---

[90] ЦГА СПб. Ф. Р-4906. Оп. 2. Д. 3. Л. 3.

[91] Там же. Л. 5.

[92] Там же. Л. 8–9.

[93] Там же. Л. 12.

[94] Там же. Л. 11.

[95] Там же. Л. 23.

[96] Там же. Л. 35.

налета, контролировать состояние и эксплуатацию газоубежищ[97]. Кроме участковых команд, существовали команды МПВО на предприятиях и группы самозащиты при домоуправлениях[98].

Нужно отметить, что во время войны в Ленинграде и области так и не был объявлен режим угрожаемого положения (УП). По словам руководителя Ленгорздравотдела Льва Абрамовича Эмдина, власти решили держать город «в определенной мобилизационной готовности», но «без особого объявления об этом»[99]. «На протяжении всех 105 дней в г. Ленинграде существовало неясное положение… введено "УП" или нет. Четкого и точного ответа на этот вопрос ни в одном директивном указании Штаба МПВО города нет», — сообщалось в отчете о работе автотранспортной службы МПВО[100]. Когда председатель Подпорожского райисполкома Белоусов распорядился ввести в районе УП «с объявлением приказа в местной газете», то глава облисполкома Соловьев объявил Белоусову предупреждение, заявив, что тот действовал «вопреки всяким указаниям»[101].

В конце ноября в городе интенсивно формировались новые группы МПВО и посты противовоздушной химической обороны (ПВХО). К 30 ноября в Ленинграде имелось 3092 группы самозащиты и 432 поста ПВХО (в сумме 3524 формирования)[102].

29 ноября городской штаб МПВО распорядился привести в боевую готовность все подчиненные ему подразделения, ввести режим светомаскировки и установить в жилых домах круглосуточные дежурства[103]. В тот же день на основании приказа начальника

---

[97] Там же. Л. 36.

[98] Гусев А. В. Исторические аспекты создания местной системы защиты населения и объектов от воздушного и химического нападения в СССР // Вестник Ленинградского государственного университета им. А. С. Пушкина. 2011. № 3. Т. 4. История. С. 152.

[99] ЦГА СПб. Ф. Р-9156. Оп. 4. Д. 45. Л. 196.

[100] ЦГАИПД СПб. Ф. Р-24. Оп. 2в. Д. 4486. Л. 4–5.

[101] Там же. Д. 3597. Л. 92, 94.

[102] ЦГА СПб. Ф. Р-7384. Оп. 17. Д. 146. Л. 46.

[103] В материалах книги «Сто пять дней боев» говорится, что этот приказ штаб отдал, как только войска получили приказ перейти границу (ЦГАИПД СПб. Ф. Р-25. Оп. 10. Д. 295. Л. 57–58); приказ о переходе границы части Красной армии получили 29 ноября (Ковтуненко В. Накануне // Бои в Финляндии.

ПВО Ленинградского военного округа областной штаб МПВО распорядился привести в готовность систему местной противовоздушной обороны в 100-километровой зоне вокруг Ленинграда, в располагающихся в этом пространстве районах и 24 городах. При этом система МПВО юго-западной части области (Новгород, Псков, Остров и Гдов) в полную готовность не приводилась, там ограничились организацией круглосуточного дежурства штабов, подразделений и команд местной ПВО[104].

Еще 20 ноября треть имевшихся формирований перевели на казарменное положение[105]. Первоначально было объявлено, что оно продлится десять дней[106]. После начала боевых действий бойцов этих подразделений задержали. 2 декабря суженное заседание Президиума горсовета постановило продлить срок их казарменного положения до пятнадцати суток[107]. В дальнейшем на протяжении всей войны команды ПВХО и МПВО сменялись раз в десять дней — в документах это именовалось «учебными сборами»[108]. 31 декабря начальник ленинградской МПВО Лагуткин сообщал председателю горсовета Попкову, что подчиненные ему формирования (дислоцировались в Ленинграде и Кронштадте) насчитывали 15 531 человека: средний начальствующий состав — 1566, младший начсостав — 1425, рядовые — 12 540. На казарменном положении в тот момент было 5134 человека: средний начсостав — 573, младший — 586, рядовые — 3975[109].

Судя по всему, никто заранее всерьез не озаботился бытовыми условиями для мобилизованных. Уже в марте на совещании,

---

Воспоминания участников. М.: Воениздат, 1941. Ч. I. С. 24; Катасонов Г. Первая схватка // Бои в Финляндии. Ч. I. С. 31; Тайны и уроки Зимней войны. С. 118). О приказе от 29 ноября также упоминается в донесении штаба МПВО Колпинского района в ленинградский штаб МПВО от 30 ноября 1939 г. (ЦГАИПД СПб. Ф. Р-24. Оп. 2в. Д. 3597. Л. 90).

[104] Лашков А. Ю. Противовоздушная оборона... // Военно-исторический журнал. 2019. № 11. С. 5.

[105] ЦГА СПб. Ф. Р-7384. Оп. 36. Д. 18. Л. 95.

[106] Там же. Оп. 4. Д. 25. Л. 149.

[107] Там же. Оп. 36. Д. 18. Л. 118.

[108] Там же. Оп. 4. Д. 25. Л. 149; Оп. 17. Д. 145. Л. 148.

[109] Там же. Оп. 4. Д. 25. Л. 149.

посвященном местной противовоздушной обороне Кировского района, начальник штаба МПВО металлосклада № 2 Жарова рассказывала: «Я в период казарменного положения... находилась на карцерном положении без кровати, без питания...»[110] Не были продуманы финансовые вопросы, их решали уже в ходе войны. Только 13 декабря суженное заседание Президиума горсовета постановило платить призванному на «сборы» МПВО среднему начсоставу суточные — по 8 руб. в день[111].

Плохо обстояло дело и с командными кадрами. По словам той же Жаровой, начальники штабов и участков МПВО менялись «как перчатки»[112]. К тому же эти должности распределялись в виде дополнительной нагрузки. Планировалось, что участки МПВО будут возглавлять начальники отделений милиции[113]. С началом войны в городе осуществлялись повышенные меры безопасности, началось усиленное ночное патрулирование улиц (подробнее об этом будет рассказано в 6-й главе). То есть у сотрудников милиции хватало забот и на основной работе. В результате начальники участков могли вовсе не заниматься вопросами МПВО[114]. Большинство формирований остались без надзора. В то же время городской штаб, как жаловались в одной из адресованных в военный отдел Кировского райкома докладных записок, «вместо живого практического руководства заваливает ежедневно различными тоннами отчетов и пустой перепиской». С низовых работников требовали в первую очередь письменной отчетности. В районных штабах на это реагировали, действуя по принципу «пиши больше, меньше будут ругать». В результате, констатировалось в документе, «бумаги тонны, а дела — ничего»[115]. В конечном счете выяснилось, что многие подразделения существовали только на бумаге. В феврале Кировский райком решил обследовать состояние местной ПВО. На 93 дома по спискам райжилуправления приходилось 33 группы самозащиты.

---

[110] ЦГАИПД СПб. Ф. Р-417. Оп. 1. Д. 1117. Л. 14.

[111] ЦГА СПб. Ф. Р-7384. Оп. 36. Д. 18. Л. 153.

[112] ЦГАИПД СПб. Ф. Р-417. Оп. 1. Д. 1117. Л. 14.

[113] ЦГА СПб. Ф. Р-4906. Оп. 2. Д. 3. Л. 36.

[114] Например: ЦГАИПД СПб. Ф. Р-417. Оп. 1. Д. 1120. Л. 2.

[115] Там же. Л. 12–13.

Оказалось, что с подавляющим большинством этих групп не проводилось никакой работы. Районный штаб МПВО совершенно отстранился от контроля над их деятельностью. Никто не организовал обучение рядовых бойцов. В разных документах было указано разное количество групп[116].

За всю войну Ленинград пережил всего одну воздушную тревогу. Она была объявлена 4 марта и продолжалась тридцать-сорок минут[117]. Большинство предприятий города оказались к ней не готовы. Начальники цехов и отделов, услышав сигнал «воздушная тревога», звонили вышестоящим руководителям и спрашивали: «Что за тревога?» Личный состав команд МПВО не знал своих обязанностей. Нередко на тревожный сигнал вообще не обращали внимания[118]. Инструктор военного отдела Кировского райкома Орлов констатировал: «Тревога была боевая, а мы опозорились»[119]. Согласно отчету о работе Автотранспортной службы МПВО, многие машины, выделенные для органов МПВО, не смогли прибыть в их распоряжение. В одних местах милиция задерживала весь автотранспорт, даже со специальными пропусками, в других — наоборот, пропускали всех. «Многие автохозяйства города успокоились тем, что в течение 95 суток с начала угрожаемого положения не было никаких намеков на сигнал "ВТ" — утром 4/III при выезде машин из гаража необходимых пропусков водителям на руки не выдали». Движение в городе, констатировалось в отчете, протекало «самым ненормальным образом»[120].

Важнейший элемент системы МПВО — светомаскировка. Как говорилось в 1-й главе, перед войной в Ленинграде на какое-то

---

[116] См.: ЦГАИПД СПб. Ф. Р-417. Оп. 1. Д. 1120. Л. 1 — 2 об.

[117] В журнале боевых действий 2-го корпуса ПВО указано, что воздушную тревогу по городу объявили в 14:59, отбой дали в 15:40 (Журнал боевых действий соединений и частей 2-го корпуса ПВО...). Отчет о работе Автотранспортной службы МПВО сообщает, что сигнал «ВТ» был принят в 15:8, отбой «по прямым проводам» — в 15:27, по радиотрансляционной сети — в 15:40 (ЦГАИПД СПб. Ф. Р-24. Оп. 2в. Д. 4486. Л. 8).

[118] См.: ЦГАИПД СПб. Ф. Р-417. Оп. 1. Д. 1117.

[119] Там же. Л. 14.

[120] Там же. Ф. Р-24. Оп. 2в. Д. 4486. Л. 8.

время вводили режим затемнения. Снова город затемнили вечером 30 ноября[121]. Тьма, закрытые окна, синие лампы машин и трамваев — характерные приметы времени, они упоминаются в ряде дневников и воспоминаний[122]. Как соблюдался этот светомаскировочный режим, какими мерами поддерживался?

С началом войны милиция развернула борьбу с нарушениями правил светомаскировки. Начальник областного Управления милиции Евгений Семенович Грушко докладывал в горкоме, что 30 ноября за несоблюдение режима затемнения к уголовной ответственности привлекли 24 человека, к административной — 909. Было задержано 214 водителей разного транспорта, 19 из них оштрафовали, 11 — предупредили, в отношении остальных проводилась проверка. Управление милиции координировало свои действия со штабом МПВО[123]. 2 декабря за нарушение светомаскировки к ответственности привлекли 1204 человека. Из них в уголовном порядке — 12 (руководители предприятий и управхозы — 5, частные лица — 7), в административном — 1192 (руководители предприятий и управхозы — 119, частные лица — 1073)[124]. 3 декабря, по данным милиции, к ответственности привлекли 1088 человек: в уголовном порядке — 6 (все — частные граждане), в административном — 1082 (руководители предприятий и управхозы — 82, частные лица — 1000)[125].

8 декабря начальник Управления рабоче-крестьянской милиции по Ленинградской области направил всем начальникам подразделений и командирам милиции Ленинграда секретный циркуляр

---

[121] В журнале боевых действий 2-го корпуса ПВО зафиксировано, что приказ «Затемнить город Ленинград» отдали в 16:37 (Журнал боевых действий соединений и частей 2-го корпуса ПВО...).

[122] Например: ЦГАИПД СПб. Ф. Р-25. Оп. 10. Д. 294. Л. 30; Д. 295. Л. 18–19; Д. 299. Л. 82; Ф. 9379. Оп. Д. 26. Л. 1; Александров Г. П. В награду — жизнь. С. 147; Островская С. К. Дневник. М.: Новое литературное обозрение, С. 238; Скрябина Е. А. Страницы жизни. С. 97; Давидсон А. Б. В блокадном Ленинграде. С. 129; Пирожкова В. Потерянное поколение.

[123] ЦГАИПД СПб. Ф. Р-24. Оп. 2в. Д. 3585. Л. 120.

[124] Там же. Л. 125 об.

[125] Там же. Л. 123 об.

«О мероприятиях по установлению твердого режима светомаскировки». Документ требовал «лиц, нарушающих правила светомаскировки, привлекать к административной ответственности, а злостных нарушителей привлекать к судебной ответственности по ст. 73 УК» (эта статья говорила про сопротивление представителям власти, находившимся при исполнении). Циркуляр сообщал, что «дела на нарушителей правил светомаскировки в жилмассивах, учреждениях и предприятиях» нужно «заканчивать в кратчайшие сроки», а «уголовные дела о нарушениях светомаскировки автотранспорта заканчивать следствием немедленно и по согласованию с райпрокурорами направлять в Облсуд для организации показательных процессов»[126].

Руководство города считало, что требуются более строгие меры. Жданов отправил в Москву телеграмму, в которой предлагал «невыполнение распоряжений органов власти по местной противовоздушной обороне города Ленинграда и его окрестностей в радиусе 100 километров вокруг Ленинграда рассматривать как подрыв обороны страны и виновных карать тюремным заключением сроком до десяти лет». 10 декабря Политбюро утвердило предложение Жданова, решив оформить его как Указ Верховного Совета[127] (этот документ появился в тот же день[128]).

Грозный указ дополнили несколькими показательными судами. В декабре «Ленинградская правда» опубликовала два посвященных им материала. Вначале газета рассказала о наказании В. Зудилина. Он жил на проспекте Карла Маркса и его окно «не было затемнено». Дворник, а потом управдом и другие жильцы предлагали «немедленно завесить окно», но он отвечал «бранью и угрозами», а затем «набросился... с кулаками» на милиционера. Зудилина арестовали и осудили на 6 лет лишения свободы[129]. Чуть позже появилась заметка «Злостное нарушение правил светомаскировки», в котором сообщалось о судьбе заведующего пивным ларьком

---

[126] Цит. по: Крапивина Н. С. Правовое регулирование... С. 133.
[127] РГАСПИ. Ф. 17. Оп. 3. Д. 1016. Л. 68.
[128] РГАЭ. Ф. Р-4372. Оп. 3. Д. 1. Л. 114.
[129] Ленинградская правда. 1939. 14 декабря.

П. Хвалько. По требованию сотрудника милиции он затемнил ларек и включил синюю лампу, но «после ухода милиционера снова включил обычный свет». И так не один раз — «милиционер вынужден был дважды возвращаться к ларю». Хвалько приговорили к 8 годам тюрьмы[130]. Еще один аналогичный текст появился на страницах «Ленинградской правды» в феврале. Статья «Злостному нарушителю светомаскировки — по заслугам» была посвящена шоферу А. Семову, который ездил с включенными фарами, а при попытке задержания «оказал упорное сопротивление». Военный трибунал дал ему 8 лет лишения свободы[131]. Тем не менее большинство нарушителей по-прежнему штрафовали. Размеры взысканий могли быть разными. Например, во Фрунзенском районе в январе штраф достигал 50 руб.[132]

Порой режим затемнения не соблюдали и сами сотрудники НКВД. В приказе по Ленинградскому УНКВД от 12 февраля отмечалось, что «некоторые сотрудники НКВД не поняли важности данного мероприятия и продолжают нарушать светомаскировочный режим. В результате произведенных проверок выявлены неоднократные случаи нарушения светомаскировки». Несмотря на военное время, виновные отделались выговорами, а их руководители получили указание «предупредить всех сотрудников УНКВД, что за нарушения светомаскировочного режима будут налагаться более строгие административные взыскания»[133].

Добиться полной темноты не удавалось. Светомаскировку постоянно нарушали машины Красной армии. 10 января начальник особого сектора СНК РСФСР Команов сообщал начальнику Генштаба Борису Михайловичу Шапошникову: «...до настоящего времени автотранспорт Наркомата Обороны с наступлением темноты продолжает ходить с полным боевым освещением, что демаскирует город»[134]. Как 31 января докладывал Жданову руководитель ленинградской милиции Грушко, «при задержании военных автомашин,

---

[130] Там же. 20 декабря.

[131] Ленинградская правда. 1940. 8 февраля.

[132] ЦГА СПб. Ф. Р-7384. Оп. 17. Д. 145. Л. 143.

[133] Цит. по: Крапивина Н. С. Правовое регулирование... С. 134.

[134] РГВА. Ф. 37977. Оп. 1. Д. 277. Л. 66.

нарушающих светомаскировку, имеют место случаи неподчинения требованиям работникам милиции и сопротивления, доходящие в отдельных случаях до угрозы оружием и наездов»[135].

Возникли трудности с маскировкой общественного транспорта. Михаил Михайлович Зощенко в очерке «Над городом» (для книги «Сто пять дней боев») писал, что со смотровой площадки Исаакиевского собора ночью были отчетливо видны трамваи и троллейбусы — из-за вспышек их «вольтовых дуг»[136]. Токоприемники искрили при контакте с проводами[137]. Вопрос о нарушении светомаскировки электротранспортом не смогли решить до конца войны. Главе Трамвайно-троллейбусного управления Михаилу Хрисанфовичу Сороке пришлось специально возвращаться к вопросам светомаскировки в приказе от 5 января и в распоряжении от 4 марта[138].

Поначалу не всегда имелась возможность замаскировать и обычные автомашины. Вместо обычных фар они должны были использовать специальные ночные — с синими лампами. Их, однако, не хватало. При потребности в 171 тыс. в распоряжении Автотранспортного управления Ленсовета (АТУЛ) к началу войны имелось всего 65 тыс. таких ламп[139]. Начались поиски заменителя. 23 декабря суженное заседание Президиума Ленсовета разрешило использовать обычные фары, закрытые синим целлофаном[140]. Охтинский химический комбинат изготовил 12 тыс. м^2 такой пленки[141]. Кроме того, выяснилось, что синие лампы слишком быстро выходят из строя (вместо положенных 250 часов они служили всего 100). К тому же к АТУЛу с просьбами помочь им стали «в массовом порядке обращаться воинские части, погранохрана и автохозяйства области». За время войны Автоуправление получило от Электросбыта 85 тыс. синих автоламп, передало другим организациям 25 тыс. ламп и 8 тыс. м^2 целлофана. Только после двух месяцев

[135] ЦГАИПД СПб. Ф. Р-24. Оп. 2в. Д. 4320. Л. 36.

[136] ЦГАИПД СПб. Ф. Р-25. Оп. 10. Д. 295. Л. 128.

[137] ЦГА СПб. Ф. Р-7384. Оп. 36. Д. 18. Л. 38, 39.

[138] ЦГАИПД СПб. Ф. Р-899. Оп. 4. Д. 695. Л. 1; Д. 696. Л. 6 — 6 об.

[139] ЦГАИПД СПб. Ф. Р-24. Оп. 2в. Д. 4486.

[140] ЦГА СПб. Ф. Р-7384. Оп. 36. Д. 18. Л. 178.

[141] ЦГАИПД СПб. Ф. Р-24. Оп. 2в. Д. 4486. Л. 5.

войны «весь автотранспорт города, независимо от его ведомственной принадлежности, был в достаточной степени замаскирован»[142].

С началом войны в городе отключили светофоры. Как отмечалось в отчете Автотранспортной службы МПВО, это вызвало «неимоверные трудности» для автомашин. Лишь позднее, когда были созданы специальные светомаскировочные приспособления для светофоров, «движение значительно облегчилось»[143].

В Ленинградской области, как и в городе, также долго не удавалось добиться строгого соблюдения режима затемнения. Еще 25 ноября начальник областной местной противовоздушной обороны Николай Васильевич Соловьев отдал приказ об ответственности начальников МПВО районов и городов за организацию 100-километровой зоны светомаскировки[144]. 14 декабря Соловьев вынужден был констатировать: «...светомаскировка в районах и городах по-прежнему осуществляется не везде удовлетворительно, а начальники МПВО — председатели райисполкомов и горсоветов должных мер к нарушителям не принимают». Указав на ряд нарушений маскировки, Соловьев объявил несколько выговоров и предупреждений, а также потребовал устранить указанные недостатки. Особое внимание он уделил вопросам светомаскировки транспорта, так как «контроль проводится слабо», посты милиции «должной требовательности не проявляют». Председатель областного исполкома требовал создать на магистральных дорогах контрольно-пропускные пункты для транспорта и снабдить их «раствором ультрамарина и кистями на случай закраски незамаскированных фар автотранспорта»[145].

6 февраля Военный совет Северо-Западного фронта принял постановление, требовавшее с 9-го числа прекратить работу всех расположенных в 100-километровой зоне «световых маяков» — радиомачт, заводских труб с прожекторами и фонарями, портовых кранов, светофоров на железных дорогах. Кроме того (с той

---

[142] Там же. Л. 6.

[143] Там же.

[144] Там же. Д. 3597. Л. 91.

[145] Там же. Л. 91—94.

же целью — сократить возможности ориентировки для вражеских ВВС), предполагалось прекратить работу радиостанций на средних и длинных волнах от 200 м и выше[146]. Не обошлось и без уголовных дел — в Волховском районе начали следствие против начальника строительства цементного завода Асаерова, обвинявшегося в том, что он не обеспечил маскировку строительства, поселка и своей собственной квартиры. После окончания войны районный прокурор закрыл дело (при этом в том же населенном пункте светомаскировку не соблюдали в зданиях райкома партии и райисполкома)[147].

Мне не удалось обнаружить общих данных о нарушениях светомаскировки в регионе на протяжении всей войны. Но известно, что с 30 ноября 1939 по 30 января 1940 г. в Ленинграде, по сведениям милиции, к ответственности привлекли: в административном порядке — 26 169 человек (1766 — «административно-хозяйственный состав», 620 — заведующие автохозяйствами, 1276 — водители гражданских машин, 22 507 — прочие граждане), в уголовном порядке — 81 человека (6 — по статье 111 Уголовного кодекса, т. е. за невыполнение должностными лицами своих обязанностей, халатность; 75 — по 73-й статье, т. е. за сопротивление представителям власти во время исполнения ими своих обязанностей)[148]. В 14 городах Ленинградской области за время войны за нарушение светомаскировки к ответственности привлекли 4585 человек, в том числе многих руководителей предприятий и учреждений[149].

Нужно отметить, что количество нарушений постепенно сокращалось. Оно заметно уменьшилось уже к концу декабря. Например, 29 числа в Ленинграде за несоблюдение правил светомаскировки в административном порядке привлекли всего 278 человек, 30 декабря — 252 человека[150]. Если сравнить эти цифры с показателями начала месяца — прогресс налицо. Однако для того чтобы серьезно

---

[146] ЦГА СПб. Ф. Р-7384. Оп. 4. Д. 35. Л. 71; 9 февраля соответствующий приказ отдал председатель Ленинградского горсовета Петр Сергеевич Попков (Там же. Оп. 36. Д. 37. Л. 4).

[147] ЦГАИПД СПб. Ф. Р-24. Оп. 12. Д. 19. Л. 157.

[148] Там же. Оп. 2в. Д. 4320. Л. 35.

[149] Там же. Л. 157.

[150] Там же. Д. 3585. Л. 177, 178.

улучшить ситуацию с режимом светомаскировки, потребовалось чрезвычайно много времени и усилий.

Приказ полностью снять в Ленинграде и Ленинградской области светомаскировку был отдан в день окончания войны, 13 марта в 16:40[151]. Поэт и писатель Вадим Сергеевич Шефнер в повести «Сестра печали» сказал, что с отменой затемнения «город вырвался на свет, как поезд из длинного тоннеля»[152].

После войны, уже летом 1940 г., руководство города и области задумалось о том, что систему местной противовоздушной обороны нужно реорганизовать. В июле комиссия из представителей военного отдела горкома и РККА предложила перестроить формирования МПВО, приблизив их структуру к армейской, во главе районов поставить кадровых военных, в учебные программы внести элементы общевойсковой подготовки (преподавать тактику, топографию, уставы, материальную часть боевого оружия)[153]. Чтобы упорядочить взаимоотношения между разными инстанциями, комиссия сочла нужным издать общее положение по МПВО[154]. Пристальное внимание обратили на систему обучения. Выводы были неутешительными: различных курсов имелось много, но они подчинялись разным ведомствам, отсутствовал контроль, программы были не продуманы, преподаватели обнаруживали низкую квалификацию[155]. Комиссия предложила ликвидировать существовавшую в Ленинграде сеть курсов и школ местной противовоздушной обороны, а за счет освободившихся средств усилить городскую и республиканские школы[156]. Кроме того, была высказана мысль о необходимости создать высшую школу МПВО — для подготовки и переподготовки начальствующего состава[157].

Изучали ленинградский опыт и городские руководители Москвы. В январе 1940 г. в город на Неве для изучения деятельности

---

[151] Журнал боевых действий соединений и частей 2-го корпуса ПВО...

[152] Шефнер В. С. Сестра печали. Л.: Лениздат, 1970. С. 16.

[153] ЦГАИПД СПб. Ф. Р-24. Оп. 2б. Д. 639. Л. 57.

[154] Там же. Л. 58.

[155] См.: ЦГА СПб. Ф. Р-7384. Оп. 17. Д. 146. Л. 114–120.

[156] ЦГАИПД СПб. Ф. Р-24. Оп. 2б. Д. 639. Л. 59.

[157] Там же. Л. 58.

МПВО приезжал председатель Моссовета и председатель исполкома Моссовета Василий Прохорович Пронин, который вместе с секретарем Ленинградского горкома Кузнецовым подготовил предложения, переданные в ЦК ВКП(б)[158]. В одном из своих мемуарных текстов Пронин просто упоминает, что ЦК партии в декабре 1939 г. решил направить в Ленинград председателя Моссовета и что «выводы, сделанные после этой поездки, обсуждались в ЦК, и по ним были приняты необходимые меры»[159]. В другом издании он рассказал об этом эпизоде пространнее:

«В конце декабря 1939 года раздался телефонный звонок. Взяв трубку, я услышал неторопливый голос — говорил И. В. Сталин.

— ЦК партии решил направить вас в Ленинград для изучения МПВО в военных условиях (тогда шла война с Финляндией). Москвичам это пригодится. Вы не могли бы сегодня поехать, товарищ Пронин? — спросил он меня.

Через два часа я выехал.

После ярко освещенных улиц столицы Ленинград встретил нас тревожной темнотой. При очень коротком зимнем дне город жил и работал при полной светомаскировке. Только трамвайные дуги, искрясь, своими вспышками демаскировали его.

Учебные тревоги, проведенные под руководством тогдашнего председателя Ленгорисполкома П. С. Попкова на заводе имени С. М. Кирова и других, отличались своей слаженностью и четкостью.

После недельного изучения местной противовоздушной обороны Ленинграда мы собрались у секретаря горкома партии А. А. Кузнецова и обсудили предложения, которые следовало внести в ЦК. Их было немало. Мы доложили в ЦК о том, что у нас и ленинградцев нет сведений о действиях МПВО воюющих стран. Тут же по телефону было дано задание соответствующим органам подготовить данные об имеющемся опыте МПВО Лондона и Берлина.

---

[158] Пономарев А. Н. Александр Щербаков: Страницы биографии. М.: Изд-во Главархива Москвы, 2004. С. 83.

[159] Пронин В. П. Город-воин // Битва за Москву [Крах операции «Тайфун». В труде, как в бою]. М.: Московский рабочий, 1985. С. 384.

Угроза войны заставила еще больше укрепить местную противовоздушную оборону Москвы: шире развернуть строительство бомбоубежищ, вплотную заняться обучением населения. На всех предприятиях, в учебных заведениях, домах проводились массовые учения, которые охватили более двух миллионов человек»[160].

Как пишет историк Александр Николаевич Пономарев, в отчетном докладе московских областных и городских парткомитетов на объединенной VIII областной и VII городской партийной конференции в марте 1940 г. «было выдвинуто требование — серьезно заняться вопросами ПВО, изо дня в день решать конкретные задачи в области светомаскировки, строительства убежищ, боевой подготовки имеющихся команд ПВО. В этом отношении, говорил А. С. Щербаков (член ЦК и первый секретарь московских горкома и обкома. — *М. Т.*), мы далеко отстали от Ленинграда». После этого «на заседаниях бюро МК и МГК ВКП(б), Исполкомов Московских городского и областного Советов систематически рассматривались вопросы противовоздушной обороны, контролировался ход реализации принятых решений. В течение 1940 г. были построены здание для штаба ПВО, командные пункты, оборудована надежная связь между ними, шло строительство и оснащение бомбоубежищ и приспособление метро к укрытию населения»[161].

Больше внимания стали уделять МПВО в системе НКВД. В 1940 г. в учебный план лагерных сборов ввели занятия по противовоздушной обороне. «Возможно, — пишет Надежда Сергеевна Крапивина, — это явилось результатом опыта, полученного в только что закончившейся советско-финляндской войне»[162]. К тому же МПВО, в оперативном отношении по-прежнему подчиняясь военным, в 1940 г. была передана из ведения наркомата обороны в руки НКВД, внутри которого было создано специально Главное управление МПВО[163].

---

[160] Пронин В. В начале войны // Еще один подвиг столицы. Местная ПВО в годы войны. М.: Московский рабочий, 1984. С. 8–9.

[161] Пономарев А. Н. Александр Щербаков. С. 83–84.

[162] Крапивина Н. С. Правовое регулирование... С. 107.

[163] Лапиров С. А столица жила и боролась // Еще один подвиг столицы. С. 20.

Таким образом, во время советско-финляндской войны выяснилось, что в плане МПВО Ленинград плохо подготовлен к отражению вражеских воздушных атак. С точки зрения подготовки к приближавшейся «большой войне» это представляло чрезвычайную опасность. Советское руководство явно стало уделять местной противовоздушной обороне больше внимания.

Глава 5

Добровольцы и «инициатива снизу»

1. Организация добровольческих формирований

В ходе войны ленинградскому руководству постоянно приходилось изыскивать новые ресурсы, как материальные, так и человеческие. При этом власти апеллировали к патриотизму советских людей. В частности, они приступили к организации добровольческих формирований.

Еще до начала войны некоторые комсомольцы подавали рапорты с просьбами принять их добровольцами в армию, чтобы «достойно встретить... поджигателей войны — белофиннов»[1]. 30 ноября, в первый день боевых действий, в партбюро шоколадной фабрики во Фрунзенском районе явились коммунисты Алабезов и Кононов и потребовали, чтобы их немедленно послали на фронт[2]. К 16 декабря в Ленгорвоенкомат поступило примерно 1800 заявлений от добровольцев с просьбами отправить в действующую армию[3]. 10 декабря 25 работниц завода «Знамя труда» выступили с предложением в свободное от работы время направить их в госпитали для ухода за ранеными[4].

Уже до войны Российское общество Красного Креста (РОКК) формировало добровольческие санитарные дружины. К началу советско-финляндского столкновения в Ленинградской области было подготовлено 41 такое подразделение[5]. После 30 ноября Об-

---

[1] Макаренко Е. Доброволец Зимней войны // Новый часовой. 2000. № 10. С. 269.

[2] ЦГАИПД СПб. Ф. Р-24. Оп. 2в. Д. 3723. Л. 14.

[3] Там же. Оп. 2в. Д. 3723. Л. 47. Также на тему различных заявлений о добровольном поступлении на военную службу см.: Там же. Оп. 2б. Д. 639. Л. 36; Оп. 2в. Д. 4327. Л. 278.

[4] Там же. Оп. 2в. Д. 3723. Л. 34.

[5] Там же. Оп. 12. Д. 18. Л. 3.

ластной комитет Красного Креста получил «десятки коллективных рапортов и заявлений от командиров, политруков дружин и самих дружинниц о их боевой готовности и их желании как можно скорее быть отправленными на фронт»[6]. Председатель ленинградского обкома РОКК М. И. Соколова позднее писала в отчете о работе организации в период вооруженного конфликта: «...чувствуя, что краснокрестные организации должны быть активными помощниками в войне с Финляндией, мы обратились в Военный отдел Обкома ВКП(б) и Санитарный отдел ЛВО с просьбой привлечь к практической работе в Действующей Армии имеющиеся в районах Лен[инградской] области санформирования...» Однако партийное и военное руководство «не особенно доверчиво» отнеслось к данной идее[7]. Тогда обком РОКК предложил помочь оборудовать госпиталь в Лодейном Поле. Санотдел округа согласился. Госпиталь получил инвентарь и медикаменты, туда направились 43 дружинницы. С этого момента актив Красного Креста понемногу стали использовать в обслуживании раненых. 10 декабря в Сестрорецке членов общества привлекли к работе в местных медучреждениях. 13 декабря активисты помогали разгружать раненых в Ораниенбауме[8]. Вскоре военный отдел обкома партии согласился послать дружинниц на фронт, тогда областной комитет РОКК тут же дал телеграфные указания привести в боевую готовность дружины семи районов[9]. Но затем обком партии замолчал. Несколько дней дружинницы ждали[10]. Потом до руководства областной организации РОКК дошли сведения о напряженном состоянии госпиталей в районе Петрозаводска. Обком Красного Креста вновь предложил Санотделу ЛВО свою помощь. На сей раз военные воспользовались ей. 19 декабря 113 дружинниц выехали в столицу Карелии в распоряжение санотдела 8-й армии[11].

---

[6] ЦГАИПД СПб. Ф. Р-24. Оп. 12. Д. 18. Л. 4; примеры рапортов см.: Там же. Л. 5–7.

[7] Там же. Д. 34. Л. 1.

[8] Там же. Л. 2.

[9] Там же. Оп. 2в. Д. 3723. Л. 3.

[10] Там же. Л. 4.

[11] Там же. Л. 8.

23 декабря появилось постановление бюро обкома партии, один из пунктов которого требовал прикрепить к разным медучреждениям ЛВО уже созданные 23 сандружины и сформировать 70 новых[12]. 25 декабря 4-й отдел штаба ЛВО приказал призвать «на БУС в порядке вневойсковой службы» 35 санитарных дружин РОКК в области и 45 — в Ленинграде. Каждая из них должна была насчитывать 30 человек, подготовить их требовалось к 27-му числу. Этот же документ оговаривал вопросы денежного и материального довольствия дружинниц[13]. К 25 декабря областная организация Красного Креста командировала в распоряжение санитарного отдела округа 128 дружин из Ораниенбаума, Слуцка, Красногвардейска, Луги, из Дновского, Тосненского и Красносельского районов[14]. 28 декабря в города и райцентры Ленобласти было отправлено распоряжение заместителя заведующего военного отдела обкома ВКП(б) Дмитрия Николаевича Соболева о создании новых сандружин — немедленно и в ускоренном порядке[15].

Всего за время войны с Финляндией областная организация РОКК отправила в госпитали 2250 человек: 150 медсестер, 350 слушательниц курсов медсестер, 1750 дружинниц. Они работали в медучреждениях 7-й, 8-й и 9-й армий, в тылу на территории Ленобласти[16]. Из 1750 дружинниц около тысячи трудились во фронтовых и прифронтовых госпиталях[17]. «Без отрыва от производства» в госпиталях области работало, по одним данным, 300 активисток Красного Креста[18], по другим — 2 тыс.[19], по третьим — 2,5 тыс.[20] В нескольких районах были организованы курсы медсестер, после окончания которых 250 выпускниц ушли на фронт[21]. Кроме

---

[12] Там же. Оп. 2а. Д. 140. Л. 2.

[13] Там же. Оп. 12. Д. 34. Л. 23–24.

[14] Там же. Д. 53. Л. 1.

[15] ЦГАИПД СПб. Ф. Р-4880. Оп. 1. Д. 412. Л. 3.

[16] ЦГАИПД СПб. Ф. Р-24. Оп. 12. Д. 34. Л. 24.

[17] Там же. Оп. 2. Д. 3658. Л. 152; Оп. 2в. Д. 4838. Л. 1; Оп. 12. Д. 18. Л. 4.

[18] Там же. Оп. 12. Д. 9. Л. 20; Д. 18. Л. 4.

[19] Там же. Д. 33. Л. 3 об.

[20] Там же. Д. 34. Л. 25.

[21] Там же. Д. 9. Л. 20; Д. 18. Л. 4. О том, сколько людей обучалось на курсах в целом, см.: Там же. Д. 19. Л. 176–177.

того, в области создали еще 66 дружин: 41 — для работы в МПВО, 25 готовили для фронта. Все дружинницы проходили шестидневное обучение (по 10 часов занятий в день)[22]. Одновременно с этим ленинградская городская организация Красного Креста отправила в госпитали фронта и тыла 90 дружин в составе 2572 человек. Кроме того, в Ленинграде к работе в госпиталях «без отрыва от производства» привлекли примерно 6 тыс. человек[23].

При этом выяснилось, что программа обучения дружинниц не совсем соответствовала задачам работы в госпиталях, ведь их готовили для системы МПВО[24]. По словам одной дружинницы, они сами убедились, что «подготовка носила поверхностный характер»[25]. В докладной записке военного отдела обкома от 4 января 1941 г. говорилось: «В практической работе дружинниц Красного Креста обнаружился крайне ограниченный уровень их медико-санитарных знаний, отсутствие навыков ухода за ранеными и понимания особенностей медико-санитарной службы Красной армии в полевых условиях»[26]. Тем не менее нужно признать, что добровольцы Красного Креста помогли решить острейшую проблему дефицита медицинского персонала.

Кроме того, добровольцев использовали для создания лыжных батальонов. Формирование специальных лыжных частей началось в конце декабря 1939 г. На первых порах их комплектовали из бойцов, уже находившихся на службе в РККА. 24 декабря нарком обороны Ворошилов приказал создать восемь лыжных эскадронов (по 98 человек в каждом) из кавалеристов Киевского и Белорусского особых военных округов[27]. Затем началась организация

---

[22] ЦГАИПД СПб. Ф. Р-24. Оп. 12. Д. 34. Л. 25.

[23] Там же. Оп. 2. Д. 3628. Л. 120; Д. 3664. Л. 8; по имеющимся в литературе другим данным, в сформированных городским Красным Крестом сандружинах насчитывалось более 3 тыс. дружинниц (Кузнецова Л. С. Ленинградская партийная организация в предвоенные годы. С. 101).

[24] ЦГАИПД СПб. Ф. Р-24. Оп. 2. Д. 3664. Л. 8.

[25] Там же. Оп. 12. Д. 33. Л. 25 об.

[26] Там же. Оп. 2в. Д. 4838. Л. 1–2.

[27] РГВА. Ф. 37977. Оп. 1. Д. 233. Л. 62–63; Ф. 40442. Оп. 1а. Д. 1798. Л. 1–2; Тайны и уроки Зимней войны. С. 237–238.

добровольческих батальонов в других военных округах. Лыжбаты формировались в самых разных точках Советского Союза — от Новосибирска до Харькова[28]. На работе за добровольцами-лыжниками сохранялась их средняя заработная плата[29].

2 января к созданию лыжных частей приступили и в Ленинграде. В этот день состоялось совещание заведующих военных отделов райкомов партии, секретарей райкомов комсомола, районных военных комиссаров и председателей областных советов добровольных физкультурных обществ. Во всех районах города (кроме Кронштадта и Пушкина, которые также подчинялись Ленгорисполкому) были организованы отборочные комиссии, которые должны были приступить к работе на следующий день[30]. 3 января во всем Ленинграде отобрали 678 человек[31]. Фактически за сутки был укомплектован первый батальон[32]. В тот же день набор добровольцев начали и в Ленинградской области[33].

5 января бюро горкома опросом утвердило постановление о формировании лыжбатов. В городе собирались создать еще пять батальонов (по 700 человек в каждом). Первый батальон планировалось укомплектовать к 6 января (т. е. уже на следующий день), остальные — к 15-му. Кроме районных комиссий, была организована городская отборочная комиссия, в которую вошли представители горкома партии, горкома комсомола, комитета по делам физкультуры и спорта, горвоенкомата и горсовета Осоавиахима[34]. Всего в Ленинграде в дни войны сформировали шесть лыжбатов (им присвоили номера 67, 68, 97, 98, 99, 100), в Ленобласти — два (65 и 66). Многие молодые люди рвались на фронт. Доброволец Калинин (65-й батальон) позже рассказывал: «Я сразу подал

---

[28] Перечень лыжных батальонов и эскадронов, отправленных в действующую армию см.: РГВА. Ф. 40442. Оп. 1а. Д. 1798. Л. 177–180.

[29] РГАСПИ. Ф. 17. Оп. 3. Д. 1018. Л. 1718; РГАЭ. Ф. Р-4372. Оп. 38. Д. 2. Л. 109.

[30] ЦГАИПД СПб. Ф. Р-24. Оп. 2в. Д. 4071. Л. 18.

[31] Там же. Л. 19.

[32] Там же. Л. 20.

[33] Там же. Оп. 12. Д. 32. Л. 1, 7.

[34] ЦГАИПД СПб. Ф. Р-25. Оп. 2а. Д. 81. Л. 8.

заявление... с просьбой о зачислении меня добровольцем, несмотря на то что ходил по бюллетеню с переломом руки, что, конечно, скрыл. Я сбросил повязку и поехал на фронт. Правда, к счастью, рука у меня быстро зажила...»[35] Другой лыжник, Антон Антонович Фроль (97-й батальон), вспоминал, что его заявление отклонили (ему не было восемнадцати), но он все же отправился воевать при помощи друзей, которые «вручили сопровождавшему роту ст[аршему] лейтенанту пол-литра водки и уговорили его вписать мою фамилию в список добровольцев»[36].

65-й лыжный батальон начали формировать в городе Луга 3 января 1940 г. Добровольцев отбирала комиссия из трех человек: представитель областного военкомата интендант 2-го ранга Копцан, лужский военком и инструктор военного отдела обкома ВКП(б). Также участвовали прибывшие в город для контроля начальник 1-й части облвоенкомата майор Андреев и инструктор политотдела облвоенкомата батальонный комиссар Татаринов. Зачисленных в часть бойцов размещали в помещениях двух школ. Вначале в батальон, руководствуясь указаниями обкома и областного военкомата, брали «только тех лыжников-добровольцев, которые имеют военную подготовку не менее трех месяцев службы в РККА, и допризывников, имеющих специальную подготовку (снайперы, пулеметчики и другие)». Но такой порядок продержался только три дня. С 6 января в батальон стали брать и допризывников, умевших обращаться с лыжами (в основном — имевших значок «Ворошиловский стрелок»). По данным инструктора обкома П. Матвеева, комплектовался батальон медленно и «некоторые районы (Порховский, Лядский, Сошихинский, Славковский и другие) прислали добровольцев только 10 января»[37]. При этом прибывшие из разных районов области 299 человек получили отказы по причине их негодности к строевой службе и отправились назад. В последний момент передумали три добровольца. Первый из них — П. Н. Николаев из Слуцкого района. Как писал Матвеев,

[35] ЦГАИПД СПб. Ф. Р-24. Оп. 12. Д. 30. Л. 32.
[36] Советско-финляндская война 1939–1940. Т. II. С. 561.
[37] ЦГАИПД СПб. Ф. Р-24. Оп. 12. Д. 32. Л. 1–2.

он «прибыл в военкомат в нетрезвом виде и после вытрезвления заявил, что он пока отдумал идти в РККА добровольцем». Второй — Ф. Я. Плешко из Шлиссельбурга, «отказался в связи с болезнью жены». Третий — Е. Н. Быков из Красногвардейска, допризывник, «не согласовал уход в РККА добровольцем с родителями». В числе желающих попасть в лыжбат было 17 женщин-медсестер. Четверых из них зачислили в батальон, девять человек направили в госпитали, еще четверым отказали[38].

11 января формирование батальона в основном закончили. К этому моменту в подразделение включили 649 человек, из их числа 252 (39 %) обладали военными специальностями. «Из них, — сообщал Матвеев, — 3 человека — средние командиры, 66 человек — младший начальствующий состав, 172 рядовых, 9 человек — допризывники-снайперы». В батальон вошло 68 коммунистов и 325 комсомольцев (вместе — около 60 % от состава части). Лыжбат и потом продолжал пополняться, на фронт отправилось уже 767 человек[39].

По мере зачисления в батальон добровольцев, у них, согласно докладу Матвеева, сразу же начиналась «кипучая армейская жизнь бойцов РККА». Однако поначалу подразделение долго не получало оружия, его повседневную жизнь инструктор обкома описывал так: «В каждой роте ежедневно или через день выпускались стенные газеты, организовывались беседы, громкие читки. Тут же разрешались все бытовые вопросы: кто набивал матрасы, кто топил печи, кто мыл пол, кто выполнял светомаскировочные работы»[40]. При этом боевую учебу автор документа не упомянул.

Обмундирование и лыжи батальон получил 10 января. При этом лыжи, как говорится в записке Матвеева, были «сучковатые» и не годились для дальних переходов. 12 января добровольцы приняли присягу, но и после этого им не выдали оружие. Матвеев жаловался, что это тормозит боевую подготовку. Он сообщал, что пока

---

[38] Там же. Л. 3.

[39] Там же. Л. 29.

[40] Там же. Д. 32. Л. 4. С образцами стенгазет, создававшихся лыжниками-добровольцами, можно ознакомиться: Там же. Д. 39.

решено использовать для обучения четыре находившихся в распоряжении военкомата пулемета[41]. Из сообщения штаба ЛВО в Генеральный штаб узнаем, что и 25 января полностью укомплектованный батальон вооружения не имел[42].

Плохо обстояло дело с дисциплиной некоторых командиров. Не случайно Матвеев в докладной записке от 14 января настаивал на замене «части кадрового состава»[43]. О причинах, по которым нужно заменить командиров, он не сообщил. О них можно узнать благодаря письму, которое в марте 1940 г. отправил Жданову младший политрук Сергей Иосифович Иванов, и по записке заместителя начальника Политуправления ЛВО бригадного комиссара Абрамова о проверке письма Иванова. Согласно данным этих источников, командир батальона Данилов и комиссар старший политрук Крылов не сильно интересовались обучением батальона и систематически пьянствовали[44]. Однако и к моменту отправки лыжбата на фронт они продолжали занимать свои должности. Под их руководством 1 февраля батальон покинул Лугу и, зачисленный в состав 13-й армии, отправился на фронт[45]. Нужно отметить, что даже в это время подразделение не было до конца оснащено оружием, его довооружали в дороге[46].

66-й лыжбат формировался в Новгороде с 3 по 12 января. В ходе отбора 309 человек, прибывшие из разных районов Ленинградской области, отправились «обратно как не имеющие лыжной и другой военной подготовки». Некоторые, как и в Луге, сами передумали. Жители Дновского района Зверев и Александров «заявили, что заявления о принятии их добровольно в Красную Армию они написали в пьяном виде, и что у них нет желания идти на фронт». К вечеру 12 января в батальон зачислили 724 человека. В их числе было 89 младших командиров запаса и 272 ранее служивших

---

[41] ЦГАИПД СПб. Ф. Р-24. Оп. 12. Д. 32. Л. 4.

[42] РГВА. Ф. 40442. Оп. 1а. Д. 1872. Л. 41.

[43] ЦГАИПД СПб. Ф. Р-24. Оп. 12. Д. 32. Л. 5.

[44] Там же. Оп. 2г. Д. 231. Л. 66, 72 об.

[45] РГВА. Ф. 40442. Оп. 1а. Д. 1798. Л. 178; Д. 1916. Л. 99; ЦГАИПД СПб. Ф. Р-24. Оп. 12. Д. 30. Л. 33.

[46] РГВА. Ф. 40442. Оп. 1а. д. 1798. Л. 141.

в РККА рядовых. Среди добровольцев числилось 63 коммуниста и 296 комсомольцев[47].

14 января бойцы приняли присягу[48]. Но у подразделения пока не было ни оружия, ни боеприпасов[49]. Давали себя знать и недисциплинированность, а также слабая профессиональная подготовка командиров. Инструктор военного отдела обкома Гузеев заканчивал докладную записку о лыжбате словами: «Считаю, что командно-политический состав, присланный в батальон, необходимо пересмотреть и значительную часть заменить как не могущих обеспечить руководства подразделениями батальона»[50].

О неблагополучном положении с руководством 66-го лыжбата в записке областному военному комиссара докладывал начальник 3-й части облвоенкомата майор Турьян: «...командный состав не вполне соответствует для руководства этим батальоном». По сообщению Турьяна, командир батальона старший лейтенант Зверев был плохим руководителем, пьянствовал, пытался принудить призванную в батальон медсестру к сожительству. Комиссар батальона старший политрук Кальник прибыл в батальон со второго курса Военно-политической академии имени Ленина, «не уверен в себе», выражал желание вернуться на учебу. Кроме того, он не имел «организационного опыта... слабо руководит политическим воспитанием бойцов, недостаточно требователен в вопросах дисциплины»[51].

Некоторые добровольцы, по-видимому, засомневались в своем выборе. 13 января командир 2-й роты Керженевский, выстроив своих подчиненных, предложил им подумать о предстоящих трудностях и заявил, что, если бойцы передумают, то им будет «можно вернуться домой». На следующий день группа бойцов (по данным Турьяна — шесть человек, в том числе пять комсомольцев; по данным инструктора военного отдела обкома Гузеева — пять человек) подали коллективное заявление об освобождении от службы.

---

[47] ЦГАИПД СПб. Ф. Р-24. Оп. 12. Д. 32. Л. 8–9.

[48] РГВА. Ф. 34980. Оп. 1. Д. 47. Л. 47; ЦГАИПД СПб. Ф. Р-24. Оп. 12. Д. 32. Л. 8.

[49] РГВА. Ф. 34980. Оп. 1. Д. 47. Л. 47

[50] ЦГАИПД СПб. Ф. 24. Оп. 12. Д. 32. Л. 10.

[51] РГВА. Ф. 34980. Оп. 1. Д. 47. Л. 47–48.

По мнению представителя областного военкомата, это свидетельствовало, что «мероприятие не было поставлено на должную политическую высоту». Майор вызвал к себе бойцов, подавших просьбу об уходе из батальона, обсудил с ними «их неправильное заявление, и они остались»[52].

66-й лыжный батальон (как и 65-й лыжбат) также долго не мог получить оружия и значительной части вещевого имущества[53]. В конце концов его переформировали в четыре лыжных эскадрона, получивших номера 445, 446, 447 и 448. Их зачислили в 7-ю армию, принять участие в боевых действиях они не успели[54].

Выше речь шла о добровольческих подразделениях, сформированных из жителей Ленинградской области. В Ленинграде аналогичная работа также развернулась с 3 января. О том, как иногда набирали добровольцев, можно судить по воспоминаниям Василия Афанасьева (в то время студент Коммунистического института им. Н. К. Крупской). Он писал: «Дошла очередь и до нас. Вызвали в комитет комсомола и тоном, заранее предполагавшим положительный ответ, предложили: "Дело добровольное, но Родина ждет!" Естественно, наше воспитание не позволяло в таких случаях давать уклончивые ответы. Кажется, только один человек из всего института предпочел штурмовать не линию Маннергейма, а любимую науку. Его склоняли на всех собраниях, клеймили позором, обвиняли в трусости и, в конце концов, выжили из института»[55]. То есть в данном случае на сомневавшихся оказывали давление. Бывший боец 67-го лыжбата Отто Игнатьевич Хробочинский (в 1939 г. — слесарь 1-го автобусного парка) рассказывал, что «очень боялся войны», но согласился записаться в лыжники после небольшого нажима парторга предприятия[56]. Владимир Иванович Удалов (был студентом судостроительного факультета Ленинградского института

---

[52] РГВА. Ф. 34980. Оп. 1. Д. 47. Л. 48; ЦГАИПД СПб. Ф. Р-24. Оп. 12. Д. 32. Л. 9.

[53] РГВА. Ф. 40442. Оп. 1а. Д. 1872. Л. 41.

[54] Там же. Д. 1798. Л. 179.

[55] Афанасьев В. А. Верность памяти юности беспечной // Путь в историю, пути в истории... Пермь: Пермский государственный университет, 2002. С. 53.

[56] См.: Советско-финляндская война 1939–1940. Т. II. С. 558–559.

инженеров водного транспорта) напротив, утверждал, что комсомольцев приглашали идти в добровольцев «без какого-либо нажима»[57]. Вероятно, степень давления на потенциальных бойцов лыжбатов зависела от местных партийных и комсомольских работников конкретных предприятий и учреждений. При этом критерии отбора добровольцев были далеки от строгости. Комиссии не проверяли кандидатов даже на предмет владения лыжами. В итоге 30 % бойцов оказались новичками в лыжном деле[58].

Всего с 3 по 25 января, согласно докладной записке заввоенотдела обкома Исаака Ароновича Верхоглаза и ленгорвоенкома полкового комиссара Феодосия Феодосьевича Расторгуева Жданову и Кузнецову, было набрано 3195 добровольцев и укомплектовано пять батальонов[59]. Можно отметить, что к этому дню в Ленинграде планировалось создать шесть батальонов, т. е. на один больше[60]. Первый ленинградский батальон, 67-й, был готов и отправился в действующую армию уже 20 января[61]. А с лыжбатом, получившим номер 68, возникли трудности. Не хватало командного состава и материальных ресурсов[62]. По предложению Военного совета округа его сняли с формирования[63].

Четыре лыжбата разместились при военных училищах: 1-м Ленинградском краснознаменном артиллерийском училище (97-й батальон), пехотном (98-й), училище связи (99-й) и военно-инженерном (100-й)[64]. 67-й батальон разместился в 13-й школе[65]. Училища, по словам заведующего военным отделом горкома Верхоглаза, проявили по отношению к временно подчиненным им лыжным подразделениям «безответственное отношение»[66]. Боец размещенного

---

[57] Там же. С. 554.

[58] ЦГАИПД СПб. Ф. Р-24. Оп. 2б. Д. 639. Л. 10.

[59] Там же. Оп. 2в. Д. 4071. Л. 63.

[60] РГВА. Ф. 40442. Оп. 1а. Д. 1872. Л. 37.

[61] Там же. Д. 1874. Л. 62.

[62] Там же. Д. 1872. Л. 62; Д. 1874. Л. 73.

[63] Там же. Д. 1874. Л. 169.

[64] РГВА. Ф. 34980. Оп. 1. Д. 33. Л. 35.

[65] Советско-финляндская война 1939–1940. Т. II. С. 559.

[66] ЦГАИПД СПб. Ф. Р024. Оп. 2б. Д. 639. Л. 7.

в Инженерном замке 100-го батальона Богданов так описывал быт добровольцев: «Вместо коек — пропылившаяся солома, прикрытая индивидуальными плащ-палатками...»[67] Верхоглаз отмечал, что большую часть дня новоиспеченные красноармейцы бездельничали — из-за «незагруженности необходимым комплексом учебы и тренировок» и из-за отсутствия «мест для культурного времяпровождения». Отопления не было, бойцам приходилось спать не раздеваясь. Понадобилась неделя, чтобы лыжникам выдали простыни и теплые одеяла[68]. У добровольцев появились вши. Верхоглаз сообщал Жданову и Кузнецову: «Места казарменного расположения батальонов находятся в антисанитарном состоянии, замусорены и захламлены. В некоторых батальонах (Инженерное училище) вовсе нет постельного белья. Люди размещены на полу, на соломе. 1-е артучилище разместило батальон в манеже, в котором немало конского помета»[69].

Лыжбаты долго не могли укомплектовать начальствующим составом. К 27 января не были назначены командиры батальонов[70]. Большая часть комсостава не владела лыжами[71]. Плохо обстояло дело с обучением бойцов. 25 января майор Николай Павлович Симоняк, получивший задание проверить лыжбаты, доложил заместителю командующего войсками ЛВО Всеволоду Федоровичу Яковлеву: «Учеба до настоящего времени еще ни в одном из батальонов, кроме 98-го при пехотном училище, нормально не развернулась». Обучение проводилось без выхода в поле, только в классах и казармах. Симоняк объяснил такое положение «недостаточным вниманием к этому вопросу начальников училищ»[72]. Доброволец Богданов писал, что за девять дней своего пребывания в 100-м батальоне он и его товарищи «ни разу не стояли на лыжах» и «в глаза не видали ни винтовки, ни пулемета»[73]. Верхоглаз 27 января докланы-

---

[67] ЦГАИПД СПб. Ф. Р024. Оп. 26. Д. 639. Л. 6.

[68] Там же. Л. 8.

[69] Там же. Л. 6.

[70] Там же. Л. 5.

[71] Там же. Л. 10.

[72] РГВА. Ф. 34980. Оп. 1. Д. 33. Л. 37.

[73] ЦГАИПД СПб. Ф. Р-24. Оп. 26. Д. 639. Л. 8.

вал Жданову и Кузнецову, что в обучении «совершенно отсутствуют тактическая подготовка» и «лыжное дело». Огневая подготовка также не проводилась — за две недели лыжбаты не получили как полагавшееся им автоматическое оружие, так и замену (обычные трехлинейные винтовки)[74].

Какое-то время спустя добровольцев всё же начали готовить к боям. Их учили собирать и разбирать винтовки и пулеметы. В разных местах города и в пригородах проводились лыжные тренировки. Василий Афанасьев писал про несколько занятий на Кировских островах[75]. Владимир Иванович Удалов запомнил «тактические занятия, изучение матчасти оружия, знакомство с финскими минами... лыжные пробеги по Таврическому саду». Потом бойцы 99-го батальона совершили два загородных пробега — на 10 и 20 км, после которых «шесть бойцов, плохо владевших лыжами, отчислили»[76]. Служивший в 100-м лыжбате Георгий Васильевич Пруссаков рассказал: «...единственное, чем мы в казарме занимались, было знакомство с вооружением. Разбирали, собирали. Это заняло, наверное, 60 учебных часов. Огневая подготовка была на территории Карельского перешейка, мы туда приехали и дней пять... стреляли. Заряжали, разряжали, и так далее. А перед отправкой на фронт наш батальон выехал на Удельную, в район Сосновки. И здесь была своего рода боевая лыжная подготовка. Построения, перестроения, на местности готовились. Вот и вся наша подготовка перед отправкой на фронт, а потом... порядка недели мы в районе Райвола упражнялись в стрельбе»[77].

У батальонов, сформированных в Ленинграде, так же как и у созданных в области, возникли трудности с вооружением. На один лыжбат полагалось 48 пистолетов-пулеметов ППД, 631 самозарядная винтовка, 142 пистолета, 6 минометов калибром 50 мм. Кроме того, для комплектовавшихся в ЛВО лыжных частей выделили

---

[74] Там же. Л. 5.

[75] Афанасьев В. А. Верность памяти юности беспечной. С. 53.

[76] Советско-финляндская война 1939–1940. Т. II. С. 554.

[77] Прусаков Георгий Васильевич. URL: http://iremember.ru/memoirs/
pekhotintsi/prusakov-georgiy-vasilevich/

ручные пулеметы и ружейные гранатометы системы Дьяконова[78]. Однако оружия некоторых типов не хватало. Отправились на фронт с положенным вооружением 97-й и 100-й лыжбаты, а 98-й и 99-й получили по 32 ППД вместо 42 (норму по пистолетам-пулеметам к этому моменту уменьшили) и обыкновенные винтовки вместо самозарядных[79].

Кроме трудностей с вооружением, серьезное беспокойство у городского руководства вызывал вопрос командного состава. Об этом говорят пометы в одном из блокнотов Жданова: «О комсоставе для лыжных батальонов»; «О командирах лыжных батальонов»[80].

1 февраля 1940 г. 97-й и 100-й батальоны отправились в действующую армию, 98-й и 99-й — на *следующий день*[81]. 97-й и 98-й были зачислены в 13-ю армию, 99-й и 100-й — в 7-ю[82].

Кроме того, среди студентов Ленинградского института физической культуры им. П. Ф. Лесгафта были набраны бойцы для Особого лыжного отряда 9-й армии, которым командовал Хаджен-Умар Джионович Мамсуров. Бывший студентом и ставший младшим командиром этого отряда Валентин Шатвеевич Шамин вспоминал, что в качестве проверки для желавших попасть на фронт лесгафтовцев провели лыжный кросс на 20 км с полной выкладкой, после чего отобрали 101 человека[83]. Всего в отряд Мамсурова входило 300 бойцов[84].

По-видимому, 98-й батальон не принимал участия в боях. По крайне мере автор не располагает такими данными. Вероятно, именно в этом подразделении служил Афанасьев, вспоминавший, что он и его товарищи «не были востребованы» и, не побывав

---

[78] РГВА. Ф. 40442. Оп. 1а. Д. 1916. Л. 4.

[79] РГВА. Ф. 34980. Оп. 1. Д. 33. Л. 36.

[80] РГАСПИ. Ф. 77. Оп. 3. Д. 162. Л. 103, 104 об.

[81] РГВА. Ф. 34980. Оп. 1. Д. 33. Л. 36.

[82] РГВА. Ф. 40442. Оп. 1а. Д. 1798. Л. 178.

[83] Советско-финляндская война 1939–1940. Т. II. С. 570. О данном отряде и его участии в боевых действиях см.: Зимняя война 1939–1940. Кн. 2. С. 247–250; Советско-финляндская война 1939–1940. Т. II. С. 570–575; Русские диверсанты против «кукушек». М.: Яуза; Эксмо. 2004. С. 36–45.

[84] Русские диверсанты против «кукушек». С. 36.

на фронте, вскоре после подписания мира «шествовали победным строем по набережной»[85]. Остальные лыжные формирования (65-й, 67-й, 97-й, 99-й и 100-й лыжбаты) прошли через столкновения на Карельском перешейке[86]. Потери 65-го составили 57 убитых, 80 раненых, 122 больных и обмороженных. 36 человек отстали от лыжбата, троих перевели в другие части. «Итого, — подводил итоги инструктор военного отдела обкома Матвеев, — отправились из Луги 767 человек, вернулись в г. Лугу 464». Хотя батальон принял участие в боях лишь на завершающем этапе войны, потери оказались достаточно велики. Прежде всего они стали результатом плохой подготовки и, как писал Матвеев, «неосторожности и поспешности в бою»[87]. То же можно сказать и о ленинградских батальонах, насчитывавших примерно 4 тыс. бойцов[88]. Их общие потери, по данным военного отдела обкома, составили 970 человек[89]. Среди

---

[85] Афанасьев В. А. Верность памяти юности беспечной. С. 53.

[86] Об участии в боевых действиях 65-го батальона см.: ЦГАИПД СПб. Ф. Р-24. Оп. 2г. Д. 231. Л. 73 — 73 об.; Оп. 12. Д. 32. Л. 23–26; Тягур М. И. Советские добровольческие формирования в «Зимней войне» (по материалам лужского и новгородского лыжных батальонов) // Тринадцатые Петровские чтения: Материалы всероссийской научной конференции 16–17 ноября 2011 г. СПб.: ПАНИ, 2012. С. 76–77; Тягур М. И. Ленинградские добровольческие лыжные батальоны периода советско-финляндской войны 1939–1940 годов // Вестник Северного (Арктического) федерального университета. Сер. Гуманитарные и социальные науки. 2017. № 6. С. 58–59; о 67-м батальоне см.: Советско-финляндская война 1939–1940. Т. II. С. 559–561; Жуков А. П., Денисова Н. Ю. Застывшие «Зачем» и «Почему». Добровольцы-менделеевцы на финской войне (1939–1940). М.: РХТУ им. Д. И. Менделеева, 2016. С. 68–69; о 97-м: Тайны и уроки Зимней войны. С. 245–247; Советско-финляндская война 1939–1940. Т. II. С. 561–562; Жуков А. П., Денисова Н. Ю. Застывшие «Зачем» и «Почему». С. 73–76; Бой 97-го лыжного батальона против береговой батареи Ярисевя 19 февраля 1940 года. URL: http://warhistory.livejournal.com/2059597.html; о 99-м: Советско-финляндская война 1939–1940. Т. II. С. 554–558; Русские диверсанты против «кукушек». С. 73–74; о 100-м: Жуков А. П., Денисова Н. Ю. Застывшие «Зачем» и «Почему». С. 76–82; Прусаков Георгий Васильевич.

[87] ЦГАИПД СПб. Ф. Р-24. Оп. 12. Д. 32. Л. 28–29.

[88] Там же. Оп. 2. Д. 3664. Л. 4.

[89] Там же. Оп. 2б. Д. 639. Л. 41.

погибших был служивший в 100-м лыжбате племянник первого секретаря ленинградских обкома и горкома Антон Жданов[90].

После окончания войны началось активное обсуждение и обобщение опыта боевых действий. При этом участвовавшие в осмыслении уроков конфликта областные и городские власти сосредоточились на недостатках в работе Осоавиахима и других оборонных организаций.

В ходе боев выявилось низкое качество обучения добровольческих формирований. В конце марта 1940 г. инструктор обкома Матвеев направил заведующему военному отделу обкома Соболеву доклад, в котором указывал: подготовка добровольцев-осоавиахимовцев имеет «серьезные недостатки». Лыжники плохо владели оружием (выяснилось, что нормы на значок «Ворошиловский стрелок» они, как правило, сдавали не на боевом оружии, а на мелкокалиберных винтовках), не умели правильно делать перебежки, метать гранаты, маскироваться. Лыжные тренировки проходили на ровной лыжне, а не на пересеченной местности. Матвеев делал вывод: необходимо перестроить работу военных кружков Осоавиахима, также нужно иначе проводить лыжную подготовку[91]. Деятельность Осоавиахима критиковали и сами лыжники. Они уделили этому немало внимания на состоявшемся 4 апреля совещании участвовавших в войне добровольцев[92].

На состоявшейся в 20-х числах апреля объединенной городской и областной партийной конференции заведующий военного отдела горкома Верхоглаз немало внимания уделил критике Осоавиахима и физкультурных организаций[93]. При этом Общество Красного Креста подобному разносу не подверглось. Несмотря на все недостатки в подготовке дружинниц, секретарь обкома Штыков высоко оценил его деятельность. Он заявил, что организация РОКК «целиком оправдала себя и завоевала огромный авторитет»[94]. Резолюция

---

[90] ЦГАИПД СПб. Ф. Р-4000. Оп. 5. Д. 3595. Л. 17; Волынец А. Н. Жданов. С. 274.

[91] ЦГАИПД СПб. Ф. Р-24. Оп. 12. Д. 32. Л. 27–28.

[92] См.: Там же. Д. 30. Л. 8–9, 14–15, 20–21,

[93] Там же. Оп. 2. Д. 3634. Л. 32–38.

[94] Там же. Д. 3626. Л. 138.

конференции требовала «коренным образом перестроить работу Осоавиахима с тем, чтобы военная подготовка... обеспечила максималь-
ное приближение к требованиям современной войны и условиям боевой обстановки». Также была отмечена «необходимость всемерного
привития военных навыков в подготовке физкультурников»[95].

Недостатки в работе Осоавиахима и пути их преодоления обсуждались на общегородском совещании актива общества 25 мая[96],
затем — на совещании военного отдела обкома 1 июня[97]. В июне военные отделы обкома и горкома даже предлагали упразднить Осоавиахим и создать вместо него новую организацию, которую предполагалось назвать «Добровольное общество "За оборону родины"»
(«ДОЗОР»)[98]. Данный план не реализовали, однако летом 1940 г.
появился ряд директивных решений о «перестройке» деятельности
главной оборонной организации СССР. 10 июля было утверждено
совместное постановление ленинградских обкома и горкома «О перестройке работы Ленинградской областной и городской организации Осоавиахима»[99]. 29 июля Президиум Ленинградского облсо-
вета Осоавиахима принял постановление с указанием конкретных
направлений этой «перестройки»[100]. 21 августа председатель Центрального совета общества П. П. Кобелев подписал постановление
«О перестройке военного обучения членов Осоавиахима»[101]. В документах ставилась задача повысить качество обучения, добиться,
чтобы осоавиахимовцы были готовы участвовать в боевых действиях. Примечательно, что в Ленинграде соответствующие директив-
ные документы появились раньше, чем на общесоюзном уровне.
Можно предположить, что именно ленинградские руководители
были инициаторами изменений.

---

[95] Там же. Д. 3638. Л. 10.

[96] См.: ЦГАИПД СПб. Ф. Р-25. Оп. 2. Д. 3496.

[97] См.: Там же. Д. 4570.

[98] См.: Там же. Оп. 12. Д. 20.

[99] ЦГАИПД СПб. Ф. Р-25. Оп. 2. Д. 2659. Л. 17–20; проект постановления
(его приняли с незначительными изменениями) см.: Там же. Ф. Р-24. Оп. 12.
Д. 2. Л. 1–7.

[100] ЦГАИПД СПб. Ф. Р-24. Оп. 12. Д. 36. Л. 72–73.

[101] Там же. Л. 74–81.

Нужно отметить, что «перестройка» не всегда проводилась последовательно. Ярчайшим недостатком всей работы Осоавиахима была нацеленность на большие отчетные показатели в ущерб качеству подготовки. Заведующий военного отдела обкома Д. Н. Соболев и заведующий военным отделом горкома И. А. Верхоглаз в адресованной секретарям обкома и горкома записке отмечали, что руководители первичных и районных организаций, «как правило, заняты вопросами выполнения различных контрольных заданий (по сбору членских взносов, по подготовке значкистов и др.), что приводит к погоне за количественными показателями, порождает очковтирательство». Многие члены общества не занимались военным обучением, например на фабрике «Скороход» в 1939 г. было 5200 осоавиахимовцев, а занятия посещали всего 200 человек[102]. Целью «перестройки» было повышение качества подготовки. Для успеха в войне надо было учиться воевать, а не рапортовать наверх о все больших и больших цифрах «охвата» населения. Однако уже в ноябре работники того же военного отдела обкома настаивали: «Установленный план (по количеству обученных. — *М. Т.*) на 1940 год должен быть не только выполнен, но и перевыполнен каждым районным и городским советом Осоавиахима»[103]. Такие требования, безусловно, противоречили установке на замену прежней погони за количеством совершенствованием качества подготовки.

В формировании и комплектовании лыжных батальонов активно участвовали физкультурные организации[104]. Их деятельность также стала объектом критики[105]. 4 июня прошло общегородское совещание физкультурного актива, посвященное недостаткам в работе ДСО (добровольных спортивных обществ)[106]. В военном отделе обкома полагали, что соревнования, проходившие в Ленинграде, как правило, не имели «военной прикладности». Например, в ходе лыжных состязаний вдоль трассы часто ставили так называемых

---

[102] ЦГАИПД СПб. Ф. Р-24. Оп. 12. Д. 20. Л. 2.

[103] Там же. Д. 36. Л. 109.

[104] См.: Там же. Д. 32. Л. 31–34; Ф. Р-408. Оп. 1. Д. 1590. Л. 36–37.

[105] См.: ЦГАИПД СПб. Ф. Р-24. Оп. 2в. Д. 4071. Л. 96–100; Оп. 12. Д. 31.

[106] См.: ЦГАИПД СПб. Ф. Р-25. Оп. 2. Д. 3497.

«подкармливающих», нагруженных апельсинами, конфетами и какао. Не проводились ночные соревнования с полной боевой выкладкой на пересеченной местности[107]. В записке от 11 июля 1940 г. сотрудники военного отдела горкома сетовали, что не связанными с военным делом видами спорта (футбол, фехтование, гребля и т. д.) занимается слишком много ленинградцев, и наоборот. Например, плаванием в ДСО города занимались 5997 человек, а штыковым боем — всего 179[108]. В партийных органах полагали, что физкультурные организации должны больше внимания уделять тем видам спорта, которые непосредственно готовят к участию в боевых действиях.

Лыжные батальоны формировались в порядке импровизации. Для них не хватало хорошо подготовленных командных кадров, они долго не могли получить вооружения. Отношение военных властей к добровольцам сплошь и рядом было бездушно-бюрократическим: их располагали в неподготовленных помещениях, плохо заботились об их питании, быте. Отсутствовала слаженность мероприятий разных государственных структур по обеспечению добровольцев всем необходимым, по организации военного обучения.

Не будем здесь рассуждать о том, какую роль лыжные батальоны и эскадроны сыграли на фронте и каково было их значение для боевых действий, — все-таки судьбы большей части этих подразделений (сформированных в других регионах) и боевые действия в моем рассказе остались за скобками.

Но отметим, что во многом именно осмысление опыта лыжбатов привело к перестройке работы добровольческих оборонных организаций.

2. Подарочная кампания

В поисках дополнительных ресурсов государство пыталось использовать народные инициативы, развернуть их в крупные мобилизационные и пропагандистские кампании. Именно такой кампанией стал сбор подарков для красноармейцев.

---

[107] ЦГАИПД СПб. Ф. Р-24. Оп. 12. Д. 19. Л. 21–22.
[108] Там же. Оп. 2в. Д. 4071. Л. 96, 100.

«Подарочная кампания» начиналась с инициативы снизу. Уже 4 декабря 1939 г. милицейское управление донесло в горком о «самочинном сборе средств». Накануне медсестра М. А. Иванова, проживавшая в Перекупном переулке, дом 7, сообщила, что «неизвестные женщины производят по квартирам сбор денег в пользу раненых красноармейцев». При проверке выяснилось, что «неизвестные» — это управхоз дома А. М. Сенина и несколько активисток. В качестве «пожертвований на подарки раненым бойцам РККА» они получили 200 рублей и собирались сдать их в райсовет[109].

Руководство города сочло, что подобные действия следует поддержать. Армии не хватало самых необходимых повседневных вещей, а данная инициатива могла помочь исправить положение. 5 декабря «Ленинградская правда» сообщила, что «многие рабочие и работницы... служащие, учащиеся, домохозяйки» обратились в Политуправление Ленинградского военного округа с «просьбой принять подарки бойцам» действующих частей РККА. Газета информировала, что для их приема при Доме Красной армии им. С. М. Кирова создана специальная комиссия[110]. Вскоре посвященные данной теме заметки появились в «Смене» и многотиражках[111]. Разные ведомства начали создавать комиссии по сбору подарков. Например, такая комиссия существовала при Ленинградском областном совете промысловой кооперации[112]. Аналогичный случай — комиссия на Кировской железной дороге, которой подчинялись семь отделенческих комиссий, организованных при политотделах дороги[113]. Некоторые подобные структуры формировались военными, однако они просуществовали недолго и уже в конце декабря были упразднены, так как представители военных учреждений вошли в состав территориальных комиссий, созданных при районных и городских советах[114].

---

[109] ЦГАИПД СПб. Ф. Р-24. Оп. 2в. Д. 3585. Л. 123 об.

[110] Ленинградская правда. 1939. 5 декабря.

[111] Смена. 1939. 10 декабря; Скороходовский рабочий. 1939. 8 декабря.

[112] ЛОГАВ. Ф. Р-2578. Оп. 9. Д. 512. Л. 4.

[113] ЦГА СПб. Ф. Р-7179. Оп. 29. Д. 1. Л. 240.

[114] Там же. Оп. 11. Д. 139. Л. 28.

Главную роль в сборе подарков играли именно территориальные комиссии. Присмотримся к тому, как они создавались и действовали. 17 декабря бюро горкома опросом приняло решение «О подарках бойцам и командирам действующей Красной армии и Краснознаменного Балтийского флота». Данный документ предлагал «партийным, комсомольским и профсоюзным организациям поддержать и возглавить инициативу трудящихся по организации сбора... подарков». Кампанию нужно было проводить «на основе строгой добровольности, запретив сбор средств по подписным листам». При городском и районных советах депутатов трудящихся создавались комиссии по сбору подарков[115]. 26 декабря начала свою работу ленинградская городская комиссия[116]. 18 декабря появилось аналогичное решение обкома партии[117]. 21 декабря соответствующее постановление принял Президиум Леноблисполкома[118]. Тогда же определился и состав областной комиссии, призванной координировать деятельность местных структур. Возглавил ее заместитель председателя Леноблисполкома В. Д. Семин. Кроме него, в комиссию вошли: заместитель заведующего военным отделом обкома партии М. Ф. Алексеев, представитель Политуправления округа Кравченко, глава областного Красного Креста М. И. Соколова, начальник политсектора областного совета Осоавиахима Герасимов и представитель комсомола М. Н. Карпина[119]. 23 декабря в райкомы партии и райисполкомы была разослана телеграмма Семина с указанием организовать к 25 декабря районные комиссии[120].

22 декабря Президиум облисполкома принял постановление об открытии в банке счета областной комиссии для сбора денег[121]. Предполагалось, что туда будут поступать собранные районными комиссиями средства[122]. 26 декабря от некоторых районных газет

---

[115] ЦГАИПД СПб. Ф. Р-25. Оп. 2. Д. 1971. Л. 27–28.

[116] ЦГАИПД СПб. Ф. Р-24. Оп. 12. Д. 16. Л. 1.

[117] ЦГА СПб. Ф. Р-7179. Оп. 29. Д. 3. Л. 1.

[118] Там же. Оп. 10. Д. 1526. Л. 1; Оп. 29. Д. 2. Л. 1–2; Д. 3. Л. 3.

[119] Там же. Оп. 10. Д. 1526. Л. 1.

[120] Там же. Л. 1; Оп. 11. Д. 139. Л. 22.

[121] Там же. Оп. 10. Д. 1526. Л. 64.

[122] Там же. Оп. 11. Д. 139. Л. 29.

в областной исполком поступила просьба опубликовать номер счёта[123]. 30 декабря объявление с этим номером появилось на страницах «Смены»[124].

23 декабря Президиум утвердил постановление, требовавшее принимать бесплатно посылки районных и городских комиссий в адрес областной (при весе до 20 кг)[125]. Отправленные в Ленинград, они попадали на приемный пункт областной комиссии, расположенный в доме 94 на набережной Мойки (дворец Юсупова, в то время — областной Дом учителя)[126]. В приемном пункте постоянно работало 8 человек из состава комиссии[127]. Для фасовки посылок ежедневно привлекалось от 30 до 50 активистов, трудившихся бесплатно[128]. По указанию Политуправления ЛВО, областная комиссия принимала и посылала на фронт подарки, поступавшие и из других регионов[129]. Иногда члены областной комиссии, сопровождая подарки, сами выезжали в действующую армию. Например, председатель областного комитета Красного Креста Соколова делала это дважды[130].

О создании комиссий население извещалось через прессу[131]. Сбор подарков сопровождался пропагандистской кампанией. Вместе с ними в армию отправлялись письма трудящихся (от отдельных людей и от коллективов, от рабочих и от домохозяек, от взрослых и от детей)[132]. Иногда вместе с подарками в войска выезжали

---

[123] ЦГА СПб. Ф. Р-7179. Оп. 11. Д. 139. Л. 67.

[124] Смена. 1939. 30 декабря.

[125] ЦГА СПб. Ф. Р-7179. Оп. 10. Д. 1526. Л. 80.

[126] Там же. Оп. 29. Д. 1. Л. 141.

[127] ЦГАИПД СПб. Ф. Р-24. Оп. 12. Д. 43а. Л. 59–60.

[128] Там же. Оп. 2в. Д. 4071. Л. 28.

[129] ЦГАИПД СПб. Ф. Р-24. Оп. 12. Д. 29. Л. 3; перечень регионов, откуда поступали подарки, см.: ЦГА СПб. Ф. Р-7179. Оп. 29. Д. 1. Л. 156 — 156 об.; списки подарков из других регионов см.: ЦГА СПб. Ф. Р-7179. Оп. 29. Д. 10, 11, 14.

[130] ЦГАИПД СПб. Ф. Р-24. Оп. 12. Д. 34. Л. 58.

[131] Например: Скороходовский рабочий. 1939. 22 декабря.

[132] Письма трудящихся см.: ЦГАИПД СПб. Ф. Р-24. Оп. 12. Д. 12, 48, 49, 50; ЦГА СПб. Ф. Р-7179. Оп. 29. Д. 4, 8, 13; Ответные письма красноармейцев см.: ЦГАИПД СПб. Ф. Р-24. Оп. 12. Д. 47; ЦГА СПб. Ф. Р-7179. Оп. 29. Д. 4, 13.

делегации от предприятий[133]. Сами подарки, письма, ответы бойцов и командиров РККА — все это стало постоянной темой ленинградских газет[134] (при этом «Правда» и другие центральные издания темы сбора подарков не касались). Подарочную кампанию также освещало радио[135]. 25 января на заседании областной комиссии, как сообщает протокол, было заслушано «сообщение т. Флейтмана по организации записи выступлений бойцов и командиров, находящихся в госпиталях, на кинопленку»[136]. Тема подарков использовалась в пропаганде для демонстрации единства фронта и тыла.

Хотя комиссии выполняли пропагандистские функции, все же главной их задачей было восполнение нехватки на фронте предметов широкого потребления. 23 декабря Леноблисполком разослал председателям районных и городских комиссий инструкцию с перечнем «желаемых подарков бойцам и командирам Красной Армии». Список, предварительно согласованный с Политуправлением ЛВО, начинался с теплого белья и валенок, а заканчивался музыкальными инструментами и художественной литературой[137].

Особое внимание уделялось сбору теплых вещей. Дело в том, что зима 1939/1940 г. только вначале была теплой. До 20 декабря температура на Карельском перешейке колебалась от +2 до −7°. В последней декаде месяца началось похолодание. Столбик термометра опускался до −23°, а в январе 1940 г. — уже до −40°[138]. Для

---

[133] ЦГАИПД СПб. Ф. Р-25. Оп. 10. Д. 294. Л. 76; Караев Г. Разгром бело-финского плацдарма. С. 80.

[134] Ленинградская правда. 1939. 17, 18, 20, 23, 24, 26–28, 30 декабря; 1940. 1, 4–6, 8–10, 12, 26 января, 3, 8 февраля; Смена. 1939. 10, 17, 30, 31 декабря; 1940. 4, 5, 9, 14, 15 января; 5, 18, 20, 23 февраля; 4, 6 марта; Кировец. 1939. 11, 16 декабря; 1940. 4 января, 2, 5 февраля; Молот. 1940. 1 января; Скороходовский рабочий. 1939. 8, 22, 29, 31 декабря; 1940. 2, 3, 24, 27, 28 января, 11, 21, 23 февраля; Пост революции. 1940. 4, 6, 10, 14, 17, 20, 22 января, 4, 6, 9, 12, 15, 23 февраля; За большевистские педагогические кадры. 1940. 4 марта; Крылья Советов. 1940. 11 января, 13, 16 февраля, 8, 11 марта.

[135] ЦГАИПД СПб. Ф. Р-24. Оп. 2в. Д. 4071. Л. 28.

[136] ЦГА СПб. Ф. Р-7179. Оп. 29. Д. 1. Л. 42.

[137] Там же. Оп. 11. Д. 139. Л. 28.

[138] Исаев А. В. Антисуворов. Десять мифов Второй мировой. М.: Эксмо; Яуза, 2006. С. 43.

региона зима оказалась самой холодной с 1828 г.[139] В войсках было много случаев обморожений. Как сообщал 27 декабря Молотову Ворошилов, по нормам снабжения на военное время (утверждены в 1937 г.) вообще не предполагалось, что бойцам ЛВО придется выдавать полушубки и валенки[140]. По словам Андрея Васильевича Хрулёва (начальник снабжения РККА), «особо ощущали остроту наши войска в валенках»[141]. У службы снабжения были запасы этой обуви, но в других округах — в Белоруссии, на Украине, на Дальнем Востоке[142].

Проблему пытались решить несколькими способами. Во-первых, теплую обувь и одежду для отправки на фронт изымали у различных предприятий и учреждений. За время войны появился целый ряд посвященных этому постановлений суженного заседания Президиума Ленсовета: от 10, 11, 16, 23, 27 и 30 декабря[143], 7, 14, 20 и 24 января[144]. Часто речь шла о совсем небольшом количестве вещей. Например, постановление от 10 декабря требовало, среди прочего, передать армии 20 пар валенок, принадлежащих Арктикснабу Северного морского пути[145]. Другим направлением стало изготовление теплых вещей в самом Ленинграде. До войны тут практически не было валяльной промышленности, теперь в городе развернули производство валенок. За декабрь выпустили 13 тыс. пар[146]. И третьим способом решения вопроса стала работа комиссий по сбору подарков.

---

[139] Энгл Э., Паананен Л. Зимняя война. С. 30.

[140] РГВА. Ф. 4. Оп. 14. Д. 2612. Л. 86.

[141] Зимняя война 1939–1940. Кн. 2. С. 167; Тайны и уроки Зимней войны. С. 465.

[142] Зимняя война 1939–1940. Кн. 2. С. 167–168; Тайны и уроки Зимней войны. С. 465–466.

[143] ЦГА СПб. Ф. Р-7384. Оп. 36. Д. 18. Л. 137, 138–140, 160, 179, 191, 203.

[144] Там же. Д. 35. Л. 12–13, 22–23, 32, 36.

[145] Там же. Д. 18. Л. 137.

[146] Зимняя война 1939–1940. Кн. 2. С. 168; Тайны и уроки Зимней войны. С. 466; в документах упоминается, что еще до войны трамвайно-троллейбусное управление Ленсовета заключило договор на изготовление валенок для украинской конторы «Союззаготшерсть» (ЦГА СПб. Ф. Р-7384. Оп. 4. Д. 35. Л. 25). Однако вряд ли производство было большим. Хрулёв говорил, что

25 декабря областная комиссия требовала от городских и районных комиссий «обратить особое внимание на организацию подарков... следующих наименований: перчатки с двумя пальцами, варежки, теплые шерстяные носки и чулки, шарфы, свитера, теплое белье». Эти предметы должны были «направляться на областную базу немедленно» (подчеркнуто в оригинале). Предлагалось не ограничиваться сбором теплых вещей, а организовать их производство «через колхозы, школы, комсомольские и другие организации, приобретая для этой цели шерсть в колхозах и у колхозников за счет средств, поступающих на приобретение подарков»[147]. Вскоре в ряде районов (Боровичский, Дедовичский, Красногвардейский, Мошенский и др.) под руководством подарочных комиссий стали изготавливать рукавицы, шерстяные перчатки и варежки, носки, шарфы, подшлемники. У населения собирали шерсть, овчины и полушубки[148]. Одновременно районные комиссии использовали местные предприятия и для выпуска других необходимых для армии предметов: печей, фонарей, компасов, столовых приборов[149].

На приобретение теплых вещей тратились собранные в ходе кампании деньги. Уже 26 декабря областная комиссия закупила за 55 тыс. руб. 10 тыс. пар варежек и 4880 пар перчаток[150]. Ориентиром для сборщиков подарков служили заявки военных организаций. Так, 7 февраля в областную комиссию пришла бумага из Политотдела Ленинградской морской базы, подписанная начальником политотдела базы Поляковым. Он сообщал: «Политуправление КБФ просит учесть потребность перечисленных вещей для бойцов и командиров действующего флота». Затем следовал список предметов с цифрами: 3 тыс. шарфов, 2 тыс. пар валенок, 3 тыс. свитеров и т. д.[151] Нужно отметить, что с самого начала в состав областной

в Ленинграде «валяльной промышленности нет» (Зимняя война 1939–1940. Кн. 2. С. 168; Тайны и уроки Зимней войны. С. 566).

[147] ЦГА СПб. Ф. Р-7179. Оп. 11. Д. 139. Л. 63; Оп. 29. Д. 3. Л. 24.

[148] ЦГАИПД СПб. Ф. Р-24. Оп. 2в. Д. 4071. Л. 28.

[149] Там же. Оп. 2б. Д. 639. Л. 29.

[150] Смена. 1939. 31 декабря.

[151] ЦГА СПб. Ф. Р-7179. Оп. 29. Д. 1. Л. 162.

комиссии вошел представитель Политуправления ЛВО Кравченко[152]. 26 декабря к нему присоединился представитель Политуправления Балтийского флота батальонный комиссар Лимасов[153]. Сводки о работе комиссии регулярно высылались в Леноблисполком, военный отдел обкома и Политуправление ЛВО. Работа по сбору подарков находилась под пристальным контролем военных.

Комиссии поставляли в Красную армию самые разные вещи. Ассортимент подарков отнюдь не ограничивался одеждой и обувью. Так как Военторг не удовлетворял заявки военных, то комиссиям пришлось заняться изготовлением полевых книжек командиров, конвертов и бумаги для писем[154]. Составленный в областной комиссии список всех типов подарков насчитывал 51 наименование, включая фотоаппараты и гитары[155]. Но и этот перечень оказался неполным. Уже после войны инструктор военного отдела обкома Сергеев сообщал начальнику отдела Соболеву, что список собранных в области вещей содержит 300 разных названий[156].

С 20 декабря по 15 марта Ленинградская городская комиссия собрала и отправила в армию вещи общей стоимостью почти 18 млн руб., в том числе: теплые вещи — на 11 млн, продукты питания — на 4 303 405 рублей, «культтовары» — на 705 225 руб., различные медикаменты и предметы гигиены — на 773 210 руб., остальное — 1 063 615 руб.[157] От жителей города поступило свыше 60 тыс. индивидуальных подарков[158].

В отчете военного отдела горкома, составленном для объединенной областной и городской партийной конференции, показатели выглядят более внушительно. В этом документе говорится: «Если учесть, что в г. Ленинграде почти не найдется ни одного предприятия и учреждения, которые бы не направляли в госпитали и подразделения действующей Красной армии подарки, не прошедшие через

---

[152] ЦГА СПб. Ф. Р-7179. Оп. 29. Д. 1. Л. 71.

[153] Там же. Л. 3.

[154] ЦГАИПД СПб. Ф. Р-24. Оп. 12. Д. 29. Л. 4.

[155] См.: ЦГА СПб. Ф. Р-7179. Оп. 29. Д. 2. Л. 18–19.

[156] ЦГАИПД СПб. Ф. Р-24. Оп. 12. Д. 19. Л. 105.

[157] Там же. Оп. 2б. Д. 639. Л. 28.

[158] Там же. Оп. 2. Д. 3661. Л. 138.

учет комиссий, то общее количество подарков выразится в сумме свыше 25.000.000 рублей»[159]. Эту цифру в апреле 1940 г. и озвучил на конференции Алексей Александрович Кузнецов[160]. Позднее со ссылкой на опубликованный в «Правде» доклад Кузнецова ее воспроизвели авторы многотомной «Истории второй мировой войны» (они, правда, почему-то указали, что она относится к подаркам «со всех концов страны»)[161]. Думается, что данная цифра все же завышена.

Любопытно, что в одном советском издании, напечатанном по горячим следам, была приведена более скромная цифра, чем в докладе Кузнецова. В книге Г. Караева «Разгром белофинского плацдарма» цитировался председатель Ленинградской общегородской комиссии по сбору подарков Кашкаров: «За короткий промежуток времени мы отправили подарков от трудящихся города бойцам Действующей Красной Армии почти на 20 миллионов рублей»[162].

Кроме того, деньгами городская комиссия собрала 7 140 110 рублей. Из этой суммы к концу войны израсходовали только 2 782 005 рублей[163].

В то же время в Ленинградской области собрали около 200 тыс. теплых вещей, в том числе: 20 тыс. пар меховых рукавиц, 64 тыс. пар перчаток, 54 тыс. пар носков, 5 тыс. свитеров, 35 тыс. шарфов, 4 тыс. пар валенок[164]. Поступали и другие товары потребления, например, 654 тыс. пачек папирос[165]. Комиссии получили 62 т фруктов и 33 т кондитерских изделий. Было изготовлено 50 тыс. индивидуальных пакетов-подарков, вместе с которыми в армию послали 50 тыс. писем трудящихся[166]. В целях предотвращения цинги областная комиссия отправила на фронт 20 905 таблеток витамина С, 3400 кг фруктового экстракта, 7,5 т клюквы, для лечения обморожений — 7,5

---

[159] Там же. Оп. 2. Д. 3664. Л. 5; Оп. 2б. Д. 639. Л. 37.

[160] ЦГАИПД СПб. Ф. Р-24. Оп. 2. Д. 3628. Л. 121; Правда. 1940. 24 апреля.

[161] История второй мировой войны 1939–1945. Т. 3. С. 397.

[162] Караев Г. Разгром белофинского плацдарма. С. 81.

[163] ЦГАИПД СПб. Ф. Р-24. Оп. 2б. Д. 639. Л. 28.

[164] Там же. Оп. 2в. Д. 4071. Л. 28; Оп. 12. Д. 19. Л. 165; Д. 29. Л. 2.

[165] Там же. Оп. 12. Д. 19. Л. 105.

[166] Там же. Л. 165.

т гусиного жира[167]. В сумме поступившие подарки стоили примерно 15 млн руб.[168] Кроме того, в области собрали денежные суммы в размере 4025 тыс. руб.[169] При этом на закупку подарков, упаковку, транспортировку до 10 апреля 1940 г. комиссия успела израсходовать всего лишь 2 018 890 руб.[170]

После подписания мира комиссии еще какое-то время принимали подарки. В областную комиссию они прибывали до 2 апреля[171]. М. Черепова, занимавшаяся приемом и расфасовкой вещей при другой (по-видимому — городской) комиссии, вспоминала: «По окончании войны мы продолжали свою работу вплоть до 25 июня, так как приток посылок (из других регионов. — *М. Т.*) не ослабевал. В это время мы переключились на обслуживание раненых бойцов»[172].

В распоряжение как городской, так и областной комиссий оказались большие денежные средства. Их излишки решили направить на помощь семьям красноармейцев. Еще 27 января Леноблисполком разрешил областной комиссии потратить половину вновь поступивших денег на нужды родных мобилизованных в РККА[173]. 1 апреля облисполком указал областной комиссии перечислить в распоряжение районных исполкомов 1 млн руб. «для оказания единовременной помощи семьям убитых и раненых красноармейцев»[174].

В Ленинграде к 22 марта помощь получили 29 380 семей. Из средств, собранных комиссиями по приему подарков, им, по неполным данным, выплатили 3 231 811 рублей. Кроме того, родным красноармейцев содействовали в получении дров, вещей,

---

[167] ЦГАИПД СПб. Ф. Р-24. Оп. 2в. Д. 4071. Л. 30; Оп. 12. Д. 19. Л. 106, 107, 165.

[168] Там же. Оп. 2. Д. 3626. Л. 139; Д. 3658. Л. 157; Оп. 2в. Д. 4071. Л. 30; Оп. 12. Д. 19. Л. 10, 105, 165.

[169] Там же. Оп. 2в. Д. 4071. Л. 29; Оп. 12. Д. 19. Л. 165; Д. 29. Л. 3.

[170] ЦГА СПб. Ф. Р-7179. Оп. 29. Д. 2. Л. 19.

[171] Там же. Д. 17. Л. 82.

[172] Черепова М. Любовь народа // Бои на Карельском перешейке. М.: Госполитиздат, 1941. С. 408.

[173] ЦГА СПб. Ф. Р-7179. Оп. 29. Д. 1. Л. 41.

[174] Там же. Д. 15. Л. 1.

устраивали их детей в ясли и детсады, выдавали детские санаторные путевки[175]. В области к 15 мая на данные цели потратили 1 169 005 руб. 86 коп.[176] Оставшиеся деньги выдавались в виде единовременных пособий до начала 1941 г.[177]

Кампания по сбору подарков продемонстрировала немалые возможности региональных органов власти по мобилизации населения для оказания практической помощи советским вооруженным силам.

---

[175] ЦГАИПД СПб. Ф. Р-24. Оп. 2. Д. 3664. Л. 5; Оп. 2б. Д. 639. Л. 29.

[176] Подсчитано по: ЦГА СПб. Ф. Р-7179. Оп. 11. Д. 464. Л. 2 об. — 5 об.

[177] Там же. Д. 465. Л. 63. Также см.: Там же. Д. 462, 463, 464, 465.

Глава 6

Штрихи к портрету военной повседневности

1. Дефицит и очереди

Во время войны Ленинград и Ленинградская область пережили серьезные сбои в организации торговли и продовольственного снабжения[1]. Нужно отметить, что Ленинград очень зависел от ввоза из других регионов — из-за многочисленности населения и удаленности от производивших основную массу продовольствия областей[2]. При этом в иерархии распределения город на Неве занимал привилегированное положение — второе после Москвы[3]. Так, по данным Елены Александровной Осокиной, в 1939–1940 гг. Ленинград получил пятую часть всех союзных рыночных фондов мяса, жиров и яиц[4]. Другой исследователь, Елена Дмитриевна

---

[1] Нужно отметить, что период 1939 — июня 1941 г. в целом отмечен рядом сложностей в работе советской системы торговли и продовольственного снабжения (см.: Осокина Е. А. За фасадом «сталинского изобилия»: Распределение и рынок в снабжении населения в годы индустриализации. 1927–1941. М.: РОССПЭН; Фонд первого президента России Б. Н. Ельцина, 2008. С. 272–287; Осокина Е. А. Чужаков в магазин не пускать // Родина. 1995. № 12; Кризис снабжения 1939–1941 гг. в письмах советских людей // Вопросы истории. 1996. № 1). Однако для Ленинграда наиболее трудным в этом отношении было именно время войны с Финляндией.

[2] Например, картофель Ленинград получал из других областей России, из Белоруссии и Украины (Дзенискевич А. Р. Экономика Ленинграда накануне и в период «зимней войны» // 105 дней «зимней войны». С. 70). Основными поставщиками мяса были Украина и Ростовская область (Жуков С. А. Организация материального снабжения... С. 35).

[3] Осокина Е. А. За фасадом «сталинского изобилия». С. 253–254; Твердюкова Е. Д. «Преступления без жертв». С. 97; Твердюкова Е. Д. «Кто раньше ел, тот и сейчас будет, а мы только смотрим». С. 84; Твердюкова Е. Д. Колхозная торговля Ленинграда 1930-х годов. С. 132.

[4] Осокина Е. А. За фасадом «сталинского изобилия». С. 254.

336

Твердюкова, уточняет: «В 1939 г. Ленинград получал мясопродуктов 22,9 % от всего рыночного фонда РСФСР, рыбы — 10,6; животных жиров — 21,5...»[5] Однако в ходе войны с Финляндией горожане ощутили резкое ухудшение снабжения. «Маленькая войнишка, а уже ни черта нет... — жаловался на страницах своего дневника Аркадий Маньков. — Нет предмета, за которым бы не было чудовищных очередей: булки, керосин, мясо, чай, мука, масло и т. д. и т. д.»[6].

Попробуем разобраться, чем был вызван дефицит, как он повлиял на повседневную жизнь ленинградцев и какими методами власти пытались бороться с ним.

Спрос на продовольственные товары резко вырос еще в сентябре, во время «Больших учебных сборов». Затем новый всплеск спроса был вызван известием о начале польского похода Красной армии. Мобилизация, как пишет Елена Дмитриевна Твердюкова, «спровоцировала нездоровый покупательский ажиотаж». За пятидневку 6–10 сентября ленинградцы купили 988,5 т соли — 540 % от плана продаж[7]. По данным Твердюковой, в это время торговая сеть города, как правило, ежедневно получала обычную норму реализации сливочного масла (44,7 т), но этого количества в условиях ажиотажного спроса и «продуктового десанта» из соседних областей просто не хватало[8]. Раскупали не только продукты, но и керосин. В Петроградском районе на недоуменный вопрос покупательницы о том, «зачем же в очереди за керосином стоять, ведь много его», продавщица выкрикнула: «Врет она, керосина нигде нет, ко мне с Выборгской за ним приезжали» (имелась в виду Выборгская сторона, т. е. приезжали из другого района)[9].

---

[5] Твердюкова Е. Д. «Преступления без жертв». С. 21.

[6] Маньков А. Г. Дневники тридцатых годов. С. 243.

[7] Твердюкова Е. Д. «Преступления без жертв». С. 85; Твердюкова Е. Д. Кризис снабжения в Ленинграде накануне Великой Отечественной войны. С. 120.

[8] Твердюкова Е. Д. «Преступления без жертв». С. 86; Твердюкова Е. Д. Кризис снабжения в Ленинграде накануне Великой Отечественной войны. С. 120; Твердюкова Е. Д. «Кто раньше ел, тот и сейчас будет, а мы только смотрим». С. 83.

[9] Твердюкова Е. Д. «Преступления без жертв». С. 85; Твердюкова Е. Д. Кризис снабжения в Ленинграде накануне Великой Отечественной войны. С. 120.

«Достаточно было Молотову сказать о движении советских войск в Зап[адную] Белоруссию и Украину, чтобы с продуктами в городе стало тяжело, — вспоминал Константин Георгиевич Молодецкий. — За сахаром и маслом устанавливались большие очереди. Люди были вынуждены идти к 5–6 часам утра, чтобы после 3–4 часов ожидания получить полкило масла или полкило сахара. Многие продукты вообще исчезли»[10].

В выступлении Молотова 17 сентября говорилось в том числе и о продовольственном вопросе. Глава советского правительства объявил, что руководство страны «не намерено вводить карточной системы на продукты и промтовары». «Боюсь, — заявил председатель Совнаркома, — что от чрезмерных закупок продовольствия и товаров пострадают лишь те, кто будет этим заниматься и накоплять ненужные запасы, подвергая их опасности порчи»[11]. Однако вместо того, чтобы успокоить граждан, речь Молотова, наоборот, подтолкнула многих делать новые покупки. Возникли слухи, искажавшие слова главы правительства. Говорили, что он предложил населению «закупаться продуктами, которые не портятся»[12]. Кроме того, рассказывали, что Молотов сообщил «о введении карточной системы»[13].

Внешнеполитические события и дальше продолжали провоцировать покупательский ажиотаж. 28 октября глава областного Управления НКВД Сергей Арсеньевич Гоглидзе сообщал в обком партии: по городу ходят «слухи о том, что... положение со снабжением продтоварами с каждым днем будет ухудшаться, так как все необходимые продукты теперь будут отправляться в Германию, а также в Западную Украину и в Западную Белоруссию»[14]. В первой главе книги уже цитировалась записка руководителя городского УНКВД Сергея Ивановича Огольцова от 5 ноября, в которой говорилось: «Несмотря на усиленный отпуск продуктов и товаров,

---

[10] Криптон К. Осада Ленинграда. С. 19.

[11] Правда. 1939. 18 сентября; Красная звезда. 1939. 18 сентября; Ленинградская правда. 1939. 18 сентября.

[12] ЦГАИПД СПб. Ф. Р-24. Оп. 2в. Д. 3585. Л. 46.

[13] Там же. Д. 3562. Л. 244.

[14] Там же. Д. 3569. Л. 78.

очереди у магазинов резко не снижаются. Это объясняется тем, что враждебные элементы среди населения искусственно создают панику, распространяя всевозможные провокационные слухи о военных действиях между СССР и Финляндией»[15].

Помимо резко выросшего спроса определенную роль в создании дефицита должно было сыграть увеличение доли военных перевозок в ущерб гражданским, в том числе продовольственным. Кроме того, в регионе постепенно шло сосредоточение все новых и новых частей РККА, которые также требовалось снабжать провизией. Учтем, что некоторые ленинградцы заодно закупали провизию и для своих родственников из других областей, лишенных снабженческих привилегий. Ленинград был местом, откуда дефицитные товары распространялись по стране. Не случайно тот же Гоглидзе отмечал, что почта принимает много посылок с продуктами[16].

Товары быстро исчезали с полок магазинов. Уже до этого для ряда товаров существовали ограничения по продаже[17]. Осенью 1939 г. ассортимент, на который распространялись эти лимиты, увеличился. 9 сентября 1939 г. Экономсовет при СНК ввел ряд новых «норм отпуска в одни руки»: соль — 1 кг, кондитерские товары — 1 кг, керосин — 2 л, спички — 5 коробок, махорка — 2 пачки, туалетное мыло — 1 кусок и др.[18] 4 октября Политбюро решило ограничить продажу муки. Теперь в большинстве городов Советского Союза один покупатель мог купить только 4 кг муки, в сельской местности — 8[19]. Забегая вперед, можно отметить, что уже после начала советско-финляндских боевых действий к этим нормам

---

[15] Там же. Л. 125.

[16] Там же. Л. 79.

[17] См.: ГА РФ. Ф. Р-6757. Оп. 2. Д. 15. Л. 103.

[18] Там же. Л. 96; в Ленинград об этих нормах сообщили несколько дней спустя. Например, об ограничении на продажу керосина из Наркомата внутренней торговли сообщили 11 сентября (ЦГА СПб. Ф. Р-873. Оп. 1. Д. 7. Л. 82).

[19] Исключением были районы производства хлопка и Крайний Север — там можно было приобрести 80 кг муки (РГАСПИ. Ф. 17. Оп. 3. Д. 1015. Л. 4). Соответствующее постановление Совнаркома было принято через четыре дня — 8 октября (Жуков С. А. Организация материального снабжения... С. 33).

прибавилась еще одна. С 24 января 1940 г. в Ленинграде действовал запрет на продажу более 5 кг картофеля в одни руки[20].

Новость о том, что части Красной армии перешли границу, вызвала новый всплеск массового покупательского ажиотажа. Ленинградцы вновь кинулись в магазины. «Начало финской кампании, — писал Криптон-Молодецкий, — ознаменовалось тем, что очереди за сахаром и маслом, насчитывавшие сотни, стали насчитывать тысячи людей»[21]. Об этом же вспоминала Елена Александровна Скрябина: «Почти с первых же дней появились очереди за продуктами и стал ощущаться недостаток то в том, то в другом. Чтобы получить масло, бежали в очередь чуть ли не в 3 часа утра. За последние годы продовольственное положение как-то стабилизировалось, теперь же сразу начались во всем перебои»[22]. По словам Веры Александровны Пирожковой, товары исчезли из магазинов «как по мановению палочки злого волшебника»[23]. Эти мемуарные свидетельства подтверждаются рядом сводок, хранящихся в архивном фонде обкома. Норма сливочного масла, выделявшаяся на день (39–40 т), в первые дни декабря обычно раскупалась за 2–3 часа[24]. Обычно жители Октябрьского района Ленинграда за два дня приобретали 8–9 т сахара, но 29–30 ноября унесли из магазинов 35 т[25]. В Кронштадте 30 ноября появились очереди за хлебом и мучными изделиями, вместо привычных 17–18 т за сутки было продано 25[26]. Одной из примет первых дней войны стали длинные очереди за керосином[27]. Обычно за день в Ленинграде продавали 250–260 т керосина, но 1 декабря горожане приобрели 413 т[28]. В Октябрьском районе в мирное время ежедневно в среднем покупали 40 тыс. л керосина, но 29–30 ноября

---

[20] Жуков С. А. Организация материального снабжения... С. 139.

[21] Криптон К. Осада Ленинграда. С. 19.

[22] Скрябина Е. А. Страницы жизни. С. 97.

[23] Пирожкова В. Потерянное поколение.

[24] ЦГАИПД СПб. Ф. Р-24. Оп. 2в. Д. 3585. Л. 121.

[25] Там же. Д. 3723. Л. 24.

[26] Там же. Л. 1.

[27] Там же. Д. 3585. Л. 118 об.

[28] Там же. Д. 3723. Л. 25.

продажи составили 69 тыс. л. Покупательский ажиотаж сопровождался слухами о скором повышении цен[29].

Между торговыми организациями и населением, как вспоминал Криптон-Молодецкий, велась «настоящая, быть может, и бессознательная борьба». Он писал: «Если торговые организации пытались по ряду продуктов сохранить нормальное положение, то население незамедлительно его расстраивало, делая запасы всего, что только можно было. "Валька, Валька, — слышал я как-то из темноты улицы, — ты знаешь, Любка 8 кило конфет накупила, а сейчас опять в «Гастроном» за мармеладом побежала. К вечеру обещали привезти". Подобные разговоры в менее откровенной форме слышались зачастую». Эта массовая закупка всевозможного продовольствия, естественно, нарушила «всякие нормы и пропорции обычного снабжения, рассчитанного только на потребление»[30].

Снабжение дестабилизировалось вызванными войной транспортными трудностями. Железные дороги в первую очередь обслуживали фронт, в результате продовольственные грузы задерживались. Так, предназначенная для Ленинграда партия сахара в 7 тыс. т в январе застряла в Белоруссии[31]. В первой половине января вместо запланированных 34 тыс. т муки Ленинград получил всего 1873 т, вместо 4 тыс. т рыбы — 200 т, вместо 500 т спирта — 25, вообще не завозились сахар, сыр и консервы[32]. На 1 января 1940 г. продовольствия в городе оставалось примерно на 5 дней — в два раза меньше запланированных показателей. Мяса в торговой сети оставалось на два дня, картофеля — на один, колбасных изделий — на 0,8 дня[33].

---

[29] Там же. Д. 3585. Л. 121 об.

[30] Криптон К. Осада Ленинграда. С. 20.

[31] Твердюкова Е.Д. «Преступления без жертв». С. 83; Твердюкова Е.Д. Кризис снабжения в Ленинграде накануне Великой Отечественной войны. С. 119; Твердюкова Е.Д. «Кто раньше ел, тот и сейчас будет, а мы только смотрим». С. 83.

[32] Твердюкова Е.Д. «Преступления без жертв». С. 90; Твердюкова Е.Д. Кризис снабжения в Ленинграде накануне Великой Отечественной войны. С. 123.

[33] Твердюкова Е.Д. «Преступления без жертв». С. 88; Твердюкова Е.Д. Кризис снабжения в Ленинграде накануне Великой Отечественной войны. С. 122.

Запаздывал подвоз муки и зерна. Из плановых 34 тыс. т от наркомата заготовок на 15 января в Ленинград поступило только 1873 т, из 83 тыс. т зерна — только 5 тыс. Это ставило под угрозу снабжение не только гражданского населения, но и действующей армии. На 20 января в городе оставался двухдневный запас муки I сорта[34]. Все это лишало торговые организации маневренности, увеличивало их зависимость от перебоев в поставках. Ленинград, как пишет Твердюкова, в буквальном смысле снабжался «с колес»[35].

На городском снабжении сказывался недостаток машин и водителей[36]. Несмотря на запрет горисполкома, военкоматы не раз пытались мобилизовать принадлежавший торговым организациям автотранспорт. Вдобавок гражданские организации перестали получать новые шины. В итоге из 647 машин Управления продовольственными торгами на ходу были всего 276, да и они получали только 30 % необходимого бензина. Городской отдел торговли приказал использовать для нужд снабжения любой транспорт, даже троллейбусы. Их, однако, было мало, поэтому единственной реальной заменой автотранспорта оказались трамваи. Каждый день 5–8 трамваев выезжали из парков для подвоза товаров к магазинам. Например, Октябрьский райпищеторг получал продукты на складе у Мариинского театра, Куйбышевский — у Казанского собора[37].

Снабженческий кризис в Ленинграде и области усугубился в связи с дефицитом топлива и электроэнергии. Так, в Новгороде, входившем в состав Ленинградской области, перебои в хлебной торговле возникли потому, что местный хлебокомбинат простаивал из-за отсутствия электричества[38].

---

[34] Твердюкова Е. Д. «Преступления без жертв». С. 91; Твердюкова Е. Д. Кризис снабжения в Ленинграде накануне Великой Отечественной войны. С. 124.

[35] Твердюкова Е. Д. «Преступления без жертв». С. 88; Твердюкова Е. Д. Кризис снабжения в Ленинграде накануне Великой Отечественной войны. С. 122.

[36] ЦГАИПД СПб. Ф. Р-24. Оп. 2в. Д. 3585. Л. 132 об.; Д. 4016. Л. 43.

[37] Твердюкова Е. Д. «Преступления без жертв». С. 83–84; Твердюкова Е. Д. Кризис снабжения в Ленинграде накануне Великой Отечественной войны. С. 119.

[38] ЦГАИПД СПб. Ф. Р-24. Оп. 2в. Д. 4017. Л. 139.

Впрочем, главной причиной разрастания очередей все-таки по-прежнему был резко повысившийся спрос.

Какие именно товары были дефицитными? Константин Георгиевич Молодецкий упоминал масло и сахар: «Очень многие, в том числе и я с женой, должны были отказаться от масла и надежды приобретения его на все время финской кампании. Аналогично было с сахаром, который, к счастью, имелся в запасе дома»[39]. В январе, по данным УНКВД, ленинградская торговая сеть недополучала почти все виды продовольственных товаров, кроме мяса, сельди и животного масла (но и за ними выстраивались очереди, все раскупали за 2–3 часа)[40].

Ситуация несколько улучшилась к началу февраля. Тогда Гоглидзе смог доложить Жданову и Кузнецову об исчезновении очередей за хлебом[41]. Он также указал на улучшение положения с мясом и колбасой. Но сохранялось напряжение в торговле сахаром, маслом (и животным и растительным), макаронами и крупой[42]. Не исчезли перебои в торговле овощами, маслом, сахаром, молоком. Фиксировались длинные (до 500 человек) очереди за водкой[43]. 3 марта Гоглидзе сообщал в обком, что положение с продовольственными товарами «продолжает оставаться напряженным» и что «вновь отмечается значительное число очередей — за мясом, маслом животным и растительным, сахаром и молоком»[44]. С 6 марта в некоторых районах Ленинграда (Кировский, Ленинский, Октябрьский) опять наблюдались перебои в торговле хлебом, особенно — белым[45]. В январе и феврале были перебои с макаронами, а в марте они «в торговой сети совершенно отсутствовали»[46].

---

[39] Криптон К. Осада Ленинграда. С. 19–20.

[40] ЦГАИПД СПб. Ф. Р-24. Оп. 2в. Д. 4300. Л. 53.

[41] Там же. Л. 104.

[42] Там же. Л. 101.

[43] Там же. Л. 107, 116, 139.

[44] Там же. Д. 4306. Л. 1.

[45] ЦГАИПД СПб. Ф. Р-24. Оп. 2в. Д. 4300. Л. 172; Твердюкова пишет, что «перебои с хлебом имели место лишь 14–17 марта» (Твердюкова Е. Д. «Преступления без жертв». С. 91; Твердюкова Е. Д. Кризис снабжения в Ленинграде накануне Великой Отечественной войны. С. 124). Судя по контексту, она ведет речь не об очередях, а о поступлении хлеба в торговую сеть.

[46] ЦГАИПД СПб. Ф. Р-24. Оп. 2в. Д. 4300. Л. 208.

Очереди возникали уже в 5–6 часов утра. Кое-где к шести у магазинов стояло по 400–450 человек[47]. К открытию в очередях насчитывалось по 600–700 покупателей[48]. Иногда количество людей постепенно увеличивалось до тысячи[49]. Горожане начали отправляться на поиск товаров за пределы Ленинграда. Органы НКВД отмечали, что ленинградцы специально приезжали в Лугу покупать чай[50]. «Мешочничеством» занялись и некоторые жители области. В сводке организационно-инструкторского отдела обкома от 21 января сообщалось: «В Колпинском районе раньше выпечка хлеба ежедневно не превышала 26 тонн, сейчас в продажу выбрасывается до 35 тонн хлебных изделий и, тем не менее, ощущается в них недостаток, так как в Колпино каждый день прибывает за хлебом множество мешочников из Тосненского района, со станций Саблино, Поповка и других»[51].

Помимо государственных магазинов продукты можно было приобрести на колхозных рынках. Их доля в ленинградской торговле составляла примерно 12–15 %[52]. На увеличение спроса рынки тут же ответили повышением цен. В октябре килограмм свинины стоил 10 руб., в ноябре — 12, в декабре — 13, в конце января — 25. Творог в октябре — ноябре продавали по 6 руб. за килограмм, в декабре — по 7, а в конце января — по 12[53]. Выше всего цены поднялись в январе. Однако они оказались столь высоки, что вскоре опустились чуть ниже. Если 25 января свининой торговали по 25 руб. за килограмм, то 8 февраля она стоила от 18 до 23[54].

Дефицит стимулировал спекуляцию и другие злоупотребления со стороны торговых работников. В некоторых магазинах товары продавали по завышенным ценам[55]. Согласно постановлению По-

---

[47] ЦГАИПД СПб. Ф. Р-24. Оп. 2в. Д. 4300. Л. 48.

[48] Там же. Л. 101.

[49] Там же. Л. 51.

[50] Там же. Д. 4017. Л. 205.

[51] Там же. Д. 4016. Л. 71.

[52] ЦГА СПб. Ф. Р-7179. Оп. 11. Д. 470. Л. 16.

[53] ЦГАИПД СПб. Ф. Р-24. Оп. 2в. Д. 4300. Л. 79.

[54] Там же. Л. 118.

[55] ЦГА СПб. Ф. Р-873. Оп. 1. Д. 18. Л. 138, 153, 252, 280, 281, 284; Д. 19. Л. 42.

литбюро от 20 января, в Ленинграде выросли цены на некоторые продукты[56]. Многие директора магазинов ради личной наживы прятали товары от переоценки[57]. За самовольное повышение цен и обман покупателей некоторые директора были арестованы[58].

Не на высоте оказались и заведения общепита. «Испортилось питание ресторанов и ряда ведомственных и неведомственных столовых, — вспоминал Криптон. — Не раз, уйдя на весь день из дома, я оставался по-настоящему голоден. В столовой института или библиотеки можно было получить что-то несытное, недоброкачественное. Некоторые хорошие рестораны были взяты для обслуживания военных учреждений и частным лицам там ничего не отпускали»[59].

Перебои в снабжении вызывали недовольство населения. Жители сравнивали текущие события с Первой мировой войной — и не в пользу советского времени. В сводках УНКВД зафиксирован ряд однотипных высказываний. Например, профессор Индустриального института И. Г. Одинг говорил: «Отказываюсь понимать истинное положение в нашей стране, так как даже после 4-х лет войны царской России — в стране было лучшее положение со снабжением населения, чем сейчас». Рабочий мясокомбината Докучаев рассуждал на ту же тему: «Царь воевал три года и все было, а вы, большевики, воюете один месяц и ничего нет»[60]. Продавец комиссионного магазина (и бывший офицер) Александр Владимирович Севастьянов, как говорит другая сводка, высказался так: «Война только началась, а разруха чувствуется во всем и всюду. То ли дело, когда была война империалистическая, воевали до 1916 года, не чувствуя войну, все было»[61]. Преподаватель техникума Архангельский возмущался: «Только два месяца воевали, а уже цены стали повышать.

---

[56] С 24 января вырастали ценники на мясо, сахар и картофель (РГАСПИ. Ф. 17. Оп. 3. Д. 1019. Л. 2, 30).

[57] ЦГА СПб. Ф. Р-873. Оп. 1. Д. 18. Л. 137, 171, 172, 285, 287.

[58] См.: ЦГАИПД СПб. Ф. Р-24. Оп. 2в. Д. 4306. Л. 6–7.

[59] Криптон К. Осада Ленинграда. С. 20.

[60] ЦГАИПД СПб. Ф. Р-24. Оп. 2в. Д. 4300. Л. 96.

[61] Там же. Л. 58.

А воюют с кем? С Финляндией, с такой мизерной страной, которую в свое время Барклай-де-Толли прошел за 12 дней»[62].

Многие ленинградцы считали, что нужно ввести карточную систему[63]. Периодически возникали слухи, что она уже где-нибудь действует — в Пскове, в Славянке[64]. А одна из жительниц Ленинграда, Вера Ивановна Рогова, уже десятилетия спустя, в 2012 г., в интервью даже утверждала, что карточки в городе все же ввели[65] — здесь перед нами явная аберрация памяти. Карточки, как казалось многим, должны были гарантировать населению необходимый минимум продовольствия.

Кампания по борьбе с очередями и спекуляцией развернулась с 17 января 1940 г. В этот день Совнарком принял постановление «О борьбе с очередями за продовольственными товарами в г.г. Москве и Ленинграде». Перед милицией ставилась задача «не допускать образования очередей до открытия продовольственных магазинов». У лиц, покупавших больше установленного нормами отпуска в один руки, разрешалось «отбирать излишек товара сверх нормы с возвратом его стоимости». Если норма превышалась вдвое, то накладывался штраф. Неоднократно штрафовавшиеся привлекались к уголовной ответственности. Суды обязывались рассматривать дела о спекуляции и незаконной скупке продовольствия в 5-дневный срок, прокуратура — немедленно. Предлагалось провести несколько показательных процессов «над злостными спекулянтами». От горисполкома требовалось «проверить и упорядочить работу торговой инспекции», от милиции — «усилить работу к привлечению к административной и уголовной ответственности» работников торговли, сотрудничавших со спекулянтами и нарушавших «установленные нормы отпуска продовольственных товаров в одни руки». Власти соседних областей предупреждались «о недопустимости выдачи населению всякого рода справок и документов для поездки в города Москву и Ленинград с целью

---

[62] ЦГАИПД СПб. Ф. Р-24. Оп. 2в. Д. 4300. Л. 95.

[63] Там же. Л. 59–60, 97; Криптон К. Осада Ленинграда. С. 20.

[64] ЦГАИПД СПб. Ф. Р-24. Оп. 2в. Д. 4300. Л. 97.

[65] Козлов О. В. Ладожские моряки в период Великой Отечественной войны. С. 208.

закупки продовольственных товаров». НКВД и НКПС должны были принять меры, которые бы затруднили поездки в Ленинград «из некоторых местностей, откуда имеет место большой приток скупщиков продуктов»[66]. 27 января соответствующее постановление утвердило бюро ленинградского горкома, 13 февраля — исполком горсовета[67].

В начале войны, по словам Твердюковой, «городская милиция к систематической борьбе с очередями оказалась не готова»[68].

Иногда милиционеры были просто растеряны. Так, 26 января в 9 часов утра в отделении на улице Пролеткульта оказалось 24 человека, задержанных в очереди у гастронома. Их продержали до 10:30, записали адреса пятерых, на одного составили административный протокол, после чего всех отпустили[69]. Поэтому неудивительно, что какое-то время спустя сверху были спущены требования об усилении нажима на спекулянтов и о ликвидации очередей. Однако и после этого ленинградские правоохранители не стремились серьезно ужесточать политику в отношении нарушителей правил торговли провизией. Суды часто практиковали условное наказание или назначали сроки лишения свободы ниже предусмотренного Уголовным кодексом[70]. Спекулянтов продовольствием требовалось привлекать к ответственности по 107-й статье УК РСФСР, но милиция неохотно возбуждала такие дела. Из 80 дел, которые ленинградские милиционеры начали по данной статье в январе — феврале 1940 г., только два касались продовольственных товаров. В основном лица, покупавшие продукты с превышением нормы, штрафовались

---

[66] ГА РФ. Ф. Р-5446. Оп. 1в. Д. 511. Л. 225–226.

[67] ЦГАИПД СПб. Ф. Р-25. Оп. 2. Д. 2556. Л. 16–17; ЦГА СПб. Ф. Р-7384. Оп. 36. Д. 34. Л. 3–4.

[68] Твердюкова Е. Д. «Преступления без жертв». С. 93; Твердюкова Е. Д. Кризис снабжения в Ленинграде накануне Великой Отечественной войны. С. 127.

[69] Твердюкова Е. Д. «Преступления без жертв». С. 94; Твердюкова Е. Д. Кризис снабжения в Ленинграде накануне Великой Отечественной войны. С. 127.

[70] См.: Твердюкова Е. Д. Борьба со спекуляцией во второй половине 1930-х годов в Ленинграде. С. 72–73.

в административном порядке или привлекались по 105-й статье УК (нарушение правил советской торговли)[71]. (Можно отметить, что к концу 1930-х годов в отношении дел о спекуляции в принципе, как отмечает Твердюкова, «существовал значительный разрыв между требованиями высших инстанций и ежедневной практикой следственных и судебных органов»[72]).

В целом в январе — феврале 1940 г. в области торговли ленинградская милиция возбудила 188 дел, в том числе: 80 дел (против 93 человек) — по статье 107 УК РСФСР, 49 дел (49 человек) — по статье 105, 13 дел (13 человек) — по статье 73 (сопротивление представителям власти), остальные 46 дел (59 человек) — по статьям 109 (злоупотребление властью или служебным положением) и 128, пункт «в» (обмеривание, обвешивание покупателей и нарушение цен)[73].

Хотя дел за спекуляцию продовольствием возбуждали мало, нарушителей норм торговли и спекулянтов часто наказывали штрафом. Так, 23 января оштрафовали 270 человек (всего на 6285 руб.)[74]. С 23 января по 1 марта ленинградская милиция по делам, связанным с торговлей, привлекла к административной ответственности 6034 человека. Общая сумма штрафов составила 128 679 руб. В отношении 6250 человек составили административные протоколы. У скупщиков изъяли 44 038 кг продуктов (в том числе хлеба — 23 715 кг, крупы — 15 243 кг, сахара — 1814 кг), а также 8268 м мануфактуры[75]. По закону требовалось учитывать имущественное положение оштрафованных граждан. Поэтому впоследствии немало штрафов аннулировали. Например, в Петроградском районе

---

[71] Твердюкова Е. Д. Борьба со спекуляцией во второй половине 1930-х годов в Ленинграде. С. 71.

[72] Твердюкова Е. Д. «Преступления без жертв». С. 250–251.

[73] Там же. С. 93; Твердюкова Е. Д. Кризис снабжения в Ленинграде накануне Великой Отечественной войны. С. 126.

[74] ЦГАИПД СПб. Ф. Р-24. Оп. 2в. Д. 4300. Л. 47.

[75] Твердюкова Е. Д. «Преступления без жертв». С. 93; Твердюкова Е. Д. Кризис снабжения в Ленинграде накануне Великой Отечественной войны. С. 126; Твердюкова Е. Д. «Кто раньше ел, тот и сейчас будет, а мы только смотрим». С. 83.

с 17 января по 2 марта наказание отменили в отношении 106 человек из 905, оштрафованных в очередях[76].

К 24 января для недопущения очередей в Ленинграде создали 263 милицейские оперативные группы[77]. На 8 февраля в городе действовало уже 1513 оперативных групп, в них насчитывалось 4526 человек[78]. Однако покупатели нашли выход из затруднительного положения. Как сообщал 28 января глава областного УНКВД Гоглидзе, люди заблаговременно собираются «у трамвайных и автобусных остановок, у витрин других магазинов, под воротами домов и т. п. местах», а затем, перед самым началом торговли, за час или 30 минут, «вся эта масса покупателей стремится к магазину и организуется в очередь (от 200 до 500 чел.), ликвидация которой становится несколько затруднительной»[79].

Выше упоминалось, что еще осенью 1939 г. в почтовые отделения поступало множество продовольственных посылок, адресованных в другие регионы. 27 января бюро горкома ходатайствовало перед Экономсоветом при СНК о введении запрета на отправление из Ленинграда почтовых посылок (за исключением адресованных в действующую армию)[80]. 2 февраля Экономсовет наложил вето на прием почтой посылок с продуктами[81]. Ленинградцы пытались обойти этот запрет. 3 марта Гоглидзе рапортовал в обком о том, что некоторые горожане предпринимали попытки высылать продукты бандеролью. Так, педагог одной из школ Василеостровского района А. С. Калмыкова, сделав вырез в толстой книге, вложила туда 400 грамм масла и собиралась отправить своему сыну в Куйбышев. То же самое попытались совершить Е. В. Ознобищева (хотела направить папиросы, лекарство и печенье своему сосланному мужу в Канск), студент Громан (послал чай родственникам в Свердловск)[82].

---

[76] Твердюкова Е. Д. «Преступления без жертв». С. 94; Твердюкова Е. Д. Кризис снабжения в Ленинграде накануне Великой Отечественной войны. С. 127.

[77] ЦГАИПД СПб. Ф. Р-24. Оп. 2в. Д. 4300. Л. 47.

[78] Там же. Л. 120.

[79] Там же. Л. 77.

[80] ЦГАИПД СПб. Ф. Р-25. Оп. 2. Д. 2556. Л. 17.

[81] ЦГАИПД СПб. Ф. Р-24. Оп. 2в. Д. 4300. Л. 118.

[82] Там же. Д. 4306. Л. 6.

Обком требовал от милиции «принять меры по выявлению спекулянтов, вывозящих продовольственные товары по железной дороге»[83]. Железнодорожное начальство снизило норму провоза багажа — с 32 кг до 16[84]. Кроме того, ужесточился режим въезда в Ленинград. С 23 января по 1 марта дорожный отдел милиции Октябрьской железной дороги проверил 4252 человека, задержал 119 скупщиков с промтоварами и 2626 — с продовольственными продуктами. На месте оштрафовали 1701 человека. Милиционеры изъяли 37 колхозных справок (10 — выданы в Ленобласти, 6 — в Калининской, 3 — в Кировской, остальные — в Ярославской, Тульской, Северной и др.)[85].

Однако административные и карательные мероприятия не смогли радикально улучшить положение дел в сфере продовольственного снабжения. Оно, как вспоминали горожане, изменилось только после окончания войны[86]. Нельзя сказать, что рынок был полностью насыщен товарами. Ряд продуктов город по-прежнему недополучал, планы ввоза не выполнялись[87]. Но очереди пошли на спад.

Таким образом, несмотря на транспортные трудности, главным источником дефицита был резко повысившийся ажиотажный спрос. Основные усилия властей были направлены на борьбу с очередями. Однако они стали заметно уменьшаться только после подписания мира.

---

[83] ЦГАИПД СПб. Ф. Р-25. Оп. 2. Д. 2556. Л. 17.

[84] Твердюкова Е. Д. «Преступления без жертв». С. 87; Твердюкова Е. Д. Кризис снабжения в Ленинграде накануне Великой Отечественной войны. С. 121; Твердюкова Е. Д. «Кто раньше ел, тот и сейчас будет, а мы только смотрим». С. 84; Твердюкова Е. Д. Колхозная торговля Ленинграда 1930-х годов. С. 132.

[85] Твердюкова Е. Д. «Преступления без жертв». С. 87; Твердюкова Е. Д. Кризис снабжения в Ленинграде накануне Великой Отечественной войны. С. 121.

[86] Криптон К. Осада Ленинграда. С. 31; Скрябина Е. А. Страницы жизни. С. 99.

[87] Некоторые цифры см.: Твердюкова Е. Д. «Преступления без жертв». С. 92; Твердюкова Е. Д. Кризис снабжения в Ленинграде накануне Великой Отечественной войны. С. 125.

2. Преступность и борьба с ней

Важный сюжет, который часто упоминается в источниках личного происхождения, — это преступность и борьба с ней. Например, Анна Петровна Остроумова-Лебедева в конце декабря 1939 г. записала в дневнике: «...по городу опасно ходить при его затемнении. Бандиты раздевают и убивают людей»[88]. Константин Георгиевич Криптон-Молодецкий связывал нападения «многочисленной шпаны» с введением светомаскировки и утверждал, что «под покровом темноты начались очень дерзкие ограбления, принявшие характер эпидемии»[89]. Историк-африканист Аполлон Борисович Давидсон, в дни советско-финляндской войны учившийся в начальной школе, спустя десятилетия писал: «Под покровом темноты — разгул уголовщины, грабежи по всему городу»[90]. Аналогичные свидетельства можно обнаружить в воспоминаниях Веры Александровны Пирожковой и Георгия Павловича Александрова[91]. Утверждения о росте хулиганства из-за затемнения также встречаются в советской историографии[92]. Об ухудшении криминальной обстановки говорят и современные исследователи[93].

Попытаемся найти ответы на вопросы о том, насколько велик был рост преступности, и какие меры предпринимались для борьбы с ней.

Как говорилось ранее, светомаскировку в Ленинграде ввели еще до войны. Вначале это было сделано вечером 16 ноября. Два дня в городе царила темнота. Потом стали включать фонари, но окна по-прежнему должны были быть замаскированы. 23 ноября

---

[88] ОР РНБ. Ф. 1015. Ед. хр. 55. Л. 75 об.

[89] Криптон К. Осада Ленинграда. С. 22.

[90] Давидсон А. Б. В блокадном Ленинграде. С. 129.

[91] Александров Г. П. В награду — жизнь. С. 147; Пирожкова В. Потерянное поколение.

[92] Скилягин А. Т., Лесов В. М., Пименов Ю. Ф., Савченко И. К. Дела и люди Ленинградской милиции. Очерки истории. Л.: Лениздат, 1967. С. 230.

[93] Бережков В. И. Питерские прокураторы. С. 198–199; Советско-финляндская война 1939–1940. Т. II. С. 350–351; Ломагин Н. А. Неизвестная блокада. Кн. 1. С. 287; Лазарев А. В. Ленинградское радио... С. 276.

светомаскировку отменили, но ненадолго[94]. 29 ноября, в ночь накануне войны, вновь было введено сплошное затемнение[95]. Преступники, ранее действовавшие на задворках, теперь, пользуясь темнотой, могли орудовать в центре. Как вспоминал Криптон-Молодецкий, «нападали не где-нибудь на окраинах, а на главных улицах города, начиная с Невского проспекта»[96]. Если такие эпизоды действительно имели место, если подобные случаи произошли в ранее спокойных и относительно безопасных районах, то они должны были сразу породить волну слухов о резком росте количества преступлений.

Преступность и связанные с ней панические настроения вызывали серьезное беспокойство властей. 3 декабря заведующий информационным сектором Ленинградского горсовета Лейв направил председателю горсовета Попкову срочное информсообщение, в котором отмечал: «Несмотря на особую обстановку в городе и возросшую активность преступных элементов, органы РКМилиции (рабоче-крестьянской милиции. — *М. Т.*) действуют, по мнению трудящихся, крайне слабо (о чем они открыто говорят у себя на предприятиях и в учреждениях) и в то же время недостаточно привлекается общественность». Лейв утверждал, что существующих постов недостаточно, ряд улиц лишен милицейского надзора, иногда «задержанные рабочими хулиганы просто отпускаются милицией без всяких последствий». Он сообщал и о выдвигаемых ленинградцами требованиях усилить охрану порядка[97].

Городские власти начали предпринимать шаги, направленные на поддержание порядка и интенсификацию борьбы с преступностью, еще до появления этого документа. Было развернуто усиленное ночное патрулирование. Кроме милиции, для выполнения этой задачи мобилизовали членов бригадмила (добровольческие бригады содействия милиции, созданы в 1932 г.[98]), партийный

---

[94] ОР РНБ. Ф. 1000. Оп. 2. Ед. хр. 504. Л. 60 об. — 61, 64.

[95] ЦГАЛИ СПб. Ф. Р-98. Оп. 3. Д. 58. Л. 98 об.

[96] Криптон К. Осада Ленинграда. С. 22–23.

[97] ЦГА СПб. Ф. Р-7384. Оп. 13. Д. 63. Л. 8586.

[98] Скилягин А. Т., Лесов В. М., Пименов Ю. Ф., Савченко И. К. Дела и люди Ленинградской милиции. С. 207; также о бригадмиле см.: Крапивина Н. С. Правовое регулирование... С. 85–86.

и комсомольский актив. В начале декабря руководство ленинградской милиции рапортовало в горком об увеличении «ночных обходов и патрульной службы». Так, в ночь со 2 на 3 декабря, помимо 488 сотрудников милиции, за порядком на улицах следили 749 бригадмиловцев и 582 комсомольца. За «нарушение социалистического порядка» был задержан 121 человек, из них за хулиганство — 18, за другие уголовные преступления — 28 человек. Также было подобрано 285 пьяных[99]. Следующей ночью в обходах и ночных патрулях участвовали 297 милиционеров, 581 бригадмиловец, 567 комсомольцев. Управление милиции рапортовало: «Задержано нарушителей соцпорядка — 155, хулиганов — 17, за др[угие] угол[овные] преступ[ления] — 31. Подобрано пьяных — 246»[100]. Подобный режим патрулирования поддерживался на протяжении всей войны.

Из Ленинграда активно стали высылать нарушителей паспортного режима и потенциально криминальные элементы. Молодецкий вспоминал, что «власти ответили суровыми репрессиями, выслав из города всех подростков, имевших судимость или просто в чем-либо запятнанных. Это дало сразу результаты. Явное хулиганство прекратилось, уменьшились и грабежи, но только уменьшились»[101]. Мемуарист писал, опираясь на слухи, и объединил два направления деятельности властей: удаление из города нарушителей закона и борьбу с детской и подростковой безнадзорностью.

Высылать из Ленинграда за нарушение паспортного режима начали с первых дней войны. Так, 2 декабря, по данным милиции, из города было удалено 50 человек[102]. В дальнейшем подобные меры осуществлялись примерно с той же интенсивностью. Например, 30 декабря из города удалили 41 человека[103].

К слову, в тот же день, 30 декабря, бюро горкома партии приняло постановление «О мероприятиях по укреплению общественного порядка и безопасности в городе Ленинграде». Для «укрепления

---

99 ЦГАИПД СПб. Ф. Р-24. Оп. 2в. Д. 3585. Л. 125 об.

100 Там же. Л. 123 об.

101 Криптон К. Осада Ленинграда. С. 23.

102 ЦГАИПД СПб. Ф. Р-24. Оп. 2в. Д. 3585. Л. 125 об.

103 Там же. Л. 178.

общественного порядка и безопасности» было решено «одобрить мероприятия начальника управления НКВД по ЛО т. Гоглидзе, изложенные в приказе от 14.X-1939 г. об улучшении работы с хулиганством»; «привлекать к строжайшей ответственности лиц начальствующего и рядового состава милиции в случаях проявления с их стороны бездеятельности к нарушителям общественного порядка»; обеспечить быстрое рассмотрение дел прокуратурой и судами и «провести ряд показательных процессов над хулиганами»; в случае привлечения милицией кого-то за хулиганство «сообщать немедленно профсоюзным, партийным и комсомольским организациям по месту работы привлекаемых»; при следовании воинских эшелонов через железнодорожные станции Ленинграда коменданту города Денисову «назначать наряды на вокзалы»; снабдить в течение первого квартала 1940 г. все районные отделения милиции «одной легковой машиной или одной машиной "пикап"»; выдать от трамвайно-троллейбусного управления Ленсовета в распоряжение милиции для ее оперативного состава 200 трамвайных карточек; проводить систематический инструктаж среди управхозов и дворников и «в кратчайших срок» добиться повышения их ответственности «в борьбе с хулиганством в обслуживаемых ими домах и на улицах»; ограничить перемещение по улицам города в ночное время детей до 16 лет (подробнее об этом — чуть ниже); горкому комсомола для помощи милиции на время затемнения «ежедневно выделять 600–700 комсомольцев»[104]. Дальше постановление требовало усилить воспитательную работу партийных, профсоюзных и комсомольских организаций[105].

Тем не менее часть ленинградского руководства считала принятые меры недостаточными. 13 января 1940 г. начальник Управления НКВД по Ленинградской области Сергей Арсеньевич Гоглидзе отправил Андрею Александровичу Жданову письмо, в котором, ссылаясь на «рост случаев хулиганства и бандитизма» в «условиях прифронтовой обстановки», предлагал осуществить массовую депортацию «социально-вредных элементов». Он требовал

---

[104] ЦГАИПД СПб. Ф. Р-25. Оп. 2. Д. 1992. Л. 9.
[105] Там же. Л. 10.

незамедлительно выслать из Ленинграда в исправительно-трудовые лагеря 1100 человек, оформив эту депортацию через Особое совещание НКВД СССР. Жданов поставил на письме одобрительную резолюцию. В тот же день бюро горкома опросом приняло решение: просить у ЦК ВКП(б) разрешения выслать из города 1100 уголовников и «социально-вредного элемента, незанятого общественно-полезным трудом»[106].

После письма Гоглидзе и одобрения Жданова в Москве было издано соответствующее распоряжение НКВД. Действуя в его рамках, в Ленинграде начальник УНКВД 29 января отдал приказ № 0016 «Об удалении из г. Ленинграда уголовного и социально-вредного элемента». Как пишет Надежда Сергеевна Крапивина, в этом приказе начальнику управления милиции «предписывалось немедленно приступить к выявлению лиц, подлежащих удалению. Приказ требовал использовать для этого агентурно-осведомительную сеть, "доверенных лиц и базы содействия органам РКМ". С этой целью при УРКМ (Управление рабоче-крестьянской милиции. — *М.Т.*) было создано 5 оперативно-следственных групп численностью 50 человек»[107].

Еще до этого, 22 января, исполком горсовета отдал распоряжения о мерах по предотвращению заболеваний сыпным тифом и дизентерией. Наряду с указаниями санитарно-эпидемического свойства (о борьбе со вшами, проверке общежитий и т.д.), этот документ говорил и о действиях милиции. От начальника ленинградского милицейского управления Евгения Семеновича Грушко требовалось: «а) принять меры к выселению из Ленинграда нищенствующего, бездомного и деклассированного элемента; б) ликвидировать все имеющиеся места для ночлега бездомных и безнадзорных...»[108]

Вместе с тем шла борьба с детской безнадзорностью. Упомянутое выше постановление бюро горкома от 30 декабря 1939 г. «О мероприятиях по укреплению общественного порядка и безопасности

---

[106] Там же. Оп. 2а. Д. 82. Л. 22–24.

[107] Крапивина Н.С. Правовое регулирование... С. 181.

[108] Филиал ЦАМО (ВМД). Ф. 5747. Оп. 44613. Д. 3. Л. 19. Полный текст документа см.: Там же. Л. 17–21.

в городе Ленинграде» запрещало «появление детей до 16-летнего возраста на улицах города позже 21 часа без сопровождения взрослых, родственников или педагогов». Все школьники должны были получить ученические билеты, а учащиеся ФЗО — иметь при себе удостоверения[109]. В самом конце войны (4 марта 1940 г.) новое постановление бюро горкома снизило возраст детей, которым после 9 вечера запрещалось ходить по улицам без взрослых, до четырнадцати лет[110].

Перед войной в ленинградской милиции остро встал вопрос о нехватке сотрудников. 19 октября Грушко писал в горком Кузнецову, что подразделения городской милиции «имеют большой некомплект личного состава, выражающийся в количестве единиц 1830», в том числе 159 человек начальствующего состава, 1641 человек рядового и младшего начсостава, 30 человек административно-хозяйственного состава. Одной из причин такой ситуации была сентябрьская мобилизация: в Красную армию призвали 1203 человека. Грушко просил об «укреплении соответствующими кадрами Ленинградской Милиции за счет партийных, комсомольских и хозяйственных организаций города»[111]. 13 февраля 1940 г. заместитель заведующего отделом кадров горкома Лазутин и заведующий сектором кадров НКВД и военный организатор отдела кадров горкома Зальнов отправили Грушко справку, в которой, ссылаясь на решение бюро горкома от 30 декабря, сообщили ему, что в органы милиции «направляется 1000 чел. коммунистов и комсомольцев, которые в значительной мере восполнят имеющийся некомплект». На 10 февраля уже было отобрано 759 человек[112].

Борьба с преступностью активно освещалась в прессе. Уже 9 декабря «Ленинградская правда» опубликовала запись беседы с городским прокурором Николаем Федоровичем Поповым. Материал начинался с утверждения: «За последнее время в Ленинграде отмечен ряд случаев хулиганства со стороны деклассированных,

---

[109] ЦГАИПД СПб. Ф. Р-25. Оп. 2. Д. 1992. Л. 9.

[110] Там же. Д. 2586. Л. 4.

[111] Там же. Оп. 2в. Д. 3586. Л. 79 — 79 об.

[112] Там же. Л. 78.

антиобщественных элементов». Описав несколько случаев бандитизма, Попов успокаивал граждан и утверждал: «Милиция и прокуратура принимают решительные меры», дела против хулиганов и дебоширов «расследуются в кратчайший срок», суд рассматривает их «внеочередным, особым порядком»[113].

В течение войны газеты «Ленинградская правда» и «Смена» регулярно информировали горожан о результатах работы правоохранительных органов, сообщали о задержаниях преступников, о предстоявших и о только что проведенных заседаниях суда[114]. Подобные публикации, по мнению властей, должны были успокоить население, убедить горожан, что милиция успешно справляется со своими задачами. Но, по-видимому, эффект получился прямо противоположный. Уже сами заголовки статей («Бандиты»[115], «Гнусное преступление»[116], «Бандиты-насильники»[117], «Воровской притон»[118]) способствовали усилению беспокойства ленинградцев. Это беспокойство ярко отразилось в написанных позже воспоминаниях. Так, Вера Пирожкова утверждала, что в городе «возник сильнейший бандитизм» и что «приблизительно в середине войны в Ленинграде были введены военно-полевые суды за бандитизм. Суд выносил приговор в 24 часа, и он тотчас же приводился в исполнение. За убийство, изнасилование и увечье полагался расстрел. "Ленинградская правда" стала в каждом номере печатать списки в 10—15 человек расстрелянных за бандитизм»[119]. Ни военно-полевых судов, ни ежедневных списков казненных в газетах не существовало. Пирожкова писала свою книгу десятилетия спустя — уже в 1990-е гг. У нее сохранилось впечатление невиданного разгула преступности и масштабности мер борьбы с ним — и оно, по-видимому, вызвало

---

[113] Ленинградская правда. 1939. 9 декабря.

[114] Ленинградская правда. 1939. 8, 9, 11, 12, 14–18, 23, 27, 28, 30, 31 декабря; 1940. 5, 8–12, 15, 30 января, 6–10, 18, 21, 24, 27, 29 февраля; Смена. 1940. 6, 11 февраля.

[115] Ленинградская правда. 1939. 11 декабря.

[116] Там же. 16 декабря.

[117] Там же. 18 декабря; 1940. 5 января.

[118] Смена. 1940. 6 февраля.

[119] Пирожкова В. Потерянное поколение.

определенную аберрацию памяти. К тому же на это могла накладываться определенная политическая тенденциозность Пирожковой. Во время Великой Отечественной войны она сотрудничала с гитлеровцами, затем много лет жила в эмиграции, так что неудивительно, если при описании советской действительности у нее могла проявиться склонность сгущать краски.

Пресса играла роль инструмента, который должен был мобилизовать сотрудников правоохранительных органов, не дать им успокоиться и остановиться на достигнутом. Особую роль в данном случае играла милицейская газета «Пост революции». На страницах этого издания даже уменьшение количества дел о хулиганстве расценивалось как симптом плохой работы, признак недостаточной борьбы с ним[120]. Следует упомянуть номер от 28 января. Он был целиком посвящен подробному описанию рейда сотрудников редакции газеты, проведенного в ночь с 17 на 18 января 1940 г. с целью проверки работы милиции. Уже в передовице заявлено, что «дело организации охраны общественного порядка и общественной безопасности в ряде городских подразделений милиции поставлено еще из рук вон плохо». Статьи номера рассказывали о постовых милиционерах и дежурных дворниках, покинувших свои посты. Речь шла и о бригадмиловцах, которые не приносили никакой пользы — лишь числились на бумаге[121].

13–14 февраля состоялось совещание работников милиции, суда и прокуратуры[122]. «Ленинградская правда» сообщила о нем, акцентируя внимание на недоработках правоохранительных органов: «...еще не везде строго соблюдаются требования закона, не всегда немедленно пресекают каждое проявление хулиганства». «Нередко бывает, — писала газета, — что преступник отделывается незначительным наказанием, а то и вовсе ускользает от ответственности. Вот один из примеров. Несколько граждан привели во 2-е отделение милиции задержанных ими отъявленных хулиганов, но дебоширов вскоре выпустили, не записав даже их фамилий».

---

[120] Пост революции. 1940. 6 января.

[121] Там же. 28 января.

[122] ЦГАИПД СПб. Ф. Р-24. Оп. 2в. Д. 4290. Л. 50.

Критиковалась прокуратура. Досталось и судебным работникам: «Нарсуд 1-го участка приговорил одного хулигана к лишению свободы, но под стражу почему-то не заключил. В тот же день хулигана арестовали за новое преступление»[123]. Целью таких публикаций была мобилизация милицейских работников, но на практике они поддерживали у читателей представление о разгуле бандитизма и хулиганства.

Вполне резонно задать вопрос: а как действительно выглядела динамика преступности?

Выше я отметил, что мемуары и историография говорят об увеличении преступности. Это утверждение некоторыми цифрами попытался обосновать Василий Иванович Бережков в книге, посвященной руководителям петроградских и ленинградских структур госбезопасности. Он писал:

«В спецсообщении в горком партии за подписью Гоглидзе говорилось, что "увеличение преступности и хулиганства в городе принимает политический характер"... В сообщении приводилась и статистика роста правонарушений по сравнению с 1938 годом:

— Вооруженные грабежи с убийствами 5 — в 1938 году, и 6 случаев — в 1939.

— Грабежи невооруженные — 16 и 57.

— Кражи со взломом — 70 и 94.

— Общее количество уголовных проявлений всех видов — 8571 и 13 740.

По заключению органов госбезопасности, уязвимыми местами в борьбе с преступностью являются недостатки в массово-воспитательной работе на предприятиях и в учреждениях; плохие бытовые условия в общежитиях, особенно в тех, где проживают сезонные рабочие; руководители предприятий и учреждений укрывают прогульщиков и пьяниц ввиду нехватки рабочей силы; недооценка социальной опасности преступлений и вынесение необычно мягких приговоров. Слабо, считали чекисты, организована воспитательная работа с молодежью»[124].

---

[123] Ленинградская правда. 1940. 24 февраля.
[124] Бережков В. И. Питерские прокураторы. С. 198–199.

Затем Бережков сообщил своим читателям о постановлении бюро горкома от 30 декабря, указал на его ключевые пункты, после чего подытожил: «Подобные и иные предложения органов НКВД сыграли положительную роль в очистке Ленинграда от преступного элемента»[125].

Сведения Бережкова воспроизвели в своих работах некоторые другие исследователи[126].

Однако при этом Бережков не привел архивных реквизитов спецсообщения Гоглидзе и не указал, каким днем оно датировано. Не сообщил он и о том, какие периоды за 1938 и 1939 гг. в нем сравнивались, ведь 1939 г. еще не закончился, было бы логично для сопоставления брать не оба года целиком, а какие-то их сопоставимые по времени отрезки. Ничего конкретного не говорится и о динамике преступности до и после начала войны с Финляндией. Мы можем констатировать, что упомянутый документ засвидетельствовал рост преступности по отношению к 1938 г., но, исходя из этих данных, ничего не можем сказать о том, как повлияли на криминальную обстановку война и режим светомаскировки. Перечисленные «уязвимые места в борьбе с преступностью» не связаны ни с войной, ни с затемнением (пожалуй, таким фактором можно счесть только нехватку рабочей силы). Росту преступности могло способствовать сокращение численности ленинградской милиции. Но Бережков его не упоминает. К тому же оно произошло во время сентябрьской мобилизации, а не в связи с советско-финляндской войной.

Лучше понять картину происходившего помогает обращение к архивным документам. Ленинградское управление милиции ежедневно отправляло в обком партии сводки о происшествиях со сведениями о зафиксированных преступлениях.

В ЦГАИПД СПб мне удалось изучить такие сводки за 1939 г.

Возьмем период с августа по декабрь. Так мы получим данные о динамике преступности и до войны и после ее начала. Эти сведения можно свести в таблицу.

---

[125] Там же. С. 199.

[126] Советско-финляндская война 1939–1940. Т. II. С. 351; Ломагин Н. А. Неизвестная блокада. Кн. 1. С. 287.

В исследованных делах отсутствуют сводки за 4 августа, 7 сентября, 1, 30 и 31 декабря. То есть на период пяти месяцев у нас нет данных всего на пять дней.

В сводках описывались отдельные случаи преступлений, а в конце давались сводные цифры по преступлениям, зафиксированным за день. Они были разбиты на ряд категорий (убийства, грабеж, разные кражи и т. п.). В двух сводках, однако, после данных по самым серьезным преступлениям сведения об остальных объединены в категорию «прочие преступления», цифры по ним даны скопом, без разбивки[127].

Данные, которые я попытался суммировать ниже, не перенесены механически из заключительных частей сводок. Они составлены с учетом внимательного чтения всех описаний конкретных происшествий и преступлений.

Часто при чтении сводки понимаешь, что цифры в конце документа — неполные. В них может присутствовать категория «ножевые ранения», но в описаниях таких ранений больше, чем в итоговых цифрах. Просто часть случаев с ранами попадает в графу «хулиганство». В таких случаях я добавлял эпизоды, фигурирующие в описаниях преступлений, к итоговым цифрам за сутки.

Вообще иногда возникают вопросы к тому, как сотрудники милиции квалифицировали те или иные преступления. Например, в сводке от 10 октября 1939 г. в разделе «хулиганство» можно прочесть о том, как бывший муж на почве ревности нанес женщине две ножевые раны[128]. При этом, хотя речь явно идет о попытке совершить убийство, в итоговых цифрах это событие не попало в графу «покушение на убийство» (но я в таблице посчитал его именно так). В сводке за 14 декабря в итоговых цифрах можно увидеть одно убийство, но если читать весь текст документа, то оказывается, что это двойное убийство, и, кроме того, еще в сводке фигурирует убийство с грабежом[129].

Некоторые категории из сводок я позволил себе объединить.

Так, я суммировал убийства, детоубийства (речь шла об умерщвлении младенцев), неудавшиеся покушения на убийство. При этом

---

[127] ЦГАИПД СПб. Ф. Р-24. Оп. 2в. Д. 3584. Л. 15 об; Д. 3588. Л. 1.

[128] Там же. Д. 3584. Л. 187 об.

[129] Там же. Д. 3588. Л. 115–116.

опущены случаи, когда людей убивали открывшие огонь часовые или милиционеры. Не включены убийства по неосторожности. Также я опускал эпизоды с обнаружением трупов, за исключением тех случаев, когда в сводке прямо говорится о признаках насильственной смерти и не говорится о том, что труп носит следы разложения (ведь в таком случае непонятно, в какой день и даже месяц совершено убийство).

В одну графу объединены ограбления и покушения на ограбления.

Сложены вместе разные ранения холодным оружием (нанесены ножами, топорами, вилами и в одном случае даже вилкой), ранения огнестрельные и телесные повреждения.

В одну графу я объединил преступления сексуального характера — изнасилования, попытки изнасилования, развращение малолетних[130].

Кражи в сводках, как правило, делятся на три категории: квалифицированные, простые, карманные. Иногда можно увидеть в итоговых цифрах только кражи без уточнения их характера и рядом карманные кражи. В таких случаях кражи, указанные без уточнений, я считал как простые. Изредка в сводках кроме квалифицированных фигурируют организованные кражи[131] и хищения. Их я складывал с квалифицированными.

Следом за кражами в сводках следуют так называемые «рывки». Преступник подбегал к жертве, вырывал что-то из рук (например, сумку) и убегал. Иногда рывки предпринимались для того, чтобы похитить кепку, меховую шапку, берет[132].

Еще одна категория — раздевание и обирание пьяных. Иногда пьяных раздевали, иногда разували, а иногда могли просто утащить бумажник с деньгами или документами или серебряный портсигар. Все эти случаи я также объединил в одну графу.

Некоторые типы преступлений в таблице не учтены.

---

[130] О том, что стоит за этим термином, можно понять из сводки от 27 октября: некий неизвестный гражданин завел в подвал 6-летнюю девочку и трогал ее половой орган (ЦГАИПД СПб. Ф. Р-24. Оп. 2в. Д. 3684. Л. 227 об).

[131] Например: Там же. Д. 3588. Л. 133 об. — 134.

[132] Примеры с головными уборами: Там же. Л. 23 об. — 24, 50 — 50 об., 61 об.

Один из них — это раздевание детей. Например, 4 сентября неизвестная женщина сняла с 5-летней девочки пальто и туфли[133]. Случай не единичный. Некоторые злоумышленники регулярно промышляли таким. 9 октября при попытке раздевания 6-летней девочки была задержана гражданка А. Н. Игонен (1913 года рождения), которая за сентябрь — октябрь 1939 г. уже успела раздеть 15 девочек[134]. Однако в какой-то момент такие происшествия полностью пропадают из сводок, так что я решил их не учитывать.

За пределами таблицы также оказался единственный зафиксированный в Ленинграде в этот период угон лошади[135], несколько автоугонов и случаи кражи оружия.

Ниже даны сводные данные по общему числу зафиксированных преступлений за каждый месяц. В начале — в сумме, затем — сколько в среднем их происходило за день. На всякий случай уточню: поскольку за несколько дней данные отсутствуют, то для получения среднесуточного числа преступлений за август я делил сумму преступлений не на 31, а на 30 (ведь у меня нет данных за 4 августа); за сентябрь — не на 30, а на 29; за декабрь — не на 31, а на 28.

Затем, чтобы понять, как коррелируется динамика преступности с введением затемнения и началом войны, приводятся данные не только по месяцам, но и по разным периодом ноября — декабря 1939 г. Сперва — за период с 1 по 16 ноября. Это время до введения светомаскировки. Затем — 17 ноября, первый день после начала режима затемнения. Следующий период — с 18 по 29 ноября. Война еще не началась. И последний — с 30 ноября, т. е. от начала боевых действий до конца года.

Получившиеся сведения, хоть они и неполны и не совсем точны, тем не менее позволяют получить общую картину и понять, как менялось число преступных проявлений.

Для подсчетов использовались документы из четырех архивных дел[136].

---

[133] Там же. Д. 3584. Л. 90.
[134] Там же. Л. 186.
[135] Там же. Д. 3588. Л. 80 об.
[136] Там же. Д. 3584, 3586, 3588, 3589.

Тип преступления	За август в сумме	За август в среднем за день	За сентябрь в сумме	За сентябрь в среднем за день	За октябрь в сумме
Убийства и покушения на убийства	13	0,4	13	0,5	6
Грабеж и покушения на грабеж	15	0,5	20	0,7	31
Преступления сексуального характера	3	0,1	7	0,2	5*
Хулиганство	314	10,5	313	10,8	304
Ранения и телесные повреждения	20	0,7	35	1,2	20
Кражи квалифицированные	30	1	56	1,9	54
Кражи простые	778	25,9	844	29,1	1088
Кражи карманные	280	9,3	261	9	213
Рывки	13	1,2	17	0,6	32
Раздевание и обирание пьяных	46	1,5	28	0,9	27

* Включая одну попытку развращения малолетней.

** Включая одну попытку совращения малолетней.

Мы видим, что говорить о каком-то скачкообразном росте преступности в ноябре — декабре не приходится.

При этом убийств в городе в это время совершили меньше, чем в августе и сентябре.

По сравнению с августом и сентябрем к концу года увеличилось количество грабежей, но в декабре их было меньше, чем в ноябре (и в сумме, и в среднем за день — пусть и ненамного).

Безусловно, к концу года выросло число изнасилований и попыток изнасилования.

В ноябре и декабре по сравнению с предшествующими месяцами увеличилось число хулиганских актов, но в декабре их меньше, чем в ноябре. При этом если в среднем за день в ноябре фиксировалось 13,2 случая хулиганства, то 7 ноября их было отмечено 68, в том числе 6 эпизодов с ножевыми ранениями и 5 — с телесными повреждениями[137]. То есть огромное число соответствующих право-

---

[137] ЦГАИПД СПб. Ф. Р-24. Оп. 2в. Д. 3588. Л. 24—25.

За октябрь в среднем за день	За ноябрь в сумме	За ноябрь в среднем за день	За декабрь в сумме	За декабрь в среднем в день	В среднем за день в период с 1 по 16 ноября	17 ноября	В среднем за день с 18 по 29 ноября	30 ноября — 29 декабря в сумме	30 ноября — 29 декабря в среднем за день
0,2	9	0,3	8	0,3	0,25	0	0,4	8	0,3
1	37	1,2	30	1,07	1,6	1	0,7	32	1,1
0,2	12	0,4	12**	0,4	0,5	0	0,25	13	0,4
9,8	397	13,2	335	11,9	12,8	13	14,8	353	12,1
0,6	34	1,1	40	1,4	1,3	0	0,9	42	1,4
1,7	43	1,4	23	0,8	1,4	0	1,7	23	0,8
35	1017	33,9	652	23,2	36,8	26	31,4	677	23,3
6,9	185	6,2	158	5,6	7,4	3	5,25	163	5,6
1	90	3	57	2	3,5	6	2,25	59	2
0,9	27	0,9	17	0,6	0,6	2	1,25	17	0,6

нарушений пришлось на один из главных в Советском Союзе праздников и, видимо, это не было случайностью. А, например, 11 ноября случаев хулиганства не было зафиксировано совсем[138].

При этом в ноябре и декабре явно выросло число полученных ленинградцами от преступников ранений и телесных повреждений — и в абсолютных цифрах и в виде средних показателей. Но относительный скачок таких эпизодов был и раньше, в октябре.

В течение августа — сентября росло число квалифицированных и карманных краж, с августа по октябрь — число простых краж, а затем их количество пошло на спад. С августа по ноябрь росло число рывков, но в декабре их стало меньше. И в течение всего взятого нами периода сокращалось количество фактов раздевания и обирания пьяных.

В целом рост преступности наблюдался и до ноября и с советско-финляндской войной не связан, при этом во время войны,

---

[138] См.: Там же. Л. 35 об. — 36.

в декабре, число ряда криминальных проявлений (пусть и не всех) шло на спад.

Если изучать данные за ноябрь — декабрь[139], то получается, что с 1 по 16 ноября — т. е. до введения светомаскировки — милиция в среднем в сутки фиксировала 12,8 случаев хулиганства (о случившемся 7 ноября было сказано выше). 17 ноября (первый день после начала режима затемнения) работники ленинградского Управления милиции донесли о 13 хулиганских актах. С 18 по 29 ноября (т. е. до начала войны) в среднем в день отмечалось 14,8 случаев хулиганства. С началом войны и возвращением светомаскировки их количество не выросло. С 30 ноября до 29 декабря фиксировалось по 12,1 случаев в сутки; причем чем ближе был конец декабря, тем меньше актов хулиганства отмечала милиция. Грабежей и попыток грабежа с 1 по 16 ноября в среднем фиксировалось 1,6 в день, 17 ноября — 1 случай, с 18 по 29 ноября — 0,7 в сутки, с 30 ноября по 29 декабря — 1,1 в сутки. В декабре по сравнению с ноябрем снизилось количество всех типов краж и рывков. После начала усиленного патрулирования улиц стали меньше раздевать и обирать пьяных. 1–16 ноября милиция фиксировала 0,6 случая в сутки. 17 ноября, сразу после введения затемнения, было зарегистрировано два случая раздевания пьяных, зато 18–29 ноября — по 1,25 случая в день. Но после начала войны, с 30 ноября по 29 декабря, число подобных преступлений уменьшилось, милиция снова фиксировала по 0,6 случая в сутки. И это уровень ниже, чем в августе — октябре. По-видимому, патрули, подбирая пьяных, спасали от злоумышленников немалую их часть.

За весь ноябрь в Ленинграде произошло 8 убийств и одна неудачная попытка убийства. В декабре в городе было совершено 8 убийств.

---

[139] Ранее я приводил сведения за ноябрь — декабрь, немного отличающиеся от тех, что даны ниже (Тягур М. И. Преступность и борьба с ней в Ленинграде в период советско-финляндской войны 1939–1940 гг. // Восемнадцатые Петровские чтения: Материалы всероссийской научной конференции с международным участием 16–17 ноября 2016 г. СПб.: Северная звезда. 2017. С. 343–344). Для этой книги я заново пересчитал имевшиеся у меня цифры, а также добавил к ним сведения из сводки за 12 ноября 1939 г.

За весь ноябрь было зафиксировано 12 преступлений сексуального характера: 10 изнасилований (в том числе два случая упоминаются в документах как изнасилования несовершеннолетних) и два покушения на изнасилование. За декабрь милиция также отметила 12 аналогичных преступлений: 5 изнасилований (в том числе один случай указан в сводке как изнасилование несовершеннолетней; еще один случай таким не назван, но из отдельного посвященного ему спецсообщения выясняется, что промышлявшая проституцией пострадавшая родилась в 1923 г., и, значит, скорее всего ей было 16 лет), 6 неудавшихся покушений на изнасилование и 1 случай развращения малолетней. При этом и абсолютное количество, и частота таких преступлений по сравнению с периодом до ноября повысились.

Можно отметить, что два изнасилования в декабре совершили не отдельные преступники, а целые группы. Так, 2 декабря группа граждан, которые в сводке обозначены как подростки (родились они в диапазоне от 1920 до 1926 г., так что кое-кто был уже отнюдь не подростком, а вполне совершеннолетним) изнасиловали несовершеннолетнюю. В том же документе говорится, что несколько человек из этой группы совершили еще одно изнасилование несовершеннолетней в ночь на 30 ноября[140].

Еще один аналогичный эпизод произошел 9 декабря. Как говорилось в милицейской сводке за день, в изнасиловании приняли участие 13 человек[141].

Несколько дней спустя, 13 декабря, Глушко и начальник отдела уголовного розыска по Ленинграду старший лейтенант милиции Аверкиев направили Жданову и Кузнецову отдельное посвященное данному происшествию спецсообщение. В этом документе говорилось:

«9 декабря с. г. в 22 часа рабочие ЖАКТ-а дома № 4/6 по Лубенской ул. — водопроводчик Сараев и кочегар Саксонов услышали женский крик о помощи, доносившийся из подвала указанного

---

[140] ЦГАИПД СПб. Ф. Р-24. Оп. 2в. Д. 3584. Л. 82 — 82 об.; в сводке за 30 ноября ничего об изнасиловании не говорится (Там же. Л. 76–77).

[141] Там же. Д. 3588. Л. 99–100.

дома. Сараев и Саксонов, взяв с собой фонарь, стали осматривать подвальное помещение и обнаружили там группу молодых людей в количестве 12–15 человек и женщину. При появлении Сараева и Саксонова неизвестные стали разбегаться и трое из них были задержаны. Гр-ка заявила Саксонову и Сараеву, что ее изнасиловала группа в количестве 10–13 человек и трое задержанных ими являются участниками изнасилования. Задержанные и потерпевшая были доставлены в домконтору, а потом уже при помощи работников Милиции — в 12 Отд[ел] ЛГМ (Ленинградская городская милиция. — *М. Т.*)».

Потерпевшая, Екатерина Сергеевна П. (опустим ее фамилию, как и фамилии остальных участников этой истории — все они в спецсообщении приведены, указаны и их адреса), 1923 года рождения, без определенных занятий и места жительства, сообщила, что в октябре ушла от своих родителей, проживающих на станции Буй в Ленинградской области, после этого «находилась в Ленинграде, ночи проводила в железнодорожных вагонах пригородного сообщения, курсирующих по Балтийской линии». Существовала она «на средства, добываемые ею от неизвестных мужчин, с которыми она знакомилась на улице города, вступала с ними в половую связь, за что брала деньги или ограничивалась угощением». 9 декабря она познакомилась с очередным таким мужчиной где-то в 18–19 часов, он угостил ее водкой и закуской, «она согласилась на половое сношение». Для этого они переместились в подвал, «но в момент полового акта туда явилась группа молодых людей в количестве 10–15 человек, которые с применением физической силы стали ее насиловать». По словам пострадавшей, «ее изнасиловало около 9–10 человек».

Трое задержанных (1917, 1923 и 1926 годов рождения) оказались ранее судимыми, один из них был рабочим фабрики «Скороход», двое — без определенных занятий и работы.

В результате оперативных мероприятий в ночь на 10 декабря было задержано еще 7 участников преступления. Сведения о них (имена, адреса, род занятий, сведения о судимости) также приводились в спецсообщении. Даты рождения колебались от 1923 до 1925 г., двое не работали, один был токарем на «Электросиле», трое — учениками слесарей разных предприятий, один — учеником маляра. Судимостей у этих семерых не было, но один из них имел несколько приводов в милицию и находился под следствием по 74-й статье УК РСФСР (хулиганство).

Всех задержанных заключили под стражу, шестеро сознались, материалы были переданы в городскую прокуратуру[142].

В декабре число убийств и попыток изнасилований (как удачных для преступников, так и безуспешных), в отличие от краж, рывков и хулиганства не снизилось. И их было заметно больше, чем до ноября. Но даже при этом для города с населением более чем в три миллиона человек[143] эти преступления по-прежнему были единичными случаями. Подавляющее большинство ленинградцев они не затронули.

Мне не удалось ознакомиться с ежедневными сводками ленинградской милиции за январь — март 1940 г. Но, если верить уже упоминавшимся данным «Поста революции», то в январе в ряде отделений милиции уменьшилось количество дел по хулиганству (напомню, что газета не хвалила за это, а критиковала)[144]. Таким образом, можно предположить, что в целом число зафиксированных правонарушений снижалось.

Вскоре после окончания войны, 22 апреля 1940 г., выступая на заседании объединенной Ленинградской областной и городской партийной конференции, Гоглидзе рапортовал: «...в период военных действий почти по всем видам преступности и хулиганства мы имеем резкое снижение». Далее он сообщил: «Если сравнивать данные о преступности за декабрь 1939 г., январь, февраль и 1-ю половину марта 1940 г. с тем же периодом времени 1938–1939 гг., то будет следующая картина: кражи снизились на 16 %, рывки из рук граждан на 14 %, убийства на почве хулиганства снизились на 57 %, убийства бытовые — на 50 %, хулиганство — на 3 %, кражи квалифицированные снизились на 38 %, кражи без взлома снизились

---

[142] Там же. Л. 104 — 104 об.

[143] По данным переписи населения 1939 г., в Ленинграде проживали 3 191 304 человека (Всесоюзная перепись населения 1939 года: Основные итоги. С. 63).

[144] Пост революции. 1940. 6 января. Речь шла о четырнадцати отделениях (номера 1, 2, 5, 7, 8, 11, 14, 18, 23–26, 31 и 34).

на 15 %, и кражи карманные снизились на 9 %... Такая же картина с преступностью и в Ленинградской области»[145].

Конечно, публично выступая на партконференции, Гоглидзе в любом случае предпочел бы рапортовать об успехах своего ведомства и своих подчиненных. Так что можно заподозрить, что он приукрашивал картину. Но ведь мы точно знаем, что в декабре по сравнению с ноябрем действительно снизилось число грабежей, хулиганских проявлений, краж, рывков, случаев раздевания пьяных. Вероятно, хотя Гоглидзе в своем докладе и отлакировал картину, мог подкорректировать цифры в лучшую сторону, но за его словами все равно стояли вполне реальные успехи ленинградской милиции.

Между представлениями ленинградцев о криминальной обстановке и реальностью в период советско-финляндской войны наблюдается явное расхождение. Жители города были уверены, что в связи с войной в городе резко выросло число преступлений. В 1939 г. в Ленинграде действительно увеличивалось количество преступлений, но по большинству категорий — не во время советско-финляндской войны, а до нее, с режимом затемнения и прочими особенностями жизни прифронтового города это не связано. Уровень убийств и изнасилований после начала войны в Ленинграде был выше доноябрьского периода, но в плане краж и хулиганства число правонарушений снизилось. Несмотря на отдельные вопиющие эпизоды, в целом можно считать, что уровень преступности оставался в рамках нормы.

Почему же население было уверено, что положение с преступностью стало намного хуже, чем до войны? Атмосфера города, погруженного в темноту и наполненного патрулями, постоянные публикации прессы на соответствующие темы — все это способствовало появлению среди горожан легенды о разгуле бандитизма и хулиганства.

Вместе с тем прифронтовой город не мог не стать объектом пристального внимания со стороны партийно-государственного руководства. Деятельность по охране общественного порядка

---

[145] ЦГАИПД СПб. Ф. Р-24. Оп. 2. Д. 3630. Л. 57.

активизировалась. Можно считать, что, скорее всего, действия властей дали результат и оказались эффективными. Возможно, некоторые из них даже оказались излишними и в какой-то степени превышали требования «необходимой самообороны» (здесь можно вспомнить о решении отправить в лагеря свыше тысячи человек «социально-вредного элемента»). Впрочем, чтобы увереннее выносить какие-то суждения на эту тему, нужно глубже изучить динамику преступности в Ленинграде, подробнее взглянуть на ее изменения в 1939 г., исследовать ежедневные сводки за 1940 г., для сравнения обратиться и к документам 1938 г.

3. Слухи и настроения

Война стала поводом для высказывания жителями города и области самых противоречивых суждений. Их внимание приковывали как боевые действия, так и международный контекст событий. Люди внимательно слушали речи пропагандистов (когда в январе 1940 г. в Новгороде проводили лекцию о международном положении, то в зал, рассчитанный на 300 человек, набилось 600[146]), расхватывали свежие газеты, напряженно вслушивались в радиосообщения. Они пытались выжать из скудных официальных известий максимум информации.

Пресса каждый день публиковала сводки о положении на фронте. В этих сообщениях перечислялись занятые частями Красной армии населенные пункты, но где они находились — понять было нельзя (карты в газетах не печатались или же они были слишком общими, охватывавшими Финляндию в целом с указанием только самых важных городов). 5 декабря «Ленинградская правда» объявила, что 1-я картографическая фабрика приступила к изготовлению справочных карт Финляндии. Размер карты — 72 на 104 см, тираж — 50 тыс. «Она поступит в продажу 7–8 декабря», — обещала газета[147]. Часть горожан тут же с азартом бросилась охотиться за этими изображениями вражеской территории. На страницах

---

[146] ЦГАИПД СПб. Ф. Р-24. Оп. 2в. Д. 4017. Л. 137.
[147] Ленинградская правда. 1939. 5 декабря.

дневника Анны Петровны Остроумовой-Лебедевой можно найти любопытное свидетельство (запись от 9 декабря): «Ездила покупать географическую вновь изданную карту Финляндии. Была такая чудовищная очередь, что немыслимо было ее получить. Я смотрела на публику — из кого она состояла? Всевозможные люди и всевозможных профессий. Моряки, красноармейцы, извозчики, школьники, старички, женщины с младенцами на руках и древние старухи. Кого-кого там не было! Карту издали 50.000 экземпляров и в продажу, наверное, пустили очень мало. Для ленинградцев это капля в море»[148]. 10 декабря «Ленинградская правда» писала: «Выпущенная на днях... справочно-политическая карта Финляндии уже полностью разошлась. Интерес к событиям настолько велик, что в картографические магазины беспрерывно поступают все новые и новые заявки на эту карту». Газета сообщала, что 1-я картографическая фабрика выпустит дополнительный 5-тысячный тираж, который должен поступить в продажу «сегодня-завтра»[149]. Однако и новые тиражи моментально сметались с прилавков. В январе из Новгородского горкома сообщали: «Карты с территорией Финляндии были раскуплены в тот же день, как только они появились в продаже»[150].

Если поначалу газеты обильно заполнялись текстами о стремительном движении РККА вперед, то вскоре количество материалов, посвященных фронту, резко сократилось. В «Правде» публикация развернутых военных корреспонденций прекратилась 11 декабря. До этого обширные статьи печатали каждый день, а в этом номере, если не считать короткой «Оперативной сводки штаба Ленинградского военного округа» о продвижении «по всем направлениям на 5–7 километров», о боевых действиях не было ни слова. «Красная звезда» остановила ежедневную публикацию подробных сообщений с фронта 12 декабря. В «Ленинградской правде» рубрика «В боях с белофиннами» сохранялась до 15 декабря, но с 16-го все также ограничивалось короткой «оперативной сводкой». В газете Октябрьской дороги «Сталинец» подробные фронтовые

---

[148] ОР РНБ. Ф. 1015. Ед. хр. 55. Л. 56 об.
[149] Ленинградская правда. 1939. 10 декабря.
[150] ЦГАИПД СПб. Ф. 24. Оп. 2в. Д. 4017. Л. 136–137.

корреспонденции тоже исчезли после 15-го числа. Дольше всего к данной теме обращались заводские многотиражки. Со страниц «Молота» (газета Невского завода им. В. И. Ленина) статьи о фронте пропали 18 декабря. В «Кировце» развернутые сообщения о боях перестали появляться двадцатого числа. С конца декабря 1939 г. и до начала февраля 1940 г. газетные материалы о событиях на фронте, за редкими исключениями (речь идет, например, об опровержениях некоторых сообщений иностранной печати), исчерпывались «Оперативными сводками штаба Ленинградского военного округа». Они были крайне лаконичны и малоинформативны. Например, 11 февраля сводка выглядела так: «В течение 10 февраля на фронте не произошло ничего существенного. Наша авиация производила разведывательные и боевые полеты»[151]. Иногда текст был еще короче; в нем говорилось лишь о том, что за день «на фронте не произошло ничего существенного»[152]. Развернутые описания боев вновь появились на страницах газет только в конце января. После публикации списков награжденных бойцов и командиров РККА на страницах периодики возникла рубрика «Герои боев с белофиннами»[153]. Пресса стала регулярно печатать статьи и очерки, посвященные подвигам красноармейцев[154]. Однако подробных материалов, освещавших текущие фронтовые события, по-прежнему не было[155].

Скудные официальные сведения не удовлетворяли людей. Остроумова-Лебедева в дневнике постоянно сетовала на нехватку

---

[151] Правда. 1940. 11 февраля; Красная звезда. 1940. 11 февраля; Ленинградская правда. 1940. 11 февраля.

[152] Например см.: Правда. 1939. 29, 31 декабря; 1940. 26 января; Красная звезда. 1939. 29, 31 декабря; 1940. 26 января; Ленинградская правда. 1939. 29, 31 декабря; 1940. 26 января.

[153] Правда. 1940. 19 января.

[154] Например: Правда. 1940. 7–11, 13, 17, 19 февраля; Красная звезда. 1940. 6, 8–12, 14–18 февраля; Ленинградская правда. 1940. 9, 10, 11, 16, 18 февраля.

[155] Подробнее о публикациях советской печати см.: Тягур М. И. Внешний враг в советской периодике в период «Зимней войны» // Псковский военно-исторический вестник: Научный альманах. Вып. 2. Псков: Региональное отделение Общероссийской общественно-государственной организации «Российское военно-историческое общество» в Псковской области, 2016.

информации. Одна такая запись датирована первым же днем войны: «Благодаря положению печати в нашей стране мы знаем только то, что хочет нам сообщить наше правительство. Ни одного звука извне не проникает к нам. Публика жадно ловит каждое слово, верное оно или неверное»[156]. Подобные замечания то и дело встречаются в записках художницы. Она отмечала: «Почти ничего не сообщают, кроме малозначащих вещей, в сравнении с тем, что происходит у нас и что все жаждут знать»; «Еще очень тяжела полная неизвестность и неосведомленность, в которой держат нас. Я сознаю необходимость этого, особенно во время войны, но это тяжело»; «О войне почти ничего не знаем»[157]. В результате с самого начала советско-финляндской войны по Ленинграду и области распространялись разнообразные слухи.

Иногда они повествовали о совершенно фантастических вещах. Так, уже 1 декабря, т. е. на второй день боевых действий, в одном из магазинов Выборгского района среди работников рассуждали, что «Япония направила в Финляндию 2 дивизии войск, но наш флот потопил в Северном море японские суда»[158]. А в конце января в сводке оргинструкторского отдела горкома было зафиксировано такое удивительное объяснение перебоев с электричеством: «Недостаток электроэнергии в Ленинграде объясняется тем, что вся энергия используется на фронте для рытья подземного хода под г. Выборг»[159].

Основные темы, волновавшие жителей Ленинграда, упомянул в своем выступлении на апрельской городской и областной партконференции Гоглидзе. В духе времени он связал распространение слухов с деятельностью противников правящего режима. По его словам, троцкисты и другие враги пытались «посеять панику распространением всякого рода провокационных слухов о продовольственном положении города и области, о ходе военных операций, о мнимых поражениях Красной армии, о ее неисчислимых потерях,

---

[156] ОР РНБ. Ф. 1015. Ед. хр. 55. Л. 52 об.
[157] Там же. Л. 52 об., 56, 61 об.
[158] ЦГАИПД СПб. Ф. Р-24. Оп. 2в. Д. 3585. Л. 120 об.
[159] Там же. Д. 4016. Л. 150.

о напряженности политической обстановки и т. д. и т. п.»[160]. То, что на партийной конференции этим разговорам специально уделил внимание глава ленинградского областного УНКВД, явно свидетельствует об их распространенности.

Эти разговоры вызывали у властей определенное беспокойство. 6 декабря 1939 г. начальник УНКВД по Ленобласти Огольцов издал приказ «О борьбе с распространением провокационных слухов», который требовал от сотрудников милиции активных действий по борьбе с распространением таких слухов, связанных с боевыми действиями против Финляндии. Приказ требовал «по каждому факту провокационных слухов немедленно производить тщательное расследование для выявления первоисточника этих слухов и его ареста»[161].

Прежде всего люди интересовались событиями на фронте. При этом практически сразу же стали говорить о поражениях и неудачах РККА. Еще 30 ноября работник завода № 7 Павлов говорил, что Красная армия, перейдя границу, сразу же продвинулась на 60 км[162]. Но уже на следующий день ремонтник фабрики «Возрождение» Бабков рассказывал: «Наши войска отступили на 5 километров»[163]. Достаточно быстро появилась тема линии Маннергейма. Уже 3 декабря парикмахеры Бауман и Гиткус заявляли, что «у финнов хорошие укрепления и болота, поэтому Красным войскам с ними ничего не сделать»[164]. В некоторых рассказах эти укрепления превращались в целый подземный «железобетонный город»[165]. Трудившийся на Судостроительном заводе им. С. Орджоникидзе Андрей Нестерович Цуканов вспоминал, что в городе нередко приходилось слышать о «финских дотах»: «Чего только про эти ДОТы не говорили, — рассказывал он, — и что резиной они обложены, и что снаряды от этих самых ДОТов отскакивают»[166]. В январе техник

---

[160] Там же. Оп. 2. Д. 3630. Л. 59.

[161] Цит. по: Крапивина Н. С. Правовое регулирование... С. 132.

[162] ЦГАИПД СПб. Ф. Р-24. Оп. 2в. Д. 3723. Л. 13.

[163] Там же. Л. 16.

[164] Там же. Л. 29.

[165] Там же. Д. 4017. Л. 139.

[166] ЦГАИПД СПб. Ф. Р-25. Оп. 10. Д. 294. Л. 76.

завода им. А. А. Кулакова Мельницкий утверждал: «Наши войска встретили такие укрепления — свыше 3-х метров железобетон и более 2-х метров резиновая прослойка. Наши снаряды не разрушают, а отскакивают...»[167] В милицейской сводке от 21 декабря сообщалось: «Из неизвестных источников распространяются слухи, что "финские укрепления защищены бронею толщиной в 10 метров, не поддающейся разрушению от действия нашей артиллерии"»[168].

К описаниям вражеских укреплений добавлялись толки о фанатичном и яростном сопротивлении финнов. Та же милицейская сводка излагала содержание слухов: «Финские офицеры и солдаты якобы не сдаются в плен, а бросаются на наших бойцов с ножами; будто недавно был случай, когда спрыгнувший с дерева финн заколол ножом только что прибывшего на фронт крупного военного работника»[169]. Остроумова-Лебедева 15 декабря записала в дневнике: «Со всех сторон доходят слухи о невероятной ярости и озлобленности финских войск. Много женщин сражается среди финских войск. И они наиболее свирепы»[170]. Об ожесточенном сопротивлении финских военнослужащих слышала и студентка Ася Звейнек. 12 января в ее дневнике появились слова: «С Финляндией плохо, очень плохо... Сколько людей гибнет. Финны просто фанатики, всех сознательных рабочих уничтожил Маннергейм»[171]. Рассказывали, что местное гражданское население также враждебно относится к красноармейцам. Сотрудники милиции зафиксировали такие разговоры уже в начале войны: «Якобы были случаи угощения кр[асноармей]цев папиросами, начиненными взрывчатыми веществами»[172].

Слухи повествовали о невзгодах, обрушившихся на бойцов РККА, о допущенных советской политической и военной верхушкой ошибках. 9 декабря сводка Управления милиции сообщала: среди горожан говорят, что «все городские больницы заполнены

---

[167] ЦГАИПД СПб. Ф. Р-24. Оп. 2в. Д. 4016. Л. 3.

[168] Там же. Д. 3585. Л. 165.

[169] Там же.

[170] ОР РНБ. Ф. 1015. Ед. хр. 55. Л. 61 об.

[171] ОР РНБ. Ф. 1000. Оп. 2. Ед. хр. 504. Л. 72 об.

[172] ЦГАИПД СПб. Ф. Р-24. Оп. 2в. Д. 3585. Л. 128.

ранеными, доставленными с финского фронта»[173]. Побывавший на фронте заведующий группой отдела снабжения завода «Примус» Александр Ефимович Григорьев в конце января рассказывал: «...армия на фронте терпит поражение, раненые красноармейцы лежат на снегу по 2–3 часа, пока совсем не замерзнут, вот до чего довели наши руководители. Они думали в 10 дней забрать Финляндию, но просчитались»[174].

Перед войной советская печать сообщала, что внутри финляндской армии «в течение двух десятков лет» велась шовинистическая пропаганда, смысл которой можно свести к фразе «один финн стоит 10 москалей»[175]. Теперь советские люди вспоминали эти слова в связи с неудачами Красной армии. В посвященной характеристике настроений жителей Ленинградской области сводке организационно-инструкторского отдела обкома от 21 января можно обнаружить высказывание военнослужащего Павлова: «Финны писали, что на одного финна 10 москалей, да так оно и получается»[176]. Уже после войны (сводка организационно-инструкторского отдела горкома от 2 апреля) были зафиксированы слова сотрудника отдела регулирования уличного движения Богданова: «Убито наших красноармейцев не 48 тысяч, а около миллиона. Разве столько возвращается с фронта, сколько туда ушло? Да и бойцы сами говорят, что наших финны косили как косой. Никто все равно не скажет правду о настоящих потерях, долго еще будут их держать в секрете»[177].

Неудачи Красной армии требовалось как-то объяснить. Широчайшее распространение получили слухи о вредительстве. Разговоры на эту тему начались практически моментально — о них сообщалось уже в сводке организационно-инструкторского отдела горкома от 3 декабря. Сотрудник охраны вагоностроительного завода им. И. Е. Егорова Миклашевский рассказывал, что «в генеральном штабе нашей армии на днях арестовано 30 финнов как

---

[173] Там же. Л. 136.

[174] Там же. Д. 4300. Л. 89.

[175] Правда. 1939. 19 ноября; Красная звезда. 1939. 19 ноября; Ленинградская правда. 1939. 20 ноября.

[176] ЦГАИПД СПб. Ф. Р-24. Оп. 2в. Д. 4017. Л. 139.

[177] Там же. Д. 4020. Л. 197–198.

шпионов и вредителей». Сам он эту новость «слышал в трамвае»[178]. Толки о вредителях не утихали до конца войны. Звейнек 2 марта записала в дневнике: «Говорят... на фронте было страшное вредительство, измена командования, шпионаж; красноармейцы ходили раздетые и голодные. Только с приездом Ворошилова, Жданова, Буденного начало все укрепляться»[179]. В разговорах ссылались на разные недочеты в подготовке советских войск. Например, машинистка Кингисеппского окружного исполкома Аллик считала результатом вредительства то, что «красноармейцев послали воевать в шинелях и ботинках и половина их померзла»[180]. Такие слухи поддерживали гости с фронта. В одной из сводок (составлена 31 декабря в Управлении милиции) сообщалось о приехавшем к жене красноармейце, который рассказывал, что «якобы имелся прямой провод из СССР в Финляндию, по которому передавали передвижение наших частей РККА»[181]. О вредителях говорили и другие прибывавшие из действующей армии бойцы, в том числе — раненые в госпиталях[182]. Кандидатуры изменников варьировались. Многие подозревали советских финнов. Например, военнослужащий Баберин (в середине декабря на два дня прибыл в Ленинград с фронта) рассказывал о предательстве бойцов Финской народной армии. Он утверждал: «Для работы в тылу у белофиннов был сформирован финский корпус в количестве 6.000 человек. Из всего корпуса осталось около 3.000 человек, остальные перешли на сторону белофиннов»[183]. Другие указывали на руководство ЛВО, говорили, что аре-

---

[178] ЦГАИПД СПб. Ф. Р-24. Оп. 2в. Д. 3723. Л. 30.

[179] ОР РНБ. Ф. 1000. Оп. 2. Ед. хр. 504. Л. 77; кроме того, см.: ЦГАИПД СПб. Ф. Р-24. Оп. 2в. Д. 3723. Л. 50–51, 60–61; Д. 3585. Л. 162 об., 167 об.; Д. 4016. Л. 1.

[180] ЦГАИПД СПб. Ф. Р-24. Оп. 2в. Д. 4017. Л. 138.

[181] Там же. Д. 3585. Л. 178 об.

[182] Там же. Оп. 2в. Д. 3723. Л. 50, 60; некоторые военнослужащие, находившиеся на фронте, писали различным руководителям письма, посвященные вредительству. См., например, письмо телефонного мастера (в гражданской жизни) и младшего командира Михаила Андреевича Воскресенского Жданову: Там же. Оп. 2г. Д. 231. Л. 29, 31 — 31 об.

[183] Там же. Оп. 2в. Д. 3723. Л. 50.

стованы Мерецков и еще 80 человек из штаба округа[184]. Толковали об измене Буденного[185]. Рассказывали об отставках высокопоставленных партийцев. Например, коммунист Богопольский в начале января утверждал, что «в Ленинград приехал т. Сталин снимать т. Жданова»[186].

Еще одна тема, связанная с фронтом и будоражившая ленинградцев, — это близость города к театру боевых действий. В начале войны регулярно возникали разговоры о падавших на Ленинград снарядах и бомбах. 1 декабря по городу ходили слухи о разрывах снарядов на Волковском кладбище и скорой эвакуации стариков и детей[187]. 3 декабря в Колпино неизвестный, одетый в форму красноармейца, рассказывал о снарядах, разрывавшихся на Литейном проспекте[188]. Говорили, что над городом летали вражеские самолеты — их заставили сесть, они оказались английскими[189]. Педагог Колпинской школы Рудиков утверждал, что накануне «видел над Ржевкой... три финских самолета, из которых два были сбиты, а один скрылся»[190]. В городе говорили, что 6 декабря вражеский самолет уничтожили в небе над Лигово[191]. 8 декабря активистка дома № 45 по улице Герцена Денисова ходила по квартирам и советовала запасаться водой, поскольку, по ее мнению, «Ленинград находится в зоне военных действий, и могут взорвать водопровод»[192]. Согласно сводке оргинструкторского отдела горкома от 16 декабря, делопроизводитель машиностроительного завода «Вулкан» Пельчиков рассказывал: «Финские самолеты сбросили бомбы на улице Халтурина». Начальник того же отдела Маркович утверждал, что «бомба брошена с финских самолетов на территорию Кировского завода»[193]. 19 декабря Остроумова-

---

₁₈₄ Там же. Д. 4017. Л. 138; также см.: Там же. Д. 3723. Л. 61.

₁₈₅ Там же. Д. 4017. Л. 137.

₁₈₆ Там же. Д. 4016. Л. 2.

₁₈₇ Там же. Д. 3723. Л. 14.

₁₈₈ Там же. Д. 3585. Л. 126.

₁₈₉ Там же. Л. 126 об.

₁₉₀ Там же. Д. 3723. Л. 29.

₁₉₁ Там же. Д. 3585. Л. 136.

₁₉₂ Там же. Л. 144.

₁₉₃ Там же. Д. 3723. Л. 48.

Лебедева записала в дневнике: «Вчера днем наши аэропланы гнали финского бомбовоза, пролетевшего над Ленинградом. К счастью, он не успел бросить бомбы. Вывесил флаг и сдался. Аэропланы летели так низко, что можно было разглядеть знаки на их крыльях»[194]. Возможно, рождению таких слухов помогали ошибки советских зенитчиков и летчиков. Напомню, что за время войны в небе над Ленинградом советские самолеты трижды были обстреляны своей истребительной авиацией[195].

Пресса утверждала, что к конфликту с СССР Финляндию подталкивали крупные империалистические державы. Поэтому ленинградцы затрагивали в своих разговорах и международный аспект событий. Говорили о разных странах, которые могли бы вступить в войну против Советского Союза вслед за Финляндией. 1 декабря 1939 г. начальник областного Управления милиции Грушко сообщал секретарям горкома Кузнецову и Штыкову, что А. И. Васильев (по словам Грушко, «исключенный из партии, сын бывш[его] фабриканта, родственники репрессированы») рассказывал: «Англия послала свои корабли в Финляндию, Гитлер присоединяется к Франции и Англии, и потому слова Ленина, что каждая кухарка может управлять государством, — не сбудутся»[196]. На фабрике «Лентекстильмаш» в Московском районе в этот день говорили, что Франция объявила войну Советскому Союзу. В том же районе в артели «Бондарь» рабочие Зубков и Тихомиров полагали, что против СССР будут воевать Швеция и Норвегия[197]. Двумя днями позже работница завода «Красный Выборжец» Зайцева утверждала, что в болотах Финляндии Красную армию «встретит миллионная армия англичан и даст отпор»[198]. Некоторые ленинградцы вспоминали о недавно объявленной советско-германской «дружбе». В милицейской сводке от 3 декабря можно прочесть слова медсестры амбулатории завода «Строймеханизация» Моргуновой: «Германия дала СССР карту с отметкой, где их аэродромы, находящиеся

---

[194] ОР РНБ. Ф. 1015. Ед. хр. 55. Л. 65 об.
[195] РГВА. Ф. 37977. Оп. 1. Д. 277. Л. 167.
[196] ЦГАИПД СПб. Ф. Р-24. Оп. 2в. Д. 3585. Л. 120 об.
[197] Там же. Д. 3723. Л. 14.
[198] Там же. Л. 29–30.

в Финляндии, и предупредила, чтобы войсками Советского Союза они не подвергались бомбардировке»[199].

Пропаганда провозглашала лозунги «освобождения» финляндских трудящихся. Тем не менее война способствовала росту шовинистических настроений. Сводка оргинструкторского отдела горкома от 3 декабря сообщала, что работницы 2-го кирпичного завода Науменко, Епифанова и Филимонова «стращают молодую финку Коскинайне». Они говорили ей: «Красная Армия бьет финнов и тебе несдобровать...»[200]

Вместе с тем некоторые жители Ленинграда и области сочувствовали Финляндии. В милицейской сводке о происшествиях за 10–11 декабря можно прочесть высказывание Бибилен Искановой (ее сын был арестован за спекуляцию): «Скорей бы финны заняли Ленинград, тогда они освободят моего сына»[201]. 17 декабря городское Управление милиции сообщало в обком: «В пивной на Лиговской ул., д. 157 задержан рабочий Зарубин Д. Д., 35 лет, высказывавший пораженческие тенденции в вопросе столкновения с белофиннами и т. п. контрреволюционные взгляды»[202].

Другие ленинградцы оценивали происходящее как необходимое зло. Обратившись к дневникам Остроумовой-Лебедевой и Звейнек, можно увидеть, как они оправдывали политику СССР. И пожилая художница, и молодая студентка полагали, что действия советского правительства справедливы. Звейнек, излагая события, связанные с предысторией войны, с созданием «народного правительства» в Терийоки и с исключением СССР из Лиги Наций, кратко пересказывала газеты, воспроизводя их фразеологию[203]. Остроумова-Лебедева, записав, что ей «тяжко и больно думать о фронте», затем утверждала: «Но иначе нам нельзя было поступить! Как можно терпеть в 70-ти верстах от Ленинграда плацдарм для таких врагов Советского Союза, как Англия, Франция, Америка, да все северные малые государства, да в придачу и Германия. Единственное о чем

---

[199] Там же. Л. 29.

[200] Там же.

[201] Там же. Д. 3585. Л. 144.

[202] Там же. Д. 3585. Л. 160.

[203] ОР РНБ. Ф. 1000. Оп. 2. Ед. хр. 504. Л. 65 – 66 об., 68.

можно пожалеть, что мы не могли уже несколько лет тому назад попытаться это ликвидировать!» (запись от 9 декабря 1939 г.)[204]. Несколько дней спустя художница писала: «А избежать этого не было возможности. Наше правительство право»[205]. На финской земле «столкнулись лбами два миросозерцания: капитализм и коммунизм». И в этой схватке «правда, истина у нас! И весь мир придет к ней!» (запись от 15 декабря)[206].

Подписание мирного договора также вызвало противоречивые отзывы. О мире объявили неожиданно и без лишних подробностей. Это вызывало вопросы. В самом начале войны было объявлено о создании Финляндской Демократической Республики, а Молотов на весь мир заявил, что Советский Союз не признает финляндское правительство, которое весь остальной мир считал законным. Теперь вдруг договор подписали именно с теми властями Финляндии, которых СССР не признавал, с которыми в первые дни боевых действий советское руководство не хотело вести никаких переговоров. Поэтому у пропагандистов особенно часто спрашивали, что будет с «народным правительством» и «народным корпусом»[207]. Некоторые граждане объясняли внезапный мир отношениями с Турцией — она, «подстрекаемая Англией и Францией... готовится к войне»; «СССР поспешил заключить мирный договор с Финляндией лишь потому, что на юге неблагополучно»[208].

Часть ленинградцев и жителей области пришли к выводу, что для Советского Союза война закончилась неудачей. Работница типографии Ораниенбаумского района Яковлева заявляла: «Нечего говорить о мирной политике Советского Союза. Просто ничего не добились и вынуждены были пойти на перемирие»[209]. Агент артели «Оптикоприбор» Василевский полагал, что «надо было довести

---

[204] ОР РНБ. Ф. 1015. Ед. хр. 55. Л. 55 об.

[205] Там же. Л. 61 об.

[206] Там же. Л. 62.

[207] ЦГАИПД СПб. Ф. Р-24. Оп. 2в. Д. 4020. Л. 126; Оп. 10. Д. 490. Л. 65; Ф. Р-25. Оп. 10. Д. 203. Л. 1, 2.

[208] ЦГАИПД СПб. Ф. Р-24. Оп. 2в. Д. 4020. Л. 180, 181.

[209] Там же. Д. 4077. Л. 108.

войну до конца»[210]. К таким оценкам склонялись многие военнослужащие. Константин Молодецкий писал, что в госпиталях «разыгрались просто тяжелые сцены. Сообщение о мире было встречено ранеными криками негодования, воплями, истериками. Многие срывали с себя повязки. Врачебные власти вынуждены были временно выключить радио, чересчур сильна была реакция на новое "достижение" правительства со стороны людей, проливших ради него свою кровь»[211]. Вероятно, Молодецкий записал чей-то рассказ и скорее всего в этом описании есть преувеличение. Тем не менее документы подтверждают, что часть бойцов и командиров РККА негативно восприняли новость о договоре. Комиссар сортировочно-эвакуационного госпиталя № 2307 батальонный комиссар Плотников 13 марта сообщал начальнику Политотдела специальных войск Ленинградского гарнизона полковому комиссару Степанову: «Ввиду некоторого недопонимания отдельные красноармейцы (раненые) заявляют: "напрасно заключили мир, финнов нужно было добить"»[212].

Представляется, что все-таки большинство ленинградцев восприняли известие о мире иначе. 14 марта секретарь горкома Кузнецов провел совещание. Присутствовали секретари райкомов партии и заведующие отделами горкома. Главной темой была реакция горожан на новость о советско-финляндском договоре. Для сбора информации райкомы накануне отправили своих сотрудников в очереди[213]. Они наблюдали, как люди, стоявшие в очередях, узнав о мире, иногда «пускались в пляс»[214]. Секретарь Володарского райкома Егоренков рассказывал: «Женщины прямо заявляют, что правительство совершенно правильно поступило»[215]. Секретарь Выборгского райкома Гудкин доложил: «Весть о заключении мирного договора встречена с исключительной радостью. Были организованы митинги на всех наших предприятиях. Были и слезы радости,

---

[210] Там же. Д. 4020. Л. 127.

[211] Криптон К. Осада Ленинграда. С. 31.

[212] РГВА. Ф. 34980. Оп. 1. Д. 54. Л. 226.

[213] ЦГАИПД СПб. Ф. Р-25. Оп. 2. Д. 3506. Л. 5, 7.

[214] Там же. Л. 7.

[215] Там же. Л. 5.

и объятия»[216]. Секретарь Красногвардейского райкома Вербицкий сообщил: «У нас был несчастный случай на заводе "Красный Выборжец": счищали снег с крыш, люди, как видно, были без привязи, и когда стали передавать по радио о мире, [один из них] заплясал и свалился»[217].

О такой же реакции говорят и мемуаристы. Тот же Криптон-Молодецкий вспоминал: «Самый день известия о мире (сообщение было дано рано утром) остался у меня в памяти. Город точно что-то осенило. Обыватель радовался. На лицах прохожих было написано: "кончилось, кончилось"». Кондуктора в трамваях «радостно уговаривали платить, выкрикивая: "война-то кончилась, можно и по совести ездить". Возбужденные пассажиры платили с особенным усердием, война ведь действительно кончилась»[218].

О радости вспоминали и те, кто находился в действующей армии. Красноармеец И. М. Дроцкий свидетельствовал: «Целую ночь дежурил на машине, которая освещала штаб, а утром прилег отдохнуть и вдруг чувствую, что меня тащат за ноги из машины. Я очень испугался, такой был крик, думал это финны меня тащат, а оказалось, что война окончена, заключен мир. Ребята кричат, целуются. Мимо нас шел трактор и тут — взрыв. Мы попадали, потом смотрим — трактор наехал на мину, весь разбит, трактористу обе ноги оторвало. Все ребята плакали, у нас вся радость пропала»[219]. А младший командир 168-го артиллерийского полка Резерва главного командования (располагался у Выборга) В. В. Ичин отметил противоречивость реакции на новость о договоре: «Одни радовались, что война закончилась, другие говорили, что линия Маннергейма взята, теперь осталось взять только Хельсинки и Финляндия наша. Я был согласен на мир»[220].

Но вернемся в Ленинград и Ленинградскую область.

Каковы были источники слухов?

---

216 ЦГАИПД СПб. Ф. Р-25. Оп. 2. Д. 3506. Л. 3.

217 Там же. Л. 11.

218 Криптон К. Осада Ленинграда. С. 29–30.

219 Цит. по: Степаков В. Разгром линии Маннергейма // Балашов Е. А., Степаков В. Н. Линия Маннергейма и система финской долговременной фортификации на Карельском перешейке. СПб.: Нордмедиздат, 2000. С. 58–59.

220 Цит. по: Там же. С. 59.

Одним из них служила пресса. Как говорилось выше, сообщения газет в определенный момент стали очень краткими и скудными. Не все им доверяли (собаковод склада «Заготзерна» И. И. Иванов утверждал: «Народ пытаются обмануть, все написанное в газетах надо понимать наоборот»[221]). Однако их внимательно читали, а некоторые газетные известия ложились в основу слухов. Как упоминалось выше, среди прочего в Ленинграде рассказывали, что в рядах финской армии сражается много женщин, проявляющих особую свирепость[222]. Вероятно, источником (или одним из источников) подобных толков была именно пресса. Так, сражавшиеся против Красной армии женщины упоминались в одной из статей «Сталинца» (газета Октябрьской железной дороги). Ее автор, С. Мукомель, писал: «По дороге в Перкьярви мы видели у траншей несколько трупов "вояк" женских шюцкоровских шаек. Одетые в мужскую одежду, с винтовками и пулеметами, эти взбесившиеся церковницы пытались сопротивляться Красной Армии. На каждой из них — серебряный крест. Подле них — множество патронных гильз и немало пулеметных лент». Затем он добавлял: «Как мы выяснили, большинство из этих "героинь" вербовалось в монастырях»[223]. Другая деталь, часто всплывавшая в разговорах — мины. В дневнике Звейнек 12 января упоминались «мины, мины без конца»[224]. О том, что «мины везде и всюду» уже 4 декабря писал в «Правде» журналист Николай Евгеньевич Вирта. Он так расписывал минную опасность, что это вызывало беспокойство у некоторых фронтовиков. Служивший в 54-й стрелковой дивизии писатель Михаил Федорович Чумандрин в письме жене просил ее не верить газетам: «Если ты прочитала вреднейшую статью Вирты о минах — плюнь! Конечно, на войне есть и мины, и пушки, и всякое, но мины на каждом шагу — это гнусное вранье. Вирта или врал с перепугу, или, как Мюнхгаузен, врал инстинктивно, не могши остановиться. Где финнам взять столько мин?»[225]

---

[221] ЦГАИПД СПб. Ф. Р-24. Оп. 2в. Д. 3585. Л. 148.

[222] ОР РНБ. Ф. 1015. Ед. хр. 55. Л. 61 об.

[223] Сталинец. 1939. 18 декабря.

[224] ОР РНБ. Ф. 1000. Оп. 2. Ед. хр. 504. Л. 72 об.

[225] ЦГАЛИ СПб. Ф. Р-426. Оп. 1. Д. 6. Л. 2 об.

Другой источник, откуда ленинградцы получали информацию, — письма от родственников, служивших на фронте. Они, например, могли говорить о тех же минах[226]. В них же содержалась сведения о тяжелых бытовых условиях, в которых оказались бойцы и командиры РККА. В начале января в сводке организационно-инструкторского отдела горкома сообщалось: слесарь завода «Светлана» Григорьев «ходит по цеху с письмом от брата и всем читает». В письме рассказывалось: «Раненые красноармейцы находятся в жутких условиях, нет медицинского персонала, раненых плохо кормят...»[227]

Третий источник слухов — прибывшие с фронта военнослужащие. В город поступала масса раненых. В сводке оргинструкторского отдела горкома от 20 декабря можно прочесть: «По проспекту 25 октября в доме 174 помещается военный госпиталь. Ворота во двор госпиталя все время открыты. Как только сюда прибывают раненые, около машины собираются толпы людей, которые ведут различные разговоры, рассказывают разные небылицы». Далее говорилось, что рядом с госпиталем расположен пост милиции, «однако никаких мер, чтобы предотвратить излишние разговоры, не принимается»[228]. Раненых посещали родственники. Георгий Павлович Александров (в тот момент — школьник, учился в 8-м классе) вспоминал, как он вместе с отцом навещал раненого дядю, рассказывавшего о фронте[229]. Кроме того, в Ленинград приезжали военные, прибывшие в командировки. Некоторые из них привозили с фронта финские листовки[230]. Последние попадали в Ленинград и вместе с ранеными. 4 января сводка организационно-инструкторского отдела горкома констатировала: «...трубочист Самотолков взял у соседа по квартире две антисоветские листовки и показывал их прорабу хозбытконторы Шепелявому. В этих листовках белофинны призывают красноармейцев отомстить за расстрел Тухачевского и др., бросить оружие и т. д.»[231]

---

[226] ЦГАИПД СПб. Ф. Р-24. Оп. 2в. Д. 4016. Л. 2.

[227] Там же. Л. 3.

[228] Там же. Л. 62.

[229] Александров Г. П. В награду — жизнь. С. 147–148.

[230] ЦГАИПД СПб. Ф. Р-24. Оп. 2в. Д. 3585. Л. 147.

[231] Там же. Д. 4016. Л. 3.

Советские граждане могли ознакомиться с вражеской пропагандой не только из листовок, но и с помощью радиоприемников. 4 декабря начальник областного Управления милиции Грушко докладывал Кузнецову и Штыкову: «Ходят слухи, что 2 декабря в 1 час ночи была попытка передачи по эфиру контррев[олюционного] выступления, вначале замаскированного цитатами из произведений В. И. Ленина, а потом перешедшего к... следующим фразам: "Правительство СССР занялось шовинизмом, Ленин этого не допустил бы; цель войны — завоевание Финляндии" и т. п. с к/р (контрреволюционным. — *М. Т.*) призывом против руководителей Партии и Правительства. Вскоре передача была заглушена шумом»[232]. 3 декабря работница «Гидроэнергопроекта» комсомолка Игнатьева заявила председателю месткома, что «она сегодня ночью слышала по радио воззвание на русском языке к народам СССР — свергнуть Советское Правительство за то, что оно притесняет малые государства, и в частности Финляндию»[233]. 10 января 1940 г. руководитель организационно-инструкторского отдела горкома докладывал секретарям горкома: «Комсомолец Ленинградского управления местной промышленности тов. Волков сообщает, что 9 января, примерно в 0 час. 04 мин. до 0 час. 35 мин. он слышал из Финляндии радиопередачу на русском языке. У микрофона выступал якобы пленный красноармеец, причем вся его речь была полна клеветнических нападок на Советский Союз, на Красную Армию»[234]. В Кронштадтском военно-морском госпитале финская передача зазвучала из-за ошибки техперсонала — вместо трансляции концерта из Ленинграда. Не все воспринимали такой источник информации как незаконный. Как пишет историк Дмитрий Алексеевич Журавлев, «в отдельных случаях происходили и вовсе удивительные вещи. В 12-м железнодорожном дивизионе военком, старший политрук Ефимов организовал в декабре 1939 г. коллективное прослушивание "антисоветской передачи", пригласив к себе в купе военнослужащих своей части...»[235]

---

[232] Там же. Д. 3585. Л. 124.

[233] Там же. Д. 3723. Л. 30.

[234] Там же. Д. 4016. Л. 32.

[235] Журавлев Д. А. Настроения военнослужащих и гражданского населения... С. 136.

С советской стороны финские передачи пытались глушить. Об этом свидетельствует запись от 15 января 1940 г. в журнале боевых действий 2-го корпуса ПВО: «Ежедневно вечером финская рация в 21:30 дает антисоветские передачи на русском языке на волне 93 приемника СИ-235. Наши блокирующие станции, как правило, запаздывают с блокированием на 10−15 минут»[236].

С началом Великой Отечественной войны Совнарком 25 июня 1941 г. принял постановление «О сдаче населением радиоприемных и передающих устройств». Все советские граждане должны были в пятидневный срок сдать свои радиоприемники. Разным организациям («учреждениям, предприятиям, радиоузлам, клубам, Ленинским уголкам и другим общественным организациям») приемники разрешалось использовать «исключительно для коллективного слушания радиопередач в строго определенные часы». Те, кто свои радиоустройства не сдали, подлежали уголовной ответственности[237]. Возможно, в этом решении сказался опыт столкновения с Финляндией.

Таким образом, во время советско-финляндской войны нехватка официальных материалов и молчание пропагандистских структур стали питательной почвой для возникновения многочисленных слухов. Толки о военных неудачах отнюдь не вселяли в граждан оптимизм. Постепенно все более распространенным становилось пессимистическое настроение в отношении перспектив советско-финляндской войны. Поэтому известие о мире, хоть и вызвало у некоторых ленинградцев негативный отклик, основной массой населения было встречено с радостью.

[236] Журнал боевых действий соединений и частей 2-го корпуса ПВО...

[237] Постановление СНК СССР № 1750 «О сдаче населением радиоприемных и передающих устройств». URL: https://www.prlib.ru/item/1348652

Заключение

Накануне и во время советско-финляндской войны в Ленинграде и Ленинградской области был проведен ряд мероприятий, которые вначале должны были подготовить Красную армию, Военно-морской флот, хозяйство и население региона к войне, а затем — приблизить победу в ней. Эти мероприятия очень серьезно повлияли на жизнь города и области.

Почувствовать близкое дыхание войны ленинградцы смогли в сентябре — октябре 1939 г., когда была проведена скрытая мобилизация. Она сопровождалась рядом трудностей, проходила с опозданием и выявила отсутствие четкой координации между разными государственными структурами. Тогда же, в сентябре — октябре 1939 г., началась подготовка ленинградской промышленности к скорой войне — это были приготовления еще общего характера, на случай разных вариантов развития событий. Затем в октябре руководители Советского Союза приняли решение начать войну против Финляндии. Во второй половине ноября были осуществлены мероприятия, преследовавшие цель непосредственной подготовки города к конфликту с северо-западным соседом: созданы новые подразделения МПВО, введен режим светомаскировки, сформированы эвакуационные госпитали.

30 ноября 1939 г. начались боевые действия. Война оказалась не столь легкой, как представлялось руководству СССР. Неожиданно для советского командования она затянулась на три с половиной месяца и была связана с серьезными трудностями. Мероприятия, предпринятые до войны, оказались недостаточны. В срочном порядке пришлось делать новые заказы промышленности, разворачивать дополнительные медучреждения, перестраивать управление

транспортом и искать дополнительные материальные и человеческие ресурсы. Эти действия не были запланированы заранее, носили характер импровизации.

Ленинградская промышленность в целом справлялась с задачей обеспечения действующей армии техникой и оружием. Ей пришлось срочно адаптироваться к военным условиям. Предприятиям (их руководителям и конструкторам) дали возможность проявлять инициативу, предоставили больше свободы. Они избавлялись от излишних бюрократических процедур. Был создан ряд новых образцов вооружения, крупных срывов в снабжении войск удалось избежать. После окончания войны старые порядки стали возвращаться, однако полученный опыт не исчез бесследно, к нему могли и должны были обратиться в случае новой чрезвычайной ситуации. Вместе с тем отказ от существовавших процедур разработки, испытаний и приема техники имел и негативные последствия. Это могло привести (и приводило) к принятию решений о запуске в производство не до конца испытанных или даже вовсе не испытанных образцов, которые существовали только на бумаге. В итоге зря тратились материальные ресурсы и время большого числа работников разных предприятий. Такие случаи свидетельствуют о лихорадочности попыток найти способы преодолеть внезапно возникшие на фронте трудности, лишний раз показывают, что события развивались совсем не так, как планировалось накануне войны.

Вся транспортная система региона перестраивалась в соответствии с задачами обеспечения фронта. Возникли серьезные затруднения. Ленинград и Ленинградская область столкнулись со снабженческим кризисом, прежде всего давала себя знать острейшая нехватка топлива и — как результат — усилились перебои с производством электроэнергии. Предпринимались экстренные меры по развитию дорожной сети. В целом советско-финляндская война выявила недостаточность имевшихся в городе запасов топлива и продовольствия, продемонстрировала сложность снабжения огромного города, оторванного от производивших провизию и топливо регионов. Сложности войны послужили стимулом для расширения железнодорожной системы региона, а также стали поводом для обсуждения перспектив модернизации топливной и энергетической сфер.

Война серьезно отразилась на жизни гражданского населения, столкнувшегося с нехваткой дров и угля, перебоями в продовольственной торговле, товарным дефицитом и длинными очередями. Важную роль в возникновении очередей сыграли не только транспортные трудности, но и ажиотажный спрос. Ленинград получал достаточно продовольствия, однако снабжался «с колес». В городе не было заблаговременно созданных больших запасов продовольствия.

Затруднения материально-бытового характера, а также нехватка официальной информации создала благоприятную почву для распространения слухов о чрезвычайно тяжелой ситуации на фронте, о катастрофических поражениях Красной армии и о вредительстве.

В историографии существует мнение, что во время советско-финляндской войны в Ленинграде вырос уровень преступности. Хотя этот сюжет требует дальнейшего изучения, можно сказать, что сильного роста преступности не произошло, наоборот, по ряду типов преступлений ее уровень снизился. Прифронтовой город был объектом пристального внимания со стороны государственного руководства. Деятельность по охране общественного порядка активизировалась. Однако усиленное патрулирование улиц и газетная кампания, посвященная борьбе с преступностью, создавали у граждан впечатление резкого роста числа правонарушений. В среде горожан возникла легенда о разгуле бандитизма и хулиганства, впоследствии она воспроизводилась в воспоминаниях.

Ленинград был крупнейшим военно-медицинским центром. Несмотря на то что его госпитали не готовились к приему столь большого числа раненых и к такой напряженной работе, в целом они сумели справиться со вставшими перед ними задачами. Это было достигнуто за счет ускоренной мобилизации сосредоточенных в городе крупных кадровых и материальных ресурсов.

За время войны в Ленинграде только один раз объявлялась воздушная тревога. Финны атаковали объекты в области, но над самим городом вражеских бомбардировщиков не появлялось. Тем не менее война показала серьезные недостатки в организации ленинградской местной противовоздушной обороны и выявила ее слабую готовность к крупным испытаниям. Масса формирований МПВО были созданы в последний момент, а затем бездействовали. Чтобы добиться соблюдения режима светомаскировки, понадобилось много времени и усилий.

Недочеты и упущения в сфере обеспечения армии ленинградские власти пытались исправить, используя патриотизм населения и «инициативу снизу». Поэтому среди методов мобилизации, активно применявшихся властями, важное место заняли кампании по организации добровольческого движения и сбору подарков для фронтовиков. Ход и итоги этих кампаний отличались противоречивостью. Было набрано немало добровольцев-лыжников, но они были плохо обучены и, попадая на фронт, несли серьезные потери. В госпитали пришли дружинницы Красного Креста, для работы в медучреждениях набрали массу добровольцев-«общественниц», однако зачастую они были слабо подготовлены. Иногда объяснять новоиспеченным медсестрам и санитаркам, как правильно делать перевязки, приходилось самим раненым. Вместе с тем в значительной степени удалось решить проблемы острой нехватки лыжников на фронте и серьезного недостатка медицинского персонала в госпиталях. Сбор подарков для бойцов РККА содействовал преодолению существовавшего в армии дефицита теплых вещей.

Советское руководство попыталось всесторонне осмыслить опыт войны с Финляндией. Уроки ее обсуждались не только в Москве, но и в Ленинграде: на объединенной городской и областной конференции, на рассматривавших деятельность Осоавиахима и Красного Креста совещаниях, на конференции руководителей эвакуационных госпиталей и больниц. Много внимания уделялось критике деятельности Осоавиахима. Результатом стала перестройка работы последнего. Однако процесс осмысления и исправления обнаруженных недочетов далеко не всегда был последовательным. Одной из главных причин неэффективности осоавиахимовской организации была признана «погоня за количественными показателями» в ущерб качеству оборонно-массовой работы, однако, несмотря на такие выводы, «погоня за количеством» не прекратилась.

Ленинградские партийные и советские органы получили опыт действий в чрезвычайных условиях, адаптации к военной ситуации.

На них легли обязанности по координации работы, организации взаимодействия предприятий и учреждений разных ведомств. Они работали под пристальным наблюдением Москвы (важнейшие решения по военному производству утверждались Политбюро, в город приезжали некоторые наркомы, специально назначенные уполномоченные различных центральных органов), но вместе с тем могли проявлять инициативу, располагали определенной самостоятельностью. Решение ряда вопросов по сути было отдано на откуп региональным партийным и советским органам, некоторым созданным в ходе войны и действовавшим в городе разным временным чрезвычайным органам (например, комиссии по распределению угля и другого топлива). При этом властям как страны в целом, так и региональным пришлось пойти на ряд импровизаций. Иногда они были удачными, иногда — наоборот.

В целом нужно отметить, что Ленинград и Ленинградская область справились с выдвинутыми войной задачами. Удалось экстренно мобилизовать крупные и разнообразные ресурсы, имевшиеся в городе и его окрестностях до войны. Но при этом обеспечение фронта во многом осуществлялось за счет гражданского населения. К тому же работа разных хозяйственных сфер, промышленности, госпиталей, транспорта шла в условиях значительного напряжения. Это был ценный опыт, который власти пытались осмыслить, и который, безусловно, пригодился позже, во время Великой Отечественной войны. Вместе с тем трудности советско-финляндской войны оказались предвестниками куда более страшных испытаний, которые обрушились на ленинградцев после 22 июня 1941 г.

Советско-финляндская война на страницах неопубликованной книги «Сто пять дней боев»

Сразу после советско-финляндской войны 1939–1940 гг. советское политическое и военное руководство начало активно обсуждать ее опыт. В Москве и Ленинграде состоялся ряд совещаний и конференций, посвященных осмыслению уроков только что закончившегося конфликта[2]. Частью данного процесса была работа над посвященным этой войне фундаментальным научным трудом. Газета «Красная звезда» объявила о приказе наркома обороны Семена Константиновича Тимошенко подготовить семитомник «Советско-финляндская война 1939–1940 гг.», который планировалось

------

[1] В сокращенном варианте эта статья публиковалась: Тягур М. И. Советско-финляндская война на страницах неопубликованной книги «Сто пять дней боёв» // Бомбардир. 2020. № 30; здесь приводится версия, в которой восстановлены сокращения, и, кроме того, текст отредактирован и существенно дополнен.

[2] Самое известное из этих мероприятий — совещание командного и начальствующего состава РККА при ЦК ВКП(б) 14–17 апреля 1940 г. (см.: Зимняя война 1939–1940. Кн. 2). Еще до этого, уже 13 марта, в Ленинграде провели совещание командиров и комиссаров Краснознаменного Балтийского флота (см.: РГА ВМФ. Ф. Р-92. Оп. 2. Д. 637). Также в Ленинграде состоялось совещание, посвященное урокам боевого применения артиллерии (Артиллерия в наступательных операциях Великой Отечественной войны. Кн. 1. Артиллерия в наступательных операциях первого периода войны (22 июня 1941 г. — 18 ноября 1942 г.). М.: Воениздат, 1964. С. 71). Уделили внимание и опыту войны в медицинской сфере: в апреле в Ленинграде было проведено совещание начсостава санитарной службы Ленинградского военного округа (см.: Филиал ЦАМО (ВМД). Ф. 1. Оп. 7401. Д. 1), в мае — конференция работников эвакуационных госпиталей и спецотделений больниц и институтов (см.: ЦГА СПб. Ф. Р-9156. Оп. 4. Д. 274, 275, 276, 277).

издать к 1 марта 1942 г.[3] Был составлен и утвержден подробный план всех частей исследования[4].

Вместе с тем партийно-государственные структуры стремились использовать тему войны с Финляндией в пропагандистских целях. Кроме проходившего на закрытых совещаниях острого обсуждения выявившихся проблем и неувязок, шла подготовка ряда изданий, рассчитанных на широкие круги и призванных воспитать и укрепить в читателях советский патриотизм. Пожалуй, самым известным из них стал двухтомник «Бои в Финляндии»[5].

В Ленинграде готовили аналогичную книгу. 13 декабря 1940 г. состоялось расширенное заседание правления Ленинградского отделения Союза советских писателей. Среди прочего обсуждался и вопрос об издании на тему «Ленинград во время войны с белофиннами» с условным названием «Сто пять дней». В качестве докладчика выступал Александр Андреевич Прокофьев. Работать над проектом должен был весьма представительный коллектив (в протоколе названы: Владимир Павлович Заводчиков, Молчанов, Борис Дмитриевич Четвериков, Владимир Павлович Беляев, Александр Германович Розен, В. П. Владимиров, Павел Леонидович Далецкий, Лев Владимирович Канторович, Евгений Григорьевич Соболевский, Б. Соловьев, Борисов, Леонов, Вениамин Александрович Каверин, Павел Николаевич Лукницкий, Михаил Михайлович Зощенко, Вера Казимировна Кетлинская, Михаил Леонидович Слонимский, Николай Семенович Тихонов, Сергей Александрович Семенов, Иван Федорович Кратт, Николай Николаевич Никитин, Леонид Николаевич Рахманов, Виссарион Михайлович Саянов, Николай Корнеевич Чуковский, Леваневский, Эльмар Грин)[6]. Впоследствии к авторам присоединились и другие литераторы, а название трансформировалось: итоговый вариант звучал как «Сто пять дней боев».

---

[3] Красная звезда. 1940. 19 июля.

[4] Один из экземпляров плана хранится в архиве военно-морского флота: РГА ВМФ. Ф. Р-1529. Оп. 2. Д. 642.

[5] Бои в Финляндии. Воспоминания участников: в 2 ч. М.: Воениздат, 1941.

[6] ЦГАЛИ СПб. Ф. Р-371. Оп. 1. Д. 6. Л. 1.

7 мая 1941 г. начальник управления издательств и полиграфии Дурнов сообщал секретарю ленинградского горкома партии Николаю Дмитриевичу Шумилову, что книга готова «для сдачи частями в производственные процессы», осталось «только обеспечить издание бумагой, а для этого необходимо ходатайство Лен. ГК (Ленинградского горкома партии. — *М. Т.*)». Объем получавшегося текста достигал 30 печатных листов, планировался тираж в 25 тыс. экземпляров[7]. Но из-за начала Великой Отечественной войны «Сто пять дней боев» не увидели свет. Какое-то время часть участников проекта не теряла надежды на появление печатной версии их творения. Входивший в редакционную коллегию Владимир Петрович Ставский 9 марта 1942 г. напоминал Андрею Александровичу Жданову, что книга завершена, а также убеждал адресата, что, если ее затруднительно напечатать в Ленинграде, «то можно очень быстро издать в Москве»[8].

Часть подготовительных материалов для книги отложилась в ЦГАИПД СПб в фонде горкома партии (Р-25) среди дел с документами отдела пропаганды и агитации[9].

Что это за материалы и что могут извлечь из них исследователи?

Частично перед нами созданные писателями и журналистами очерки и стихи, которые собирались публиковать за их подписями. Но большинство текстов заявлены как воспоминания разных жителей Ленинграда, не принадлежавших к числу профессиональных литераторов. Это были люди в диапазоне от директоров заводов до рабочих. Все они удостоились наград за свой труд в дни войны. Они официально указывались как авторы, однако над подписанными ими текстами работали писатели, которые записывали их свидетельства, обрабатывали и фактически выступали в роли не только редакторов, но и соавторов. Как правило, их имена указаны в машинописях и рукописях.

Например, воспоминания директора Ижорского завода Николая Степановича Казакова сопровождаются пояснением: «Записал

---

[7] ЦГАИПД СПб. Ф. Р-25. Оп. 10. Д. 300. Л. 5.

[8] Там же. Л. 2.

[9] Там же. Д. 294, 295, 296, 297, 298, 299, 300.

и обработал Юрий Инге»[10]. В конце машинописи рассказа вагоновожатой А. В. Васильевой «На санитарном транспорте» можно прочесть: «Обработка А. Кучерова»[11]. Писатели могли создавать повествование по мотивам бесед с разными людьми. Очерк «У дальнего причала» написан от имени боцмана теплохода «Волголес» Ивана Николаевича Скляренко. При этом в конце стоит пояснение: «Записал и обработал из двух рассказов т. т. Скляренко и Гаврилова — Владимир Беляев». Это указание дополнено примечанием: «Ввиду отсутствия т. Скляренко, материал после обработки ему не прочитан и нуждается в проверке и уточнении»[12]. На других текстах, наоборот, указано, что их номинальные авторы все-таки ознакомились с ними. Так, в рассказе начальника восстановительного поезда Октябрьской железной дороги Михаила Михайловича Боченкова (в конце машинописи указано: «Обработал Левоневский»[13]) на первом листе имеется рукописная приписка: «Материал известен т. Боченкову, возражений не встречает»[14]. К обработанным Верой Казимировной Кетлинской воспоминаниям заместителя начальника станции Ленинград-сортировочная-Московская добавлено: «Текст в окончательной редакции изучен и одобрен Д. А. Ивановым, что подтверждает В. Кетлинская»[15]. Некоторые воспоминания просто заверены подписями рассказчиков[16]. Можно предположить, что часть официальных авторов предоставила в руки профессиональных писателей некие рукописи, на основе которых обработчики затем создавали получившиеся в итоге очерки, однако если такие рукописи действительно существовали, то их нет в рассматриваемых нами делах из ЦГАИПД СПб. Вероятнее всего, большинство имеющихся текстов были созданы после устных бесед писателей с рассказчиками.

---

[10] Там же. Д. 294. Л. 50.

[11] Там же. Л. 27.

[12] Там же. Д. 295. Л. 10.

[13] Там же. Д. 294. Л. 18.

[14] Там же. Л. 1.

[15] Там же. Д. 296. Л. 141.

[16] Например: Там же. Д. 294. Л. 62; Д. 295. Л. 94; Д. 296. Л. 45.

По указаниям редакционной коллегии полученные таким образом записи воспоминаний могли серьезно перерабатываться. Об этом свидетельствует протокол совещания редколлегии от 17 марта 1941 г.[17] Так, по рассказу главного инженера Ижорского завода Михаила Николаевича Попова был вынесен вердикт: «Доработать, снять — о искрении. Добавить — пейзаж завода во время затемнения. Добавить несколько новых фактов изобретательности, трудовых подвигов. Добавить — черт характера Попова. Поручить т. Ставскому поговорить с автором»[18]. Решение по воспоминаниям инженера Ленинградского оптического завода Наума Абрамовича Гуревича гласило: «Снять миноулавливатели. Оставить и разработать о каркасах для раненых, ярче показать настроения раненых. Центр очерка поискать вместе с Иволгиным»[19] (последний был литобработчиком). Очерк о Екатерине Кузнецовой с завода «Светлана» предполагалось «сделать лиричнее — о "Светлане", о работницах, о выполнении программы. Пейзаж дать яркий и углубить характер Кати Кузнецовой»[20]. Решение о тексте Бориса Дмитриевича Четверикова про больницу им. Куйбышева выглядело так: «Очерк переработать. Дать рассказ от первого лица главной героини — сестры Сорокиной»[21]. В некоторых случаях давались краткие рекомендации: «Очерки принять. Отредактировать»; «Очерк доработать, сократить»[22]. В других случаях от имевшихся текстов отказывались: «Снять все», «Очерк снять»[23]; «Очерк снять. С автором поговорить о другой теме», «Очерк снять. Поговорить с автором о другой теме»[24].

Из того же документа можно узнать, что литераторы делились на несколько групп, отвечавших за разные темы: группа Тихонова — «Заводы», группа Зощенко — «Город», группа Лавренева — «Больницы и госпитали», группа Марвича — «Пищевая и легкая

---

[17] ЦГАИПД СПб. Ф. Р-25. Оп. 10. Д. 300. Л. 1 — 4 об.

[18] Там же. Л. 1.

[19] Там же.

[20] Там же.

[21] Там же. Л. 2 об.

[22] Например: Там же. Л. 3 об.

[23] Там же. Л. 1 об., 2.

[24] Там же. Л. 2.

промышленность», группа Бялика — «Интеллигенция», группа Ставского — «Транспорт — водный и жел[езно]дор[ожный]» и освещение работы Института переливания крови.

Кроме того, на совещании обсуждался вопрос «О дополнительных темах». В итоге появилось решение:

«Считать необходимым добавить следующие темы в книге:

1) Белицкий с Кировск[ого] зав[ода] — мастер, лыжник, альпинист.

2) Броневики — у броневика Ленина.

3) Поклонная Гора — встреча героев.

4) Мальчик с планом взятия Выборга.

5) Рассказ Елькина.

6) Рассказ филолога Островской.

7) Экскурсия ленинградцев на фронт с осмотром ДОТов (Судостроители), тему делает т. Шумилов.

8) О Наташе Матвеевой. Очерк делает Голубева.

9) Об артистке Лозовской — поручить т. Бялику.

10) О домохозяйке Подобедовой (советская семья), поручить сделать очерк т. Каралиной.

11) О моряках — поручить наметить героев т. Шумилову.

12) О летчиках Гражданск[ого] Воздушного Флота, которые перевозили раненых. Поручить очерк сделать т.т. Чуковскому и Григорьеву.

13) О заявлениях добровольцев в Военкоматы. Поручить т. Бялику с его группой собрать материалы и дать ряд очерков.

14) О заявлениях в Политуправление. Поручить т. Ставскому с его группой собрать материалы и дать ряд очерков.

Кроме того, поручить т. Ставскому дать очерк о семье гр. Бессонова»[25].

По-видимому, часть тем из этого перечня появилась в результате контактов с партийными работниками и сотрудниками политаппарата Красной армии. Так, сюжет про «мальчика с планом взятия Выборга» вполне могли подсказать военные. Чуть позже, когда в апреле 1940 г. проводилась IX областная и VII городская

---

[25] Там же. Л. 3 об. — 4.

объединенная партийная конференция, член Военного совета Ленинградского военного округа (ЛВО) Николай Николаевич Вашугин рассказывал о группе пионеров, приславших в штаб округа письмо с предложениями о методах штурма Выборга[26].

Все тексты, о которых идет речь, выдержаны в нужном для пропагандистских целей духе. Вместе с тем в них запечатлен ряд любопытных эпизодов и характерных черт ленинградской повседневности и работы промышленности в период войны.

Весьма интересен в этом отношении записанный и обработанный Александром Гайвороном рассказ Александра Акимовича Нодельмана. В рукописи Нодельман назван директором Сталепрокатного завода им. Молотова, однако предприятие получило данное имя уже после заключения мира, в период войны это был завод «Красный гвоздильщик». Датирован текст 27 января 1941 г.[27]

Некоторое внимание в данном тексте уделено общей атмосфере в Ленинграде накануне и во время боевых действий против Финляндии, как, например, в следующем фрагменте: «Все мы чувствовали напряженную обстановку и со дня на день ждали, что вот-вот должно начаться. Но мы почему-то представляли себе, что это произойдет торжественно: иду на Вы! А в действительности вышло гораздо проще и грознее. Мы еще были в постели, когда Кронштадт ударил по врагу всеми своими орудиями, и Красная армия перешла границу. Так началась война, навязанная нам врагами»[28]. В материалах неизданной книги неоднократно упомянут режим светомаскировки, в который город на Неве погрузился на время войны. Говорится про него и здесь, при этом акцентируется внимание на контрасте с другими частями страны, а именно — со столицей: «В январе я выехал в Москву. Мы привыкли к затемненному Ленинграду, мертвому свету синих ламп. А тут исключительное сияние и водоворот движения. Москва! Город, который никогда не спит и, должно быть, никогда не будет затемнен»[29].

---

[26] ЦГАИПД СПб. Ф. Р-24. Оп. 2. Д. 3630. Л. 27–28.

[27] ЦГАИПД СПб. Ф. Р-25. Оп. 10. Д. 299. Л. 98.

[28] Там же. Л. 69.

[29] Там же. Л. 82.

Но все же большая часть текста посвящена работе завода. Много внимания уделено трудностям, с которыми столкнулось предприятие, в том числе дефициту топлива и электроэнергии, с которым зимой 1939–1940 гг. столкнулась вся ленинградская хозяйственная система. По словам Нодельмана и Гайворона, электроэнергию «очень скупо распределяли»[30]. Касающиеся этой темы эпизоды и замечания появляются несколько раз, говорится и о конфликтных ситуациях:

«В середине декабря к нам на завод приехали из ЛВО саперы. Мы получили от них срочный и очень большой заказ на крепеж всякого рода. Первые трудности возникли тут же у меня в кабинете в присутствии заказчиков: свет в лампочках замигал и потускнел, потом зазвонил телефон. Из Лен-Энерго (так в тексте. — *М. Т.*) сообщили, что нам еще раз снижают норму. Выполнять заказ нечем. Вместе с заказчиком отправились к уполномоченному Госплана. После долгих препирательств и обоюдных обвинений нам пообещали увеличить норму энергии»[31].

В другом месте упомянуто, что бороться за электроэнергию помогали ведомственные руководители из столицы: «Ленэнерго отчаянно упорствовало. Но с помощью Наркомата из Москвы мы все же вырвали необходимое нам и приступили к делу»[32].

Из-за нехватки ресурсов на заводе в зависимости от встававших задач приходилось останавливать одни цеха и запускать другие:

«В ту напряженную зиму недостаток энергии и топлива вынуждал перестраивать работу так, чтобы специальные заказы (т. е. военные заказы. — *М. Т.*) не пострадали. Отдельные цехи работали без остановки, а освобожденные рабочие законсервированных цехов перебрасывались к станкам ударного значения. ЛенЭнерго (так в тексте. — *М. Т.*) выматывало душу. Звонок оттуда бросал в дрожь: "Снижаем энергию!" Это звучало как "оставь надежду!" и мы опускали руки. Чуть ли не каждый вечер сидели у директора и решали, что остановить, что пустить и какими очередями. Иногда в течение дня

---

[30] Там же. Л. 75.
[31] Там же. Л. 72–73.
[32] Там же. Л. 86.

останавливали то один цех, то другой, чтобы регулировать правильный выпуск продукции; работать стало значительное труднее»[33].

Другая трудность в работе завода — отсутствие необходимого оборудования. В уже упомянутый заказ саперов входили штыри, скобы, гайки, болты[34]. Среди прочего требовались и болты длиной 90 см, при том что «Красный гвоздильщик» изготавливал болты в 90 мм.

«Наша мощность и оборудование не давали возможность выполнить заказ, а тем более срочный. Была угроза, что станки не выдержат. Но изготовлять специальный инструмент не было времени, и мы пошли на риск. Это все равно, что парикмахерскими ножницами резать проволочные заграждения. Рабочие даже боялись приступить к делу: ну, вот сейчас треснет!»[35]

Однако «кое-что все-таки удалось перестроить, на ходу», одновременно часть изготовлявшихся в рамках заказа изделий с согласия военных изменили[36]. Согласно тексту, «много операций (оттяжка конца, острение, ершение и др.) вообще нельзя было выполнять на станках, даже переоборудованных нами. И рабочие делали это ручным способом: первую смену работают на своем станке, а в вечернюю и ночную доделывали кустарно»[37]. Вместо 7 часов приходилось работать по 14—15[38]. Кузница перешла на круглосуточную работу (в две смены) без выходных[39].

Кроме того, многие рабочие и служащие были мобилизованы, молодые люди шли добровольцами в лыжные батальоны, девушки — в санитарки и медсестры[40]. «И это стало бедствием для некоторых цехов. Начальнику одного из них, т. Оболенскому приходилось обращаться за помощью в парторганизацию. Удержать девушек на производстве было очень трудно. Но удерживать надо

---

[33] ЦГАИПД СПб. Ф. Р-25. Оп. 10. Д. 299. Л. 91–92.

[34] Там же. Л. 73.

[35] Там же. Л. 74–75.

[36] Там же. Л. 75.

[37] Там же. Л. 75–76.

[38] Там же. Л. 76.

[39] Там же. Л. 79.

[40] Там же. Л. 92.

было многих»[41]. Возможно, здесь есть преувеличение (чтобы подчеркнуть патриотический энтузиазм и численность рвущихся в добровольцы), но перед ленинградскими предприятиями действительно остро стояла проблема сокращения числа рабочих рук. Об этом упоминается и в других материалах, написанных для «Ста пяти дней боев»[42].

На все перечисленные проблемы накладывалась срочность требовавшихся для военных работ. В тексте описан случай, когда заказ на пружины пришел в 7 вечера, а сделать их требовалось к часу ночи[43]. «Тогда начальник цеха сел на машину и помчался по затемненному Ленинграду разыскивать рабочих. Собрать 20—30 человек было нелегко». Чтобы вовремя выполнить заказ, к станкам в качестве рабочих пришлось встать инженерно-техническим работникам и начальнику цеха Оболенскому[44].

Повествование о «Красном гвоздильщике» должно было демонстрировать трудовой героизм советских людей, успешно преодолевавших все появлявшиеся на их пути препятствия. Однако вместе с тем в нем ярко показаны проблемы, остро вставшие перед всей ленинградской хозяйственной системой и показавшие ее неготовность к серьезной и затяжной войне. Видимо, именно поэтому было решено не публиковать получившийся текст. Редакционная коллегия вынесла вердикт: «Очерк снять. Поговорить с автором о другой теме»[45].

Сведения об обрушившихся на ленинградскую промышленность трудностях можно извлечь и из других очерков. Во многих из них говорится об удлинении рабочего дня, рассказывается про трудившихся без выходных рабочих. Некоторые работники ночевали на предприятиях. На заводе подъемных сооружений для сна был приспособлен красный уголок[46]. Аналогичным образом поступили

---

[41] Там же. Л. 92—93.

[42] Например: Там же. Л. 2, 24.

[43] Там же. Л. 93—94.

[44] Там же. Л. 94.

[45] Там же. Д. 300. Л. 2.

[46] Там же. Д. 299. Л. 64.

с красными уголками в литографии № 21[47] (там печатали карты) и на заводе им. Ленина[48].

С большим напряжением трудились не только рабочие, но и руководящие работники. Показательный фрагмент можно обнаружить в воспоминаниях директора Ижорского завода Николая Степановича Казакова (текст записан и обработан Юрием Алексеевичем Инге), где рассказывается о главном инженере завода Попове, возглавлявшем завод во время поездки директора на фронт: «Он не спал несколько ночей. Глаза его стали красными и воспаленными. Он оброс бородой, так как не было времени заниматься своей внешностью»[49].

По материалам «Ста пяти дней боев» можно составить представление о том, какую продукцию поставляли в Красную армию различные предприятия — упоминания об этом рассыпаны по разным текстам. Например, на фабрике «Большевичка» шили гимнастерки для РККА[50]. Фабрика «Пролетарская победа» изготавливала сапоги, в том числе специальные лыжные[51]. В Институт радиовещательного приема и акустики (ИРПА) с фронта привозили ремонтировать радиоаппаратуру[52].

В воспоминаниях конструктора Жозефа Яковлевича Котина (рукописный текст, в конце — неразборчивая подпись[53]; судя по протоколу совещания редколлегии, над текстом работал некто Радищев[54]) говорится о работе Кировского завода над новым танком (имеется в виду КВ), минными тралами и бронещитами. При этом рассказывается и о взаимодействии руководства завода с вышестоящим начальством. Остановимся на этом сюжете подробнее.

Во время советско-финляндской войны на Ижорском и Кировском заводах разработали и запустили в производство бронещи-

---

[47] ЦГАИПД СПб. Ф. Р-25. Оп. 10. Д. 296. Л. 217.

[48] Там же. Д. 300. Л. 26.

[49] Там же. Д. 294. Л. 41.

[50] Там же. Д. 296. Л. 34.

[51] Там же. Д. 298. Л. 4.

[52] Там же. Д. 296. Л. 89.

[53] Там же. Д. 299. Л. 46–60.

[54] Там же. Д. 300. Л. 1 об.

ты[55]. На Кировском в период затишья на фронте директор Исаак Моисеевич Зальцман вызвал к себе конструкторов и сообщил, что «нужно создать специальные приспособления для защиты головы и груди. При этом он продемонстрировал образно, припав к ковру на четвереньки. Хоть сотню метров в час, но дать возможность двигаться вперед»[56]. Среди конструкторов объявили конкурс, «лучшие схемы были пущены в разработку»[57].

Дальше в тексте сообщается:

«Когда опытный образец был готов, нас вызвал к себе тов. Жданов. Осмотрев и одобрив опытные образцы, тов. Жданов велел немедленно отправить в Москву щиты для пехоты. В эту же ночь Директор З[аво]да, я и тов. Ефремов уехали в Москву, и на другой день 8.01.40 нас принял тов. Ворошилов и зам наркома тов. Кулик.

Детально осмотрев образцы и сделав указания, тов. Ворошилов по телефону поговорил с тов. Сталиным.

Желая лично проверить образцы, изготовленные Кировским заводом, тов. Сталин вызвал к себе в кабинет тов. Зальцмана и меня.

На осмотре броневых щитов для защиты пехоты присутствовали ттов. (так в тексте. — *М. Т.*) Ворошилов и тов. Молотов.

Тов. Сталин внимательно осмотрел образцы и сделал ряд замечаний. После чего вынул из шкафа автоматическую винтовку, передал ее тов. Зальцману и просил продемонстрировать, как будет работать с таким щитом боец нашей армии.

Тов. Зальцман лично показал метод работы и, расположившись на полу, сделал ряд передвижений со щитом. Долго осматривал тов. Сталин новое вооружение для бойцов, делал замечания, советовался с т.т. Молотовым и Ворошиловым, после чего принял решение о массовом изготовлении.

Прощаясь с нами, тов. Сталин пожал нам руки и пожелал успеха в работе и скорейшей реализации серийных образцов.

---

[55] Подробнее см.: Антонов В. Сам себе цитадель. URL: https://warspot.ru/8271-sam-sebe-tsitadel (дата обращения 03.09.2020).

[56] ЦГАИПД СПб. Ф. Р-25. Оп. 10. Д. 299. Л. 56.

[57] Там же. Л. 57.

Мы ушли из Кремля вдохновленные на новый подъем, ибо слово вождя окрылило наши силы и энергию, и по возвращении в Ленинград с новой силой мы начали делать то, что велел тов. Сталин»[58].

Несомненно, этот фрагмент должен был выполнять вполне конкретную пропагандистскую задачу: подчеркнуть важную и руководящую роль Сталина, показать ум генсека. Эту же задачу решал и текст рассказа Николая Степановича Казакова, в котором идея новой машины для передвижения по снегу была приписана Сталину (со ссылкой на его личный опыт передвижения на запряженных оленями нартах во время ссылки в Туруханском крае)[59], а также отмечалось, что сталинские замечания о конструкции автоматического оружия поражали «глубоким знанием дела»[60]. Вместе с тем за описанием встречи представителей Кировского завода с руководителями государства стоит реальный эпизод. Согласно журналу посещений кабинета Сталина, представители Кировского завода 8 января провели в кабинете генсека 10 минут — с 22:20 до 22:30. В это время там также находились Климент Ефремович Ворошилов, Вячеслав Михайлович Молотов, Борис Михайлович Шапошников, Александр Михайлович Василевский, Григорий Иванович Кулик и Вячеслав Александрович Малышев[61]. Вероятнее всего, именно эту встречу имел в виду Молотов, когда в 1960-е гг. рассказывал Феликсу Ивановичу Чуеву: «Во время финской войны Сталину привезли новый пулемет на полозьях. Сталин попросил себе винтовку из караулки, лазил с этим пулеметом, нашел несколько недостатков — с большим знанием дела»[62].

Кроме сюжетов, связанных с производством, в материалах «Ста пяти дней боев» освещены различные мобилизационные кампании, охватывавшие ленинградское население, в том числе кампания

---

[58] ЦГАИПД СПб. Ф. Р-25. Оп. 10. Д. 299. Л. 57–58.

[59] Там же. Д. 294. Л. 39–40.

[60] Там же. Л. 50.

[61] На приеме у Сталина. Тетради (журналы) записей лиц, принятых И. В. Сталиным (1924–1953 гг.): Справочник. М.: Новый хронограф, 2008. С. 288.

[62] Чуев Ф. И. Молотов: Полудержавный властелин. М.: ОЛМА-Пресс, 2002. С. 345.

по сбору подарков и средств на подарки для красноармейцев. В воспоминаниях директора фабрики им. Володарского Юрия Фомича Богданова говорится о начале стихийного сбора денег[63]. В этом можно усмотреть пропагандистский вымысел, однако другие источники подтверждают, что подобные случаи действительно имели место. В одной из сводок ленинградского УНКВД о настроениях населения зафиксирован эпизод, когда 3 декабря (на четвертый день войны) по своей инициативе собирали средства на помощь раненым управхоз дома 7 в Перекупном переулке и несколько активисток[64].

Другой связанный с подарками для красноармейцев сюжет — их доставка в части действующей армии. На фронт их могли везти специальные делегации с предприятий. От лица начальника технологического процесса в цехе № 26 завода им. Орджоникидзе Андрея Нестеровича Цуканова (воспоминания записал В. Ставский) описано, как группа делегатов с завода ездила в 123-ю стрелковую дивизию и осматривала захваченные финские доты[65].

Написанные для книги воспоминания и очерки освещают не только сферу промышленности. Среди этих материалов можно найти рассказ вагоновожатой трамвая А. В. Васильевой (обработчик А. Кучеров[66]), перевозившей раненых. В воспоминаниях начальника восстановительного поезда Октябрьской железной дороги Михаила Михайловича Боченкова (обработчик Левоневский[67]) описаны ремонтные работы на только что занятых советскими войсками территориях.

Имеется и текст, посвященный боям на фронте. Это записанные Александром Гайвороном воспоминания Героя Советского Союза старшины Петра Михайловича Леонтьева[68] (на начало войны — по-

---

[63] ЦГАИПД СПб. Ф. Р-25. Оп. 10. Д. 298. Л. 47–48.

[64] ЦГАИПД СПб. Ф. Р-24. Оп. 2в. Д. 3585. Л. 123 об.

[65] ЦГАИПД СПб. Ф. Р-25. Оп. 10. Д. 294. Л. 75–92.

[66] Там же. Л. 19–27.

[67] Там же. Л. 1–18.

[68] Позднее Леонтьев участвовал в Великой Отечественной войне, в 1943 г. был тяжело ранен и вскоре умер в госпитале. Биографическую справку см.: Леонтьев Петр Михайлович. URL: https://warheroes.ru/hero/hero.asp?Hero_id=5582

мощник командира взвода в корпусной артиллерии) «Как мы прорывали линию дотов»[69].

При этом в сборнике «Бои в Финляндии» опубликовано целых два текста, посвященных работе расчета, которым командовал Леонтьев. Один из них также подписан Леонтьевым и носит заголовок «Сокрушение дотов». Автором второго указан наводчик Яковлев, а называется он «Прямой наводкой по дотам». Можно сравнить разные описания одних и тех же событий.

В статье для «Ста пяти дней боев» Леонтьев отмечает, что почти весь личный состав его подразделения был призван из запаса: «Замковый Банев — жестянщик, замковый Булахов — молотобоец, наводчик Яковлев — директор вагон-ресторана и сам я — строитель-плотник». К первому дню войны никто из бойцов взвода «еще ни разу не слышал выстрела» своих корпусных пушек[70]. В «Прямой наводкой по дотам» Яковлева находим аналогичное свидетельство: перечислен весь личный состав расчета, указаны их специальности, отмечено, что все они были гражданскими, мобилизованными в 1939 г.[71] Представляется, что это весьма типичная деталь. Располагавшиеся у границы с Финляндией советские войска в значительной мере были укомплектованы резервистами, призванными в ходе осени 1939 г. Например, в 68-м стрелковом полку 70-й стрелковой дивизии в конце ноября на 932 человека кадрового состава приходилось 2109 призванных из запаса[72]. 40-я легкотанковая бригада на 60 % состояла из запасников[73].

Согласно рассказу Леонова для «Ста пяти дней боев», с началом войны «три дня без сна и отдыха мы продвигались по исковерканной фугасами и снарядами земле». Только после этого была сделана первая остановка, описанная так:

---

[69] ЦГАИПД СПб. Ф. Р-25. Оп. 10. Д. 294. Л. 51–62.

[70] Там же. Л. 51.

[71] Яковлев В. Прямой наводкой по дотам // Бои в Финляндии. Воспоминания участников. Ч. I. С. 322.

[72] Аптекарь П. А. Советско-финские войны. М.: Яуза; Эксмо, 2004. С. 63.

[73] Коломиец М. В. Танки в Финской войне 1939–1940 гг. М.: Яуза; Эксмо. 2013. С. 84.

«Наконец, ночью в одном местечке около сгоревших двух домов нам предоставили отдых на 2 часа. Уже стояли морозы, погреться было негде. Мы отыскали самое подходящее для сна место — сгоревший амбар. Зерно в нем превратилось в уголь, который не успел еще остыть. Тут было единственное теплое место. Красноармейцы улеглись на этом пожарище вповалку. Было не так удобно, но тепло, а некоторым даже жарко.

Когда через 2 часа поднялись, то обнаружили, что кое у кого обгорели шинели и гимнастерки. Были даже ожоги на теле. Как это произошло, никто не почувствовал — до чего крепко спали»[74].

Далее повествуется про остановку советских войск перед линией Маннергейма и период стабилизации фронта:

«Здесь, у местечка Хотинен, нам пришлось много и долго потрудиться. Мы вырыли землянки и оборудовали их по всем правилам комфорта: на мерзлый грунт наложили хвои, прикрыли ее палатками; бочки из-под горючего пошли на камельки. Появились газеты, посылки и даже патефон.

Стрельбу по огневым позициям мы вели день и ночь с перерывами на отдых. Командир батареи по несколько часов не вылезал из корзинки аэростата. К нам подходили разведчики и стрелки из соседней дивизии (100-й). Они удивленно, почти со страхом смотрели на наши орудия и благодарили нас за ворошиловские килограммы[75], которые мы через их спину отправляли Маннергейму заказной посылкой.

В свою очередь мы расспрашивали их, как там идут бои. От них мы узнали о долговременных огневых точках противника. Слово ДОТ звучало как чертов орех. Раскусим или нет?

---

[74] ЦГАИПД СПб. Ф. Р-25. Оп. 10. Л. 294. Л. 52–53.

[75] Для сравнения огневой мощи советских и иностранных войск в пропаганде нередко фигурировали килограммы. Например, Ворошилов в выступлении на XVIII съезде партии сравнивал вес залпов (в килограммах) артиллерии французского, германского и советского стрелковых корпусов (см.: XVIII съезд Всесоюзной Коммунистической партии (б). 10–21 марта 1939 г. Стенографический отчет. М.: Госполитиздат, 1939. С. 192). По его словам, советские залпы весили больше. И поскольку именно Ворошилов до 1940 г. занимал пост наркома обороны, то в пропаганде эти килограммы огневой мощи, предназначенные для врагов, именовали «ворошиловскими».

Нас немножко угнетало то, что мы уже долго не меняли позиций. Мы даже начали жиреть от размеренной, как на учениях, жизни. И единственной встряской для нас были воздушные бои»[76].

Вслед за описанием одного из воздушных боев, который довелось наблюдать советским артиллеристам, рассказывается о подготовке к новому наступлению и прорыве финских укреплений. При этом особо отмечена роль Семена Константиновича Тимошенко. В тексте говорится про «слухи, что по фронту ходит маршал Тимошенко и вместе с другими командирами и рядовыми бойцами ведет советы на местах». Гости из 100-й стрелковой дивизии приносят новость о словах маршала: «Далеко от врага стоим... И пехота далеко, и пушки далеко». Рассказчик передает свою реакцию: «Вот так штука! Нам такое в голову не приходило, наверное, от нашей спеси: мол, бьем врага на десятки километров...»[77] Позднее, получив задание бить из корпусных орудий прямой наводкой по доту № 36, он вспоминает слова Тимошенко и думает: «Выходит, правда»[78]. Вскоре после окончания советско-финляндской войны Тимошенко был назначен наркомом обороны, пропагандистский аппарат был ориентирован на создание его позитивного образа. Неудивительно, что подобным мотивам нашлось место и в материалах для создававшейся в Ленинграде книги.

Само получение задания выглядит так:

«В полдень меня вызвали в штаб к командиру дивизиона, т.е. на наблюдательный пункт. По этому пункту белофинны все время вели артиллерийский огонь. Когда я подходил к штабу, вернее, подползал, один из наших командиров был ранен в ногу. Я подполз к нему, чтобы оказать первую помощь. Из-за бугорка показались врач и двое санитаров. Раненому разрезали сапог и стали делать перевязку. Он плотно сжал губы, лицо побелело. Врач спешил. Но тут недалеко от нас бухнул тяжелый снаряд, и раненый командир был убит в висок осколком. Мне стало не по себе. Наши командиры, в отличие от командиров стрелковых и танковых частей, всегда

---

[76] ЦГАИПД СПб. Ф. Р-25. Оп. 10. Л. 294. Л. 53–54.
[77] Там же. Л. 55.
[78] Там же. Л. 56.

находятся впереди своих подразделений; они должны видеть разрывы снарядов, чтобы корректировать стрельбу. А для неприятеля наблюдательный пункт — самая главная цель. Артиллерия бьет по этому месту с особенным ожесточением.

Кое-как я все-таки добрался до штаба. Командир дивизиона приказал мне следовать за ним и пополз вперед. Я не отставал. Мы продвигались как ужи, пользуясь малейшей впадиной, бугорком, воронкой. Белофинны открыли по нам частый огонь из орудий, пулеметов и даже минометов. Нас буквально засыпали землей. Но командир, не останавливаясь, вел меня к определенному месту.

— Вам предстоит большое дело, — сказал он, — Надо ударить по ДОТу 36 прямой наводкой.

Я вспомнил разговоры о маршале Тимошенко: "Далеко стоим". Выходит, правда. Но где же этот самый ДОТ?

Мы выползли на открытое место. Отсюда было хорошо видно вперед и по сторонам.

— Видите дерево? — спросил меня командир.

— Вижу.

— Кустик правее...

— Точно.

— Ну, а рядом возвышенность. Это и есть ДОТ.

Я присмотрелся — обыкновенный бугорок — и удивился: что же это за ДОТ? Справа и слева были такие же возвышенности. Командир сказал, что это тоже ДОТы. Но надо разбить именно этот, 36-й ДОТ, который является командирским. Оттуда ведут наблюдения за нами и передают на другие ДОТы.

Из бугорка справа по нам выпустили пулеметную очередь. Впечатление такое, словно огонь вырывается из земли. Хорошо замаскировались, ничего не скажешь!

Мы поползли обратно. Дорогой я выискивал место, где бы можно было поставить орудие. Место подходящее нашел около двух кустиков: естественная маскировка. Мой выбор командир одобрил и приказал открыть по ДОТу огонь утром на следующий день»[79].

---

[79] Там же. Л. 55–57.

Текст Леонтьева, опубликованный в «Боях в Финляндии», начинается сразу с получения задачи вести огонь прямой наводкой по доту. В нем нет никаких подробностей о первых днях войны, о пути на фронт, о долгом пребывании на одной и той же позиции перед линией Маннергейма.

«Командир дивизиона поставил передо мной задачу: выдвинуть вперед 203-миллиметровое орудие и прямой наводкой разбить дот № 36. Никогда еще, пожалуй, из такого мощного орудия не били прямой наводкой по такой близкой цели». Дальше Леонтьев сам ползет рассматривать цель, командир дивизиона остается на наблюдательном пункте. Разглядев дот в бинокль, Петр Михалович размышляет: «Придется, думаю, поставить орудие в кустах, все-таки маскировка, хоть и плохонькая. Нужно будет вырыть окоп и установить в нем орудие. Огонь по доту мне приказано было открыть в 8 часов утра. Итак, в запасе у меня вечер и ночь. Решил вечером начать сооружение окопа, а ночью поставить орудие». Затем, после возвращения Леонтьева к командиру дивизиона, они обсуждают, как поставить орудие, не привлекая внимания финнов. «Командир подумал и принял решение: все орудия нашего дивизиона будут обстреливать сопку, где стоит дот, чтобы создать сильный шум и дымовую завесу. Это собьет финнов с толку, и они не поймут, что мы устанавливаем орудие»[80].

Как видим, рассказы явно отличаются деталями. И если в варианте для «Ста пяти дней боев» указано лишь, что орудия относятся к числу корпусных, то в «Боях в Финляндии» мы уже видим калибр. Речь идет о 203-мм гаубицах образца 1931 г. Такое орудие в боевом положении весило 17,7 т, а в походном — 19. Дальнобойность гаубиц достигала 18 км, скорострельность составляла 1—2 выстрела в минуту[81]. Это огромное орудие на гусеничном лафете, как правило, бьет

---

[80] Леонтьев П. Сокрушение дотов // Бои в Финляндии. Ч. I. С. 340.

[81] История отечественной артиллерии. Т. III. Артиллерия Советской Армии до Великой Отечественной войны (октябрь 1917 г. — июнь 1941 г.). Кн. 8. Советская артиллерия в период между гражданской и Великой Отечественной войнами (1921 г. — июнь 1941 г.) М.–Л.: [Управление командующего ракетными войсками и артиллерией; Военно-исторический музей артиллерии и инженерных войск], 1964. С. 55.

по целям на большом расстоянии, огонь прямой наводкой для его расчета действительно был крайне необычным делом.

У Яковлева рассказ построен совсем иначе. Расчеты разных орудий узнают, что решено бить по доту прямой наводкой с расстояния нескольких сотен метров, и начинают писать рапорты в штаб части с просьбой поручить вести огонь именно им:

«Рапорт тотчас же был составлен и подписан всеми номерами орудийного расчета. В рапорте мы поклялись, что доверие командования, доверие народа и любимого Сталина оправдаем с честью и выполним задачу только отлично.

Когда принесли рапорт в штаб части, то оказалось, что туда уже поступило двенадцать таких рапортов. Расчеты других орудий раньше нас узнали о предстоящей опасной задаче. Я не суеверный, но подумал — наш рапорт по счету тринадцатый. Чертова дюжина! Вот нам и не повезло»[82].

В итоге на следующий день именно расчет, в котором служили Леонтьев и Яковлев, все-таки получает приказ «прямой наводкой громить белофинские логовища — доты». Бойцы, чувствуя «себя именинниками», готовятся к выполнению этой задачи[83].

Вместо строгой субординации и акцента на сложности задачи (как в обоих вариантах текста за подписью Леонтьева) перед нами — рассказ об энтузиазме, о том, что все бойцы и командиры Красной армии рвутся вперед и горят желанием сражаться.

Но вернемся к тексту Леонтьева и Гайворона для сборника «Сто пять дней боев».

«Как только стемнело, я со своим взводом отправился к облюбованному месту. Мы захватили кирки, лопаты, топоры. Надо было расчистить площадку для орудия, подъезд, вырыть окоп для расчета. Работали по-стахановски. Земля была мерзлая. Удары лома гулко отдавались в тишине. Финны услышали. Сидеть в склепе страшно, особенно когда рядом тебе роют могилу. По нам открыли огонь из пулеметов и минометов. Мы залегли и переждали, пока белофинны не успокоятся, потом продолжили опять.

---

[82] Яковлев В. Прямой наводкой по дотам. С. 319.
[83] Там же.

Три раза нам прерывали работу. Но к 4-м часам утра мы сделали все и вернулись за орудием. С командиром я договорился, что, когда трактор потащит нашу пушку на подготовленную площадку, батареи откроют огонь. Шум выстрелов, поднятая снарядами кверху земля помогут нам занять огневую позицию незаметно, и враг не увидит и не услышит, как мы подставили ему дуло под самый нос. Мощный трактор зарычал, но сдвинуть орудие с места было не так легко. Снегу намело метра на полтора, и нам пришлось разгребать его лопатами, чтобы гусеницы не буксовали и не тонули, а шли по твердому грунту.

Противник вслепую вел обстрел наших позиций из пулемета. Пули свистели и цокали в сталь. Расчищать дорогу орудию нам приходилось в лежачем положении»[84].

Как видим, здесь в рассказе возникает упоминание об огне, которым командир дивизиона решил прикрывать выдвижение орудия на позицию и который на страницах «Боев в Финляндии» упоминался в рассказе о получении задачи. В целом же в двухтомнике подготовка позиции описана пусть и с отличиями, но схожим образом:

«В сумерках я привел своих бойцов на выбранное место. Показал им, где траншеи противника, где расположен дот. Справа от нас чернел лес, в котором наших частей не было. Выставил справа и слева по одному пулемету, а впереди двух бойцов с винтовками, и принялись за работу.

Стучим в промерзшую землю лопатами, ломами, и звуки наших ударов разносятся далеко. Финны услышали, начали обстрел. Минут тридцать пришлось нам лежать на снегу. Когда они перестали стрелять, мы снова дружно принялись за работу. И вот окоп готов.

Доложили командиру дивизиона. Он приказал поставить орудие в окоп. Как было условлено, дивизион открыл огонь по сопке, чтобы финны не услышали шума трактора, тащившего орудие.

Двигались мы чрезвычайно медленно, потому что снег был глубокий и трактор все время буксовал. Наконец он въехал в сугроб

---

[84] ЦГАИПД СПб. Ф. Р-25. Оп. 10. Д. 294. Л. 57.

и совсем остановился. Пришлось взять лопаты и прорыть дорогу до самого окопа»[85].

Возможно, читатель заметил, что в версии «Ста пяти дней боев» работу над окопом приходится прерывать три раза, а в варианте «Боев в Финляндии» — лишь раз. Возможно, Александр Гайворон, обрабатывая рассказ Леонтьева, решил превратить один перерыв в работе в три, чтобы приблизить текст к эпически-былинному жанру. А может быть, наоборот, дело тут в работе литобработчика и редактора «Боев в Финляндии», которые таким образом просто укоротили и упростили текст.

В тексте, подписанном Яковлевым, число перерывов в работе вообще не уточняется, просто сказано, что работать пришлось «при 40-градусном морозе... под орудийный гром и орудийную трескотню»[86]. При этом не упоминается и огонь советской артиллерии, которым прикрывали выдвижение орудия к окопу. Напротив, сказано, что «белофинны услышали стук тракторов и в темноте открыли по нам минометный, пулеметный и артиллерийский огонь»[87].

После подготовки позиции и размещения на ней орудия утром расчет открыл огонь. В тексте для «Ста пяти дней боев» события описаны так:

«В эту ночь нам поспать не удалось. Мы были страшно возбуждены: удастся или не удастся? В 7:30 орудие уже стояло на своем месте. Его дуло было низко опущено — поза необычайная. Наводчик Яковлев прикидывал глазом. Ровно в 8 часов мы выпустили первый снаряд в ДОТ. Но прямой наводкой из таких "пистолетов" директору вагон-ресторана еще не приходилось стрелять. В общем, мы промазали; снаряд угодил в пустой танк, который уже несколько дней валялся перед ДОТом. Танк загорелся. Густой дым пошел в сторону холмика и закрыл цель. Досадная неудача! 20 минут пришлось лежать без дела и ждать. Наконец ветер повернул в противоположную сторону. Цель опять видна. Мы поспешили открыть огонь. Второй выстрел — перелет, третий отклонился в сторону. Что за черт! "Приписники", позор!

---

[85] Леонтьев П. Сокрушение дотов. С. 340–341.

[86] Яковлев В. Прямой наводкой по дотам. С. 319.

[87] Там же. С. 320.

Волнуемся мы, как на экзамене. И вот четвертый снаряд ляпнул в самую середину бугра. Вверх полетела земля. Следующий выстрел — то же самое. У меня возникло сомнение: действительно ли это ДОТ. Может, зря ковыряем землю? Но после нескольких выстрелов я увидел незабываемую картину.

Снаряды сняли земляной покров и перед нами открылась масса бетона и наверху стальная броня. Вот оно, земляное чудовище — ДОТ! Глаза загорелись. Мы зачастили так, как никогда. Теперь мы видели цель.

Финны почувствовали смертельную опасность. Их бьют в лоб с неимоверной силой. Это страшнее бомб. Соседние ДОТы открыли по нам бешеный огонь. Пришлось на время прекратить свои упражнения. Но мы для них были целью невидимой. А командирский ДОТ не мог передать им точные координаты; он был ослеплен нашими ударами в лоб. Снаряды ложились вокруг нас; и только одному красноармейцу осколком поцарапало лицо.

Когда стрельба поутихла, мы вновь подскочили к своему орудию. ДОТ был как на ладони — раздетый догола. Мы начали долбить по башне, теперь уже без промаха. Наводчик Яковлев наметал глаз. Но какое это было крепкое сооружение — ДОТ! Только после 20-го удара башня наконец слетела.

Финны усилили по нашему месту огонь. Командирский ДОТ погибает! Наверное, эта тревога пошла по всем ДОТам. Нам отпустили такую порцию огня, что день потемнел. Один 150-миллиметровый снаряд разорвался в трех шагах от нас. Несколько тонн земли обрушились нам на голову. Мы повскакивали, отряхнулись — все в порядке. Только ствол орудия поцарапало осколками, да земля попала в дуло и на казенную часть. Мы очистили замок, ершом продрали ствол и зарядили снова. Я направил огонь в правый бок бетонного склепа. Гляжу в бинокль в стереотрубу — снаряды ложатся точно. Через несколько выстрелов вижу темное пятно — пробоина. Переношу огонь на левый бок — такая же пробоина. Даю несколько снарядов в середину и вижу конец — вся бетонная коробка обрушилась. Торчат одни только рельсы и прутья стали — арматура.

— Точка, ребята, закуривай.

Мы завернули цигарки. Наше ликование было беспредельно. Потрудились на славу.

Через 15 минут батареи открыли огонь по соседним ДОТам. Снаряды подняли облака пыли и заглушили всякие звуки. К нам свободно подошел трактор. Мы прицепили свою чудо-пушку и, как говорят, смылись в два счета. От нас осталось только теплое место, поковырянное без толку вражескими снарядами.

Домой, то есть на старые огневые позиции прибыли без каких-либо приключений; умылись, почистились. Приехал командир полка, объявил нам благодарность за чистую работу. Мы ходили сияющие, как на свадьбе»[88].

Если обратиться к статье Леонтьева для «Боев в Финляндии», то можно увидеть, что обстрел дота там описан примерно так же: огонь открывают в 8 утра, попадают в подбитый танк, одному из бойцов от финского огня оцарапало лицо. Перед нами та же картина, только изложена чуть короче[89].

В рассказе Яковлева подбитого танка нет, а от ответного огня пострадало два человека:

«Ящичному А. И. Головкину осколком снаряда разрезало щеку, кровью ему залило всю фуфайку и брюки; потом кровь перестала литься и запеклась на щеке. Мы были так увлечены стрельбой, что никто не заметил ранения Головкина, не заметил его и сам Головкин.

Снарядному Е. К. Булахову разбило осколками руку. Ему предложили немедленно эвакуироваться с огневой позиции, над которой хлестала свинцовая гроза. К тому же с одной рукой он был нам плохим помощником. Булахов уйти отказался и продолжал работать здоровой рукой»[90].

Кроме того, уточняется, что «в течение всей стрельбы с нами находились наши непосредственные начальники: командир 2-го дивизиона старший лейтенант Лебедев и командир батареи старший лейтенант Трунов»[91].

---

[88] ЦГАИПД СПб. Ф. Р-25. Оп. 10. Д. 294. Л. 58–60.

[89] См.: Леонтьев П. Сокрушение дотов. С. 341–342.

[90] Яковлев В. Прямой наводкой по дотам. С. 321.

[91] Там же.

Ни в одном из двух вариантов рассказа Леонтьева нет указания на дату стрельбы по доту. Зато в рассказе Яковлева сообщается, что решение об огне тяжелым орудием прямой наводкой появилось 19 января, на следующий день расчет Леонтьева узнал о том, что именно ему поручено ликвидировать дот, а саму операцию провели на следующее утро, т. е. 21-го[92]. По данным советского многотомника «История отечественной артиллерии», для уничтожения дота расчет Леонтьева израсходовал 81 снаряд[93]. При стрельбе с больших дистанций и расход снарядов был больше. Если огонь вели из таких же 203-мм орудий, как и у Леонтьева, то для разрушения дота требовалось 4–5 прямых попаданий. В той же «Истории отечественной артиллерии» читаем: «Как показал опыт, при законченной пристрелке одноделенной вилки с четырьмя знаками наблюдения на каждом из его пределов при стрельбе из 203-мм гаубицы на дальности 7–9 км по доту, занимавшему площадь 50 кв. м в среднем одно попадание приходится на 30–35 выстрелов, не считая попаданий в присыпку и основание. Средний же расход снарядов с учетом пристрелки и вскрытия равнялся 450–500 шт.»[94].

Нужно отметить, что командирским дот № 36 не был. Его финское обозначение — Sk6, то есть дот № 6 укрепленного узла Сумманкюля[95]. Изначально он представлял из себя однопулеметный дот, затем был переоборудован в убежище, к нему пристроили новый каземат на два пулемета. По финским данным, он обстреливался орудиями крупного калибра в период с 13 по 16 января, при этом серьезно пострадали каменная обсыпка и герметическая дверь, ее заменили на деревянную. 9 февраля дот получил несколько прямых попаданий, на крыше образовалось отверстие глубиной в 50 сантиметров, была повреждена арматура. Также повреждения получил пулеметный каземат, сохранивший, однако, боеспособность[96].

---

[92] См.: Яковлев В. Прямой наводкой по дотам. С. 319.

[93] История отечественной артиллерии. Т. III. Кн. 8. С. 600.

[94] Там же. С. 596.

[95] Иринчеев Б. К. Прорыв линии Маннергейма: Оболганная победа Сталина. М.: Эксмо; Яуза, 2014. С. 25.

[96] Сведения о некоторых оборонительных сооружениях линии Маннергейма // Балашов Е. А., Степаков В. Н. Линия Маннергейма и система финской

Но вернемся к тому, что от лица Леонтьева рассказывалось в материале для «Ста пяти дней боев»:

«В 2 часа ночи меня опять вызвали к командиру дивизиона. Моя работа ему, как видно, здорово понравилась, и он предложил ее повторить. Мишенью было избрано несколько ДОТов, которые стояли на левой стороне дороги у местечка "Пистолет".

Я проделал ту же самую работу. Батареи так же открыли огонь, чтобы заглушить всякие шумы. Поданы были тракторы. Но на этот раз мы выдвинули уже не одно орудие, а два. Надо было ускорить разгром линии Маннергейма. Маршал Тимошенко подтянул пехоту вплотную к вражеским укреплениям. И с этого дня мы должны были вести огонь особенно точно, со строгим допуском, как говорят мастера на заводах. Снаряды должны ложиться в 5—10 метрах от залегших в цепи бойцов.

Утром мы повели огонь сразу по двум ДОТам. У нас уже был опыт. Несколькими снарядами согняли землю и начали долбить бетон. Вижу — финны бегут из ДОТов. Можно себе представить, какой там у них трезвон от наших снарядов! Мы успешно ломали хребет Маннергейму. Это понял и враг. По нам открыли ураганный огонь из громадного количества орудий. Вокруг нас рвались снаряды очень крупного калибра. Мощным взрывом меня отбросило на 3 метра в сторону. Минут 20 я лежал без сознания, потом очнулся, ощупал себя — невредим. Обстрел наших позиций не ослабевал, но мы уже решили не ждать.

— Товарищи, к орудиям! — крикнул я. — Да здравствует наша социалистическая родина!

Темп стрельбы дошел до предела. Орудия нагрелись. Падал снег и со стволов шел пар. Большая половина (так в тексте. — *М. Т.*) людей выбыла из строя и, чтобы мы не снизили темпа стрельбы, проходившие мимо красноармейцы подносили нам снаряды.

Два ДОТа были разрушены до основания. Мы прекратили стрельбу и в ту же минуту наша пехота поднялась и быстрой перебежкой заняла разрушенные крепости.

долговременной фортификации на Карельском перешейке. СПб.: Нордмедиздат, 2000. С. 62.

На следующий день мы еще улучшили качество своей работы и уже одним орудием расстреляли два ДОТа.

Так мы проламывали проходы для наших танков, за которыми двигалась пехота. В те дни нами было разрушено 9 железобетонных укреплений. Наш способ разгрома крепостей, конечно, был не единственным. На других участках их взрывали саперы, захватывала пехота. Линия Маннергейма в конце концов треснула, и Красная армия двинулась по направлению к Выборгу»[97].

Здесь, в отличие от «Боев в Финляндии», нет указаний на какой-то конкретный дот. Есть и другие различия.

В тексте Леонтьева в «Боях» огонь по новой цели открывается так же, как и в тексте для «Ста пяти дней боев» — на следующее утро.

«Наутро получаю приказ:
"Выехать на левую сторону дороги. Уничтожить дот № 42".
Садимся в машины, выезжаем. Выбрать огневую позицию на этот раз было еще трудней. Начали рыть окоп, а грунт — сплошной камень. Бросили этот окоп, перешли в другое место, снова начали рыть, но грунт почти такой же жесткий.

Финны заметили нас и принялись обстреливать из орудий и пулеметов. Работать стало невозможно, и мы отползли в сторону. Финский снаряд угодил прямо в наш окоп. Хорошо, что там никого не было.

Этот снаряд оказал нам большую услугу. Он углубил окоп и разрыхлил в нем землю. Когда обстрел приутих и мы снова собрались в окопе, работа пошла гораздо быстрее. Подготовив окоп, подвезли орудие, опять маскируя шум трактора артиллерийской стрельбой.

Первые два снаряда — мимо, третий — попадание. На пятом снаряде финны побежали из дота. Вижу — вылезают из люков.

Бреши и вмятины от снарядов в бронированной стенке дота как мыши. Прошлый раз я сначала бил в середину, потом в один край и затем в другой. Пробую применить этот способ и здесь. Он вполне себя оправдал — на семьдесят пятом снаряде дот № 42 был уничтожен.

---

[97] ЦГАИПД СПб. Ф. Р-25. Оп. 10. Д. 294. Л. 60–62.

В следующие дни я уничтожил своим орудием еще несколько дотов. Уже накопился опыт, и на каждый из этих дотов я тратил меньше снарядов, чем на предыдущий. Вскоре я уже точно знал, в какие именно точки дота нужно бить, чтобы снести его с лица земли. Кроме того, опыт помогал нам выбирать наиболее удобные огневые позиции.

Финны вели по моему орудию отчаянный огонь. Однажды вражеский снаряд, разорвавшись, отбросил меня на 10 метров от орудия. Я очнулся, ощупал себя, вижу — цел. Но из моего расчета остались невредимыми только четыре человека, остальные были убиты или ранены. Мы отправили раненых в тыл и продолжали вести огонь по доту. Некому было подносить снаряды, но я остановил пробегавших мимо пехотинцев, и они подносили нам снаряды до той минуты, когда дот был уничтожен.

Так разрушали мы доты, расчищая путь для наших войск»[98].

В тексте для «Ста пяти дней боев» все доты, кроме дота № 36, — безымянные. А здесь появляется дот № 42. Этот же дот фигурирует и в «Истории отечественной артиллерии», где сказано, что по нему расчет Леонтьева выпустил 75 снарядов[99].

У Яковлева номера дотов вообще не указаны. И если в обеих версиях рассказа Леонтьева расчет приступил к ликвидации новых дотов уже на следующий день, то у Яковлева, прежде чем 8 февраля появился приказ «разгромить не один, а несколько дотов», проходит «две недели»[100]. Доты уничтожались на протяжении нескольких дней, причем уже в самом начале орудие вышло из строя, его пришлось заменить[101].

В «Боях в Финляндии» как у Леонтьева, так и у Яковлева ничего не говорится о событиях после прорыва линии Маннергейма. На страницах же текста для «Ста пяти дней боев» Леонтьев отмечал: «По видимым целям нам уже не пришлось стрелять». О действиях в конце войны он говорил: «В четырех километрах от Выборга мы

---

[98] Леонтьев П. Сокрушение дотов. С. 342–343.

[99] История отечественной артиллерии. Т. III. Кн. 8. С. 600.

[100] Яковлев В. Прямой наводкой по дотам. С. 322.

[101] Там же. С. 324.

заняли последнюю огневую позицию. Тут мы работали днем и ночью, двое суток подряд, пока враг не запросил пощады»[102].

При сравнении рассказов Леонтьева мы отчетливо видим, что это два разных текста, но составлены они явно на одной основе. Вероятнее всего, Леонтьев рассказал двум литобработчикам одно и то же, а они уже и написали каждый свой очерк для разных книг. Воспоминания Леонтьева можно (разумеется, с осторожностью) использовать как один из источников для изучения работы советской артиллерии в районе укрепленного узла Сумманкюля.

Как упоминалось выше, кроме воспоминаний, в книгу должны были войти и очерки, подписанные профессиональными литераторами. Из них исследователь также может извлечь ряд интересных деталей и эпизодов, они дают возможность погрузиться в атмосферу прифронтового города. Например, Михаил Зощенко в очерке «На улицах» дал описание ночного, погруженного во тьму Ленинграда[103]. В другом очерке («Над городом») этот же автор рассказал про вид на город со смотровой площадки Исаакиевского собора[104]. При этом писатель уделил внимание и проблемам обеспечения светомаскировки (например, издалека было видно, как искрились токоприемники трамваев[105]). Вера Кетлинская написала большой материал о перевозке раненых самолетами гражданской авиации[106]. В очерке Ирины Карнауховой «Рассказы общественниц» речь идет о волонтерах, отправившихся работать в госпитали. Это были самые разные девушки и женщины: от студенток и домохозяек до стрелочниц и актрис[107]. Среди прочего в очерке от лица одной из «общественниц» описан ее первый день в госпитале. Сцена появления в палате с ранеными выглядит следующим образом:

«Как только больные замечают меня на пороге, на меня выливается поток просьб.

— Подтяните мне стропу, сестра.

---

[102] ЦГАИПД СПб. Ф. Р-25. Оп. 10. Д. 294. Л. 62.

[103] Там же. Д. 296. Л. 126–127.

[104] Там же. Л. 128–129.

[105] Там же. Л. 128.

[106] Там же. Л. 149–181.

[107] Там же. Д. 295. Л. 28.

— Поднимите на время пяточную гирю.

— Ступня очень горит, смажьте, сестрица, вазелином.

Я теряюсь.

Я не знаю, что такое стропа и как ее подтянуть. Я не знаю, какая из пяти-шести гирь пяточная. Я боюсь трогать горящую ступню и не знаю, имею ли я право смазать ее вазелином.

Я волнуюсь, руки мои дрожат.

Я спешу исполнить более понятные просьбы, мечусь, бегаю, делаю все неловко. Некоторым я явно причиняю боль. Кое-кто раздражается. Из одного угла раздается насмешливый голос:

— Ну и здорово же их учат в этом медтехникуме.

Я выскакиваю за дверь, стою в коридоре и стараюсь собраться с мыслями. Проситься на кухню... Мыть посуду... Здесь я ничего не сумею...»[108]

После возвращения в палату героиня очерка сразу слышит вопрос: «Сестрица, вы первый день у нас работаете?»[109] Поняв, что перед ними — «общественница», раненые начинают вести себя иначе:

«— Сестрица, подойдите сюда. Вот эти оттяжки называются стропы. Возьмите вот тут. Так... Подтяните немного... Не бойтесь, не бойтесь, вы не сделаете мне больно.

— Больно, — объясняет другой, — если вы дотронетесь до раненого места, или неправильно повернете ногу, а так в неподвижном положении вы можете ее поднимать и опускать, перекладывать — больно не будет.

— Сестрица, вот у левой ножки кровати пяточная гиря. Возьмите ее смело и положите на стул.

Командир смеется:

— Имейте в виду, что это не полагается, но иногда надо хоть десять минут отдохнуть от вытяжения. Кладите, мы вас не выдадим.

Все стараются мне помочь, разъяснить, успокоить.

И через час я смело мажу вазелином ступню, спокойно спрашиваю, если чего-нибудь не понимаю.

---

[108] Там же. Л. 30–31.
[109] Там же. Л. 31.

Так учит меня работать моя палата»[110].

По-видимому, в данном фрагменте описана типичная ситуация. Медицинские учреждения испытывали острую нехватку персонала: врачей, медсестер и санитарок. Именно по этой причине и были использованы «общественницы», отправлявшиеся работать, как видно из отрывка, вообще без всякой подготовки. Упоминание похожего случая можно найти в дневнике студентки Аси Звейнек, которая 11 марта 1940 г. фиксировала в своих записях: «Я дежурила в госпитале, сначала в хирургической с Лизкой делала перевязки, что было очень комично — хорошо, что больной сам говорил, что надо делать»[111].

Из материалов, написанных для книги «Сто пять дней боев», можно почерпнуть сведения о разных аспектах жизни Ленинграда в дни советско-финляндской войны (работа промышленности, транспортировка раненых и некоторые особенности функционирования госпиталей, режим затемнения, городская повседневность). Кроме того, отдельные тексты посвящены событиям на фронте или в прифронтовой полосе. По своему характеру эти источники представляют что-то среднее между документами личного происхождения (ведь в их основе — рассказы участников и очевидцев событий) и пропагандистской публицистикой. Их можно использовать для изучения советской пропаганды и ее подходов к освещению истории советско-финляндской войны в 1940–1941 гг., но кроме того, исследователь может найти в них ряд характерных эпизодов и интересных деталей, которые ярко освещают трудности, с которыми столкнулись ленинградские власти, хозяйственники и население в ходе этого конфликта. Иногда с точки зрения руководителей коллектива, работавшего над книгой, этим трудностям оказалось уделено даже слишком много внимания, что заставило редакционную коллегию отказаться от отдельных уже готовых текстов.

---

[110] ЦГАИПД СПб. Ф. Р-25. Оп. 10. Д. 295. Л. 32.
[111] ОР РНБ. Ф. 1000. Оп. 2. Ед. хр. 504. Л. 78.

О расходе артиллерийских выстрелов в ходе советско-финляндской войны

В 1-й и 2-й главах книги среди прочего шла речь о производстве боеприпасов. А как их использовали?

Немало сведений о расходе артиллерийских снарядов можно почерпнуть из изданной еще в советское время «Истории отечественной артиллерии».

Так как война планировалась легкой и короткой, «на театре военных действий было сосредоточено к концу ноября лишь 1–2 боекомплекта снарядов. В среднем в частях находилось 1,25–1,5 боекомплекта, а к 30 ноября... дополнительно было выложено на грунт еще 0,5–1 боекомплект. Такого количества боеприпасов было совершенно недостаточно для прорыва укрепленного района»[1]. Всего к 30 ноября 1939 г. на головных артиллерийских складах было сосредоточено: на Карельском перешейке — 843 вагона с боеприпасами, на междуозерном направлении (имеются в виду Ладожское и Онежское озера, территория Карелии), на мурманском — 125[2].

При этом в начале войны огонь часто велся не по разведанным позициям, не по конкретным финским укреплениям, а по площадям[3]. Можно сказать, что снаряды просто выпускали «куда-то туда», в направлении врага.

---

[1] История отечественной артиллерии. Т. III. Артиллерия Советской Армии до Великой Отечественной войны (октябрь 1917 г. — июнь 1941 г.). Кн. 8. Советская артиллерия в период между гражданской и Великой Отечественной войнами (1921 г. — июнь 1941 г.) М.–Л.: [Управление командующего ракетными войсками и артиллерией, Военно-исторический музей артиллерии и инженерных войск], 1964. С. 555.

[2] Там же. С. 557.

[3] Например: Там же. С. 566, 569.

Как отмечается в «Истории отечественной артиллерии», советские командиры «часто увлекались стрельбой артиллерии большого калибра, позабыв правило, что, если огневая задача может быть решена артиллерией меньшего калибра, то ведения огня по таким целям крупного калибра не допускается»[4]. В качестве примера авторы этой книги тут же процитировали весьма показательную докладную записку на имя наркома обороны Ворошилова:

«Артчасти ведут безудержный огонь без достаточной разведки целей, не достигая нужного результата. Один 116 артполк расстрелял с 30 ноября 17 700 152-мм выстрелов (72 вагона). Относительный расход самых тяжелых калибров часто превышает расход дивизионной и полковой артиллерии. Например, 316 ад БМ (артиллерийский дивизион большой мощности. — *М. Т.*) израсходовал 18.12.39 шестьдесят 280-мм выстрелов на мортиру, а за тот же день в 123-й дивизии на полковую и дивизионную пушку (калибр и той и той — 76 мм. — *М. Т.*) израсходовано по 18 выстрелов и на 45-мм пушку — 9 выстрелов. В том же дивизионе и в 455 кап (корпусный артиллерийский полк. — *М. Т.*) подавались команды беглого огня из 280-мм гаубиц и 152-мм пушек-гаубиц образца 1937 г. Были случаи требования общевойсковыми начальниками вести ночью "беспокоящий" огонь из 280-мм мортир по дорогам. Отношение к экономии и сбережению артвыстрелов в войсках пренебрежительное»[5].

Отметим, что примерно так же советские командиры действовали и чуть раньше, во время боев на Халхин-Голе весной — летом 1939 г. В отчете о боевой деятельности артиллерии 82-й стрелковой дивизии (датирован 1 сентября) говорится: «Постановки задач артиллерии от пехотных командиров в большинстве неконкретны, ставят задачи на подавление участка и площади»[6]. Вместе с тем пехотные командиры иногда требовали от артиллеристов работать по мелким и незначительным целям: «уничтожить снайпера, уничтожить наблюдателя, уничтожить ручной гранатомет и ручной пулемет»[7].

---

[4] История отечественной артиллерии. Т. III. Кн. 8. С. 570.

[5] Там же.

[6] Научный архив ВИМАИВиВС. Ф. 58р. Оп. 1. Д. 5. Л. 5.

[7] Там же. Л. 4 об.

Но вернемся к советско-финляндской войне.

С 30 ноября по 25 декабря только артиллерийские части, действовавшие на Карельском перешейке, израсходовали 45-мм выстрелов — 61 500 (около 2 боекомплектов), 76-мм полковых выстрелов — 55 000 (около 4 боекомплектов), 76-мм дивизионных выстрелов — 97 000 (около 6,5 боекомплектов), 152-мм гаубичных — 75 000 (примерно 5 боекомплектов), 122-мм пушечных — 12 500 (3 боекомплекта), 152-мм гаубично-пушечных — 91 000 (10 боекомплектов), 203-мм — 6000 (10 боекомплектов), 280-мм — 600 штук[8]. Неудивительно, что пришлось использовать мобилизационные запасы и везти снаряды из Киевского и Белорусского особых военных округов[9].

На протяжении всей войны советские войска продолжали тратить огромное число боеприпасов. За январь и первую декаду февраля 1940 г. только артиллерия Северо-Западного израсходовала 646 729 снарядов. Из них 403 766 потратила 7-я армия. Таким образом, артиллерия 7-й армии в среднем в день выпускала больше 10 тыс. снарядов[10]. 11 февраля, в первый день генерального наступления по прорыву линии Маннергейма, артиллерия 7-й армии израсходовала 149 085 снарядов, отдельные артиллерийские подразделения и части потратили до 12 боекомплектов[11].

При этом военное руководство осознавало, что снаряды зачастую расходуются неэффективно, и пыталось что-то изменить. В директиве № 0759 от 28 декабря 1939 г. говорилось:

---

[8] Данные по расходу снарядов первоначально были опубликованы: История отечественной артиллерии. Т. III. Кн. 8. С. 570; они воспроизведены с добавлением сведений о том, сколько они составляли боекомплектов: Волкотрубенко И. И. Служба боевого снабжения войск. Краткий исторический очерк. Пенза: [Пензенское высшее артиллерийское инженерное ордена Красной Звезды училище], 1966. С. 160.

[9] Артиллерийское снабжение в Великой Отечественной войне 1941–1945 гг. Кн. 1. М.–Тула: [Главное ракетно-артиллерийское управление], 1977. С. 235.

[10] История отечественной артиллерии. Т. III. Кн. 8. С. 588.

[11] Булгаков Д. В., Турков А. Г. Тыл Красной Армии в советско-финляндской войне (1939–1940 гг.). М.: [Военно-научный комитет Тыла ВС РФ], 2008. С. 30.

«Там, где имеется у финнов система бетонированных укрепленных районов, например, на Карельском перешейке и отчасти в районе 8-й армии, продвижению нашей пехоты должна предшествовать хорошо организованная артиллерийская подготовка, при этом артиллерийская подготовка должна иметь целью не только обстрел по площадям в тылу противника, но прежде всего обстрел по целям, по дотам переднего края расположения противника и разрушение этих дотов»[12].

При этом, помимо стрельбы по площадям вместо конкретных целей, проявлялись и другие недостатки. В «Истории отечественной артиллерии» отмечается, что иногда артиллерию использовали недостаточно: «...по распоряжению общевойсковых командиров в ходе советско-финляндской войны проводились артиллерийские подготовки продолжительностью 15–30 минут. Естественно, о сколько-нибудь надежном подавлении столь прочной обороны не могло быть и речи, а как следствие этого, задачи, поставленные частям и соединениям, выполнены не были»[13].

Вместе с тем нередко «в ходе боя в глубине недостаточно использовалось пехотное оружие и все задачи общевойсковые командиры возлагали на артиллерию вообще, и на тяжелую в особенности». Например, уже в конце войны, 4 марта, командир 4-й стрелковой дивизии Иван Николаевич Музыченко приказал отражать контратаку двух финских рот с помощью всей артиллерии вплоть до 203-мм орудий, да еще потребовал «ураганного огня». В итоге по финнам били не пулеметы да две-три батареи, которых бы вполне хватило; огонь в течение двух часов вело несколько артполков, которые неэффективно выпустили немалое число снарядов[14].

Для эпизода с приказом Музыченко также находятся параллели с боями на Халхин-Голе. Из документа, который носит название «Основные выводы из боевого опыта артиллерии за период боев с японо-баргутами в районе р. Халхын Гол (так в тексте. — *М. Т.*)» и подписан начальником артиллерии 1-й армейской группы

---

[12] Цит. по: История отечественной артиллерии. Т. III. Кн. 8. С. 580.
[13] Там же. С. 646–647.
[14] Там же. С. 646.

полковником Федором Григорьевичем Корзиным и начальником штаба артиллерии той же группы майором Моренковым, можно узнать, что советская пехота «по непонятным причинам» не верит в «силу стрелкового оружия (винтовка, пулемет, гранатомет и миномет) и по малейшему поводу, как правило, требует открытия огня дивизионной и корпусной артиллерии, совершенно не используя огромную огневую мощь имеющегося стрелкового оружия». Корзин и Моренков писали, что «можно привести ряд примеров», когда артиллерии ставили задачи открыть навесной заградительный огонь по взводу или роте противника, наступавшим против целого советского батальона или полка. При этом «пехотными командирами совершенно не принимается в расчет огромный расход снарядов на постановку заградогней»[15].

«История отечественной артиллерии» также содержит некоторые сведения о расходе боеприпасов за всю советско-финляндскую войну в целом — но только на Карельском перешейке. В приложениях можно найти таблицу с данными по 7-й и 13-й армиям, входившим в Северо-Западный фронт. Она приведена со ссылкой на фонд штаб СЗФ в архиве Минобороны и сопровождается примечанием: «Расход подведен неполностью ввиду отсутствия точных данных за 12–13 марта». Взглянем на цифры из этой таблицы и сопоставим их с производством за 1939 г. За время войны армии Северо-Западного фронта выпустили 50-мм мин — 10 483 (5,24 % от производства 1939 г.), 82-мм мин — 386 498 (12,23 %), 120-мм мин — 12 168 (в 1939 г. не поставлялись, хотя в плане стояли), 45-мм снарядов — 672 248 (8,63 %), 76-мм снарядов для полковой пушки 1927 г. — 449 159 (125,45 %), 76-мм снарядов 1936 г. (имеются в виду снаряды для дивизионных пушек Ф-22) — 881 459 (76,8 %), 76-мм снарядов 1931 г. (видимо, имеются в виду снаряды для 76-мм зенитки) — 8772 (0,25 %), 107-мм снарядов — 20 343 (7,11 %), 122-мм снарядов 1910/30 г. (для гаубиц) — 888 889 (47,23 %), 122-мм снарядов 1931 г. (видимо, имеются в виду снаряды для корпусных пушек А-19) — 93 145 (39,98 %), 152-мм снарядов 1909/30 г. (для гаубиц) — 487 703 (55,3 %), 203-мм снарядов — 47 504 (55,89 %), 234-мм

---

[15] Научный архив ВИМАИВиВС. Ф. 58р. Оп. 1. Д. 5. Л. 11.

снарядов — 494, 280-мм снарядов — 5197[16]. Всего две армии потратили 4 252 418 снарядов, что составило 7403 вагона, а также 7557 вагонов мин[17]. При этом не стоит забывать, что даже по этим двум армиям данные неполные (пусть и нет данных всего за пару дней), и что, кроме Северо-Западного фронта, в войне также участвовали 8-я, 9-я, 14-я и 15-я армии, данные по которым не опубликованы.

Кроме того, данные о расходе боеприпасов можно обнаружить в фонде Игнатия Степановича Прочко в Научном архиве Военно-исторического музея артиллерии, инженерных войск и войск связи.

В феврале 1940 г. Прочко стал комиссаром артуправления 15-й армии, действовавшей в Северном Приладожье. Вскоре после советско-финляндской войны его ненадолго (с апреля по август) переместили на пост комиссара управления артиллерийского снабжения Архангельского округа, затем до начала Великой Отечественной войны он работал в Артиллерийской академии им. Дзержинского. В июле 1941-го Прочко назначили комиссаром Главного управления начальника артиллерии Красной армии. Затем он также занимал ряд высоких постов[18]. То есть Прочко мог наблюдать за действиями артиллерии непосредственно в ходе войны, а также располагал доступом к закрытой информации после заключения мирного договора.

В своих заметках он отмечал: «Снаряды выпускаются без всякого учета. Все считают, что снаряды можно получать всегда в неограниченном виде». При этом «ни один командир не подсчитывал — сколько нужно транспорта для подвоза боеприпасов», не учитывали

---

[16] Цифры по расходу боеприпасов взяты из: История отечественной артиллерии. Т. III. Кн. 8. С. 698–699; Производство за 1939 год: Артиллерийское снабжение в Великой Отечественной войне 1941–1945 гг. Кн. 1. С. 229–230 (подробнее сведения оттуда воспроизведены в основном тексте нашего исследования, во 2-й главе). Здесь я должен поблагодарить Павла Козлова (он же жж-юзер paul-atrydes), который указал мне, где можно ознакомиться с этими цифрами, а также начал подсчеты, сравнивая расход снарядов с их производством в 1939 г.

[17] История отечественной артиллерии. Т. III. Кн. 8. С. 699.

[18] См. биографическую справку в: Ивкин В. И. Академия артиллерийских наук Министерства вооруженных сил СССР (1946–1953 гг.): Краткая история: Документы и материалы. М.: РОССПЭН, 2010. С. 309–311.

пропускную способность дорог, расстояние, возможность пробок. На каждый винтовочный выстрел «следует один или даже несколько выстрелов артиллерийских». 13 марта, как зафиксировал Прочко, 83-й гаубичный артиллерийский полк «выпустил "за здорово живешь" 2254 гаубичных снарядов (так в тексте. — *М. Т.*). И все без толку (на 560 тысяч рублей)»[19].

Кроме того, на соседнем листе в той же тетради Прочко находится таблица «Артиллерия в финской войне» со сводными данными по количеству орудий и расходу боеприпасов — с 30 ноября 1939 до 12 марта 1940 г. В ней нет сведений о минометах и зенитках, но зато она охватывает все участки театра военных действий, не только Карельский перешеек, но и северные армии. Возьмем цифры оттуда и также сравним с производством снарядов в 1939 г.

Всего, как записал Прочко, по врагу выпустили «79 679 тонн металла за 104 дня войны». При этом 45-мм снарядов потратили 825 514 штук (10,6 % от производства 1939 г.), 76-мм полковых — 608 403 (169,94 %), 76-мм дивизионных — 1 083 095 (94,43 %), 76-мм горных — 36 989 (7,84 %), 107-мм пушечных — 43 281 (15,13 %), 122-мм гаубичных — 1 023 006 (54,36 %), 122-мм для пушек образца 1931 г. — 90 194 (38,71 %), 152-мм для гаубиц образца 1909/30 г. — 469 380 (53,22 %), 152-мм снарядов для пушек-гаубиц — 270 244 (40,27 %), 203-мм гаубичных — 45 586 (53,63 %), 234-мм гаубичных — 494, 280-мм снарядов (у Прочко указаны как гаубичные, но, очевидно, речь идет о выстрелах для мортир) — 5538[20].

Все эти данные, как из «Истории отечественной артиллерии», так и из бумаг Прочко, весьма красноречивы.

Например, они подтверждают, что минометы использовались слишком мало. Ведь 7-я и 13-я армии выпустили по врагу 50-мм и 120-мм мин (даже если суммировать их) меньше, чем крупнокалиберных 203-мм снарядов! Эта проблема проявлялась и раньше. В уже процитированном выше отчете о деятельности артиллерии

---

[19] Научный архив ВИМАИВиВС. Ф. 58р. Оп. 1. Д. 11. Л. 10.

[20] Данные о расходе снарядов: Научный архив ВИМАИВиВС. Ф. 58р. Оп. 1. Д. 11. Л. 11; Производство за 1939 год: Артиллерийское снабжение в Великой Отечественной войне 1941–1945 гг. Кн. 1. С. 229–230.

82-й стрелковой дивизии у Халхин-Гола отмечалось: «Пехотой не использовались минометы для атаки»[21]. Применительно к советско-финляндской войне недостаточное применение минометов отмечалось не только на Карельском перешейке, но и на других участках театра военных действий. Так, в докладе штаба 8-й армии начальнику Генштаба с обобщением боевого опыта отмечалось: «Взаимодействие с минометами в первый период отсутствовало. Командиры частей и подразделений пехоты минометов не знали и вначале их вовсе не применяли». При этом «мин было недостаточно» (здесь мы можем сказать, что речь идет не о нехватке мин в принципе, а о малом количестве в прифронтовой полосе, о трудностях с доставкой), а «в некоторых случаях ими запрещалось стрелять как опасными в обращении»[22]. Хорошего взаимодействия между минометчиками и остальными войсками так и не наладили «в течение всего периода»[23] (т. е. за всю войну). На совещании военных при ЦК ВКП(б) в апреле 1940 г. командир 473-го гаубичного артиллерийского полка майор Мухин говорил про «полное и неумелое использование орудий ближнего боя». При этом он упомянул не только минометы, но и стрелковое оружие. Мухин привел данные по 164-й стрелковой дивизии 1-го стрелкового корпуса 8-й армии с 21 января по 13 марта 1940 г.: «Расход на каждый 50-мм миномет — 166 выстрелов, на каждый 82-мм — 611, всего за весь период боя по дивизии израсходовано 1170 ружейных гранат, винтовочных патронов — 0,35 боевого комплекта». По его словам, «вся тяжесть огня на уничтожение и разрушение была возложена на гаубичную артиллерию»[24].

Достаточно мало (по сравнению с другими типами орудий) вела огонь зенитная артиллерия. Впрочем, это неудивительно. Финляндская авиация была небольшой по размерам, крупной угрозы для Красной армии и приграничных регионов она не представляла.

---

[21] Научный архив ВИМАИВиВС. Ф. 58р. Оп. 1. Д. 5. Л. 5.

[22] Тайны и уроки зимней войны. 1939–1940. СПб.: Полигон, 2000. С. 389–390.

[23] Там же. С. 390.

[24] Зимняя война 1939–1940. Кн. 2. С. 49.

Даже две армии Северо-Западного фронта по некоторым типам снарядов за три с половиной месяца израсходовали больше половины от их годового производства. А выстрелов для полковых пушек потратили больше, чем изготовили за весь 1939 г. Большая война явно грозила привести к нехватке по ряду типов боеприпасов.

При этом вскрылись проблемы не только с тем, как использовались снаряды, но и с их подвозом. Обратимся к тому «Артиллерийского снабжения в Великой Отечественной войне»:

«...война с Финляндией выявила многочисленные факты расточительного расходования боеприпасов главным образом потому, что отсутствовали какие-либо ограничения в снабжении ими войск. Сколько армии запрашивали, сколько им подавали. Контроль за снабжением боеприпасами и за их расходом отсутствовал. Имели место случаи засылки армиям ненужных боеприпасов в результате подвоза их типовыми транспортами. Вообще боеприпасов было завезено намного больше, чем израсходовано (завезено 16 726, а израсходовано 9266 вагонов). Отмечалась плохая увязка планов подвоза с пропускной способностью дорог, ввиду чего транспорты с боеприпасами десятки дней простаивали на станциях и перегонах. Обнаружилось также совершенно неудовлетворительное состояние учета и отчетности. Эти вопросы не были в мирное время отработаны ни в центре, ни в войсках. Наконец, было установлено, что аппарат артиллерийского снабжения недостаточно слажен и плохо организован во всех его звеньях»[25].

Любопытно, как о расходе боеприпасов на апрельском совещании военных говорил Сталин.

Во время выступления Василия Ивановича Чуйкова (во время советско-финляндской — командующий 9-й армией) генсек перебил его, когда речь шла о стрельбе из пистолетов-пулеметов Дегтярева и ее меткости, а затем стал рассуждать: «Если мало боеприпасов расходовали, то много людей расходовали. Тут надо выбирать одно — либо людей надо пожалеть, но тогда не жалеть снарядов, патронов, либо жалеть патроны и снаряды, тогда людей будете расходовать. Что лучше?»

---

[25] Артиллерийское снабжение в Великой Отечественной войне 1941–1945 гг. Кн. 1. С. 49.

Чуйков ответил: «Лучше стрелять метко и попадать в цель».

Тогда Иосиф Виссарионович разразился следующей тирадой: «Неверно, это старо. Если бы наша артиллерия стреляла только по целям, до сих пор бы воевали. Артиллерия выиграла, что она в один день 230 тыс. снарядов положила. Ругали их за это, а я ругал в свою очередь, почему не 400 тыс., а 230. Если каждый 20-й снаряд попадал в кого-либо, хотя бы в избушку, это большое дело, если из 99 каждый сотый снаряд попадал, это уже замечательно, вы разрушили тыл, не дали развивать оборонительных сооружений, не давали возможности делать подвозы людям, которые защищали войну. И мы оглушили армию. Вы знаете, что довольно значительная часть финнов с ума сошла от артиллерийских снарядов и специальные отделения в госпиталях Финляндии были открыты для людей, которые потеряли рассудок. Вот что значит артиллерия. Никогда снарядов в современной войне нельзя жалеть и патронов нельзя жалеть. Если будем жалеть — это преступление. Если не будем жалеть снарядов и патронов, тогда мы людей сохраним и выиграем войну в 5 раз раньше».

Чуйков возражал: «Но когда я выпустил 10 тыс. снарядов на шведский корпус, то тут же последовал запрос, почему так много израсходовали снарядов». Сталин уточнил, от кого был запрос (от начальника Генштаба), и заявил: «Неправильно. Начальник Генерального Штаба не понял сути современной войны». Чуйков сказал, что «надо было бы больше выпустить снарядов по шведскому корпусу», а Сталин продолжил: «Надо было 40 тыс. снарядов пустить. Если бы вы пустили снарядов больше, мы бы выиграли войну в феврале. А это чего стоит выиграть войну на месяц раньше? Миллиард. И сколько человеческих жизней можно было бы сохранить. Что такое снаряд — это чепуха. Вот как надо смотреть, если иметь в виду современную войну, потому что дело решает артиллерия. Вы говорили, что нужно много стрелков. Чего они, бедняги, могут дать? Они без артиллерии пропадут»[26].

У рассуждений Сталина были свои основания. Как отмечено выше, во время советско-финляндской войны артиллерийскую

---

[26] Зимняя война 1939–1940. Кн. 2. С. 108–109.

подготовку иногда проводили очень кратко, в недостаточном объеме. Вполне понятен и призыв не жалеть снаряды ради сбережения жизней красноармейцев.

Однако куда большей проблемой был не малый расход боеприпасов, а диспропорции в ведении огня, перекос в сторону крупных калибров (даже расточительность в ведении огня) при крайне скудной и далеко не полной реализации потенциала артиллерии малых калибров, минометов. Кроме того, Сталин явно не считал злом чрезмерное частое ведение огня по площадям вместо конкретных целей.

Источники и литература

1. Источники

Российский государственный архив социально-политической истории (РГАСПИ)

Ф. 17. Центральный комитет КПСС.

Оп. 3.

Д. 1015. Протокол заседания Политбюро ЦК ВКП(б).

Д. 1016. Протокол заседания Политбюро при ЦК ВКП(б).

Д. 1018. Протокол заседания Политбюро при ЦК ВКП(б).

Д. 1019. Протокол заседания Политбюро при ЦК ВКП(б).

Оп. 117.

Д. 59. Материалы к протоколу № 22 заседания Оргбюро от 15 декабря 1939 г. пункты № 92гс–250гс.

Оп. 121.

Д. 18. Проект постановления СНК СССР и ЦК ВКП(б) об итогах мобилизации 7 сентября 1939 г. по Московскому и Орловскому военным округам, разработанный комиссией ЦК ВКП(б) и др.

Оп. 162. Протоколы заседаний Политбюро ЦК РКП(б) — КПСС. «Особая папка» (копии).

Д. 25. Протоколы № 1/1-оп–6/6-оп заседаний Политбюро ЦК ВКП(б) за 23 марта — 3 сентября 1939 г. Копии.

Д. 26. Протоколы № 7/7-оп–11/11-оп заседаний Политбюро ЦК ВКП(б) за 4 сентября 1939 г. — 20 января 1940 г. Копии.

Ф. 77. Жданов Андрей Александрович.

Оп. 3. Жданов А. А. Авторские документы.

Д. 163. Черновые записи А. А. Жданова о военных действиях во время финской кампании, комплектовании дивизий, обеспечении войск, повышении роли политруков.

Д. 165. Блокноты с черновыми записями А. А. Жданова о материально-техническом обеспечении флота и авиации, наступательных действиях на Ленинградском фронте и др.

Оп. 4.

Д. 11. Проекты постановления Комитета обороны при СНК СССР, записки и справки о проектировании и изготовлении опытных образцов бронированных аэросаней с поправками и резолюциями А. А. Жданова.

Д. 12. Проекты, записки и справки о производстве танков, моторов и др. видов оборонной продукции, о ходе строительства новых оборонных заводов и др. документы с поправками и резолюциями А. А. Жданова.

Д. 45. Проекты обращений, записки, справки, политдонесения на имя А. А. Жданова по вопросам советско-финляндской войны 1939–1940 гг.

Д. 75. Тетрадь регистрации приема посетителей А. А. Ждановым в Москве. Т. I.

Д. 77. Тетради регистрации приема посетителей А. А. Ждановым в г. Ленинграде.

Государственный архив Российской Федерации (ГА РФ)

Ф. Р-5446. Совет министров СССР.

Оп. 1в. Оригиналы протоколов и постановлений СНК СССР за 1922–1940 гг., сданные на хранение в Центральный государственный архив Октябрьской революции, высших органов государственной власти и органов государственного управления СССР.

Д. 506. Оригиналы постановлений Совета Народных Комиссаров СССР № 1378-288–1558-365 за 1939 г.

Д. 507. Оригиналы постановления Совета Народных Комиссаров СССР № 1550-366–1765-448 за 1939 г.

Д. 509. Оригиналы постановлений Совета Народных Комиссаров СССР № 1930-526–2139-630 за 1939 г.

Д. 510. Постановления СНК СССР, СНК СССР и ЦК ВКП(б) за 1939 г. (оригиналы).

Д. 511. Оригиналы постановлений Совета Народных Комиссаров СССР № 1-1–115 за 1940 г.

Д. 512. Оригиналы постановлений Совета Народных Комиссаров СССР № 119-55–363-146 за 1940 г.

Д. 523. Постановления СНК СССР, СНК СССР и ЦК ВКП(б) за 1940 г. (оригиналы).

Ф. Р-6757. Экономический совет при Совете Народных Комиссаров (ЭКОСО СНК).

Оп. 2. Оригиналы постановлений и выписки из протоколов заседаний за 1934–1941 гг.

Д. 15. Оригиналы постановлений Экономического Совета при Совете Народных Комиссаров Союза ССР с 4 IX по 17 IX 1939 г. № 948–1052.

Д. 16. Оригиналы постановлений Экономического Совета при Совете Народных Комиссаров Союза ССР с 16 IX по 8 X 1939 г. № 1053–1142.

Д. 20. Оригиналы постановлений Экономического Совета при Совете Народных Комиссаров Союза ССР с 1/XII по 31/XII 1939 г. № 1362–1466.

Д. 23. Оригиналы постановлений Экономического Совета при Совете Народных Комиссаров Союза ССР с 28/I по 13/II 1940 г. № 138–215.

Ф. Р-8418. Комитет Обороны при Совете Народных Комиссаров СССР.

Оп. 23. Дела постоянного хранения. 1939.

Д. 195. О бронировании рабочих и ИТР за промышленностью.

Д. 214. О введении воинского графика на ж. д. транспорте в 1939 г. (сводки НКПСа).

Российский государственный архив экономики (РГАЭ)

Ф. Р-4372. Государственный плановый комитет Совета Министров СССР (Госплан СССР).

Оп. 3.

Д. 1. Указы президиума Верховного Совета СССР за 1939 г. Январь — декабрь.

Оп. 37. 1939 г.

Д. 1. Указы президиума Верховного Совета СССР за 1939 г. Январь — декабрь.

Д. 15. Постановления Совета Народных Комисаров Союза ССР и Центрального комитета ВКП(б) за 1939 г. Декабрь. С № 1980 по 2144.

Д. 43. Постановления Экономсовета при СНК СССР за 1939 г. Декабрь. С № 1360 по 1466.

Оп. 38. 1940 г.

Д. 2. Постановления Совнаркома СССР за 1940 г. — Январь мес.

Д. 15. Постановления Экономического Совета при СНК СССР за 1940 г. — Январь мес.

Д. 17. Постановления Экономического Совета при СНК СССР за 1940 год. Февраль мес.

Российский государственный военный архив (РГВА)

Ф. 4. Управление делами при Народном комиссаре обороны СССР.
Оп. 14.

Д. 2338. О больших учебных сборах 1939 г.

Д. 2492. Переписка со штабом ЛВО об инспектировании частей, ходе строительства оперативных аэродромов, санитарном обеспечении войск и других вопросах.

Д. 2612. Переписка с Комитетом Обороны СНК СССР по проведению организационных мероприятий в ЛВО.

Д. 2660. Докладная записка начальника управления минометно-минного вооружения РККА и переписка с ним о состоянии минометного вооружения и ходе выполнения промышленностью планов изготовления минометов и мин.

Ф. 9. Политическое управление Рабоче-крестьянской Красной армии (РККА).
Оп. 29.

Д. 496. Политдонесения и доклады ПУ округов об итогах проведения больших учебных сборов.

Ф. 24701. Военная электротехническая академия РККА.
Оп. 1.

Д. 202. Переписка по изобретениям — «ИМВЭТА» (искатель мин) и «ВИМ-210».

Д. 203. Переписка по изобретению военинженера 1-го ранга Изюмова Н. М. и военинженера 2 ранга Иванова В. Н. — искатель напряжения («ИНВЭТА»).

Д. 205. Переписка по научно-исследовательской работе «Искатель» (миноискатель).

Д. 206. «Ползун» (Акт испытания «СТ-ВЭТА»).

Д. 211. Переписка по коллективному изобретательскому делу кафедры № 2 «Механическая торпеда» и «Сюрпризы».

Ф. 25888. Управление Ленинградского военного округа.
Оп. 14.
Д. 2. План операции против Финляндии в 1939 г.
Д. 3. Записка к плану действий Северо-Западного фронта.

Ф. 34980. Коллекция дел по советско-финской войне.
Оп. 1.
Д. 29. Переписка по материальному обеспечению действующих армий.
Д. 30. Материалы по боевой подготовке.
Д. 33. Переписка по материальному, техническому и квартирному обеспечению.
Д. 38. ПУправление 9-й армии. Политдонесения ЛВО.
Д. 47. Выписки из приказов НКО и ЛВО по личному составу; доклад о работе и политдонесения Архангельского облвоенкомата и переписка с Архангельским и Ленинградским облковоенкоматами и вонкомами формирующихся частей об организации партполитработы.
Д. 54. Доклад начальника Политуправления фронта и докладные записки инструкторов о состоянии лечебно-санитарных учреждений и обеспеченности санитарным транспортом и медикаментами; Политдонесения военкомов лечебно-санитарных учреждений фронта.
Оп. 5.
Д. 212. Частные боевые приказы.

Ф. 37977. Оперативное управление Генштаба РККА.
Оп. 1.
Д. 232. Приказы и распоряжения центра Главкома Красной армии.
Д. 233. Приказы и распоряжения центра Главного Командования Красной армии.
Д. 251. Приказы и распоряжения начальника Генштаба и его заместителя по ЛВО.
Д. 277. Общая переписка по событиям в Финляндии.
Д. 279. Отчет о работе тыла ВВС ЛВО — ВВС СЗФ по обеспечению боевых действий ВВР против белофиннов с 30.11.39 по 12.03.40 г.

Ф. 40442. Организационное управление генерального штаба РККА.
Оп. 1а.

Д. 1798. Формирование лыжных батальонов и лыжных эскадронов.

Д. 1872. Формирование отдельных лыжных батальонов и лыжных эскадронов.

Д. 1874. Формирование отдельных лыжных батальонов и лыжных эскадронов.

Д. 1916. Формирование отдельных лыжных батальонов и лыжных эскадронов.

Российский государственный архив Военно-морского флота (РГА ВМФ)

Ф. Р-92. Штаб Краснознаменного Балтийского флота.
Оп. 2. Оперативный отдел.

Д. 436. Материалы о формировании Ладожской военной флотилии (директивы, приказы, распоряжения, донесения и переписка).

Д. 448. Директивы наркома ВМФ о составлении оперативных планов и о передаче Усть-Ижорской укрепленной позиции в ведение ЛВО, расписания о действиях флота, частей береговой обороны и авиации КБФ по планам оперативной готовности, список оперативных работников.

Д. 450. Записка о составе, численности и базировании морских сил вероятных противников на Балтийском театре.

Д. 494. Обзор военных действий на море за декабрь 1939 г., справки по военно-географическому описанию Швеции, стратегическому положению Аландских островов и подготовке к войне Германии на Балтийском театре, разведывательные сводки и бюллетени иностранной прессы 5-го управления РККА, 1-го управления РКВМФ и Разведывательного отдела Штаба КБФ.

Д. 498. Общий план боевых действий КБФ против Финляндии с приложением схем и карт, план действий по обеспечению фланга 7 армии.

Д. 502. Приказы и директивы наркома ВМФ и начальника Главного морского штаба о недостатках работы Штаба и Военного совета КБФ зимой 1939 г., об организации Ладожской военной флотилии и Шхерного отряда судов, о переводе основных баз флота в Таллин и Палдиски, о разработке мер по усилению КБФ при подготовке к войне с вероятными противниками на Балтийском море.

Д. 588. Директивы, оперативные приказы, донесения и отчеты о боевых действиях Ладожской военной флотилии.

Д. 589. Боевая деятельность ЛВФ с 30/XI-39 по 13/III-40 г.

Д. 615. Характеристика боевых действий авиации за период войны.

Д. 637. Стенограмма совещания командиров и комиссаров соединений КБФ по вопросам подписания мирного договора с Финляндией и итогам боевой деятельности флота.

Оп. 7. Организационно-мобилизационный отдел.

Д. 297. Отчет о мобилизации КБФ, проведенной с 6 сентября по 20 октября 1939 г.

Д. 298. Директивы наркома ВМФ и Военного совета КБФ о порядке проведения больших учебных сборов для проверки боевой и мобилизационной готовности кораблей и частей КБФ и переписка по проведению сборов.

Д. 313. Переписка по вопросу мобилизационного развертывания ОВРа.

Д. 338. Приказы и директивы НКВМФ и КБФ и контрольные листы командующего Ладожской военной флотилии о формировании и составе флотилии.

Ф. Р-952. Ладожская военная флотилия.
Оп. 2.

Д. 1. Оперативно-боевые документы 1го Отд. Ш. ЛВФ.

Д. 3. Разная входящая и исходящая сов. секретная и секретная переписка.

Д. 5. Материалы по перевозке.

Д. 6. Исторический журнал штаба ЛВФ.

Ф. Р-1529. Исторический отдел Главного морского штаба.
Оп. 2.

Д. 642. План труда «Советско-финляндская война 1939–1940 гг.».

Ф. Р-1678. Народный комиссариат Военно-морского флота.
Оп. 1.

Д. 68. Приказы наркома ВМФ по организационных вопросам, изданные на основании постановлений КО при СНК СССР. № 001–0044.

Д. 69. Приказы наркома ВМФ по организационных вопросам, изданные на основании постановлений КО при СНК СССР. Подлинные. № 00100–00211.

Д. 73. Приказы Народного Комиссара Военно-морского флота СССР.

Д. 90. Возвращенные документы из правительства за 1939 г. (Докладные в ЦК ВКП(б)).

Д. 162. Запросы и ходатайства в СНК СССР по судостроению и вооружению.

Оп. 4.

Д. 15. Постановления Совета Народных Комиссаров СССР.

Д. 18. Постановления Экономического Совета при Совете Народных Комиссаров СССР.

Д. 30. Постановления Комитета Обороны при Совете Народных Комиссаров СССР.

Д. 32. Постановления Экономического Совета при Совете Народных Комиссаров СССР.

Филиал Центрального архива Министерства обороны (военно-медицинских документов) (Филиал ЦАМО (ВМД))

Ф. 1. Санитарное управление Красной армии.

Оп. 7401.

Д. 1. Отчет о работе санучреждений по Северо-Западному фронту — по ЛВО.

Д. 8. Отчет о работе санучреждений по Северо-Западному фронту.

Оп. 13739.

Д. 26. Разная переписка по операции Северо-Западного фронта.

Оп. 44835.

Д. 99. Материалы по укомплектованию медицинским составом действующих армий ЛВО.

Ф. 141. Фронтовой эвакуационный пункт № 50.

Оп. 1680.

Д. 5. Отчет о работе оперкоек при Ленинградской обл. клинической больнице за период войны с белофиннами 1939–1940 гг.

Оп. 2339.

Д. 1. Отчет о работе эвакогоспиталя № 2307 за период войны с белофиннами 1939–1940 гг.

Оп. 5924.

Д. 20. Доклад Н-ка эвакопункта № 50 на городской конференции эвакогоспиталей 25.05.1940 г. о работе эвакопункта в период войны с белофиннами 1939–1940 гг.

Оп. 7914.

Д. 1. Предварительный отчет Фронтового эвакуационного пункта № 50. 30.11.1939–20.03.1940 г.

Оп. 44899.

Д. 1. Отчет Фронтового эвакуационного пункта 50 (Материалы войны с белофиннами). 1939–1940 гг. Ч. 4. Лечебное обслуживание.

Д. 2. Отчет Фронтового эвакуационного пункта 50 (Материалы войны с белофиннами) 1939–1940 гг. Ч. 3. Санитарная железнодорожная эвакуация.

Д. 3. Отчет Фронтового эвакуационного пункта 50 (материалы войны с белофиннами) 1939–1940 гг. Ч. 2. Эвакуационное обеспечение.

Д. 4. Отчет Фронтового эвакуационного пункта 50 (материалы войны с белофиннами) 1939–1940 гг. Ч. 8. Служба снабжения.

Д. 5. Отчет Фронтового эвакуационного пункта 50 (материалы войны с белофиннами) 1939–1940 гг. Ч. 7. Военно-врачебная экспертиза. Санитарная статистика. Справочная работа. Архив.

Д. 6. Отчет Фронтового эвакуационного пункта 50 (материалы войны с белофиннами) 1939–1940 гг. Ч. 6. Санаторно-курортное лечение.

Д. 7. Отчет Фронтового эвакуационного пункта 50 (Материалы войны с белофиннами) 1939–1940 гг. Ч. 5. Лечебное обслуживание (продолжение).

Ф. 2648. Окружной военный госпиталь (Ленинградский красноармейский им. З. П. Соловьева военный госпиталь).

Оп. 8268.

Д. 1. Объяснительная записка к годовому отчету по форме № 7 Ленинградского красноармейского госпиталя № 442 за 1940 г.

Ф. 5747. Военно-санитарное управление (ВСУ) Ленинградского военного округа.

Оп. 44613.

Д. 1. Доклады о проведенных по линии санотдела формированиях и расформированиях.

Д. 3. Руководящие распоряжения СУ РККА и СО ЛВО, отчеты и доклады.

Д. 6. Отчеты о работе фронтовых санучреждений за период боевой операции с белофиннами.

Центральный государственный архив историко-политических документов Санкт-Петербурга (ЦГАИПД СПб)

Ф. Р-2. Выборгский райком ВКП(б).
Оп. 2.
Д. 2143. Отчеты и доклады отдела.

Ф. Р-24. Ленинградский обком ВКП(б).
Оп. 2.
Д. 3626. Стенограмма Ленинградской IX областной и VII городской объединенной партийной конференции (1-й день) (неполный экз.)
Д. 3628. Стенограмма Ленинградской IX областной и VII городской объединенной партийной конференции (2-й день — утреннее заседание).
Д. 3629. Стенограмма Ленинградской IX областной и VII городской объединенной партийной конференции (2-й день — вечернее заседание).
Д. 3630. Стенограмма Ленинградской IX областной и VII городской объединенной партийной конференции (3-й день — утреннее заседание).
Д. 3632. Стенограмма Ленинградской IX областной и VII городской объединенной партийной конференции (4-й день — утреннее заседание).
Д. 3634. Стенограмма Ленинградской IX областной и VII городской объединенной партийной конференции (5-й день — утреннее заседание).
Д. 3635. Стенограмма выступления т. Жданова А. А. на Ленинградской IX областной и VII городской объединенной партийной конференции (5-й день — утреннее заседание).
Д. 3638. Стенограмма Ленинградской IX областной и VII городской объединенной партийной конференции (6-й день — вечернее заседание).
Д. 3658. Отчет о работе Ленинградского обкома ВКП(б).
Д. 3661. Отчет Ленинградского горкома ВКП(б) за период от V до VII партийных конференций.
Д. 3664. Отчет о работе военного отдела горкома ВКП(б).
Д. 4570. Стенограмма совещания военного отдела Обкома ВКП(б) по вопросу перестройки работы Осоавиахима.

Оп. 2а.

Д. 136. Материалы к протоколу бюро Обкома ВКП(б) № 44 от 23–25/ IX 1939 г. (пп. 1, 3 — вопросы, решенные на заседании).

Д. 139. Материалы к протоколу бюро Обкома ВКП(б) № 52 от 20/XI 1939 г. (п. 3 — вопрос, решенный на заседании).

Д. 140. Материалы к протоколу бюро Обкома ВКП(б) № 56 от 23/XII 1939 г. (п. 1 — вопрос, решенный опросом).

Д. 177. Материалы к протоколу бюро Обкома ВКП(б) № 34 от 11/IV 1941 г (пп. 20, 22, 23 — вопросы, решенные опросом).

Оп. 2б.

Д. 624. Индекс № 880.

Д. 633. Индекс № 011.

Д. 638. Индекс № 022.

Д. 639. Индекс № 024.

Д. 641. Индекс № 026.

Д. 645. Индекс № 031.

Д. 646. Индекс № 032.

Д. 649. Индекс № 033.

Д. 650. Индекс № 034

Оп. 2в.

Д. 3436. Срочные донесения от Ленэнерго об израсходовании топлива. (Индекс № 415).

Д. 3571. Спецсообщения, спецсводки и справки Управления УНКВД при Ленинградской области по специальным вопросам и вопросам кадров.

Д. 3562. Спецсообщения и спецзаписки Управления НКВД по Ленинградской области по специальным вопросам.

Д. 3569. Спецдонесения и спецсводки Управления НКВД по Ленинградской области по специальным вопросам. Протокол заседания парткома УНКВД ЛО.

Д. 3584. Сведения Управления РК Милиции города Ленинграда и области о движении преступности по г. Ленинграду. (Индекс № 545).

Д. 3585. Спецдонесения, информационные сводки о преступности по районам Ленинградской области, о происшествиях и о борьбе со спекуляцией. (Индекс № 545).

Д. 3586. Сведения и информационные сообщения Управления РК Милиции г. Ленинграда и области о движении преступности и борьбе со спекуляцией в г. Ленинграде. (Индекс № 545).

Д. 3588. Сведения Управления РК Милиции города Ленинграда и области о движении преступности по городу Ленинграду и районам Ленинградской области. (Индекс № 545).

Д. 3589. Сведения Управления РК Милиции г. Ленинграда и области о движении преступности по г. Ленинграду и информационные сводки о происшествиях. (Индекс № 545).

Д. 3597. Докладные записки, донесения и справки отдела ПВХО Совета Осоавиахима по вопросам состояния местной ПВО и подготовки трудящихся в ПВХО по районам Ленинградской области и по вопросам подготовки кадров МПВО. (Индекс № 556).

Д. 3645. Материалы Кингисеппского окружкома ВКП(б). Докладные записки — о постановлении Кингисеппского окружкома ВКП(б) по вопросу — о нарушении устава сельхозартели по колхозу «Восход», на основании решения XVIII съезда партии, о повышении роли и ответственности окружкома ВКП(б) в хозяйственно-политической жизни округа, о приведении в порядок дорог в округе. Информация об итогах частичного призыва запасной поставки автогужтранспорта в РККА и о мобилизации в РККА финнов и карелов. Заявления по персональным, партийным и личным вопросам. Переписка отделов обкома ВКП(б) с окружкомом по разным делам — хозяйственным вопросам. (Индекс № 604).

Д. 3646. Материалы Псковского окружного Комитета ВКП(б).

Д. 3647. Материалы Батецкого РК ВКП(б). Информация — об итогах проведения партсобраний в первичных партийных организациях по обсуждению тезисов к докладам тов. В. М. Молотова и тов. А. А. Жданова на XVIII партийном съезде, и об итогах проведения частичного призыва автотранспорта и лошадей в РККА. Переписка отделов ОК ВКП(б) с Батецким райкомом партии об укомплектовании аппарата райкома, о выполнении плана картофелепоставок и по др. вопросам. Докладные записки о неправильном приговоре Нарсуда Батецкого по делу б. директора МТС Голубева.

Д. 3686. Переписка с Палкинским РК ВКП(б) о перестройке партийного аппарата райкома партии, о кадрах, о мобилизации в Красную армию со справками отделов Обкома ВКП(б). План мероприятий по сноске хуторов. (Индекс № 647).

Д. 3687. Переписка с Парголовским РК ВКП(б) о состоянии сельхозработ, о проведении сбора военнообязанных финнов, об охране государственных границ, о кадрах и по другим вопросам со справками отделов Обкома ВКП(б). (Индекс № 648).

Д. 3699. Переписка с Сестрорецким горкомом ВКП(б) и справки отделов Обкома ВКП(б) о перестройке партийного аппарата, о пионерлагерях, о деятельности завода им. Воскова, о проведении призыва, о готовности школ, о газете «Сестрорецкий рабочий» и других вопросах. (Индекс № 659).

Д. 3718. Докладная записка Ораниенбаумского горкома ВКП(б) [в] военный отдел Обкома ВКП(б) о выполнении наряда облвоенкомата по частичной мобилизации. (Индекс № 690).

Д. 3719. Переписка с Лужским горкомом ВКП(б) об итогах частичной мобилизации и по жилищному вопросу. (Индекс № 691).

Д. 3723. Информационные сводки и сообщения Оргинструкторского отдела ОК ВКП(б) об откликах и проведении собраний на предприятиях по вопросу о создании народного правительства в Финляндии, о ходе выборов в местные советы депутатов трудящихся и по парторганизационным вопросам.

Д. 4016. Информационные сводки, докладные записки и справки оргинструкторского отдела ГК ВКП(б) о проведении отчетно-выборных собраний в первичных парторганизациях предприятий и учреждений города, о проведении бесед в связи с повышением цен на продукты, о политическом настроении трудящихся на предприятиях и учреждениях и населения города, о состоянии партийно-политической работы в типографии «Печатный Двор» и во 2-м Юридическом институте и по другим вопросам. (Индекс № 021).

Д. 4017. Информационные сводки, докладные записки и справки оргинструкторского отдела ОК ВКП(б) о ходе сельских и поселковых советов депутатов трудящихся, о работе райкомов партии, об итогах работы по приему в ВКП(б), о численном составе и движении парторганизации за 1939 г., о политическом настроении населения области и по другим вопросам. (Индекс № 021).

Д. 4020. Информационные сводки оргинстр. отдела Горкома ВКП(б) о раб. районных парторганиз., о пров. митингов и бесед на предпр. и учрежд. в связи с закл. мирного дог. с Финляндией и о раб. VI сессии Верх. Совета СССР об улучшении массово-обор. раб. на предпр. и в учрежд. и улучш. раб. комсом. организ., о движ. членов и кандид. ВКП(б) гор. парторганиз. внутри гор. за 1939 г. и по др. вопр.

Д. 4071. Приветствия на имя тов. Жданова от оборонного актива Ленинградской области. Сводки, докладные записки и справки Военного отдела Горкома ВКП(б) о работе МПВО, о подарках от трудящихся г. Ленинграда для Красной армии, о шефстве предприятий над госпиталями и о физкультработе в Ленинградской области.

Д. 4077. Проект постановления бюро ОК ВКП(б) — о закреплении опыта организационной и агитационно-массовой работы, накопленной за время выборов в местные советы депутатов трудящихся. Докладные записки, справки отдела пропаганды и агитации и проекты постановлений по вопр. состояния парт-й пропаганды, комплектования и работы курсов, агитаторов, состояния работы районной и низовой печати, освещения в газетах хода выполнения плана лесозаготовок и подготовки к весеннему севу, отклики населения на заключ-е Советско-Финского мирного договора, направ-й практики работы отдельных районов ВКП(б), состояния работы и руководства худож-й самодеятельности в районах и городах области.

Д. 4088. Докладные записки и справки Трансп. отдела Ленингр. ОК ВКП(б) о состоянии партийно-политич. работы на Октябрьск. ж. д., о ходе судоремонта на СЗУРП, о вывозе торфа с предприятий Ленгосторфа, о плане перевоза Киров. и Октябрьск. ж. д., о состоянии шоссейных дорог и по др. вопр. ж. д. транспорта.

Д. 4261. Постановления Ленгорисполкома и бюро горкома ВКП(б) — о порядке работы Ленгорисполкома и его отделов по вопросам: о работе торгующих организаций, о направлении рабочих на предприятия Карельского перешейка, по вопросам местной промышленности, городского хозяйства, утверждения и освобождения руководящих работников Ленгорисполкома. Докладные записки и справки отделов ГК ВКП(б) по вопросам угледобычи и снабжения топливом Ленинграда, об итогах выполнения плана МПВО за 1939 г. и задачах на 1940 г., о вывозе учреждений, не связанных с Ленинградом, и по другим вопросам. Письма и заявления отдельных лиц и групп по вопросам обмена и сохранения жилплощади и домов, сохранения и восстановления памятников истории, искусства и культуры. (Индекс № 107).

Д. 4290. Переписка отделов Обкома и горкома ВКП(б) с прокуратурой Ленинграда и области, о выдаче пенсий и пособий семьям военнослужащих, утверждении и освобождении руководящих кадров прокурорских органов, о работе коллегии адвокатов, об организации прокурорского надзора за следственными органами НКВД, об учете и охране имущества, оставшегося на территории, очищенной от белофиннов, о наличии нерассмотренных жалоб и дел, осужденных тройкой НКВД, и по другим вопросам. Докладные записки прокурора г. Ленинграда — о преступных комбинациях и хищении соц. собственности на предприятиях местной промышленности, об использовании отходов союзной и республиканской промышленности и промкооперации. Письма и заявления отдельных лиц по личным вопросам. (Индекс № 134).

Д. 4300. Спецсообщения, докладные записки и переписка Управления НКВД по Ленинградской области по спец. вопросам. Протоколы заседания парткома Управления НКВД от 7 и 24 января 1940 г. по приему в ВКП(б) и др. вопр.

Д. 4306. Спец. сообщения УНКВД по ЛО об откликах населения города и области на Указ Президиума Верховного совета СССР о переходе на 8-часовой раб. день и постановление Совнаркома СССР о повышении норм выработки и снижении расценок и на выпуск гос. займа 3-й пятилетки, о состоянии колхозов, о несчастных случаях на предпр. и др.

Д. 4320. Докладные записки, спецсообщения, планы, протоколы допросов, рапорта, переписка и другие материалы Управления милиции Ленинграда и области и железнодорожных милиций о выделении коммунистов и комсомольцев для оказания помощи железнодорожной милиции, о снабжении работников, милиции, о нарушении правил торговли в системе треста «Транторгпит», о введении светомаскировки и о состоянии аварийности в гор. Ленинграде, о техническом состоянии автотранспорта Ленинграда и области, об организации детской комнаты для задержанных беспризорных и безнадзорных детей, по персональным делам и другим вопросам. (Индекс № 138).

Д. 4327. Переписка на имя секретарей ОК и ГК ВКП(б) со штабом Северо-Западного фронта и разными военными организациями и учреждениями, о военной подготовке, о военном строительстве, состоянии отдельных воинских частей и разным другим вопросам военно-оборонного характера и об отдельных лицах. Газеты и листовки на финском и русском языках. Списки добровольцев политсостава и военнообязанных, знающих финский язык.

Д. 4486. Переписка с Автотранспортным управлением Ленгорисполкома, о работе управления за период 1939–1940 гг., о состоянии особого гаража автобазы и по другим вопросам. Отчет о проделанной работе Автотранспортной службы МПВО г. Ленинграда за период 1939–1940 гг. (Индекс № 422).

Д. 4524. Отчет отдела оборонной промышленности Горкома ВКП(б) о работе предприятия оборонной промышленности за 1938 и 1939 гг.

Д. 4838. Докладные записки военного отдела Обкома ВКП(б), о переучете военно-обязанных и подготовке к призыву по обл., о работе областной организ. общества Красного Креста, о проведении комсомольского кросса и по другим вопросам.

Оп. 2г.

Д. 231. Заявления отдельных лиц на имя секретаря ОК и ГК ВКП(б) т. Жданова, переписка с учреждениями и справки отделов ОК и ГК ВКП(б) по заявлениям о состоянии отдельных частей Северо-Западного фронта, о ведении боевых действий, научно-техническом совещании Ленинградского управления Гидрометеослужбы по предложению Пекарского «о долгосрочном предсказании погоды по отдельному пункту на основе метода Мультановского» и по др. вопросам. (на буквы «А»–«П»).

Оп. 10.

Д. 490. Докладные записки лекторов обкома о прочитанных лекциях в районах области по истории ВКП(б), о международном положении СССР и другим вопросам.

Оп. 12.

Д. 2. Докладные записки отдела о ходе частичного призыва запасных в РККА и о поставке автотранспорта и лошадей в РККА по области.

Д. 8. Докладные записки и справки райкомов ВКП(б) о проведении частичного призыва запасных в РККА и учебных сборов в районах.

Д. 9. Отчет о работе областной организации Красного Креста за 1939 г. и конспект доклада о состоянии санитарно-оборонной работы в области.

Д. 11. Сведения облвоенкомата об укомплектовании воинских частей ЛОВК по райвоенкоматам, об итогах мобилизации по области, о готовности к мобилизации по «Большому сбору», о выполнении нарядов на автотранспорт, о составе конского поголовья и его годности к поставке в армию.

Д. 12. Письма трудящихся бойцам действующей Красной армии.

Д. 16. Докладная записка отдела об итогах работы по организации сбора подарков для РККА, наборе добровольцев, выдаче пособий и оказании помощи семьям мобилизованных и организации сандружин.

Д. 19. Отчеты, справки, сводки и др. материалы отдела к отчету об оборонной работе на IX областной парткоференции за период июнь 1938 г. — апрель 1940 г.

Д. 20. Докладная записка, проект решений, положений отдела о перестройке работы Осоавиахима.

Д. 29. Докладная записка о работе Областной комиссии по организации подарков бойцам и командирам действующей Красной армии и флота.

Д. 32. Докладные записки отдела и Областного комитета по делам физкультуры и спорта о формировании лыжных батальонов, об итогах боевых действий 65-го отдельного лыжного батальона добровольцев и о состоянии лыжного спорта в городах и районах Ленинградской области.

Д. 33. Стенограмма совещания дружинниц РОККа области.

Д. 34. Докладная записка Областного комитета Красного Креста о работе областной организации Красного Креста за время военных действий в Финляндии.

Д. 36. Докладные записки, тезисы докладов, схемы, практические предложения отдела о перестройке работы Осоавиахима.

Д. 43а. Списки и характеристики на начальников штабов местной ПВО, медицинских работников, работников системы промкооперации, областной комиссии по сбору подарков бойцам Красной армии, представленных к правительственной награде за участие в боях с белофиннами. (Черновики).

Д. 47. Письма бойцов действующей Красной армии в ответ на подарки от трудящихся.

Д. 48. Письма трудящихся Советского Союза бойцам и командирам действующей Красной армии и флота Северного фронта.

Д. 49. Письма трудящихся Советского Союза бойцам и командирам действующей Красной армии и флота Северного фронта.

Д. 50. Письма трудящихся Советского Союза бойцам и командирам действующей Красной армии и флота Северного фронта.

Д. 53. Переписка с воинскими частями и госпиталями и справки отдела о работе санитарных дружинниц. Копии писем и характеристики на отдельных дружинниц.

Ф. Р-25. Ленинградский горком ВКП(б)
Оп. 2.
Д. 1953. Протокол № 34 заседания бюро Горкома ВКП(б). (2-й экз.)
Д. 1971. Протокол № 36 заседания бюро Горкома ВКП(б).
Д. 1992. Протокол № 39 заседания бюро Горкома ВКП(б).
Д. 2542. Протокол № 40 заседания бюро горкома ВКП(б).
Д. 2545. Протокол № 41 заседания бюро горкома ВКП(б).
Д. 2556. Протокол № 42 заседания бюро горкома ВКП(б).
Д. 2659. Протокол № 6 заседания бюро горкома ВКП(б).
Д. 2586. Протокол № 45 заседания бюро горкома ВКП(б).
Д. 3496. Стенограмма общегородского совещания осоавиахимовского актива по вопросам перестройки работы Осоавиахима.
Д. 3497. Стенографический отчет общегородского совещания физкультурного актива.
Д. 3506. Стенограмма совещания секретарей райкомов партии и заведующих отделами горкома ВКП(б).
Оп. 2а.
Д. 81. Материалы к протоколу бюро Горкома ВКП(б) № 40 от 6/I-1940 г. (п. 1 — вопрос, решенный на заседании, пп. 1, 10 — вопросы, решенные опросом).
Д. 83. Материалы к протоколу бюро Горкома ВКП(б) № 42 от 9/II 1940 г. (пп. 43, 59 — вопросы, решенные опросом).
Д. 84. Материалы к протоколу бюро Горкома ВКП(б) № 43 от 22/II 1940 г. (пп. 8, 19 — вопросы, решенные опросом).
Д. 85. Материалы к протоколу бюро Горкома ВКП(б) № 45 от 18/III 1940 г. (п. 16 — вопрос, решенный опросом).
Оп. 10.
Д. 203. Вопросы, заданные на совещании агитаторов, политорганизаторов и секретарей партбюро Московского р-на по докладу о договоре Советского Союза с Финляндией.
Д. 294. Рукописи для книги «Сто пять дней боев».
Д. 295. Рукописи рассказов для книги «Сто пять дней боев».
Д. 296. Рукописи очерков для книги «Сто пять дней боев».
Д. 297. Рукописи очерков II и III групп для книги «Сто пять дней боев».

Д. 298. Рукописи очерков IV и VI групп для книги «Сто пять дней боев».

Д. 299. Рукописи очерков для книги «Сто пять дней боев».

Д. 300. Протокол совещания редколлегии книги «Сто пять дней боев». Рукописи очерков 1-й группы.

Оп. 13а.

Д. 9. Стенограмма совещания работников конструкторских отделов оборонных предприятий о скоростном проектировании и освоении новых видов техники на ленинградских заводах.

Д. 12. Отчет о работе ленинградских предприятий оборонной промышленности за 1938–1939 гг. Стенограмма совещания в отделе по вопросу «опыт руководства заводом».

Ф. Р-408. Дзержинский РК ВКП(б).

Оп. 1.

Д. 1590. Отчеты о работе по оборонно-физкультурным и общественным организациям.

Ф. Р-417. Кировский РК ВКП(б).

Оп. 1.

Д. 1117. Протоколы совещаний по вопросам проведения В. Т. в системе М.П.В.О. Д. 1120. Докладные записки о результатах обследования состояния П.В.О. в жилых домах.

Ф. 1638-Л. Кингисеппский окружной комитет ВКП(б).

Оп. 2.

Д. 112. Информационная справка Военного отдела окружкома ВКП(б) об итогах проведения частичного призыва запаса и поставки автогужтранспорта и лошадей в РККА по округу и районам.

Ф. Р-4000. Институт истории партии Ленинградского обкома КПСС.

Оп. 5.

Д. 3595. ЖДАНОВА Т. А. Стенограмма воспоминаний о жизни и деятельности А. А. Жданова.

Д. 3604. ВЕРХОВСКИЙ. Воспоминания бывшего начальника медико-санитарных служб Ленинградского военного округа, Северо-Западного направления о встречах с А. А. Ждановым по вопросам санитарных потерь в период борьбы против белофиннов в 1939–1940 гг. и против немецко-фашистских захватчиков в 1941 г.

Оп. 6.

Д. 447. Стенограмма вечера воспоминаний старых производственников завода им. Егорова. КУЗНЕЦОВ В.В. — о революционных выступлениях рабочих завода в 1901–1914 гг. ТИМОФЕЕВ — о денежной помощи чернорабочим завода в 1905–1906 гг. Геннадий Васильевич — о совместной работе с Егоровым в 1914–1917 гг. КРУШЕВСКИЙ А.П. — о борьбе с троцкистско-зиновьевской оппозицией и выступлении М.И. Калинина на партийном собрании завода в январе 1926 г. НАПОРКО — то же и [о] выступлении К.Е. Ворошилова на партийном собрании завода в январе 1926 г. БРЫЗГУНОВ — о работе завода в 1939 г. ЯНКОВСКИЙ — о работе завода в 1941–1942 гг. КУЧЕНАТОВ — о работе завода в 1923–1941 гг. ИВАНОВ В.П. — то же в 1941 г. ФЕДОРОВ — то же в 1941 г. ИВАНОВ — то же в 1942 г.

Оп. 18.

Д. 242. Воспоминания Стельмаховича Петра Павловича, бывшего работника Горкома и Обкома ВКП(б) г. Ленинграда, о деятельности Ленинградской партийной организации в предвоенные годы (1940–1942 гг.)

Д. 498. Зинин В.К. Воспоминания о выдающемся деятеле КПСС и Советского государства секретаре Ленинградского областного и городского комитетов партии Алексее Александровиче Кузнецове в период блокады и обороны Ленинграда (К воспоминаниям приложено 34 конверта с 49 фотографиями).

Ф. Р-4880. Сестрорецкий городской комитет ВКП(б).

Оп. 1.

Д. 367. Информационные сведения Горкома ВКП(б) о морально-политическом состоянии населения в связи с военными действиями на советско-финляндской границе и об экономической характеристике города Сестрорецка.

Д. 412. Выписка из протокола бюро и письма Обкома ВКП(б) об усилении контроля за деятельностью райисполкомов и комиссий по оказанию помощи семьям военнослужащих, о допуске секретарей парторганизаций и парторгов ЦК ВКП(б) производственных предприятий к мобилизационной работе, о создании сандружин, о подготовке к призыву 1941 г. и по вопросам партийно-организационной работы.

Д. 413. Докладные записки, политдонесения отдела горкома ВКП(б) и переписка с партийными и советскими организациями о проведении [призыва] 1939 г. и частичной мобилизации военнообязанных, подготовке снайперов и значкистов ГТО и БГТО, состоянии местной противовоздушной обороны и обеспечении семей военнослужащих.

Ф. Р-9379. Коллекция документов по истории советско-финляндской и Великой Отечественной войн, собранная В. Н. Степаковым.

Оп. 1.

Д. 3. Басанский Нестор Давидович, пом. ком. взвода по административно-хоз. части штаба 50 с. корпуса.

Д. 8. Андрейченко Петр Алексеевич, рядовой особого автобатальона ФНА. На укр. яз.

Д. 9. Борзыкин Владимир Андреевич, разведчик 7 с.п. ФНА.

Д. 11. Востриков Иван Яковлевич, рядовой ФНА, участник ВОВ, обороны Ленинграда.

Д. 14. Кузнецов Николай Павлович, артиллерист 1 арт. п. ФНА.

Д. 16. Мигас Леонид Минаевич, писарь ФНА, участник ВОВ.

Д. 17. Панфиленко Константин Прокофьевич, связист ФНА, участник ВОВ.

Д. 26. Мащенко Дмитрий Филиппович, красноармеец, радист роты связи 220 с. п. 4 с. д.

Центральный государственный архив Санкт-Петербурга (ЦГА СПб)

Ф. Р-873. Управление торговли продовольственными товарами Главного управления торговли Исполнительного комитета Ленинградского городского совета народных депутатов.

Оп. 1.

Д. 5. Приказы по Управлению № 4–144. Ч. 1.

Д. 7. Распоряжения по Управлению № 1–50.

Д. 8. Стенограммы совещаний директоров (работников), парторгов у начальника Продторгами г. Л-да по вопросу о транспорте и др.

Д. 18. Приказы управления за 1940 г. Ч. I.

Д. 19. Приказы управления за 1940 г. Ч. II.

Ф. Р-899. Трамвайно-троллейбусное управление Президиума Ленсовета.

Оп. 4.

Д. 695. Копии приказов по управлению.

Д. 696. Распоряжения по управлению.

Ф. Р-960. Уполномоченный комиссии советского контроля при Совете Народных Комиссаров СССР по Ленинграду и Ленинградской области.

Оп. 10.

Д. 6. Снабжение дровами гор. Ленинграда.

Ф. Р-1324. Ленинградское производственное объединение им. Козицкого.

Оп. 8.

Д. 5. Годовой отчет по основной деятельности за 1939 г.

Д. 8. Годовой отчет по основной деятельности за 1940 г.

Ф. Р-1684. Ленинградская областная плановая комиссия.

Оп. 4.

Д. 133. Отчетность по текущим военным заказам.

Ф. Р-1788. Кировский завод.

Оп. 27.

Д. 22. Приказы по заводу.

Д. 25. Особая переписка с УНКГБ Лен. области (справки по номенклатуре производства).

Д. 27. Годовые отчеты и техпрофимплан завода за 1939 г. по военным заказам.

Д. 76. Сведения о выполнении спецзаказов и переписка с Наркомтяжмашем, касающаяся этих сведений.

Д. 64. Приказы по заводу по танковому производству.

Д. 78. Переписка с Наркомтяжем по изготовлению приспособлений по увеличению проходимости автомашины ЗИС-5.

Д. 87. Переписка с Автобронетанковым управлением о танке «пулеметное бронированное гнездо». Проект 217 и 212.

Оп. 31.

Д. 17. Распоряжения. Перечень. 1939 год. № 1–311.

Д. 19. Распоряжения д-ра по заводу 1939 г. № 128–310.

Ф. Р-1790. Ижорский завод.

Оп. 36.

Д. 142. Доклад директора о работе завода за 1939 год. Ч. I.

Ф. Р-2275. Управление Октябрьской железной дороги.
Оп. 9.
Д. 1867. Распоряжения начальника Октябрьской жел. дороги за 1939 г. № 2 по 156.
Д. 1869. Протоколы заседаний постоянного совещания при начальнике дороги. Т. II.
Д. 1876. Месячные отчеты о работе восстановительных поездов. Т. II.
Д. 2004. Распоряжения «Н» № 1–91.
Д. 2006. Приказы НКПС, решения Ленгорисполкома и переписка с ДТО-НКВД о работе службы пути и состоянии путевого хозяйства, воинских перевозках, трудовой дисциплине и другим вопросам работы дороги.

Ф. Р-3209. Завод № 185 им. Кирова.
Оп. 8.
Д. 19. Рост противотанковой обороны в период 1917–1937 гг.
Оп. 9.
Д. 16. Технический отчет завода № 185 им. Кирова о работе за 1939 г.

Ф. Р-4906. Колпинский районный совет.
Оп. 2.
Д. 3. Положение об Управлении местной противовоздушной обороны г. Ленинграда.

Ф. Р-4965. Статистическое управление г. Ленинграда.
Оп. 1.
Д. 708. Годовые отчеты за 1939 г. 1) Завод «Электроинструмент»; 2) Октябрьский Пар. Рем. завод им. Кагановича.
Д. 710. Годовой отчет за 1939 г. 1) Завод № 8 «Конструктор»; 2) 2-й колбасный завод.
Оп. 3.
Д. 18. Годовые отчеты пром. предприятий г. Ленинграда за 1940 г. Завод № 174 им. Ворошилова.
Д. 24. Объяснительная записка к годовому отчету промышленности за 1940 г.

Ф. Р-5350. Завод № 174.
Оп. 8.
Д. 1. Противонадолбные приспособления.

Ф. Р-7179. Ленинградский областной совет.
Оп. 10.
Д. 1526. Протоколы Заседания президиума Леноблисполкома с № 219 по 220.
Д. 1641. Материалы к протоколам заседания Президиума Леноблисполкома № 219, 220 пункты 11066–11108.
Д. 1694. Протоколы № 1–4 заседаний Исполкома Леноблсовета.
Д. 1695. Протоколы заседаний президиума Леноблисполкома № 5–6.
Оп. 11.
Д. 462. Отчеты исполкомов райсоветов и горсоветов о помощи семьям мобилизованных в РККА.
Д. 463. Отчеты районных комиссий по приему и отправке подарков бойцам Красной армии и флота и о выдаче единовременного пособия семьям красноармейцев.
Д. 464. Отчеты исполкомов райсоветов об израсходовании средств, полученных на оказание единовременной помощи семьям убитых и раненых красноармейцев.
Д. 465. Отчеты исполкомов райсоветов об израсходовании средств, полученных на оказание единовременной помощи семьям убитых и раненых красноармейцев.
Д. 470. Докладные записки и справки о работе торговых организаций.
Д. 498. Переписка с райисполкомами и горсоветами о распределении автомашин, о состоянии автотранспорта, и о загрузке машин. Ч. 1.
Оп. 29.
Д. 1. Протоколы (подлинные) Областной комиссии по подаркам, личный состав, ежедневные сведения о поступлении подарков бойцам и о направлении посылок в действующую Красную армию и особо отличившимся.
Д. 2. Постановление о создании Областной комиссии по подаркам Кр. армии. Списки поступивших посылок и денежных средств и сведения по оказанию помощи семьям красноармейцев.
Д. 3. Стенографический отчет совещания у зам. председателя Облисполкома об организации и приеме подарков для бойцов Красной армии. Протокол заседания комиссии и переписка по отправке подарков.

Д. 4. Письма бойцов Кр. армии в ответ на подарки и письма трудящихся гор. Ленинграда.

Д. 8. Ежедневные сводки о ходе поступления посылок и денежных средств на подарки из городов и районов области.

Д. 10. Книга учета продовольственных товаров для подарков бойцам действующей Красной армии и флота.

Д. 11. Книга по учету промышленных товаров для подарков бойцам.

Д. 13. Письма бойцов действующей Красной армии в ответ на полученные подарки трудящихся.

Д. 14. Описи подарков посылаемых бойцам Кр. армии.

Ф. Р-7384. Ленинградский городской совет.

Оп. 4.

Д. 23. Переписка по оборонным вопросам. I т.

Д. 24. Переписка по оборонным вопросам. II т.

Д. 25. Переписка по оборонным вопросам. III т.

Д. 26. Планы сектора обороны.

Д. 35. Переписка по оборонным вопросам. Т. I.

Д. 36. Переписка по оборонным вопросам. II т.

Д. 49. Отчеты о выполнении планов. Т. I.

Оп. 11.

Д. 139. Социальное обеспечение, единовременное пособие. Переписка о назначении пособий мобилизованным, о сборе и пересылке подарков для бойцов действующей Красной армии и флота. План художественного обслуживания воинских частей.

Д. 299. Секция революционного порядка. Протоколы заседаний пленумов секции.

Оп. 13.

Д. 63. Информационные сообщения и докладные записки информаторов.

Оп. 17.

Д. 47. Переписка о топливоснабжении предприятий Ленинграда (нефть, дрова). Ч. I.

Д. 50. Переписка о снабжении предприятий Ленинграда горючим (бензином, керосином, лигроином).

Д. 56. Материалы и переписка о работе автогужевого и гужевого транспорта, о выполнении плана перевозок.

Д. 57. Переписка с управлением дорог, с фабриками и др. учреждениями о железнодорожном транспорте.

Д. 145. Переписка начальников штаба МПВО г. Ленинграда с заводом «Электросила» и др. Об оборонной работе и работе ПВО.

Д. 146. Материалы по обследованию подготовки населения по ПВХО. и о проведении курсов МПВО.

Оп. 36.

Д. 16. Протоколы к решениям Ленсовета.

Д. 18. Постановления С. З. Президиума Ленсовета. Т. II (и последний).

Д. 34. Протоколы и решения Исполкома Ленгорсовета.

Ф. Р-9156. Главное управление здравоохранения Ленгорисполкома. Оп. 4.

Д. 42. Отчет о состоянии медицинского обслуживания трудящихся г. Ленинграда на пленуме Ленсовета 27/X-1939 г.

Д. 45. Протоколы совещаний завед. райздравотделами.

Д. 60. Выписки из протоколов Ленгорисполкома по вопросам здравоохранения.

Д. 63. Протоколы совещаний заведующих райздравотделами и начальников отделов Ленгорздравотдела.

Д. 274. Стенографический отчет. Ленинградская конференция работников эвакогоспиталей и спецотделений больниц и институтов.

Д. 275. Стенографич. отчет. Ленинградская конференция работников эвакогоспиталей и спецотделений, больниц и институтов.

Д. 276. Стенографический отчет. Ленинградская конференция работников эвакогоспиталей, спецотделений больниц и институтов.

Д. 277. Стенографический отчет. Ленинградская конференция работников эвакогоспиталей и спецотделений институтов и больниц.

Ф. Р-9939. Северное управление ГВФ. Оп. 2.

Ф. 18. Отчеты о донесениях о работе Особой Северной авиагрупы ГВФ по обслуживанию фронта в борьбе с финской белогвардейщиной (XII-39–01.04.40).

Д. 19. Отчет Медсанслужбы Особой Северной авиагруппы ГВФ за период с декабря 1939 по 17 марта 1940 г.

Центральный государственный архив литературы и искусства Санкт-Петербурга (ЦГАЛИ СПб)

Ф. Р-98. Успенский Лев Васильевич (1900–1978), писатель.
Оп. 3.
Д. 58. Дневник. Автограф. Сентябрь 1930 — январь 1942.

Ф. Р-371. Санкт-Петербургское отделение союза писателей России.
Оп. 1.
Д. 6. Протоколы и стенограммы заседаний правления СП РСФСР.

Ф. Р-426. Чумандрин Михаил Федорович (1905–1940), писатель.
Оп. 1.
Д. 16. Чумандриной Марии Александровне, жене. 4 письма на 4 листах. 1939–1940 годы.

Отдел рукописей Российской национальной библиотеки (ОР РНБ)

Ф. 1000. Собрание отдельных поступлений.
Оп. 2.
Ед. хр. 504. Звейнек Ася, студентка Геологического факультета Ленинградского ун-та. Дневники. Тетради 2–10. 1938 — апр. 1941. Ленинград. Здесь же — записки подругам и их ответы. Чернилами и карандашом. Занятия, круг чтения, посещения театров и пр.

Ф. 1015. Остроумова-Лебедева А. П.
Ед. хр. 55. Остроумова-Лебедева Анна Петровна. Дневник. 23 июня 1939 — 12 января 1940 г. Тарусса. Ленинград. Автограф. Тетрадь с наклеенной на обложке гравюрой автора — «Концовка», 1903 г.

Научный архив Военно-исторического музея артиллерии, инженерных войск и войск связи (Научный архив ВИМАИВиВС)

Ф. 7р. Главный научно-исследовательский полигон.
Оп. 7. Документальные материалы, поступившие из в/ч 33491.
Д. 81. Планы и отчеты.

Д. 202. Дело с перепиской по конструкторскому бюро т. Охотникова.

Д. 287. Отчет о выполнении опытных работ за 1940 г. 1, 2, 3, 4 и 5 отделами АНИОПа.

Ф. 58р. Личный фонд Прочко И. С.

Оп. 1.

Д. 5. Боевые приказы, оперативные и разведывательные сводки, донесения, отчеты о боевой работе артиллерии и другие документы штаба артиллерии Полевой армейской группы в период боевых действий Красной армии на р. Халхин-Гол.

Д. 11. Заметки И. С. Прочко о боевых действиях артиллерии Красной армии в советско-финляндской войне. 1939–1940 гг.

Ленинградский государственный областной архив в г. Выборге (ЛОГАВ)

Ф. Р-2578. Ленинградский областной совет промысловой кооперации (Леноблпромсовет) Всекопромсовета.

Оп. 9.

Д. 512. Протоколы заседаний Президиума Леноблпромсовета.

Ф. Р-3161. Исполком Кингисеппского окружного совета.

Оп. 2.

Д. 22. Спецсводки и политдонесения Окружного отдела НКВД о проведении в жизнь постановления ЦК ВКП(б) «О мерах охраны общественных земель от разбазаривания», о ходе уборочной и др. сельскохозяйственных кампаний, о настроениях населения в связи с заключением пакта о ненападении с Германией и об устранении недостатков в работе колхозов, совхозов и районных учреждений.

Кроме того, в качестве иллюстраций использованы фотографии и схемы, хранящиеся в **РГВА, ЦГАИПД СПб, ЦГА СПб,** а также в **Центральном государственном архиве кинофотофонодокументов Санкт-Петербурга (ЦГАКФФД СПб)** и в **Фотофонде Военно-исторического музея артиллерии, инженерных войск и войск связи (Фотофонд ВИМАИВиВС).**

Периодическая печать (1939–1940)
Газеты

За большевистские педагогические кадры.

Кировец.

Красная звезда.

Крылья Советов.

Ленинградская правда.

Молот.

Правда.

Пост революции.

Скороходовский рабочий.

Смена.

Сталинец.

Журналы

Бюллетень Ленинградского Совета РК и КД. 1939. № 47–48; 1940. № 2–3, 12.

Военно-санитарное дело. 1940. № 4.

Пропаганда и агитация. 1940. № 8.

Справочные, научные и пропагандистские издания 1938–1940 гг.

Большая Советская Энциклопедия. Т. 37. М.: Советская энциклопедия, 1938.

Здоровье и здравоохранение в Ленинграде за 1939 год. Л.: Ленинградский городской отдел здравоохранения; Институт организации здравоохранения, 1940.

Оппель В. А. Очерки хирургии войны. Л.: Гос. изд-во медицинской лит-ры (Ленинградское отделение), 1940.

Эмдин Л. Охрана здоровья трудящихся Ленинграда. К выборам в местные советы депутатов трудящихся. Л.: Газетно-журнальное и книжное изд-во Ленинградского совета РК и КД, 1939.

XVIII съезд Всесоюзной Коммунистической партии (б). 10–21 марта 1939 г. Стенографический отчет. М.: Госполитиздат, 1939.

Опубликованные документы

Акт о приеме Наркомата Обороны Союза ССР тов. Тимошенко С. К. от Ворошилова К. Е. // Известия ЦК КПСС. 1990. № 1.

Балашов Е. Провокация в Майнила. URL: https://diletant.media/articles/44496556/ (дата обращения: 06.06.2023)

Бой 97-го лыжного батальона против береговой батареи Ярисевя 19 февраля 1940 года. URL: http://warhistory.livejournal.com/2059597.html (дата обращения: 06.06.2023)

Всесоюзная перепись населения 1939 года: Основные итоги. М.: Наука, 1992.

Всесоюзная перепись населения 1939 года: Основные итоги: Россия. СПб.: Рус.-Балт. информ. центр БЛИЦ, 1999.

Документы внешней политики. Т. XXII. 1939. Кн. 2. Сентябрь–декабрь. М.: Междунар. Отношения, 1992.

Журнал боевых действий соединений и частей 2-го корпуса ПВО — Ленинградской армии ПВО — 1939-11-30–1941-08-26. URL: http://rr.aroundspb.ru/pn/13613-0020352-0017.pdf (дата обращения: 06.06.2023)

Зимняя война (Документы о советско-финляндских отношениях 1939–1940 годов) // Международная жизнь. 1989. № 8.

Зимняя война 1939–1940 гг. в документах НКВД: По материалам Архива Управления Федеральной службы безопасности по городу Санкт-Петербургу и Ленинградской области / Авт.-сост. С. К. Бернев, А. И. Рупасов. СПб.: Информационно-издательское агентство «ЛИК», 2010.

Зимняя война 1939–1940 гг. Исследования, документы, комментарии. К 70-летию советско-финляндской войны. М.: Академкнига, 2009.

Зимняя война 1939–1940. Кн. 2. И. В. Сталин и финская кампания. (Стенограмма совещания при ЦК ВКП(б)). М.: Наука, 1998.

«Зимняя война»: работа над ошибками (апрель — май 1940 г.). Материалы комиссий Главного военного совета Красной Армии по обобщению опыта финской кампании. М.–СПб.: Летний сад, 2004.

История создания и развития оборонно-промышленного комплекса России и СССР. 1900–1963 гг. Т. 4. Оборонно-промышленный комплекс СССР накануне Великой Отечественной войны (1938 — июнь 1941). М.: Книговек, 2015.

«Не представляли себе… всех трудностей, связанных с этой войной» // Военно-исторический журнал. 1993. № 4, 5, 7.

Кризис снабжения 1939–1941 гг. в письмах советских людей // Вопросы истории. 1996. № 1.

Накануне войны (1936–1940 гг.) // Известия ЦК КПСС. 1990. № 3.

На приеме у Сталина. Тетради (журналы) записей лиц, принятых И. В. Сталиным (1924–1953 гг.): Справочник. М.: Новый хронограф, 2008.

Оглашению подлежит: СССР — Германия. 1939–1941 / Сост. Ю. Фельштинский. М.: ТЕРРА-Книжный клуб, 2004.

Постановление СНК СССР № 1750 «О сдаче населением радиоприемных и передающих устройств». URL: https://www.prlib.ru/item/1348652 (дата обращения: 06.06.2023)

Справка мобилизационно-планового отдела Комитета обороны при СНК СССР о выполнении заказов оборонного ведомства за 1929–1941 гг. — 28 апреля 1941 г. URL: https://istmat.org/node/58617 (дата обращения: 06.06.2023)

Тайны и уроки зимней войны. 1939–1940. СПб.: Полигон, 2000.

Уроки войны с Финляндией. Неопубликованный доклад наркома обороны СССР К. Е. Ворошилова на пленуме ЦК ВКП(б) 28 марта 1940 г. // Новая и новейшая история. 1993. № 4.

Центральный комитет ВКП(б), Совет народных комиссаров СССР. Обращение от 3 декабря 1931 года. О жилищно-коммунальном хозяйстве Ленинграда. URL: http://www.libussr.ru/doc_ussr/ussr_3808.htm (дата обращения: 06.06.2023)

1941 год: в 2 кн. М.: Демократия, 1998.

Воспоминания и дневники

Александров Г. П. В награду — жизнь. (Автобиографическая повесть в двух частях). СПб.: Папирус, 2003.

Афанасьев В. А. Верность памяти юности беспечной // Путь в историю, пути в истории… Пермь: Пермск. гос. ун-т, 2002.

Бои в Финляндии. Воспоминания участников: в 2 ч. М.: Воениздат, 1941.

Бои на Карельском перешейке. М.: Госполитиздат, 1941.

Воронов Н. Н. На службе военной. М.: Воениздат, 1963.

Гюннинен Эдуард Матвеевич. URL: https://iremember.ru/memoirs/svyazisti/gyunninen-eduard-matveevich/ (дата обращения: 06.06.2023)

Гюннинен Э. М. «Я, воин Финской народной армии...» // Новый часовой. 2000. № 10.

Давидсон А. Б. В блокадном Ленинграде // Новая и новейшая история. 2005. № 1.

Каганович Л. М. Памятные записки рабочего, коммуниста-большевика, профсоюзного, партийного и советско-государственного работника. М.: Вагриус, 2003.

Криптон К. Осада Ленинграда. Нью-Йорк: Изд-во им. Чехова, 1952.

Кубланов М. М. Апокрифы, ч. 1. Потаенные дневники советского служащего: Записи о событиях 1936–1975 гг. СПб.: Деметра, 2014.

Кузнецов Н. Г. Накануне. М.: Воениздат, 1989.

Лапиров С. А столица жила и боролась // Еще один подвиг столицы. Местная ПВО в годы войны. М.: Московский рабочий, 1984.

Макаренко Е. Доброволец Зимней войны // Новый часовой. 2000. № 10.

Маннергейм К. Г. Воспоминания. Минск: Попурри, 2004.

Маньков А. Г. Дневники тридцатых годов. СПб.: Европейский дом, 2001.

Мерецков К. А. На службе народу. М.: Высшая школа, 1984.

Митерев Г. А. В дни мира и войны. М.: Медицина, 1975.

Никулин Н. Н. Воспоминания о войне. М.: АСТ, 2020.

Островская С. К. Дневник. М.: Новое литературное обозрение, 2013.

Пирожкова В. Потерянное поколение. Воспоминания о детстве и юности. URL: http://www.belousenko.com/books/pirozhkova/pirozhkova_pokolenie.htm (дата обращения: 06.06.2023)

«Продолжаем продвигаться в глубь безуютной страны» // Источник. 1993. № 3.

Пронин В. В начале войны // Еще один подвиг столицы. Местная ПВО в годы войны. М.: Московский рабочий, 1984.

Пронин В. П. Город-воин // Битва за Москву [Крах операции «Тайфун». В труде, как в бою]. М.: Московский рабочий, 1985.

Прусаков Георгий Васильевич. URL: http://iremember.ru/memoirs/pekhotintsi/prusakov-georgiy-vasilevich/ (дата обращения: 06.06.2023)

Салагин Я. На Ладоге (Флот в боях с белофиннами). М.–Л.: Военмориздат, 1941.

Скрябина Е. А. Страницы жизни. М.: Прогресс-Академия, 1994.

Смирнов Е. И. Война и военная медицина. 1939–1945 годы. М.: Медицина, 1979.

Степаков В. Еще раз об инциденте в Майниле 26 ноября 1939 г. // Новый часовой. 1995. № 3.

Устинов Д. Ф. Во имя Победы. М.: Воениздат, 1988.

Чуев Ф. И. Молотов: Полудержавный властелин. М.: ОЛМА-ПРЕСС, 2002.

Художественная литература

Линна В. Неизвестный солдат. Выборг: Историко-культурный центр Карельского перешейка, 2017.

Шефнер В. С. Сестра печали. Л.: Лениздат, 1970.

2. Литература

105 дней «зимней войны». К шестидесятилетию советско-финляндской войны. СПб.: [б. и.], 2000.

Авилкин А. М. Основные аспекты развития отечественной историографии советско-финляндской войны 1939–1940 гг. // Вестник Военного университета. 2010. № 2.

Александров К. М. Новое об инциденте в Майниле (Малоизвестные страницы истории советско-финляндской войны 1939–1940 гг.) // Новый часовой. 1994. № 1.

Антонов В. Сам себе цитадель. URL: http://warspot.ru/8271-sam-sebe-tsitadel (дата обращения: 06.06.2023)

Антонов В. Т-26 в роли сапера. URL: https://warspot.ru/12502-t-26-v-roli-sapyora (дата обращения: 06.06.2023)

Аптекарь П. «Выстрелов не было» // Родина. 1995. № 12.

Аптекарь П. Советско-финляндские войны. М.: Яуза; Эксмо, 2004.

Аптекарь П. CASUS BELLI. URL: http://www.rkka.ru/ibibl2.htm (дата обращения: 06.06.2023)

Артемов Ж. Л. Некоторые вопросы работы военных отделов партийных комитетов (1939 г. — июнь 1941 г.) // Вопросы истории КПСС. 1972. № 6.

Артиллерийское снабжение в Великой Отечественной войне 1941–1945 гг. Кн. 1. М.–Тула: [Главное ракетно-артиллерийское управление], 1977.

Артиллерия в наступательных операциях Великой Отечественной войны. Кн. 1. Артиллерия в наступательных операциях первого периода войны (22 июня 1941 г. — 18 ноября 1942 г.). М.: Воениздат, 1964.

Балашов Е. А., Степаков В. Н. Линия Маннергейма и система финской долговременной фортификации на Карельском перешейке. СПб.: Нордмедиздат, 2000.

Барышников В. Н. От прохладного мира к зимней войне: Восточная политика Финляндии в 1930-е годы. СПб.: Изд-во С.-Петерб. ун-та, 1997.

Барышников В. Н. Советские архивные документы о «плане Жданова» накануне начала «Зимней войны» // Вестник Санкт-Петербургского университета. Сер. 2. История. 2013. № 3.

Барышников В. Н. СССР и Финляндия: к вопросу об обстоятельствах и времени принятия решения о начале «зимней войны» // Вестник Санкт-Петербургского университета. Сер. 2. История. 2016. № 2.

Барышников Н. И. Советско-финляндская война 1939–1940 гг. // Новая и новейшая история. 1989. № 4.

Барышников Н. И., Барышников В. Н. «Зимняя война» // Аврора. 1990. № 2. С. 24–45; № 3. С. 83–90.

Барышников Н. И., Барышников В. Н. Финляндия во второй мировой войне. Л.: Лениздат, 1985.

Барышников Н. И., Барышников В. Н., Федоров В. Г. Финляндия во второй мировой войне. Л.: Лениздат, 1989.

Барышников Н. И. Финляндия: Из истории военного времени 1939–1944. СПб.: Наука, 2010.

Басов А. П. Торф в энергетическом балансе Ленинграда // Торфяная промышленность. 1970. № 4.

Белаш Е. «Завтра в поход»: РККА в Польше. URL: https://warspot.ru/7121-zavtra-v-pohod-rkka-v-polshe (дата обращения: 06.06.2023)

Бережков В. И. Питерские прокураторы. Руководители ВЧК-МГБ. 1918–1954. СПб.: Русско-Балтийский информационный центр БЛИЦ, 1998.

Биркенгоф А. Л., Даринский А. В., Кобяков С. Г., Невельштейн Г. С., Соколов Н. Н. Ленинградская область. Природа и хозяйство. Л.: Лениздат, 1958.

Болдовский К. А. Падение «блокадных секретарей». Партаппарат Ленинграда до и после «ленинградского дела». СПб.: Нестор-История, 2018.

Бочков Е. А. Вооруженные конфликты и локальные войны с участием РККА (конец 1930-х — начало 1940-х гг.): Тыловое обеспечение войск. СПб.: ВАТТ, 2007.

Бочков Е. А. Транспортное обеспечение Красной Армии в советско-финляндской войне 1939–1940 гг. // Санкт-Петербург и страны Северной Европы: Материалы Десятой ежегодной международной научной конференции (16–17 апреля 2008 г.). СПб.: РХГА, 2009.

Будко А. А., Иванькович Ф. А. Военная медицина СССР и Финляндии в Советско-финляндской (Зимней) войне 1939–1940 гг. СПб.: ВММ МО РФ, 2005.

Булгаков Д. В., Турков А. Г. Тыл Красной Армии в советско-финляндской войне (1939–1940 гг.). М.: [Военно-научный комитет Тыла ВС РФ], 2008.

Бунич И. Л. Операция «Гроза», или Ошибка в третьем знаке: в 2 кн. СПб.: ВИТА-ОБЛИК, 1994.

Бурдинский Е. В., Каменев П. В., Безугольный А. Ю., Дайнес В. О. Военные комиссариаты: История создания и развития. 1918–2018 гг. // Военно-исторический журнал. 2018. № 4.

Васильев А. А. Становление и развитие бронетанковой промышленности Ленинграда в 20–30-е годы XX века: Дис. ... к. и. н. СПб., 2003.

Ващенко П. Ф. Если бы Финляндия и СССР... // Военно-исторический журнал. 1990. № 1.

Веригин С. Г. Формирование и боевые действия Финской народной армии в Советско-финляндской (Зимней) войне 1939–1940 годов // Ученые записки Петрозаводского государственного университета. Сер. Общественные и гуманитарные науки. 2009. № 10.

Вишлёв О. В. Сталин и Гитлер. Кто кого обманул. М.: Эксмо, 2010.

Военная ордена Ленина Краснознаменная академия связи имени С. М. Буденного. 1919–1979 (Краткий исторический очерки). Л.: [ВАС], 1980.

Война, которой могло не быть? Беседа с Александром Донгаровым и Анатолием Носковым // Страницы истории: Дайджест прессы. 1989. Июль — декабрь. Л.: Лениздат, 1990.

Волкотрубенко И. И. Служба боевого снабжения войск. Краткий исторический очерк. Пенза: [Пензенское высшее артиллерийское инженерное ордена Красной Звезды училище], 1966.

Волынец А. Н. Жданов. М.: Молодая гвардия, 2013.

Ганичев И. Г. Работа ленинградской партийной организации по укреплению единства народа и армии в предвоенные годы (1939 — июнь 1941 г.): Автореф. дис. ... к. и. н. Л., 1967.

Гетманцев А. А., Екимов А. Н. История одного изобретения. Как за одну ночь был разработан миноискатель // Фотон-Экспресс. 2010. № 6.

Гетманцев А. А., Екимов А. Н. История одного изобретения. К 90-летнему юбилею Военной академии связи имени маршала С. М. Буденного // Фотон-Экспресс. 2009. № 7.

Гладких П. Ф. Очерки истории отечественной военной медицины. Кн. IX. Медицинская служба Красной Армии в Советско-финляндской войне 1939–1940 гг. СПб.: Петрополис, 2009.

Гончаров В. Так кто же стрелял в Майнила? // Захаров М. В. Генеральный штаб в предвоенные годы. М.: АСТ; ЛЮКС, 2005.

Гражданская авиация СССР. 1917–1967. М.: Транспорт, 1968.

Гриф секретности снят: Потери Вооруженных Сил СССР в войнах, боевых действиях и военных конфликтах: Статистическое исследование. М.: Воениздат, 1993.

Гусев А. В. Исторические аспекты создания местной системы защиты населения и объектов от воздушного и химического нападения в СССР // Вестник Ленинградского государственного университета им. А. С. Пушкина. 2011. № 3 (Т. 4). История.

Дзенискевич А. Р. Накануне и в дни испытаний. Ленинградские рабочие в 1938–1945 гг. Л.: Наука (Ленинградское отделение), 1990.

Дзенискевич А. Р. Рабочие Ленинграда накануне Великой Отечественной войны. 1938 — июнь 1941 г. Л.: Наука (Ленинградское отделение), 1983.

Дзенискевич А. Р. Фронт у заводских стен. Малоизученные проблемы обороны Ленинграда (1941–1944). СПб.: Нестор, 1998.

Дзенискевич А. Р. Численность населения Ленинградской области и уровень его жизни накануне войны (1939–1940) // Клио. 2003. № 2.

Донгаров А. Г. Война, которой могло не быть (К политической и дипломатической истории советско-финляндского вооруженного конфликта 1939–1940 гг.) // Вопросы истории. 1990. № 5.

Донгаров А. Г. Предъявлялся ли Финляндии ультиматум? // Военно-исторический журнал. 1990. № 3.

Жуков А. П., Денисова Н. Ю. Застывшие «Зачем» и «Почему». Добровольцы-менделеевцы на финской войне (1939–1940). М.: РХТУ им. Д. И. Менделеева, 2016.

Жуков С. А. Влияние Советско-финляндской войны 1939–1940 годов на обеспечение продовольствием населения Ленинграда и области // Известия Юго-Западного государственного университета. Сер. История и право. 2016. № 4.

Жуков С. А. Готовился ли СССР к Советско-финляндской войне 1939–1940 гг.? // Клио. 2014. № 12.

Жуков С. А. Деятельность руководства Ленинграда и области по организации снабжения войск в ходе советско-финляндской войны 1939–1940 гг. // Чтения по военной истории / Под ред. Е. В. Ильина. СПб.: Изд-во С.-Петерб. ун-та, 2011.

Жуков С. А. Мобилизация Ленинградского военного округа 1939 г. и ее влияние на безопасность Северо-Западного региона СССР // Обеспечение национальной безопасности Российской Федерации в Северо-Западном регионе в условиях глобализации и формирования новой архитектуры мирового порядка в конце XX — начале XXI в. Материалы работы круглого стола 17 мая 2007 г. СПб.: Альба, 2007.

Жуков С. А. Об оценке работы тыла советских войск в период «зимней войны» 1939–1940 гг. // Санкт-Петербург и страны Северной Европы: Материалы Десятой ежегодной международной научной конференции (16–17 апреля 2008 г.). СПб.: РХГА, 2009.

Жуков С. А. Организация материального снабжения Красной армии в советско-финляндской войне 1939–1940 гг. СПб.: ВАТ, 2010.

Жуков С. А. Патриотизм в условиях социального кризиса: экономический аспект (на опыте советско-финляндской войны 1939–1940 гг.) // Гражданственность и патриотизм в процессе обучения и воспитания в учебных заведения: материалы Всерос. науч.-практич. конф. / Под общ. ред. В. Н. Скворцова. СПб.: ЛГУ им. А. С. Пушкина, 2007.

Жуков С. А. Снабжение РККА боеприпасами при подготовке и в ходе советско-финляндской войны 1939–1940 гг. // Ученые записки Орловского государственного университета. Сер. Гуманитарные и социальные науки. 2015. № 6.

Жуков С. А., Колесник М. И. Состояние экономики Северо-Запада СССР перед советско-финляндской войной 1939–1940 гг. // Экономические интересы государств на Севере Европы и в Балтийском регионе, их влияние на военно-политические отношения Российской Федерации с сопредельными государствами. История и современность. Материалы работы круглого стола 22 мая 2008 г. СПб.: Альба, 2008.

Жуков С. А. Состояние экономики СССР и Северо-Западного региона во второй половине 1930-х годов и его влияние на обороноспособность страны // 65-летие снятия блокады Ленинграда и освобождения Ленинградской области: Всерос. науч. конф. 19 января 2009 г. / Под общ. ред. В. Н. Скворцова. СПб.: ЛГУ им. А. С. Пушкина, 2009.

Журавлев Д. А. Взаимодействие гражданских и военных органов при создании системы медицинской помощи в Ленинграде во время советско-финляндской войны // Санкт-Петербург и страны Северной Европы: Материалы Шестой ежегодной научной конференции (14–16 апреля 2004 г.). СПб.: РХГА, 2005.

Журавлев Д. А. Влияние боевых действий на социально-экономическую обстановку в Ленинграде в период Советско-финляндской войны 1939–1940 гг. // Санкт-Петербург и страны Северной Европы. Материалы Пятой ежегодной конференции (23–25 апреля 2003 г.). СПб.: РХГА, 2004.

Журавлев Д. А. Деятельность медицинской службы Красной армии в период Советско-финляндской войны 1939–1940 годов // Война и оружие. Новые исследования и материалы. Труды Шестой Международной научно-практической конференции. 13–15 мая 2015 года. СПб.: ВИМАИВиВС, 2015. Ч. II.

Журавлев Д. А. Лечебные учреждения Ленинграда после окончания советско-финляндской войны: уроки и просчеты // Санкт-Петербург и страны Северной Европы: Материалы Тринадцатой ежегодной научной конференции (5–7 апреля 2011 г.). СПб.: РХГА, 2012.

Журавлев Д. А. Медицина Ленинграда в 1941 г.: опыт и невыученные уроки советско-финляндской войны // Северный рубеж. 1941. К 80-летию начала Великой Отечественной войны: Сборник докладов Международной научной конференции. Санкт-Петербург. 16–17 июня 2021 г. М.: Политическая энциклопедия, 2022.

Журавлев Д. А. Медицинская помощь раненым в ходе советско-финляндской войны // Военно-исторический журнал. 2002. № 7.

Журавлев Д. А. Медицинские работники Ленинграда в период советско-финляндской войны 1939–1940 гг. // Санкт-Петербург и страны Северной Европы: Материалы Десятой ежегодной международной научной конференции (16–17 апреля 2008 г.). СПб.: РХГА, 2009.

Журавлев Д. А. Настроения военнослужащих и гражданского населения в период советско-финляндской войны 1939–1940 гг. (по материалам Политического управления КБФ) // Санкт-Петербург и страны Северной Европы: Материалы Девятой ежегодной международной научной конференции (10–11 апреля 2007 г.). СПб.: РХГА, 2008.

Журавлев Д. А. Обобщение опыта медицинского обеспечения Красной Армии в период советско-финляндской войны 1939–1940 гг. // Санкт-Петербург и страны Северной Европы: Материала Восьмой ежегодной научной конференции (13–14 апреля 2006 г.). СПб.: РХГА, 2007.

Журавлев Д. А. Организация медицинской помощи раненым и больным в Ленинграде во время советско-финляндской войны. URL: http://www.rhga.ru/science/conferences/spbse/2001/zhuravlev.php (дата обращения: 06.06.2023)

Журавлев Д. А. Роль здравоохранения в подготовке Ленинграда к войне. 1938–1940 гг.: дис. ... к. и. н. СПб., 2004.

Журавлев Д. А. События и образы советско-финляндской войны в фондах Военно-медицинского музея // Санкт-Петербург и страны Северной Европы: Материалы Четырнадцатой ежегодной международной конференции (11–12 апреля 2012 г.). СПб.: РХГА, 2013.

Журавлев Д. А. Советско-финляндская война глазами военнослужащих и гражданского населения // История Петербурга. 2009. № 3.

Журавлев Д. А. Советско-финляндская война 1939–1940 гг. в воспоминаниях медиков // Санкт-Петербург и страны Северной Европы: Материалы Двенадцатой ежегодной научной конференции (14–15 апреля 2010 г.). СПб.: РХГА, 2011.

Зимняя война 1939–1940 гг. Исследования, документы, комментарии. К 70-летию советско-финляндской войны. М.: Академкнига, 2009.

Зимняя война 1939–1940. Кн. 1. Политическая история. М.: Наука, 1998.

Ивкин В. И. Академия артиллерийских наук Министерства вооруженных сил СССР (1946–1953 гг.): Краткая история: Документы и материалы. М.: РОССПЭН, 2010.

Исаев А. В. Антисуворов. Десять мифов Второй мировой. М.: Эксмо; Яуза, 2006.

Иринархов Р. С. Западный Особый... Минск: Харвест, 2002.

Иринчеев Б. Прорыв линии Маннергейма: Оболганная победа Сталина. М.: Эксмо; Яуза, 2014.

Иринчеев Б. Танки в Зимней войне. М.: Тактикал Пресс, 2013.

История Великой Отечественной войны Советского Союза 1941–1945. Т. 1. Подготовка и развязывание войны империалистическими державами. М.: Воениздат, 1960.

История Великой Отечественной войны Советского Союза 1941–1945. Т. 6. Итоги Великой Отечественной войны. М.: Воениздат, 1965.

История второй мировой войны 1939–1945. Т. 2. Накануне войны. М.: Воениздат, 1974.

История второй мировой войны 1939–1945. Т. 3. Начало войны. Подготовка агрессии против СССР. М.: Воениздат, 1974.

История железнодорожного транспорта России и Советского Союза. Т. 2. 1917–1945 гг. СПб.: [б. и.], 1997.

История ордена Ленина Ленинградского военного округа. М.: Воениздат, 1974.

История рабочих Ленинграда. 1703–1965. Л.: Наука, 1972. Т. 2. 1917–1965.

История отечественной артиллерии. Т. III. Артиллерия Советской Армии до Великой Отечественной войны (октябрь 1917 г. — июнь 1941 г.). Кн. 8. Советская артиллерия в период между гражданской и Великой Отечественной войнами (1921 г. — июнь 1941 г.). М.–Л.: [Управление командующего ракетными войсками и артиллерией; Военно-исторический музей артиллерии и инженерных войск], 1964.

Кабанен П. Двойная игра. Советско-финляндские переговоры 1938–1939 годов // Родина. 1995. № 12.

Кен О. Н., Рупасов А. И., Самуэльсон Л. Швеция в политике Москвы. 1930–1950-е годы. М.: РОССПЭН, 2005.

Киселев О. Н. «Бленхеймы» над Лодейным Полем. URL: https://warspot.ru/8000-blenheymy-nad-lodeynym-polem (дата обращения: 06.06.2023)

Киселев О. Н. Если завтра война, если завтра в поход… URL: https://warspot.ru/3137-esli-zavtra-voyna-esli-zavtra-v-pohod (дата обращения: 06.06.2023)

Киселев О. Н. К очередной годовщине «Зимней войны». «Хотят ли русские войны». URL: https://slon-76.livejournal.com/8393.html (дата обращения: 06.06.2023)

Козлов А. И. Советско-финская война 1939–1940. Взгляд с «той» стороны. Рига: Tornado, 1997.

Козлов О. В. Ладожские моряки в период Великой Отечественной войны: дис. … к. и. н. СПб., 2015.

Козлов О. В. Политотдел Ладожской военной флотилии в период советско-финляндской войны 1939–1940 гг. (по материалам Центрального военно-морского архива) // Известия Российского государственного педагогического университета им. А. И. Герцена. 2012. № 146.

Коломиец М. В. Ленинградские КВ-1. М.: Тактикал Пресс, 2012.

Коломиец М. В. Средний танк Т-28. Трехглавый монстр Сталина. М.: Яуза; Стратегия КМ; Эксмо, 2007.

Коломиец М. В. Танки в Финской войне 1939–1940 гг. М.: Яуза; Эксмо. 2013.

Коломиец М. В. Т-26. Тяжелая судьба легкого танка. М.: Яуза; Стратегия КМ; Эксмо, 2007.

Конструктор боевых машин. Л.: Лениздат, 1988.

Копенкина Л. В. Торфяная отрасль в годы Великой Отечественной войны (к 70-летию Великой Победы) // Труды Инсторфа. 2016. № 13.

Котлобовский А. ВВС Финляндии в Зимней войне (1939 г.). URL: http://www.airwar.ru/history/locwar/europe/finland/finland.html (дата обращения: 06.06.2023)

Крапивина Н. С. Правовое регулирование деятельности государственных органов по обеспечению общественного порядка в предвоенное десятилетие (на материалах Ленинграда). Историко-правовой аспект: дис. … к. ю. н. СПб., 1998.

Критский С. В. История развития Петроградского (Ленинградского) железнодорожного узла в 1914–1941 гг.: дис. … к. и. н. СПб., 2017.

Критский С. В. Развитие Ленинградского железнодорожного узла и подходов к нему в период Советско-Финской войны и после ее окончания (1939–1941) // Известия Петербургского университета путей сообщения. 2013. № 3.

Кузнецова Л. С. Ленинградская партийная организации в предвоенные годы (1938 г. — июнь 1941 г.). Л.: Лениздат, 1974.

Кукатов А. Орловский военный округ. 1938–1941. Т. 1. 1938–1940. Брянск: Клуб любителей истории родного края, 2019.

Кусков С. А. Забытые госпитали. Организация военного здравоохранения на Урале в период Советско-финской войны // XX век и Россия: общество, реформы, революции. 2016. № 4.

Кутузов В. А., Демидов В. И. А. А. Жданов и советско-финляндская война 1939–1940 гг. // Санкт-Петербург и страны Северной Европы: Материалы Восьмой ежегодной Международной научной конференции (13–14 апреля 2006 г.). СПб.: РХГА, 2007.

Лазарев А. В. Вузовские газеты в период советско-финляндской войны // Средства массовой информации в современном мире: Тезисы научно-практической конференции. Ч. 1. СПб.: [б. и.], 2001.

Лазарев А. В. Ленинградское радио в период советско-финляндской войны 1939–1940 гг. // Санкт-Петербург и страны Северной Европы: Материалы Шестой ежегодной научной конференции (14–16 апреля 2004 г.). СПб.: РХГА, 2005.

Лазарев А. В. Советско-финляндская война 1939–1940 гг. и средства массовой информации Ленинграда: Дис. ... к. и. н. СПб., 2003.

Лазарев А. В. Советско-финляндская война 1939–1940 гг. и средства массовой информации Ленинграда: автореф. дис. ... к. и. н. СПб., 2004.

Лазарев А. В. Советско-финляндская война 1939–1940 годов и заводские многотиражные газеты Ленинграда // Общество и власть: Материалы Всероссийской научной конференции. СПб.: Санкт-Петербургский гос. ун-т культуры и искусств, 2003.

Лазарев А. В. Советско-финляндская война 1939–1940 годов и ленинградская периодическая печать // Общество и власть: Материалы межвузовской конференции. Ч. 1. СПб.: Ред.-изд. отдел СПбГУКИ, 2001.

Лазарев А. В. Характерные этапы в изложении событий советско-финляндской войны 1939–1940 годов ленинградской периодической печатью // Петербургские чтения 98–99. Материалы Энциклопедической библиотеки «Санкт-Петербург-2003». СПб.: Петербургский институт печати, 1999.

Лашков А. Ю. Противовоздушная оборона Красной армии и Краснознаменного Балтийского флота в Советско-финляндской войне (1939–1940 гг.) // Военно-исторический журнал. 2019. № 11, 12.

Левашко В. О. Восприятие населением Ленинграда и Ленинградской области и моряками Краснознаменного Балтийского флота перемирия с Финляндией 13 марта 1940 г. URL: https://cyberleninka.ru/article/n/vospriyatie-naseleniem-leningrada-i-leningradskoy-oblasti-i-moryakami-krasnoznamyonnogo-baltiyskogo-flota-peremiriya-s-finlyandiey-13 (дата обращения: 06.06.2023)

Левашко В. О. Договор с народным правительством Финляндской Демократической Республики и его влияние на формирование гражданского общества в СССР (на примере населения Ленинградской области и личного состава Краснознаменного Балтийского флота) // Патриотизм и гражданственность в истории России: материалы международ. науч.-прак. конф. СПб.: ЛГУ им. А. С. Пушкина, 2013.

Левашко В. О. Комсомольцы-добровольцы: молодежь Ленинградской области в добровольческом движении в период советско-финляндской войны // Экстремальное в повседневной жизни населения России: региональный аспект (к 100-летию Русской революции 1917 г.). Сборник материалов международ. науч. конф. СПб.: Культурно-просветительское товарищество, 2017.

Левашко В. О. Некоторые проблемы повседневной жизни ленинградцев в дни советско-финляндской войны // Частное и общественное в повседневной жизни населения России: история и современность: материалы международ. науч. конф.: в 2 т. СПб.: ЛГУ им. А. С. Пушкина, 2018. Т. 1.

Левашко В. О. Погодные условия советско-финляндской войны в период с 30 ноября 1939 г. по 14 марта 1940 г. в воспоминаниях воинов и жителей Ленинграда // Природно-географические факторы в повседневной жизни населения России: история и современность: материалы международ. науч. конф.: в 2 т. СПб.: ЛГУ им. А. С. Пушкина, 2019. Т. 1.

Левашко В. О. Проявление негативных (девиантных) настроений в советском обществе в начале военных конфликтов 1939–1940 гг. на примере населения Ленинграда и Ленинградской области // Материальный фактор и предпринимательство в повседневной жизни населения России: история и современность (региональный аспект). Сб. материалов международ. науч. конф. СПб.: Культурно-просветительское товарищество, 2016.

Лексунова К. Трудности перевода. URL: http://old.rk.karelia.ru/blog/trudnosti-perevoda-2/ (дата обращения: 06.06.2023)

Ленинградская область в годы Великой Отечественной войны 1941–1945 гг. (к 70-летию освобождения Ленинградской области от фашистской и финской оккупации). СПб.: ЛГУ, 2014.

Леонтьев Петр Михайлович. URL: https://warheroes.ru/hero/hero.asp?Hero_id=5582 (дата обращения: 06.06.2023)

Ломагин Н. А. Неизвестная блокада: в 2 кн. СПб.: Нева, 2004.

Ломагин Н. А. Учет и контроль — основа социализма: размышления о внутренних причинах голода в Ленинграде осенью и зимой 1941–1942 гг. // Петербургский исторический журнал. 2019. № 3.

Лосик А. В., Щерба А. Н. Ленинградская индустрия у истоков отечественного минометного вооружения // Военно-исторический журнал. 2009. № 10.

Маннинен О. «Выстрелы были» // Родина. 1995. № 12.

Материалы к истории Ленинградского окружного военного госпиталя, б. первого Военно-сухопутного госпиталя / Отв. ред. Б. Н. Ибрагимов. Л.: Медгиз (Ленинградское отделение), 1948.

Материально-техническое обеспечение Красной армии в вооруженных конфликтах и локальных войнах (конец 1930-х — начало 1940 гг.): Военно-теоретический труд. СПб.: ВАМТО, 2016.

Мельтюхов М. И. Правители без подданных. Как пытались экспортировать революцию // Родина. 1995. № 12.

Мельтюхов М. И. Прибалтийский плацдарм (1939–1940 гг.). Возвращение Советского Союза на берега Балтийского моря. М.: Алгоритм, 2014.

Мельтюхов М. И. Упущенный шанс Сталина. Схватка за Европу: 1939–1941 гг. (Документы, факты, суждения). М.: Вече, 2008.

Мельтюхов М. И. 17 сентября 1939. Советско-польские конфликты 1918–1939. М.: Вече, 2009.

Минаев П. П. Военно-техническая политика государства в области бронетанковой техники и ее реализация оборонной промышленностью Ленинграда в 20–30-е годы ХХ века. СПб.: Нестор, 2004.

Минаев П. П. Выпуск боеприпасов оборонной промышленностью Ленинграда в 20–30-е годы ХХ века. СПб.: Нестор, 2004.

Минаев П. П. Государственная военно-техническая политика и ее реализация оборонной промышленностью Ленинграда в 20–30-е годы ХХ века (Историография и источниковедение проблемы, а также некоторые вопросы методологии исследования). СПб.: Нестор, 2004.

Минаев П. П. Освоение и серийное производство оборонной промышленностью Ленинграда нового артиллерийского вооружения (20–30-е годы XX века). СПб.: Нестор, 2004.

Минаев П. П. Реализация промышленностью Петрограда-Ленинграда государственной военно-технической политики в области развития важнейших видов вооружения, военной техники и боеприпасов для сухопутных войск Красной армии (20–30-е гг. XX в.): автореф. дис. ... д. и. н. СПб., 2006.

Монаков М. «Факел» над Балтикой // Морской сборник. 1990. № 3.

Мусаев В. И. Политическая история Ингерманландии в конце XIX–XX веке. СПб.: Нестор-История, 2004.

Назаров В. Н. Железнодорожный транспорт и условия воинских железнодорожных перевозок на Северо-Западный (Финляндский) фронт (1939–1940) // Вестник РГГУ. Сер. Литературоведение. Языкознание. Культурология. 2017. № 1.

Невежин В. А. «Если завтра в поход...»: Подготовка к войне и идеологическая пропаганда в 30–40-х годах. М.: Яуза; Эксмо, 2007.

Никитин В. Состязание с бурей. Финская радиоразведка против СССР. СПб.: [б. и.], 2020.

Ниязов Н. С. Социально-экономические проблемы развития военно-промышленного комплекса Ленинграда в 1935–1941 гг.: автореф. дис. ... к. и. н. СПб., 1997.

Носков А. М. Радянсько-фінляндська війна 1939–1940 рр. // Український історичний журнал. 1990. № 1; № 2.

Носков А. М. Северный узел // Военно-исторический журнал. 1990. № 7.

Осокина Е. А. За фасадом «сталинского изобилия»: Распределение и рынок в снабжении населения в годы индустриализации. 1927–1941. М.: РОССПЭН; Фонд первого президента России Б. Н. Ельцина, 2008.

Осокина Е. А. Чужаков в магазин не пускать // Родина. 1995. № 12.

Очерки истории Ленинграда. Т. 4. Период Великой Октябрьской социалистической революции и построения социализма в СССР. 1917–1941 гг. М.–Л.: Наука, 1964.

Очерки истории Ленинградской организации ВЛКСМ. Л.: Лениздат, 1969.

Очерки истории Ленинградской организации КПСС. Л.: Лениздат, 1968. Ч. II. Ноябрь 1917 – 1945.

Очерки истории Ленинградской организации КПСС. 1883–1977 гг. Т. 2. 1918–1945. Л.: Лениздат, 1980.

Очерки истории советской военной медицины / Под ред. Д. Д. Кувшинского, А. С. Георгиевского. Л.: Медицина (Ленинградское отделение), 1968.

Пашолок Ю. Снежный танк. URL: http://warspot.ru/7957-snezhnyy-tank (дата обращения: 06.06.2023).

Петров П. Балтийский флот. Финский гамбит. М.: Яуза, 2005.

Петров П. В. Боевые действия Ладожской военной флотилии (30.11.1939–13.03.1940) // Тайфун. 2001. № 1.

Петров П. В. Деятельность Исторической комиссии ВМФ по написанию труда «Советско-финляндская война 1939–1940 гг. на море». URL: http://www.russika.ru/userfiles/adm_1332094768.pdf (дата обращения: 06.06.2023)

Петров П. В. «Зимняя война». Балтика 1939–1940. Хельсинки: RME Grour Oy, 2008.

Петров П. В. Краснознаменный Балтийский флот накануне Великой Отечественной войны: 1935 — весна 1941 г.: дис. ... д. и. н. СПб., 2014.

Петров П. В. Ленинградская промышленность в период советско-финляндской войны 1939–1940 гг.: создание новых образцов вооружения и техники // Санкт-Петербург и страны Северной Европы. 17 (№ 2). Тематический выпуск: Россия, Финляндия и Скандинавия: Проблемы взаимовосприятия. Материалы шестых Барышниковских чтений (25 сентября 2016 г.). Выборг: ГБУК ЛО «Историко-архитектурный музей-заповедник "Выборгский замок" и историко-этнографический музей-заповедник "Ялкала"», 2016.

Петров П. В. Скрытая мобилизация на Балтийском флоте осенью 1939 г. // Вопросы истории. 2010. № 12.

Пономарев А. Н. Александр Щербаков: Страницы биографии. М.: Изд-во Главархива Москвы, 2004.

Попов Н. С., Петров В. И., Попов А. Н., Ашик М. В. Без тайн и секретов. Очерки 60-летней истории танкового конструкторского бюро на Кировском заводе в Санкт-Петербурге. СПб.: Прана, 1997.

Потапова Н. А. «Харбинская» операция НКВД СССР 1937–1938 гг.: механизмы, целевые группы и масштабы репрессий. СПб.: Алетейя, 2020.

Пыхалов И. В. Великая оболганная война. М.: Яуза; Эксмо, 2011.

Раунио А., Килин Ю. Сражения Зимней войны. Петрозаводск: Изд-во Петрозаводск. гос. ун-та, 2014.

Розанов Г.Л. Сталин — Гитлер. Документальный очерк советско-германских дипломатических отношений, 1939–1941 гг. М.: Международные отношения, 1991.

Россия и СССР в войнах XX века. Книга потерь. М.: Вече, 2010.

Русские диверсанты против «кукушек». М.: Яуза; Эксмо, 2004.

Свирин М.Н. Броневой щит Сталина. История советского танка. 1937–1943. М.: Яуза; Эксмо, 2006.

Свирин М.Н. Самоходки Сталина. История советской САУ 1919–1945. М.: Яуза; Эксмо, 2008.

Сейдин И.И. Линия Маннергейма и Красная армия (30 ноября 1939 — 22 июня 1941). СПб.: Гйоль, 2012.

Семенов Ю.И. Политартный («азиатский») способ производства: сущность и место в истории человечества. Философско-исторические очерки. Изд. 2-е, перераб. и доп. М.: Либроком, 2011.

Семенова Г.В. Крепость Мариенталь: Памятник эпохи императора Павла I. URL: https://web.archive.org/web/20160306025557/http://www.d-c.spb.ru/archiv/24/13/index.htm (дата обращения: 06.06.2023)

Семиряга М.И. Ненужная война // Архивы раскрывают тайны...: Международные вопросы: события и люди. М.: Политиздат, 1991.

Семиряга М.И. Советско-финляндская война (К 50-летию окончания). М.: Знание, 1990.

Семиряга М.И. Тайны сталинской дипломатии. 1939–1941. М.: Высшая школа, 1992.

Скилягин А.Т., Лесов В.М., Пименов Ю.Ф., Савченко И.К. Дела и люди Ленинградской милиции. Очерки истории. Л.: Лениздат, 1967.

Смелянов Н.В., Иванов В.Г., Буров А.В. Часовые ленинградского неба. Л.: Лениздат, 1968.

Смирнова Т.М. Этнический состав и расселение жителей Петербурга-Петрограда-Ленинграда и губернии (области) в первой половине XX в. // Клио. 2000. № 3.

Советско-финляндская война 1939–1940: в 2 т. СПб.: Полигон, 2003.

Советско-финляндская война 1939–1940 гг. Боевые действия на море. СПб.: Остров, 2002.

Соколов А.К. От военпрома к ВПК: советская военная промышленность. 1917 — июнь 1941 гг. М.: Новый хронограф, 2012.

Соколов Б.В. Тайны финской войны. М.: Вече, 2000.

Социалистическое народное хозяйство СССР в 1933–1940 гг. М.: Изд-во Академии наук СССР, 1963.

Степаков В. Н. «…Выполним обещание, данное любимым наркомом товарищем Кагановичем!» // Новый часовой. 2000. № 10.

Степаков В. Н. Еще раз об инциденте в Майниле 26 ноября 1939 г. // Новый часовой. 1995. № 3.

Степанов А. С. Авиапромышленность Ленинграда и ее перестройка накануне Великой Отечественной войны (1939 — первая половина 1941 г.) // Россия в XX веке: проблемы политической, экономической и социальной истории. СПб.: [Исторический факультет С.-Петербургского государственного университета], 2008.

Твердюкова Е. Д. Борьба со спекуляцией во второй половине 1930-х годов в Ленинграде // Клио. 2007. № 2.

Твердюкова Е. Д. Колхозная торговля Ленинграда 1930-х годов // Вестник Санкт-Петербургского университета. Сер. 2. История. 2007. № 4.

Твердюкова Е. Д. Кризис снабжения в Ленинграде накануне Великой Отечественной войны // Университетский историк: Альманах. Вып. 4. СПб.: Изд-во С.-Петерб. ун-та, 2007.

Твердюкова Е. Д. «Кто раньше ел, тот и сейчас будет, а мы только смотрим». Продовольственное снабжение Ленинграда во второй половине 1930-х годов // Родина. 2006. № 6.

Твердюкова Е. Д. «Преступления без жертв»: Уголовно-правовая охрана советской торговли (на материалах предвоенного Ленинграда). СПб.: Изд-во С.-Петерб. ун-та, 2010.

Тепляков А. Г. Деятельность органов ВЧК-ГПУ-ОГПУ-НКВД (1917–1941 гг.): историографические и источниковедческие аспекты. Новосибирск: НГУЭУ, 2018.

Толстой И. О чем рассказал загадочный Криптон. URL: http://www.svoboda.org/a/25244051.html (дата обращения: 06.06.2023)

Тыл советских Вооруженных Сил в Великой Отечественной войне 1941–1945 гг. / Под ред. С. К. Куркоткина. М.: Воениздат, 1977.

Фальсификаторы истории (Историческая справка). М.: ОГИЗ; Госполитздат, 1948.

Федоров Н. Ф., Фишельсон М. С. Городское хозяйство Ленинграда за годы советской власти. Л.: Общество по распространению политических и научных знаний РСФСР (Ленинградское отделение), 1959.

Филиппов К. Майнила. В дебрях лжи. URL: http://www.rkka.ru/analys/mainila/mainila2.htm (дата обращения: 06.06.2023)

Фролов Д. Д. Советско-финский плен. 1939–1944 гг. По обе стороны колючей проволоки. Хельсинки; СПб.: RME Grour Oy; Алетейя, 2009.

Чапчаев В. В. Функционирование легкового таксомоторного транспорта Ленинграда в условиях Второй мировой войны (1939–1942 гг.) // Военная история России XIX–XX веков. Материалы XII Международной военно-исторической конференции 22–23 ноября 2019 г. СПб.: СПбГУПТД, 2019.

Чевела П. П. Итоги и уроки советско-финляндской войны // Военная мысль. 1990. № 4.

Чекмасов И. А. Нераскрытые тайны «Майнильского инцидента» // Военно-исторический журнал. 2021. № 3.

Черенцова К. В. Из истории создания 50-мм ротных минометов Специальным конструкторским бюро № 4 Ленинградского машиностроительного завода № 7 (1936–1940 гг.) // Война и оружие. Новые исследования и материалы. Труды Девятой Международной научно-практической конференции. 15–17 мая 2019 года. СПб.: ВИМАИВиВС, 2019. Ч. II.

Черенцова К. В. Организационные аспекты проведения научно-исследовательских и опытно-конструкторских работ на машиностроительном заводе № 7 (г. Ленинград) по созданию минометного вооружения в 1936–1940 годах // Война и оружие. Новые исследования и материалы. Труды Восьмой международной научно-практической конференции. 17–19 мая 2017 года. СПб.: ВИМАИВиВС, 2017. Ч. IV.

Чубарьян А. О. Канун трагедии: Сталин и международный кризис: сентябрь 1939 — июнь 1941 года. М.: Наука, 2008.

Щерба А. Н. Военная индустрия Санкт-Петербурга — Ленинграда в 1900–1940 годы. М.–СПб.: НИИ (ВИ) ВАГШ ВС РФ; Политехника-сервис, 2012.

Щерба А. Н. Военная промышленность Ленинграда в 20–30-е годы. СПб.: Нестор, 1999.

Энгл Э., Паананен Л. Зимняя война: Советское нападение на Финляндию 1939–1940. М.: АСТ; АСТ МОСКВА, 2006.

Casualties in the Winter War. URL: http://www.winterwar.com/War%27sEnd/casualti.htm (дата обращения: 06.06.2023)

Levashko V. O. Rumors in Leningrad and Leningrad region in the period of the Soviet-Finnish War // Вестник Ленинградского государственного университета им. А. С. Пушкина. 2015. Т. 4. № 4.

Van Dyke C. The Soviet Invasion of Finland 1939–40. London — Portland (OR): Frank Cass, 2004.

Оглавление

Оглавление